행복 따위 필요 없다

† 최소행복, 반행복적 삶에 관한 이야기 †

수업을 시작하며

나는 얼마 전 삶을 행복하게 해주는 방법에 관한 수업을 우연히 듣게 되었다. 강좌가 개설되고 학생들 20여 명이 강의를 듣기 위해 작은 강의실에 모였다. 강의실은 작지만, 내부가 반원형을 그리면서 수업에 집중하기 좋게 설계되어 있었다. 강의 과목은 '최소행복이론 수업'이다. 학생들은 골치 아픈 다른 과목보다 편안히 들을 수 있을 것 같은 기대감으로 강의를 신청한 것 같다. 특히 대화식 수업으로 진행하는 것에 흥미로워했다.

그런데, 조금 주의를 끌 만한 강의 제목과 달리 학생들은 큰 기대를 하는 것 같지는 않았다. 오히려 행복에 대해 뭘 강의하려고 하는지 의구심을 갖는 모습을 보였다. 몇몇 학생들은 노골적으로 시작도 하지 않은 강의에 대해 비판을 늘어놓기도 했다. 남을 행복하게 해준다니 말도 안 된다는 것이다. 아마도 철학자들 이야기 몇 문장 들려주고 그렇게 살면 행복해질 거라 할 것으로 수업 내용을 예상하면서 시시덕거렸다. 학점만 따면 그만이라면서 말이다.

학생들은 강의가 시작되면 대답하기 어려운 질문으로 선생을 곤란하게 하면서 그것을 즐기자고 모의하기도 했다. '어떻게 선생을 골려 줄까'라는 흥미진진한 상상을 전개하면서 각자 어려운 질문들을 생각해내어 메모해 두는 것 같았다.

드디어 수업이 시작되고 한 학생이 진지한 표정을 가장한 채, 첫 번째 짓궂은 질문을 했다. 그것은 '행복하려면 무엇을 위해 살아야 하는지'를 알려달라는 것이었다. 어떤 대답이 나오든 충분히 반박할 수 있다는 자신 있는 듯한 태도였다. 강의실 내 모든 학생은 철학자의 대답에 집중했다. 학생들은 그를 어떻게 놀릴지를 생각하면서 입가에 미소를 띠었다. 그런데 그의 대답은 조금 의외였다.

7

철학자: "그 답은 조금 있다가 하기로 하고, 자네는 '무엇을 위해 살아야 하는지'가 왜 궁금한가?"

학생: "글쎄요. 음. 선생님 수업 강의 제목대로 행복하기 위해서겠죠."

철학자: "자네는 행복한가?"

학생: "행복이라뇨. 그럴 리가 있겠습니까! 세상에 행복한 사람이 몇이나 되겠습니까? 세상이 온통 불안한데요. 성공하지 못할까 불안하고, 친구가 나를 좋아하지 않을까 불안하고, 대학에 가지 못할까 불안하고, 중간고사에서 성적이 떨어질까 불안합니다. 대학에 들어와도 좋은 성적을 받지 못할까 불안하고. 회사에 들어가도 진급하지 못할까 불안할 거고, 높은 자리로 진급해도 그만한 성과를 내지 못할까 불안할 겁니다. 게다가 병들까 불안하고, 죽음에 불안하고, 사랑하는 사람이 불행할까 불안하죠. 미세 먼지와 대기 오염도 불안하고, 온난화로 기후 변화도 불안하고, 언제 전쟁이 날까 불안하고, 새로운 바이러스로 우리 삶이 다시 무너질까 항상 불안합니다. 주식을 사면 주가가 떨어질까 불안하고, 집을 사면 집값이 떨어질까 불안할 겁니다. 이런 불안 속에서 우리가 어떻게 행복할 수 있겠습니까?".

철학자: "그런가? 음, 불안의 시대군. 내가 행복하게 해주겠네."

학생: "네? 농담이시겠죠."

철학자: "하하, 선생이 첫 수업부터 무슨 농담이겠나! 자네도 곧 행복해질 걸세."

학생: "어떻게 말입니까?"

철학자: "한마디로 말하기는 어렵지. 하지만 수업을 듣다 보면 스스로 직감할 거네."

학생: "수많은 철학자가 사람들을 행복하게 해주겠다고 자신했지만 모두 소용없었습니다. 세상은 아무것도 바뀌지 않았죠. 선생님도 그중 하나 아니겠습니까?"

철학자: "물론, 그럴 수도 있지. 그런데 그들이 실패한 이유가 있네."

학생: "네? 그게 뭐죠? 그들은 최고의 행복을 이루기 위한 방법을 평생을 걸고 생각하고 또 생각한 것 아닙니까!"

철학자: "바로 그것 때문이지."

학생: "네?"

철학자: "이번 수업을 통해 수많은 철학이 실패한 일을 다시 반복하지 않는 방법을 수업할 걸세."

학생: "알겠지만, 믿을 순 없군요. 수천 년 동안 그 위대한 철학자들이 이루지 못한 일을 선생님이 해결하겠다고요?"

철학자: "하하, 그건 자네가 수업을 어떻게 받느냐에 달렸지."

학생: "수업 내용은 강좌 제목인 '최소 행복'과 관련이 있겠지요?"

철학자: "물론이지. 최소 행복으로 시작해서 실패하지 않는 방법으로 자네를 반드시 행복하게 해줄 걸세."

학생: "자신 있으시네요. 저도 자신 있습니다. 선생님의 생각에 반박할 것에요."

철학자: "그래, 젊은 패기가 훌륭하네. 수업이 진행될 때, 다음 수

업에 대해 예고를 해줄 테니, 잘 생각해 와서 논리적으로 반박해 보게."

학생: "대환영입니다."

철학자: "천천히, 차근차근 들어야 할 걸세. 깊이 숨어 있는 답을 찾아야 할 테니 말이야."

학생: "행복해질 수 있다면야, 물론이죠."

철학자: "그런데 꼭 행복해야 하는 무슨 이유라도 있나?"

학생: "네?"

철학자: "꼭 행복해야겠냐는 말일세."

학생: "그야 당연하죠. 그게 수업을 듣는 이유지 않습니까?"

철학자: "알았네. 그건 그렇다 치고, 자 그럼 지금부터 차근차근 불안의 시대, 행복을 위한 수업을 시작해 볼까? 자네 첫 번째 질문이 '무엇을 위해 살아야 하는가'였지?"

* 차례 *

첫 번째 수업

무엇을 위해 살아야 하는가

행복을 위해 살지 말라

† 1. 명예를 위해 살지 말고 명예롭게 살라 **18**
† 2. 이제 무대에서 내려와라 **28**
† 3. 단정하게, 소박하게, 편안하게 살라 **36**
† 4. 행복을 위해 살지 말고 행복하게 살라 **46**
† 5. 내 행복이 아닌 세상의 행복을 목적하라 **56**

두 번째 수업

어떻게 살아야 하는가

불행하지만 않다면 행복한 것이다

† 1. 자기 행복을 너무 믿지 말라 66
† 2. 바람이 고요해도 때가 되면 꽃잎은 떨어진다 73
† 3. 행복은 타인의 주머니가 아닌 내 주머니 속에 있다 81
† 4. 너무 향기로운 물은 향수로밖에 쓸 일이 없다 88
† 5. 불행하지만 않다면 행복한 것이다 94
† 6. 다른 사람의 행복은 따라 할 수 없다 102
† 7. 어제의 행복은 아무 쓸모 없다 110
† 8. 성공의 길과 행복의 길은 서로 다른 길이다 120
† 9. 행복한 척은 하지 말라 128
† 10. 행복을 위해 행복을 희생하지 말라 144
† 11. 지나친 행복욕이 행복을 해친다 152
† 12. 삶을 선택할 수 있어야 행복도 선택할 수 있다 166
† 13. 우리 삶에 실패란 없다 179
† 14. 행복의 통솔자가 되라 190

세 번째 수업

행복을 위해 작지만 가능한 것들

행복에 잡아먹히지 말라

† 1. 작은 일에 행복한 아이처럼 204
† 2. 감동시키는 삶 214
† 3. 즐거움이 곧 행복은 아니다 225
† 4. 행복을 위한 나침반 232
† 5. 항상 행복을 위해 살아야 하는 것은 아니다 238
† 6. 아무리 화가 나도 거울 속 나는 변함 없다 245
† 7. 행복도 독이 될 수 있다 255
† 8. 함께 노는 자, 함께 일하는 자, 함께 휴식하는 자 263
† 9. 서두르지 않아야 행복할 수 있다 269
† 10. 행복은 왕의 마음을 갖는 것이다 277
† 11. 조용히 숨을 거두는 순간까지 자신을 최대로 하라 285
† 12. 신은 누구의 편도 들지 않는다 292
† 13. 목마른 사람에게 포도주는 필요 없다 299

네 번째 수업

최소 행복에 도달하는 방법

행복 따위 필요 없다

† 1. 다름을 '멋지게' 인정하라 310
† 2. 자유로울 수밖에 없는 필연을 만들라 320
† 3. 연습과 노력으로 따뜻한 마음을 만들라 332
† 4. 특별한 자가 되려 하지 말라 342
† 5. 행복한 내가 아니라 행복한 세상을 만들라 353
† 6. 붉은 고깃덩어리가 행복해서 무엇 하겠는가 362
† 7. 행복한 세상은 신이 아니라 내가 만든다 378
† 8. 복종시키는 것, 복종하는 것, 모두 신을 거역하는 일이다 387
† 9. 죽음의 순간에 기억할 추억을 지금 만들라 408

첫 번째 수업

무엇을 위해 살아야 하는가

행복을 위해 살지 말라

철학자: "이제 무대에서 내려와야 하네."

학생: "무대를 내려온다는 것은 세상에서 밀려난다는 말 아닌가요?"

철학자: "행복하려면 내가 행복할 수 있는 목표를 세워야 한다는 말일세. 무대 위에 있으면 관객들이 원하는 대로, 감독이 원하는 대로 할 수밖에 없지 않나! 무대에서 내려와야 비로소 자신이 무엇을 위해 살아야 하는지가 드러나는 거지."

"행복을 위해 살지 말게.
불행하지만 않다면 행복한 것이니
행복해야 할 아무런 이유도 없다네."

첫 번째 수업

† 1. 명예를 위해 살지 말고 명예롭게 살라 †

철학자: "명예를 위해 살지 말고 명예롭게 살아야 하네."[1]

이 말에 무엇을 위해 살아야 하는지를 물었던 학생이 이해가 안 되는 듯 고개를 갸우뚱하면서 이렇게 물었다.

학생: "네? 둘의 차이가 뭐죠?"

철학자: "명예를 위해 사는 것은 다른 사람들에게 인정받는 것이고, 명예롭게 사는 것은 자신에게 인정받는 것이네."

학생: "하지만, 명예를 위해 사는 것도 돈을 위해 산다거나 그럴 듯한 지위를 위해 사는 것보다는 그래도 훌륭한 일 아닙니까? 명예를 위해 사는 것 자체를 부정하는 것은 조금 심한 것 아닙니까? 그리고 자신에게만 인정받으면 된다면, 혹시 자신만의 세계에서 오만에 빠지지는 않을까요?"

철학자: "바로 그래서 '명예롭게 사는 것'이 명예를 위해 사는 것보다 더욱 어려운 것이지. 겸손을 잃으면 쌓아온 모든 명예가 무너져내리니 말일세."

학생: "아직 이해가 안 됩니다. 그럼 먼저, 명예롭게 살기 위해 제일 염두에 두어야 할 게 뭐죠?"

철학자: "명예롭기 위해서는 우선 순수함을 잃지 말아야 하네. 별을 쳐다보는 순수한 자의 맑은 눈동자처럼 말이지.[2] 그 눈동자가

그리운 시대가 되었다네. 아이들이 그렇듯 순수는 행복의 조건이지."

학생: "순수함이요? 순수함이 뭐죠? 어린아이와 같은 마음을 말하는 거 아닌가요?"

철학자: "순수함은 자신의 이익을 바라지 않는 것을 말하네. 물론, 나이가 들어가면서 지키기 쉬운 일은 아니지."

학생: "그렇겠지요. 나이가 들면 자기 것을 만들어가야 하는데 어떻게 이익에 눈감을 수 있겠습니까? 특히 좋은 것, 아름다운 것에 대한 욕심은 자기 이익을 우선으로 하겠지요. 어떻게 우리 눈을 멀게 하는 더 좋은 것, 더 아름다운 것에 욕심을 내지 않을 수 있겠습니까!"

철학자: "자네는 아름다움이 뭐라 생각하나? 우리 세상에서 아름다운 것이 그렇게 중요한가? 그런데, 세상에서 <u>단 하나뿐인 것은 아름답지도 추하지도 않은 법이네</u>.³ 아름다움을 초월한 그 무엇이 있는 거지. 게다가 잘 생각해보면 이 세상 모든 것은 하나밖에 없다네. 그러니 이 세상 모든 것은 아름다움과 비교가 되지 않는 어떤 중요한 의미를 갖고 있는 셈이지. 이것이 우리가 아름다운 것에 욕심을 낼 필요가 없는 이유일세."

학생: "음, 그럴 수도 있긴 하겠군요. 어쨌든, 그럼 무엇을 위해 살아야 하는지에 대한 답이 '명예롭게 사는 것'인가요?"

철학자: "꼭 그런 것은 아니네. 우리가 사는 이유나 목적은 수없이 많기도 하고, 아무것도 없기도 하지 않는가? 지금은 수없이 많은 삶의 목적 관점에서 생각해보고 있을 뿐이네."

학생: "선생님은 어느 정도 세상을 명철히 보고 있다고 생각하시

죠? 그럼, 우리가 행복을 위해 도대체 어떤 생각으로 살아야 하는지 알려줄 수 있으신가요? 아니, 정말 행복할 수는 있는 건가요?"

철학자: "초조한 듯 서두를 것 없네. 어차피 어둠 속에서 어둠을 피할 수는 없는 법이지. 아침을 기다려야 하네. <u>어둠을 피하는 가장 어려운 방법은 태양을 쫓는 것일세. 그런데 대부분 그 방법을 택하고 결국 지쳐 쓰러진다네.</u>[4] 행복을 서둘러 쫓으면 비슷한 운명이 될 것이야."

학생: "그럼, 그냥 기다리라는 건가요?"

철학자: "그냥은 아니지. 기다림에는 두 가지 종류가 있네. 하나는 시간이 지나는 것을 단순히 기다리는 것이고, 다른 하나는 일이 순리대로 진행하도록 차분히 시간을 주는 기다림이지."

학생: "음, 명예롭게 사는 것은 알겠습니다. 조금 더 자세히, 보편적으로 행복하려면 '무엇을 위해 살아야 하는지' 알려주십시오."

철학자: "일반화된 답을 알려줄 수는 없네. <u>진리를 가르치는 것, 그것이 사람의 일이 아니듯 말일세. 스스로 깨우치지 않은 진리로는 절대 행복할 수 없는 법이라네.</u>[5]"

학생: "모르시는 것 아닌가요? 만일 알고도 가르쳐주지 않는다면 지식인으로서 부끄러워해야 할 일 아닌가요? 세상에 넘쳐나는 책은 모두 지혜와 깨달음을 사람들에게 알려주는 것 아닙니까?"

철학자: "글쎄, 책이 과연, 꼭 그럴까? 책은 아무것도 속이지 말아야 하는데 말일세. <u>태양이 떠오르면, 밤사이 생각한 것만큼 그렇게 감출 수 있는 것이 많지 않지.</u>[6] 그런데 책은 사실 속임수투성이네."

학생: "네? 인류의 위대한 철학과 사상이 속임수라고요?"

철학자: "그들이 자기 생각과 철학을 어떻게 주장하는지에 따라 그럴 수도 있지."

학생: "그게 무슨 뜻이죠?"

철학자: "다른 사람 옷은 그것이 아무리 좋아도 빌려 입지 않는 것이 좋은 걸세. 크기와 색이 자신에게 맞지 않아 어색한 법이지.[7] 자기 생각을 일반화해 자기 생각을 따르라고 주장한다면 속인다고 말해도 잘못은 아니네. 아무리 위대한 철학자의 경우도 마찬가지지."

학생: "철학자가 자기주장을 할 수 없다면 어찌 그를 철학자라 할 수 있겠습니까? 선생님도 철학자로 인정받고 계시는데, 그것은 무언가 자기 철학을 주장하기 때문이지 않습니까?"

철학자: "잘 들어보게. 자기주장을 하는 것은 괜찮지만, 자신의 철학을 따라 하라는 의도가 보인다면 그것은 문제가 있는 것이란 말이네. 어떤 생각이나 사상을 따라 연기하게 해서는 안 되네. 우아한 연기를 하는 배우를 우아하다고 생각하지 않으니 말일세.[8]"

학생: "쉽지 않군요. 그럼, 삶과 인생의 목표는 스스로 생각해내라는 말씀이시네요. 그럼, 강의를 하실 필요도 없지 않습니까?"

철학자: "한 사람이 하루 종일 사막에서 길을 잃고 헤매고 있다고 생각해보게. 어떤 위대한 철학자의 사상, 절대 진리라고 생각되는 자유, 평등 같은 철학이더라도 사막에서 길 잃은 사람에게 무슨 소용이 있겠나. 그에게 필요한 것은 단지 물뿐이라네."

학생: "음, 자신의 상황과 사정에 따라 자기에게 맞는 삶의 목표를 가져야 하기 때문에 다른 사람의 철학은 별로 소용없단 말이죠?"

철학자: "그렇지."

학생: "그럼, 그 많은 철학자, 선생님의 역할이 무엇입니까? 아무 것도 알려줄 수 없다면요."

철학자: "자, 거기에 비밀이 있네. 철학자들 사상은 자기 목표의 기초와 배경을 제공하는 것일세. 예를 들면 어떤 철학자의 평등사상을 받아들인다면 내 삶의 목적을 평등으로 하는 것이 아니라, 내 삶의 목적을 이루기 위한 기초와 배경 그리고 그 방법으로써 평등을 적용하는 것이네."

학생: "철학적 가치가 삶의 목적이 아니라 '목적을 이루는 수단'이라는 말이네요. 그렇다면 쓸모가 조금 있어지겠군요."

철학자: "쓸모 정도가 아니라, 자기 삶의 모습과 색채를 결정하는 삶에서 가장 중요한 것이라네."

학생: "음, 그래서 사람마다 자신의 목표를 따로 만들어야 하는 거군요. 하지만, 자기 목표가 무엇이건 결국 행복해지는 게 최종 목표 아닌가요? 그렇다면 모든 사람의 목표는 같은 것 아닙니까?"

철학자: "행복이 최종 목표라고 생각하나?"

학생: "돈을 버는 것도, 명예를 얻는 것도, 높은 지위에 오르는 것도 모두 행복하기 위해서 아닙니까? 선생님이 처음에 말씀하신 '명예롭게 살아야 한다'라는 것도 결국 행복하기 위해서가 아닐까요?"

철학자: "<u>우리는 어제 목표로 정한 것을 이루기 위해 오늘을 살아간다네. 행복해도 행복하지 않아도 어제의 일이지. 이처럼 행복은 항상 어제의 일이라네.</u>9 행복을 원한다면 우리는 과거에 갇히는 셈이지."

강의실 분위기가 조금 바뀌고 있다. 학생들은 집중하고 있다.

학생: "우리가 살아가는 이유는 행복을 초월한 것이라는 말씀이군요. 그게 무엇인지 알려줄 수 없다는 말씀이고요."

철학자: "그렇다네. 절대적 행복, 최고의 행복이랄까!"

학생: "그렇다면, 이번 수업을 마치면 우리 스스로 그것을 알아낼 수 있을까요?"

철학자: "그럴 수도 있겠지."

학생: "행복을 초월한 우리 삶의 목표, 절대적 행복, 최고의 행복, 그것이 무엇인지 조금 기대는 되네요."

철학자: "하지만, 준비가 필요하지. <u>어지럽지 않으려면 흔들리지 않는 대지가 필요하네. 흔들리는 바다 위에서는 아무리 배의 바닥을 견고히 해도 소용없을 걸세.</u>[10] 행복은 천천히 튼튼하게 만들어가야 하네. 언뜻 무언인가 얻은 듯해도 그곳이 아직 거친 바다라면 머지않아 난파되어 바닷속으로 사라질 거네."

학생: "삶의 목적이 행복을 초월한 것이라고 하셨는데, 다시 행복을 말씀하시니 어떻게 된 겁니까?"

철학자: "그것은 행복을 초월한 것이지만, 수많은 작은 행복으로 만들어지는 것이지. 이해하겠는가?"

학생: "최소행복이론이군요. 조금 어렴풋이 알 것 같기도 합니다. 행복은 우리 삶의 목적이 아니라, 삶을 구성하는 요소일 뿐이라는 말이군요. 그러니 구성적 행복을 삶의 목표로 해서는 안 되고요."

철학자: "그렇다네."

학생: "선생님을 보면, 철학을 공부하거나 철학자가 되어야 무언

가 삶의 목표도 명확히 알 수 있고 그 방법도 알 수 있을 것 같은데, 개인적 능력과 사정들이 있는데, 아무나 철학자가 될 수 있는 건 아니지 않습니까?"

철학자: "철학자? <u>인문학은 인간에 대한 학문이고, 철학은 인간을 위한 학문이라네. 아무리 미천해도 인간을 위한 일을 하면 그는 이미 위대한 철학자지.</u>[11] 머리가 좋고 공부를 많이 해서 철학자가 아니라, 인간을 위한 일을 한다면 그는 그것으로 충분한 철학자일세."

학생: "삶의 목적에 대한 통찰은 철학자의 일이 아니라, 모두의 일이라는 말이군요."

철학자: "그렇다네."

학생: "삶의 목적에 대해 스스로 알아가는 것이라지만, 그래도 무언가 시금석이 될 만한 것은 알려주실 수 있지 않나요? 저희 같은 아직 젊은 사람들에게는 쉽지 않은 일이지 않습니까?"

철학자: "시금석이라고 할 것까지는 아니지만, <u>'죽음의 순간에 도움이 되는 것'을 삶의 목표로 우선하는 것이 좋네. 지금 비참하고 미천해도 오래지 않아 모두 같아지기 때문이지. 행복이 죽음의 순간, 최대가 되도록 그것을 목표하는 것이 좋네.</u>[12]"

학생: "죽음에 도움이 되는 것이라니요? 그게 뭐죠?"

철학자: "죽음의 순간, 무엇을 가장 아쉬워하겠나? 돈이 없음을 아쉬워하겠나, 명예가 없음을 아쉬워하겠나?"

학생: "죽음의 순간에 그런 것들은 생각도 나지 않겠지요."

철학자: "죽음의 순간에 떠오르는 것들은 아이들의 행복한 웃음,

멋진 대화, 집 앞에서 본 작은 개구리, 이런 작은 것들, 따뜻한 것들, 밝은 것들이 우리 죽음을 위로해주는 것이네."

학생: "그럼 죽음의 순간, 도움이 되는 것이 그런 작고 소박한 것들이란 말이네요. 반행복적 최소행복이군요. 결국, 삶의 목표는 그런 것으로 만들어진다고 생각하면 되는 건가요?"

철학자: "그럴 수도 있지만, 또 그렇게 단순한 것은 아니네. 생각이 모여 삶이 되는 것이 아니라, 행동이 모여 삶이 되기 때문이지. 행복도 마찬가지고.[13]"

학생: "삶의 목적을 아는 것만으로는 소용이 없다는 말이군요."

철학자: "그렇네. 행복의 조건은 끊임없는 행동, 자기 창조적 행동일세. 인간의 행복이 지속되려면, 태초에 신이 창조했던 것과 크게 다르지 않은 창조가 지속되어야 하기 때문이지.[14]"

학생: "행복에 여러 가지가 작용하고 있군요. 선생님 말처럼 우리가 행복하지 못한 이유, 삶의 목적에 다가서지 못하는 이유가 많겠지만, 우리 삶 속 '억압과 다툼'이 가장 큰 문제가 아닐까 생각합니다. 아무리 행복하고 싶어도, 아무리 삶의 목적에 다가서고 싶어도 억압과 다툼 속에서 모든 것이 무너져 버리니까요."

철학자: "잘 생각했네. 그것이 바로 우리가 쉽게 행복할 수 없는 이유지. 그런데, 억압과 다툼을 '권력과 민중' 사이의 문제라고 생각하면 오산이네. 그 근원은 '힘 있는 자와 힘없는 자' 사이의 문제, 바로 우리의 문제지. 문제의 근원이 자존감으로 무장한 '나'일 수 있네. 자존감이 거만함이 되지 않도록 주의해야지.[15]"

학생: "그렇군요. 저는 지금까지 수많은 책과 매체를 통해 삶의

목적과 행복에 대해 들어왔습니다. 지금 아직 젊은 우리로서는 모든 말들이 다 그럴듯하게 들립니다. 그중에서 어떻게 옥석을 가려야 하는 거죠?"

철학자: "<u>우리 시대는 말을 하지 않는 것도 중요하지만, 귀를 막고 다니는 것도 중요하네. 행복은 돌아다니는 지식과는 전혀 무관하지.</u>16 만일 그런 돌아다니는 지식으로 행복할 수 있다면 행복하지 않은 사람이 없어야 하겠지. 하지만 주위를 둘러보면 행복한 사람은 쉽게 눈에 띄지 않을 걸세. 옥석은 그렇게 쉽게 가릴 수 없는 거네."

학생: "그렇긴 합니다. 저도 유튜브 같은 곳에서 무언가 열심히 찾아 들어도 볼 때만 잠시일 뿐, 내 삶에 무언가 근본적 변화를 주는 것은 거의 없는 것 같습니다. 언뜻 그럴듯하게 나를 꾸며 보기도 하지만, 조금 지나면 전혀 소용없습니다."

철학자: "그럴 걸세. <u>다른 사람을 다 속여도 자기 자신을 속일 수는 없는 법이지. 그런데 보통 그것을 알아채는 '나'는 조금 늦게 등장한다네. 물론 의도적이지.</u>17 모르는 척 말일세. 행복해 보이려 하지 말게. 행복한 것과는 다른 이야기니."

학생: "그런데 한 가지 의문이 있습니다. 우리는 각자 후회스럽거나 불행한 과거를 가질 수 있는 것 아닙니까! 그럴 경우, 우리는 행복할 수 없는 건가요? 후회스러운 과거, 불행한 과거 때문에 행복할 자격이 없다고 생각할 수도 있지 않습니까!"

철학자: "물론, 그런 생각을 할 수도 있겠지. <u>사람은 보통 미래를 창조하거나 아니면 현재를 창조한다네. 하지만, 행복한 자는 과거를 창조하지. 보잘것없던 과거도 현재에 의해 재탄생한다네.</u>18"

학생: "그게 무슨 말입니까? 과거는 이미 고정된 사실이고, 창조

한다는 것은 지금까지 없던 것을 새롭게 만드는 것 아닙니까? 이미 고정된 불변의 사실을 새롭게 만든다는 것은 논리적으로 앞뒤가 안 맞는 말이지 않습니까?"

철학자: "언뜻 보면 그럴 수 있지. 하지만 여기서 과거를 창조한다는 것은 현재의 노력으로 과거에 있었던 사실의 '의미와 가치'를 변화시키는 것을 말하네. 어떤 후회스러운 과거의 일도 그 '의미와 가치'를 바꿀 수 있는 거지."

학생: "조금 알 것도 같은데, 다른 구체적 예가 있을까요?"

철학자: "예를 들면 초등학교 시절 신나게 놀기만 했던 아이가 중학생이 되어 시험을 보았는데, 성적이 형편없이 나왔다고 해보세. 그 학생이 초등학교 시절 너무 놀기만 한 것을 후회하고, 그 시절을 바꾸고 싶은 과거로만 생각하면 과거는 고정되어 버리지. 하지만, 초등학교 시절 놀았던 사실을 인정하고, 지금 '현재의 노력'으로 부족한 부분을 보완해 그 균형을 맞추어 간다면, 초등학교 시절 놀기만 했던 과거의 사실은 인생에서 가장 행복하고 즐거웠던 추억의 시기로 재탄생하는 것이네."

학생: "음, 좀 어렵지만, 과거를 창조할 수 있다면 어떤 일도 두려움 없이 할 수는 있겠네요. 아무리 그 결과가 나쁘더라도 또 다른 현재의 노력으로 그 의미와 가치를 재탄생시킬 수 있을 테니까요."

철학자: "핵심을 잘 파악했네."

† 2. 이제 무대에서 내려와라 †

이때, 수업을 듣던 다른 학생이 이렇게 물었다.

학생: "삶의 목적, 최고의 행복은 같으면서도 다르고, 다르면서도 같은 듯하군요. 그런데 우리는 모두 예정되어 있는 비슷한 길을 가고 있고, 경쟁 속에서 승자는 행복하고 패자는 불행하게 됩니다. 삶의 목적과 행복도 어쩌면 이 경쟁 속 승자가 되는 것 아닐까요?"

철학자: "일견, 그렇게 볼 수도 있겠지. 하지만, <u>행복하려면 반대로 이제 무대를 내려와야 할 걸세. 우리 삶 속 예정된 극본은 보통 엉터리이고 삼류 작가가 써 놓은 대본이 대부분이네. 게다가 극본을 따르는 '배우'는 감독과 관객이 원하는 대로 하지 않을 수 없지.</u> [19]"

학생: "무대를 내려오라니, 그건 경쟁의 무대에서 내려오라는 말인가요? 아무리 삼류 작가가 쓰는 듯한 뻔한 이야기, 뻔한 길일지라도 그것을 포기하고 우리가 어떻게 살아갈 수 있나요? 뻔한 길이라도 좋은 대학에 가야 하고, 뻔한 길이지만 결혼하고 아이 낳고 평범하게 사는 것이 행복 아닌가요?"

철학자: "자네 말도 분명히 맞는 말이네. 써 놓은 각본대로 살지 말라는 것이 평범하게 살지 말라는 것은 아닐세. 내가 하는 말은 삼류 작가들이 써놓은 뻔한 내용대로 살려고 억지로 무대 위에서 연극하듯 살지 말라는 말이라네. 자신의 무대와 연기에 관객들이 환호할지는 모르지만, 그건 진정한 행복과는 거리가 멀다는 것일세."

학생: "음, 대본에 맞추어 연기하듯 살지 말라는 말이군요. 하지만 그 연극 속에서 행복을 느끼는 사람도 있지 않을까요?"

철학자: "물론이지. 만일 그렇다면 그는 연극을 하는 것이 아니네. 그에게는 무대 위가 진짜 삶인 거지."

학생: "그렇군요. 연기 말고 진짜 자기 삶을 살라는 말이군요. 결국, 진부하지만, 다른 사람들, 관객 의식하지 말고, 자기가 살고 싶은 대로 사는 것이 행복을 이루는 길이란 말이죠?"

철학자: "반만 맞았네. 자기 생각이 다수로부터 지지받지 못한다면 진리로부터 멀어져 있다고 보면 되지. 행복은 일정 부분 다른 사람의 인정도 필요하네.[20] 다른 사람을 의식하지 말고 살되, 그것이 그들에게 인정받을 만해야 하는 걸세."

학생: "다른 사람 눈치를 보지 말되 그들의 인정을 받을 만한 삶을 살라? 애매하군요."

철학자: "신이 세상을 창조했던 것과 똑같이 우리는 매일 아침 자기 세계를 창조해야 한다네.[21] 자기만의 세상을 만들어 가는 것, 그것이 행복이지. 하지만, 자기만의 세상이 다수의 지지를 받을 만해야 하는 것이네. 자기만의 세상이 타인에게 피해를 주거나 범죄적 삶이 되어서는 안 되지 않겠나!"

학생: "물론, 그렇겠죠. 다수에게 인정받는 자기 세계 창조! 어려울 것 같기도 하지만, 어떤 면에서는 그냥 자기 삶을 살면 되는, 쉬운 일일 수도 있다는 생각도 듭니다. 그런데 이렇게 자기 세계를 만들면 자기만의 가치, 자기만의 철학을 만들 것이고, 그렇다면 이는 꽤 자랑스럽게 생각할 만하겠습니다."

철학자: "자랑할 건 없네. 진리는 창조하는 것이 아니라, 발견하는 것이기 때문이지. 내가 진리를 만든 것도 아닌데, 그것을 찾았다

고 너무 자랑할 것 없지 않겠나? 자신의 자랑스러운 지혜도 타인에게는 별 쓸모가 없는 법이라네.[22]"

학생: "네? 진리가 원래부터 있는 것이란 말인가요?"

철학자: "그렇네. 우리는 그것을 발견할 뿐이지. 아인슈타인 상대성이론 속 질량과 에너지 변환 공식 $E=mc^2$을 아인슈타인이 처음 만든 것이겠나? 그는 우주 속 원래부터 있던 공식을 발견했을 뿐이라네."

학생: "이 세상 모든 위대한 성취가 모두 발견일 뿐이군요. 그렇다면 이 우주 속, 세상 속에는 무한한 보물이 숨겨져 있고 그것의 발견을 기다리고 있는지도 모르겠군요."

철학자: "그렇지."

학생: "그렇다면 삶의 목표를 새로운 원리나 법칙 발견을 위한 지식 탐구에 두는 것도 괜찮겠네요."

철학자: "법칙 발견을 위한 지식 탐구는 혁신적 진보를 위해 중요한 일이긴 하지. 하지만, 혁신적 진보가 오히려 인간을 파멸시킬 것이라는 전조를 이미 심각하게 경험하고 있지 않나! 지식으로 오만해지지는 말아야지. <u>과다한 지식은 겸손을 갉아먹어 진리의 길에 울타리를 높게 세운다네. 겸손치 않으면 지나가는 가을바람도 그를 외면할 것이야. 오만하지만 않으면 최소한 불행하지는 않지.</u>[23] 삶의 목표가 단순히 지식과 진보가 되어서는 안 되는 이유일세."

학생: "반행복적 최소행복이론이군요. 하지만, 선생님도 지식인이자 학자이지 않습니까? 지식을 추구하여 새로운 진리와 혁신적 법칙을 발견하는 것보다 더 의미 있는 일이 뭐가 있나요? 우리 행복

과 삶의 목표가 지식이 돼서는 안 되는 이유를 이해 못하겠습니다."

철학자: "자네가 그렇게 생각할 수도 있겠네. 하지만 조금 전에도 말했지만, 지식을 추구하고 완성해가면서 겸손을 잃지 않기란 동네 뒷산에서 산삼을 캐는 것만큼 어려운 일이지. 보통, 학자인 척하는 자는 대부분 오만해진다네. 그에게 존경할만한 것은 기억력뿐이지. 이것이 지식만으로는 도저히 행복할 수 없는 이유일세.[24]"

학생: "지식이 쌓여갈수록 사람은 오만한 태도를 버릴 수 없다는 말이군요. 듣다 보니 행복은 지식만으로는 안 되고, 무언가 또 다른 것이 함께 필요할 것 같은 생각이 들기는 합니다."

철학자: "그렇네. 지식만으론 아무것도 아니지."

학생: "혹시, 행복을 위한 또 다른 삶의 목표가 '사람들과의 관계'는 아닌가요?"

철학자: "그럴 수 있네. 사람들과의 관계도 삶의 목표와 행복에 충분히 연관이 있다고 할 수 있기는 하지. 하지만, 교제술에 능숙하려면 자신에게 나태해지지 않을 수 없다네. 물론, 사람과의 관계는 중요하지. 그렇지만 그것을 너무 중시하면 얻는 것보다 잃는 것이 더 많아질 걸세.[25] 주객이 전도되지 않도록 주의해야 하네. 행복은 내가 만드는 것이고 타인은 단지 도울 뿐이니까."

학생: "사람들과의 관계가 중요하기는 하지만, 행복과 삶의 목표에 불가결한 요소는 아니라는 말씀이군요."

철학자: "그렇네."

학생: "아, 그럼 '편안함'은 어떤가요?"

철학자: "왜 그렇게 생각하나?"

학생: "행복은 어쩌면 대단한 즐거움과 기쁨에서 오는 것이 아니라, 잔잔한 편안함이 오히려 오랫동안 행복할 수 있는 더 좋은 방법일지도 모른다는 생각이 들었습니다. 즐거움과 기쁨은 스치듯 지나가 버리니까요."

철학자: "중요한 관점을 파악한 것 같군. 그렇네. 순간적 행복은 진정한 행복은 아니지. 하지만 우리는 편안하지 않은 고행 같은 어려움 속에서도 행복을 느끼는 것 같지는 않나? 자네도 그런 경험이 있을 걸세. 편안함은 행복과 삶의 목표에 필수불가결한 것은 아니네. 오히려, <u>삶에 편안함이 깃들게 하지 않도록 주의해야 하지. 편안함은 마음으로 충분하다네.</u>[26]"

학생: "이러다가는 데카르트처럼 아닌 것을 모두 부정, 제외하고 남는 것만 따져봐야겠습니다. 행복하기 위한 삶의 목적에의 접근이 쉽지 않군요."

철학자: "쉽다면 벌써 사람들이 그것을 위해 살았을 테고 세상도 이미 그렇게 바뀌었겠지."

학생: "그래도 행복을 깨달은 위대한 정신적, 사상적 교육자들이 있었을 텐데, 왜 그들은 우리에게 그 비밀을 알려주지 않을까요? 그러고 보니, 우리 주변에 그런 교육자가 눈에 잘 띄지 않는 것 같긴 하네요. 아니, 잘 띄지 않는 정도가 아니라, 거의 없는 것 같은 생각도 듭니다. 누구도 삶의 목적과 행복을 위한 진리를 직접 알려주실 수 없다고 말씀하시긴 했지만, 그래도 그런 교육자가 있다면, 어느 정도 그 방향을 제시해 줄 수는 있을 텐데요."

철학자: "우리 시대는 위대한 스승을 두려고 하지 않네. 어리석도록 자존감으로 무장한 머리 좋은 사람들의 질투심 때문이지. 아니,

이는 우리 시대만의 문제는 아닐세. 소크라테스도 비슷한 운명이었으니까."

학생: "질투심? 그게 무슨 말입니까?"

철학자: "누군가를 가르치려면 그들을 압도하는 탁월함이 필요한 법이네. 때때로 그런 교육자가 있기는 하지. 하지만, 조금 뛰어난 자들은 그들을 좋아하지 않네.[27] 아니, 증오하지. 주위에 교육자가 적은 이유라네. 이처럼 탁월한 교육자가 줄어들면 곧 행복도 줄어들 걸세."

학생: "뛰어난 사람들의 시기와 질투심이 세상을 망가뜨린다고요?"

철학자: "그런 셈이지."

학생: "그런데, 그 '어리석게 뛰어난 자들'은 왜 탁월한 사람들을 질투하고 증오할까요? 자기 자리를 넘볼까 봐, 자기 자리가 위태로울까 봐 그런 것일까요?"

철학자: "그런 면도 없지는 않겠지. 하지만 자네가 말한 표현 그대로 '어리석게 뛰어난 자들'이 정말 뛰어난 자들은 아니네. 평범하다고 해야 할지도 모르지. 세상에 적응하면서 진화한 적응형 인간이라고 보는 게 좋을 걸세. 이런 군중 속 자아 상실자는 겉으로는 누군가의 다름을 인정하지만, 속으로는 그들을 어떻게 동화시킬지를 궁리하지. 그의 특징은 다수를 따르는 자신에 대하여 의외로 자존심이 강하다는 것이네. 다수에 속하는 것이 행복의 조건은 절대 아닌데도 그것을 알지 못하는 것이지.[28]"

학생: "자신과 다른 게 자존심을 상하게 하는 거네요. 그들을 다수 속에 숨어 누리는 행복의 방해꾼처럼 느끼고요."

철학자: "그렇다네. 그런 가축 떼 속 군중심리는 원래 군주나 독재자들의 통치 수단이었지. 서로를 감시하여 통제를 벗어날 수 없게 하기 위한 수단으로 말일세."

학생: "삶의 목적이나 행복이 점점 미로에 빠지는 듯한 느낌입니다. 그래도 계속 열심히 찾다 보면 행복하기 위한 철학이나 자기주장을 만들 수 있겠지요?"

철학자: "물론이지. 하지만, 고정된 자기주장은 만들지 않는 것이 좋을 걸세. 그렇게 되면 세상이 모두 적군뿐이고 상대하여 항복시켜야 하기 때문이지.[29]"

학생: "자기주장이나 자기 철학마저 만들지 말라는 말입니까? 그것은 아무 생각 없이 세상을 살라는 말 아닌가요?"

철학자: "약간 오해의 소지가 있군. 자기주장이나 자기 철학이 왜 필요 없겠나. '고정된' 자기주장이나 철학을 만들지 말라는 것이네. 특히 젊은 시절, 세월의 깊이가 스며들지 않은 철학은 머릿속에 있는 몇 개의 멋진 문장을 자기 철학으로 미화하기 쉬운 걸세. 알기 하려면 철학은 공부하지 않는 것이 좋네. 우스운 생각의 소유자가 될 뿐이지.[30] 잘못된 자기 철학은 행복을 차버린다네."

학생: "고정된 자기 철학 말이군요."

철학자: "그렇네."

학생: "그럼, 자기 철학은 그렇다고 치더라도 행복을 위한 삶의 목적은 그래도 무언가 눈에 띄는 성취를 지향해야 하는 것 아닌가요? 성취를 통해 행복해질 수 있다는 것은 누구도 부정할 수는 없지 않습니까? 아무리 행복하려 해도 삶이 초라하다면 어찌 행복하겠습니

까?"

철학자: "물론, 너무나 초라한 삶이라면 행복할 수 없겠지. 하지만 빈천하지 않고 청빈하다면 멋진 삶으로 받아들여지기도 하는 걸세."

학생: "빈천과 청빈이요?"

철학자: "빈천은 가난해지면서 생각도 행동도 천해지는 것이고 청빈은 가난하지만 생각과 행동이 항상 올바르고 가치 있는 삶을 지향하는 것이네. 둘은 완전히 다른 삶이지."

학생: "또 최소 행복이군요. 그건 가난한 자, 아무것도 이루지 못한 자의 변명거리 아닐까요? 재벌 사장과 끼니를 걱정해야 하는 가난한 자의 행복은 분명히 그 차이와 격차가 있는 것 아닌가요?"

철학자: "부의 관점에서는 자네 말이 틀림없겠지."

학생: "부는 할 수 없는 것이 없을 정도로 만족감을 줍니다. 입에 침이 돌게 하는 부드러운 고기를 마음껏 먹을 수 있고, 입으면 자신을 더 아름답게 하는 세련된 옷을 살 수도 있고, 놀고 싶을 때 마음대로 쉴 수 있는 여유로운 삶을 누릴 수도 있습니다. 부는 단지 부가 아니라, 우리 삶을 완전히 바꿀 수 있습니다."

철학자: "그래, 자네 말이 틀리지 않네. 그렇다면 최고 행복을 위한 삶의 목적이 부라고 할 수 있겠나?"

학생: "그럴지도 모르겠습니다."

철학자: "그러면, 어떤 사람이 재벌의 아들로 태어났다고 생각해보세. 그는 최고 행복을 위한 삶의 목적을 이미 이룬 것 아니겠나?"

학생: "그럴 수도 있겠죠."

철학자: "그 재벌 아들이 사업에 바쁜 부모의 세심한 사랑을 받지 못한 채 자랐다면, 항상 사랑에 목말라하면서 사랑을 자신이 추구해야 하는 삶의 목적이라고 생각할 수도 있지 않겠나?"

학생: "그럴 수는 있겠지요."

철학자: "어느 정도 먹고 사는 것이 해결된 예술가나 문학가는 어떨까? 그들에게도 부가 중요하기는 하지만, 최고의 행복은 역사에 남을 예술적, 문학적 성취에 있을 거라 생각되지 않나?"

학생: "그건 그렇죠."

철학자: "이처럼 최고의 행복은 세상 사람 모두 다르다고 봐야 하지. 하지만, 달라도 별 상관없네. 향나무로 만든 사자와 여우는 그 향이 다르지 않을 걸세. 행복은 향과 같지. 그 모습은 상관없네.[31]"

학생: "아, 그러면 최고의 행복을 위한 삶의 목적은 그 향을 찾는 것이겠군요."

철학자: "그건 자네가 알아서 생각하게."

† 3. 단정하게, 소박하게, 편안하게 살라 †

이때, 수업을 듣던 또 다른 학생이 이렇게 물었다.

학생: "행복과 삶의 목적은 너무 어려워 단순하게 생각해서는 안

될 것 같은 생각이 듭니다. 결국, 공부를 더 해야 할 것 같습니다. 독서가 우선이겠죠?"

철학자: "독서도 중요한 방법이겠지."

학생: "그런데, 독서라고 하면 너무 광범위하고, 철학이나 문학 작품으로 한정하더라도 그곳에 숨어 있는 여러 교훈과 가치들이 무한하지 않습니까?"

철학자: "그렇기는 하지."

학생: "우리 삶이 그렇게 여유롭거나 한가로운 것도 아닌데, 그 수 많은 작품을 모두 읽을 수는 없지 않습니까? 더군다나 그 책들을 다 읽는다고 최고의 행복이나 삶의 목적이 무엇인지 안다는 보장도 없고요."

철학자: "자네 말이 틀리지 않네."

학생: "이야기하다 보니 책을 통한 방법도 그렇게 좋은 방법은 아닌 것 같군요."

철학자: "행복을 찾는 방법이 책을 통해서만은 아니겠지. 친구들과 대화 중에 알 수도 있고, 자기 일을 하다 떠오를 수도 있겠고, 한적한 곳을 여행하다 갑자기 그것이 찾아올 수도 있을 걸세. 하지만, 그런 우연을 통한 것보다는 그것을 고민하고 통찰한 사람들의 책을 읽으면 당연히 좀 더 행복에 가까운 무엇을 볼 수 있을 걸세. <u>올바른 독서는 그의 책이 아니라, 그의 행복을 읽는 것이네.</u>[32] 그러니 제대로만 읽으면 그곳에 다다르기가 좀 더 쉽지 않겠나!"

학생: "음, 책에서 작가의 행복을 읽는다! 시도해봐야겠습니다. 도움이 될 것 같군요. 최고의 행복과 삶의 목적 개별성에 관한 선생

님과 친구들의 말을 들으면서 떠오른 생각이지만, 만일 그렇다면 무엇보다도 '내가 진정으로 원하는 것이 무엇인지'를 먼저 성찰해야 하는 것 아닌가요?"

철학자: "충분히 그런 생각을 할만 하네."

학생: "내가 무엇을 원하는지 알려면 어떻게 해야 하나요? 사실 그것도 잘 모르겠습니다. 어떤 때는 부자가 되기를 원하기도 하고, 어떤 때는 부자가 아니어도 편안하고 자유롭게 사는 걸 원하기도 하고, 어떤 때는 부자도 편한 것도 아닌 무언가 내가 하는 일을 성취하기 위해 며칠 밤을 새우기도 하니, 내가 진정으로 무엇을 원하는지 잘 모르겠습니다."

철학자: "그럴 걸세. 자신이 무엇을 궁극적으로 원하는지 알려면 자기 자신에 대해 알 수밖에 없지. 내가 나를 모르는데 어찌 내가 무엇을 원하는지 알 수 있겠나? <u>나 자신은 발견하는 것이 아니라, 만들어가야 하는 것이네. 자네들은 이 같은 '제3의 탄생'을 위해 나아가야 하네. 거칠고 험한 바람 부는 곳으로 말이야.</u>[33] 내가 있어야 행복하든 말든 할 것 아닌가!"

학생: "나는 발견하는 것이 아니라, 만드는 것이라고요? 그리고 제3의 탄생은 또 무엇입니까?"

철학자: "내가 만드는 나 그리고 제3의 탄생은 같은 말일세."

학생: "조금 더 자세히 알려주십시오."

철학자: "우리는 세 번의 탄생을 한다네. 첫 번째는 육체의 탄생이지. 당연히 이는 모태에서의 탄생이네. 두 번째 탄생은 생각의 탄생이지. 이는 부모나 주위 세계의 생각과 자기 생각을 독립시켜 자

기 세계를 만드는 정신의 탄생이네. 거의 대부분의 사람들 모두가 겪는 과정이고 보통, 사춘기라고 하지. 세 번째 탄생은 가치의 탄생이네. 자기만의 가치 체계, 철학 체계를 만들어, 자기 삶이 다른 사람들이 만들어놓은 가치 체계에서 벗어나 완전한 자신을 만드는, 내가 나를 만드는 창조적 탄생이지. 물론, 이 세 번째 탄생은 누구나 하는 것은 아닐세."

학생: "행복을 위한 가치관이 만들어진다는 것이군요."

철학자: "그런 셈이지."

학생: "그렇다면 행복을 위한 삶의 목적은 제3의 탄생 여부로 결정된다는 말인가요?"

철학자: "그게 그렇게 단순하겠나? 지금까지 이야기한 구체적 행동, 자기 창조 등 많은 것들이 우리가 행복에 쉽게 접근할 수 없도록 하고 있다네."

학생: "거기에 제3의 탄생마저 등장했군요. 이렇게 생각할 것도 고려할 것도 많다면 과연 누가 행복을 찾을 수 있겠습니까?"

철학자: "행복은 향이라고 하지 않았는가! 복잡하고 어려운 것들을 통합하는 쉽고 간단한 방법이 바로 그 '향'인 걸세. 중간에 어려워 보이는 것들로 가득하게 느끼는 것은 아직 핵심에 도달하지 않았기 때문이네. 확실히 잡아야지. <u>억새는 느슨하게 잡으면 손을 베이네. '확실히'는 행복의 조건, '적당히'는 불행의 조건이지.</u>[34]"

학생: "삶의 목적을 찾는 방법, 행복해지는 방법을 찾기 어려우니, 반대로 그것을 이미 찾은 사람들이 어떤 모습일지에 대해 생각해보는 것이 어떨까요? 그런데 그들을 찾기가 쉽지 않을 텐데요. 그

들은 혹시 우월감을 드러낼까요? 무엇이 행복인지도 모르며 살아가는 다른 사람들이 어리석어 보일 테니까요."

철학자: "그건 자네 오해일세. 우월함과 행복은 관계없으니 말이야. 오히려 다른 사람들에 대한 자신의 우월감이 오랫동안 지속되면 자신을 아직 어리다고 생각하면 된다네.[35] 우월함은 오래갈 수 없기 때문에 행복의 조건은 아니지."

학생: "그럼, 삶의 목적과 행복에 도달한 사람은 어떤 모습을 보일까요? 그들을 어떻게 알아보죠? 멋진 모습, 아름다운 모습을 보일까요?"

철학자: "다른 것은 몰라도 멋지고 아름다운 모습은 보이겠지."

학생: "그럼, 자신을 멋지고 아름답게 만들 수 있는 방법을 열심히 찾아 나서면 되겠군요."

철학자: "왜 그렇게 생각하나?"

학생: "사람을 멋지고 아름답게 하는 법을 찾아 그것으로 자기 삶을 만들어 간다면, 그것으로 행복에 가까이 갈 수 있는 것 아니겠습니까?"

철학자: "주변에 멋지고 아름답게 해주는 것들이 많기는 하겠지. 하지만, 아름다움을 찾아 사람들이 자신의 시간을 잃어버릴 때, 진정으로 행복한 자는 자신 속 흙과 바람으로 아름다움을 형상화한다네.[36] 자신이 만드는 아름다움 이외에는 어떤 아름다움도 자신과 어울리지 않기 때문이야. 다른 사람을 멋지고 아름답게 해주었던 방법은 자신에게는 별로 소용 없네."

학생: "자신이 스스로 자기 아름다움을 만든다고요?"

철학자: "어떤 광고 모델이 있다고 하세. 멋지고 아름다운 모습을 보이기 위해 값비싸고 고급스런 옷, 화장, 장식물로 자신을 꾸미는 것과 꾸준한 운동과 밝은 모습으로 자신을 그렇게 만드는 것과 어느 것이 탁월한 아름다움이겠나? 물론 멋진 장식물이 도움은 되겠지만 말일세."

학생: "스스로 아름답게 한다! 알 듯 말 듯 하군요. 그렇다면 조금 전에 책을 읽는 방법을 알려주셨지만, 자신을 멋지고 아름답게 만들기 위한 방법으로 책을 읽는 것만큼 더 좋은 방법은 없을 것 같은데요. 우리의 정신을 멋있게 만드는 방법이니까요. 시대에 맞는 가치를 발견하려면 그래도 많은 사람이 읽는 베스트셀러 중심으로 읽으면 되는 건가요?"

철학자: "베스트셀러는 유행하는 옷이나 노래라고 할 수 있네. 그 책에서 주장하는 가치가 2~3년 지나면 의미 없어지는 경우가 대부분이지. 멋진 장식물에 불과한 경우가 대부분인 걸세."

학생: "베스트셀러도 아니면, 그럼 어떤 책을 읽어야 하죠?"

철학자: "<u>많은 사람이 읽는다고 따라 읽을 필요는 없다네. 단, 30년이 지나도 사람들이 읽고 있는 책은 몇 번이고 정독하는 것이 좋지. 책의 가치는 사람들에게 행복을 주는 기간에 비례한다네.</u>[37]"

학생: "그런 책들은 거의 고전밖에 없지 않습니까?"

철학자: "꼭 그렇지는 않네. 잘 찾아보면 스테디셀러로 오랫동안 읽히는 책들이 적지 않지. 그런 책들에 관심을 두지 않아서 보이지 않는 것일 뿐이야."

학생: "그런 책들만 읽으면 시대의 조류와 관심사에서 멀어져 고

리타분한 생각의 소유자가 되는 건 아닙니까?"

철학자: "그렇게 생각하나? 지금 우리 시대가 추구하는 대부분의 가치는 소설가나 철학자가 그것을 언제쯤 주장한 것 같나? 우리 시대에서 가장 앞선 가치가 무언인가? 평등적 자유, 창의적 사고, 합리적이고 실용적 사고, 개인적 세계 중시, 여유롭고 편안한 삶, 뭐, 그런 것 아니겠나?"

학생: "그렇겠지요."

철학자: "그렇다면 현대 사회 대부분 가치는 이미 수천 년 전 작가들에 의해 주장된 것들이지. 30년 지났다고 고리타분하다고 생각하는 게 고리타분한 생각이네."

학생: "물론, 시간이 지날수록 더 빛나는 작품이 있을 수는 있겠지요. 그런데 선생님, 시는 어떻습니까? 시를 좋아하는 사람도 많지 않습니까? 행복을 위해 시는 어떤 역할을 하는 거죠?"

철학자: "시는 인간이 가진 아주 독특한 문학 장르라네. 문자를 이용해서 그림을 그리고 음악을 연주하는 다차원의 예술인 셈이지. 플라톤은 한가한 감성 놀이라고 혐오했고, 사르트르는 시를 문학에서 제외해서 예술로 분류해 버렸지."

학생: "그렇군요."

철학자: "처음에 설명했듯이 '행복'과 '삶의 목적'은 일부 공통된 부분도 있지만, 엄연히 다른 개념이지. 하지만 설명의 편의를 위해 앞으로 두 개념을 구분할 필요가 없을 때는 우리에게 익숙한 '행복'으로 통일하겠네. 시가 행복에 어떤 역할을 하는지를 물었지?"

학생: "네, 그렇습니다."

철학자: "시는 인간의 감성을 표현하는 문학 또는 예술이네. 인간의 감성이 행복과 관련이 있다고 생각하나?"

학생: "물론입니다. 그렇게 물으시니 우리에게 행복을 주는 것은 이성적 요소보다 오히려 감성적 요소가 더 많은 것 같습니다."

철학자: "그렇네. 우리에게 행복을 주는 감성을 선사하는 것이 바로 '시'라네. 문제는 감성이란 본래 감각적이고 순간적, 일시적 현상이지. 그래서 시는 우리에게 행복한 순간을 느끼도록 해주지만, 그것은 미술 작품을 감상하거나 음악을 들으면서 느끼는 행복감과 비슷한 것이라네. 적절한 비유인지는 모르겠지만, 환각제로 느끼는 행복이랄까? 그러니 시는 사람을 행복하게 해줄지는 몰라도 행복하게 해주는 방법을 알려주지는 않네. 우리가 원하는 것은 후자 아닌가?"

학생: "그렇죠."

철학자: "그래서, 그 관점에서는 시는 아무것도 해주지 않는다네. 혹시라도 그것을 알려주는 시가 있다면 그건 이미 시가 아닌 셈이지."

학생: "충격이군요. 저는 헤세의 시처럼 철학적 요소가 녹아 들어가 있는 의미 깊은 시들을 좋아하는데, 그것들이 시가 아니라는 말입니까?"

철학자: "그렇네. 그것은 시의 형식만을 빌린 철학 작품인 거지. <u>우리 삶의 운율, 정서, 호흡과 자연스럽게 동화되지 않는 고상한 단어의 조합이 시로 둔갑하면, 그 시는 거짓말을 하는 것이네. 이는 행복도 마찬가지지.</u>[38]"

학생: "행복도라니요?"

철학자: "행복 또한 우리 삶의 운율, 정서, 호흡과 자연스럽게 동화되지 않는다면 그것은 거짓 행복이라는 말이네."

학생: "선생님은 저랑 굉장히 다른 생각을 가지신 것 같습니다. 누가 옳은지는 현재로서는 알 수 없지만요. 저는 자신을 매우 상식적이고 합리적이라고 생각해 왔습니다. 선생님 말씀이 어느 정도 논리적이고 수긍이 가지 않는 것은 아니지만, 모두를 받아들이기에는 무리인 것 같습니다."

철학자: "자네가 내 생각과 같아진다면 나는 교육자로서 자격이 없을 걸세. 나는 자네가 자기 생각을 발전시켜 나갈 수 있도록 도와주는 사람일 뿐이야. 자네가 가진 생각에서 좀 더 자유로울 수 있도록 도와주는 해방자랄까? 내 수업이 자네가 자기 생각에 갇히지 않도록 의문을 불러일으킨다면 대성공인 셈이지."

학생: "그 점에선 어느 정도 성공하신 것 같습니다. 그런데 선생님, 우리가 행복을 추구하느라 잘못된 길에 들어 오히려 불행해지는 경우도 분명히 있을 것 같습니다. 그냥 사회적으로 정해진 안정된 단계를 거쳐 평범하게 산다면 최고의 행복, 완전한 삶의 목적에는 다다를 수 없겠지만, 그럭저럭 소소한 행복을 누리면서 살 수는 있지 않습니까? 특히 기본적인 능력, 재능, 부를 타고난 사람들은 저와 비슷한 생각을 할 가능성이 큽니다."

철학자: "그렇겠지. 나도 그런 삶을 반대하는 것은 절대 아니네. 소소한 행복이라고 하지만 그것이 진짜 최고의 행복인지 누가 알겠나?"

학생: "그렇지요! 만일 그렇다면 지금까지 수업한 모든 것은 별 의미가 없어지겠지만요."

철학자: "그럴지도 모르네. 하지만 잘 생각해보게. 지구가 평평한 것으로 생각해, 수천 년 동안 지브롤터 해협의 헤라클래스 기둥을 지나지 못했던 배의 선원이 헤라클래스 기둥을 지나 지구를 일주했을 때 느꼈을 행복감은 소소한 행복과는 조금은 다를 걸세."

학생: "그럴 수 있겠죠."

철학자: "자신이 지금 혹시 푸줏간 앞, 개 신세는 아닌가 생각해봐야 하네. 개는 고기와 뼛조각은 먹고 싶지만, 주인의 매 때문에 접근할 수 없으니 말이야.[39] 두려움에 참고 있는 것은 행복에 최악일지도 모르는 걸세."

학생: "음, 그럼 실패와 불행에 대한 두려움은 어떻게 극복하죠?"

철학자: "행복과 불행은 상대적 관점이 매우 강한 것이라네. 자기만의 기준으로 살아간다면 실패와 불행은 많이 완화될 걸세."

학생: "자기만의 기준이라면 무엇입니까?"

철학자: "예를 들면, 단정하게 입고, 소박하게 먹고, 편안히 쉴 작은 공간이 있다면 그것으로 충분하다는 생각[40] 같은 것이지."

학생: "최소 행복이군요. 하지만, 사람의 욕심이 그렇게 내버려 두겠습니까? 어쩔 수 없다면 모를까 그런 청빈한 선비 정신이 아직 남아 있을까요?"

철학자: "우리는 지금 행복 그리고 삶의 목적에 대해 생각하고 있지 않나? 경쟁 속에서 산다면 극히 소수만 행복을 가질 가능성이 있을 걸세. 경쟁하지 않고 행복할 수 있는 방법을 찾는다면 좀 더 쉽고 보편적인 접근 방법에 다가설 수 있을 것이야. 지금 우리가 하는 수업에서는 어떤 방법이든 고려해 봐야 하네."

학생: "선생님 말씀은 알겠는데, 막상 저에게 그런 소박한 목표를 가지라면 망설여지는군요."

철학자: "풍요에 겨운 '게으르고 살찐 부자'를 꿈꾸지 말게. 정말 그렇게 될 것이야. 세상 몇 가지 중요한 유익 중 하나가 가난일세.[41] 물론, 당연히 다른 사람에게 손 벌리지 않고 살아갈 정도의 소박한 부는 있어야겠지."

† 4. 행복을 위해 살지 말고 행복하게 살라 †

이때, 함께 수업을 듣던 또 다른 학생이 이렇게 물었다.

학생: "삶의 목표나 최고의 행복은 언제를 목표로 해야 하죠? 너무 젊을 때는 아직 진정한 행복을 알지 못할 것 같고, 너무 늦어서는 평생 행복하지 못한 것이 되니까요. 중장년 시기가 행복을 알게 되는 최적의 시기일까요?"

철학자: "그럴 수도 있겠네. 하지만 젊은 시절의 행복, 중년의 행복, 노년의 행복이 모두 같을 필요는 없는 걸세. 이처럼 행복은 고정된 것이 아닌, 시간에 따라 변하는 것이라는 것을 잊지 않도록 하게. 하루에 하나씩 진리를 깨달아도 깨달음엔 끝이 없는 걸세. 사람은 아침마다 다시 어리석어지지.[42]"

학생: "행복이 시간에 따라 변하는 것이라고요?"

철학자: "그렇네. 하지만 그런 변화에도 불구하고 변하지 않는 것을 찾아야 할 걸세. 쉽지 않은 비밀 수수께끼가 되어 버렸군. 예를

들어보세. 5년 후를 꿈꿀 때 그 꿈은 저 산 너머였고, 10년 후 꿈에 젖었을 때 그 꿈은 저 하늘 너머가 될 것이네. 그런데 30년 후를 꿈꾸면, 여기 있는 이 모습 아니겠는가?[43] 이처럼 꿈은 시간에 따라 변하지만, 시간과 무관한 또 다른 그 무엇이 시간을 관통하고 있다네."

학생: "어렵군요. 사람들이 행복에 대해 깊이 생각하지 않고 살아가는 이유를 조금 알겠습니다."

철학자: "어렵지만, 답이 없는 것은 아니라네."

학생: "이번 수업에서 행복에 도달하는 길을 아직 찾고 있지만, 제가 그것을 찾을 수 있을 것 같지는 않습니다. 그래도 제 생각을 말씀드리면, 행복은 즐겁고 밝은 것이라고 생각합니다. 어둡고 우울하고 슬픈 감정 속에서 행복할 순 없을 테니까요."

철학자: "행복이 밝은 면을 가진 것은 틀림없는 사실이네."

학생: "그런데, 사실, 밝다는 게 구체적으로 어떤 모습인지 잘 모르겠습니다. 밝다는 게 어떤 건가요?"

철학자: "밝음에는 쾌활함과 명랑함이 있다네. 쾌활함은 나를 드러나게 하고, 명랑함은 나를 가라앉히지. 쾌활함은 타인을, 명랑함은 나를 먼저 고려하는 것이라네.[44]"

학생: "둘 중 어느 것을 우선해야 하죠?"

철학자: "경우에 따라 다르지만, 행복은 자기 자신의 상태이니 명랑함을 쾌활함에 우선해야 하는 것이네."

학생: "행복과 명랑함이 관계가 있다는 말이군요."

철학자: "행복과 관련이 없는 것이 무엇이 있겠나. 모든 일은 거

의 하나도 빠짐없이 행복과 직간접적으로 관련이 있는 법이네. 명랑성을 우리 마음속에 가지고 있다면 분명 행복에 도움이 될 걸세. 긍정의 태도가 모든 일에 작용할 테니 말이야."

학생: "그럴 것 같기는 합니다. 그런데 선생님, 우리가 행복을 위해 살거나 행복이 아닌 다른 어떤 다른 목적을 위해 살아도, 어쨌든 무언가 의미 있는 일, 누군가에게 도움이 되는 일을 할 때, 비로소 행복이 이루어지는 것 아닐까요?"

철학자: "그렇네. 행복은 타인을 위해 무언가 할 때 배가 되는 법이지. 그래서 그런 일을 할 수 있는 젊음을 유지해야 하는 것이네."

학생: "그게 무슨 말입니까? 젊어야 행복하다는 말은 아니겠죠?"

철학자: "물론 아닐세. <u>모든 생명체의 젊음에는 미래를 책임지는 고유한 의무가 있네. 자신, 가족, 민족, 인류를 책임지려는 자만이 '젊음'의 자격이 있지. 이처럼 행복은 '젊음'의 특권이라네.</u>[45] 물론, 젊음이란 나이와 관계없는 것일세."

학생: "알겠습니다. 선생님이 우리보다 젊을 수 있다는 말이군요."

철학자: "그렇지."

학생: "그런데 우리가 다른 사람을 위한다는 것은 자신에게 돌아올 자유와 이익을 포기하거나 양보한다는 말 아닙니까?"

철학자: "물론이네."

학생: "자기 자유와 이익을 포기하고 과연 행복할 수 있을까요?"

철학자: "포기한 자기 자유와 이익을 생각한다면 그럴 수 없겠지.

하지만, 손해 보지 않는 듯한 평등은 없다네. 평등적 자유가 아니면 그곳에는 악취가 나는 법이지. 나만 행복한 세상은 절대 없다네.[46]"

학생: "자신의 자유와 이익을 포기하는 것이 평등적 자유를 위한 것이라는 말인가요?"

철학자: "그렇다네. 이는 장님이 등불을 들고 밤길을 가는 것과 같은 이치지. 어두워 부딪히면 자신도 다치는 법이니까."

학생: "타인을 위한 일이 결국 자신의 이익으로 돌아오는군요. 실제로 그런 예가 어떤 걸까요?"

철학자: "예, 말인가? 우리 삶, 모두가 그렇다네. 운전하다 양보하면 내 안전이 지켜지는 것이요, 약자를 보호해주면 내가 자연스럽게 강자가 되는 법이고, 가난한 사람에게 자신의 것을 내어준다면 저절로 마음의 부자가 되어 삶이 풍요로워지고, 내 지혜를 타인에게 나누어준다면 새로운 지혜가 나에게 흘러 들어와 내 정신은 항상 맑고 투명해진다네."

학생: "평등적 자유가 자기 행복과 삶의 목적에 어떤 역할을 해줄 것 같기는 하네요. 그것도 그렇지만 일단 자유부터 생각해보면 행복하려면 우선 자유로워야 하는 것 아닙니까? 부자유 속에서 행복은 잘 상상이 안 됩니다."

철학자: "정말 그럴까? 오히려 행복은 부자유 속에 있는 것이네."

학생: "행복의 조건이 부자유라고요? 그건 절대 인정할 수 없습니다."

철학자: "자네 생각은 알겠네. 자유의 구속 상태, 교도소 같은 곳에서 자유가 제한된다면 그건 나도 자네 생각에 동의하네. 하지만,

자유의 관점이 육체적 제한 유무로만 분류되는 것은 아니지. 전혀 다른 관점으로 분류할 수도 있을 걸세."

학생: "다른 관점이라면 어떤 거지요?"

철학자: "자유는 소극적 자유와 적극적 자유로 분류된다네."

학생: "그게 뭐죠?"

철학자: "소극적 자유는 '하지 않아서 느끼는 자유'이고 적극적 자유는 '해서 느끼는 자유'라네. 소극적 자유는 편안함을 추구하고 적극적 자유는 도전과 모험을 추구하지."

학생: "그 자유들과 행복이 무슨 관계죠?"

철학자: "<u>소극적 자유는 일에서의 자유를, 적극적 자유는 세상에서의 자유를 요구한다네. 그 선택에 따라 노예가 되기도, 왕이 되기도 하는 걸세.</u>[47] 일에서의 자유는 노예들의 자유고 세상에서의 자유는 왕의 자유지. 행복하려면 우리는 왕이 돼야 하는 거네."

학생: "왕이 되려면 세상에서의 자유를 얻어야 하는데, 이를 위해 편안함 즉 소극적 자유를 포기할 수도 있다는 말이군요."

철학자: "명석하군."

학생: "행복하려면 적극적 자유를 추구해야 한다는 뜻이죠?"

철학자: "그렇다네."

학생: "하지만, 적극적 자유가 도전과 모험을 추구하는 것이라면 오랫동안 힘든 시기를 보낼지도 모르는데, 그것을 과연 행복하다고 할 수 있을까요?"

철학자: "행동과 투쟁 없는 자유는 12살 소년도 불가함을 이미

알고 있다네. 행복은 타인이 보증하지 않는 법이지.⁴⁸ 내가 직접 도전, 모험, 행동, 투쟁해 얻은 것이 아니라면, 절대 행복에 접근할 수 없는 걸세."

학생: "결국은 편안함으로 귀결되는 단순한 자유로는 행복에 도달할 수 없다는 거군요."

철학자: "그런 셈이지."

학생: "음. 그럼, 세상을 정신없이 사는 것은 어떤가요? 물론 생각 없이 산다는 것은 아니고요. 선생님이 말씀하신 도전, 모험, 행동, 투쟁, 이런 인생을 산다는 것은 정신없이 바쁘게 사는 것일 테고, 그러다 보면 자기도 모르게 행복의 세계에 도착해 있을지도 모른다는 생각이 들어 그럽니다."

철학자: "바쁘고 정신없이 살다 보면 행복할 수도 있지 않겠느냐는 생각인가?"

학생: "그런 셈이죠."

철학자: "아쉽지만 그건 아니네. 험난한 산에 오르는데 무조건 열심히 정신없이 오르면 어떻게 되겠나? 어쩌다 우연히 정상까지 갈 수도 있겠지만, 대부분의 경우, 산속을 헤매거나 위험에 빠지게 될 걸세. 험난한 산에 오르려면 길을 조사하고 경험자의 말을 참고해야 하지 않겠나?"

학생: "그렇긴 하지만 혹시 길을 잃더라도 그 속에서 비경을 만날 수도 있는 것 아닙니까? 꼭 정상까지 가지 않더라도 그것도 산을 즐기는 그리고 삶을 즐기는 방법 아닌가요?"

철학자: "훌륭한 생각이네. 인생이 꼭 정상에 도착해야 행복할

것이라는 생각은 어리석은 것일 수도 있지. 나도 자네의 생각에 대부분 동의하네. 하지만 지금 우리가 추구하고 있는 것은 관조적 태도로 달관적 결론을 얻으려는 것이 아닐세. 이번 수업으로 우리는 논리적, 합리적, 이성적으로 대부분 사람이 인정할 만한 행복의 길과 삶의 목적을 찾아보는 거라네. 무엇을 위해 살아야 하는가, 왜 사는가, 우리 삶에 어떤 의미를 두고 살아야 하는가에 대한 답이 되겠지. 자네가 말한 것도 한 가지 후보는 될 수 있지만, 이래도 좋고 저래도 좋으니, 되는대로 살아도 행복할 수 있다는 생각은 지금 우리 수업과는 맞지 않는 방향이라네."

학생: "그렇긴 합니다. 저도 정신없이 바쁘게 살아가는 것이 그리 좋은 방법이라고 생각하진 않습니다."

철학자: "약간 다른 관점이기는 하지만, <u>나를 가라앉혀야 타인이 보이고, 타인이 보여야 세상이 보이지. 그리고 세상이 보여야 비로소 행복이 보인다네.</u>[49]"

학생: "오히려 정반대란 말인가요?"

철학자: "꼭 정반대는 아니지만, 차분히 세상을 바라보고 살아갈 때 행복이 더 잘 보일 것 같지 않은가? 험난한 산에서 길을 잃었을 때 가장 중요한 것은 침착해지는 것이네. 침착함을 잃으면 방향성도 잃기 때문이지. 우리 인생도 마찬가지 아니겠나!"

학생: "행복도 차분함과 침착함에서 보이기 시작한다는 말씀이군요."

철학자: "그렇네. <u>개에게 먹이를 던지면 먹이를 쫓고, 사자에게 먹이를 던지면 그자를 덮치는 법이지. 개는 조롱거리이고 사자는 굶</u>

어 죽을 걸세.⁵⁰ 행복은 개의 비굴함도 사자의 용맹스러움도 아닌, 침착함, 냉철함이네."

학생: "하지만, 어쩐지 행복과 냉철함은 어울리지 않는 느낌이 듭니다."

철학자: "행복은 따뜻함, 포근함, 이런 것들과 어울릴 것 같다는 말이군."

학생: "그렇습니다."

철학자: "따뜻함, 포근함은 감성적인 것일세. 감성적, 감정적인 것은 감각이 유지되는 동안에만 느낄 수 있는 일시적인 것이지. 물론, 일시적이고 감성적인 행복이 의미가 없다는 말은 아닐세. 하지만, 오늘 수업에서 우리가 찾고 있는 삶의 의미, 삶의 목적, 최고의 행복과는 거리가 있는 것이네. 거기에 감성적인 것은 사람에 따라 완전히 달라질 수도 있지. 목욕탕 물이 어떤 사람에겐 뜨거운데 어떤 사람한테는 미지근하게 느껴질 수 있는 것처럼 말이야. 감성적인 것과 최고의 행복은 오히려 잘 어울리지 않는다네."

학생: "모든 사람이 인정할 만한 행복을 찾으란 말씀이시죠?"

철학자: "물론, 모든 사람은 아니겠지. 하지만 대부분 사람이 부정하지 못할 황금의 열쇠를 찾아야 하지 않겠나? 일시적이지 않고 오랫동안 삶을 관통하는 자기 모습이 중요하다네. 냉철함 같은 것이지. 이런 것은 냉철함 말고 또 무엇이 있겠나?"

학생: "음, 글쎄요. 정직함, 성실함, 배려심, 이런 것들이 그런 것 아닌가요?"

철학자: "훌륭하네. 바로 그런 것들이 행복과 연관성이 있을 걸

세."

학생: "선생님은 다른 어떤 것들이 중요하다고 생각하시나요?"

철학자: "글쎄, 여러 가지가 있겠지만 행복을 위해서는 강함이 중요한 요소라네. 여기서 강함은 다양한 관점이 있을 걸세. 행복하려면 친구나 동료가 필요하지. 그런데 <u>사람을 자기편으로 하려면 약함을 보여서는 안 된다네. 그들이 따르는 자는 모두를 지켜 줄 강자이기 때문이지.</u>[51]"

학생: "행복이 강함에서 기원한다는 말이십니까?"

철학자: "그렇다네."

학생: "그 말에 동의할 수 없습니다. 만일 그렇다면 세상의 다수를 차지하는 약자는 모두 행복할 자격이 없다는 말 아닙니까?"

철학자: "자네는 강자와 약자를 어떻게 정의하는가?"

학생: "특별한 기준이 아니라 상식적 기준입니다. 힘이 있고 능력이 있고 돈이 있고 권력이 있으면 강자고 아니면 약자 아니겠습니까?"

철학자: "자네 기준이라면 자네 생각이 일리가 있네."

학생: "그럼, 선생님은 어떤 기준인가요?"

철학자: "<u>강함은 수용력과 비례한다네. 타인을 수용하려면 충분한 자기 공간이 있어야 비로소 가능하지. 자신을 더 키워야 하네.</u>[52]"

학생: "힘, 능력, 돈, 권력이 아니라 수용력이 강함의 기준이라고요?"

철학자: "그렇네."

학생: "음, 조금 더 생각해보니 수용력은 많은 것을 의미할 수는 있겠네요. 힘, 능력, 돈, 권력이 없어도 수용력은 있을 수 있겠습니다. 이는 약간 정신적, 심적 능력에 가깝고요."

철학자: "잘 보았네. 힘, 능력, 돈, 권력이 있다고 행복한 것은 아니라는 것은 자네도 잘 알고 있지 않은가? 그것으로 행복한 척은 할 수 있겠지만 말이야."

학생: "조금 전 말씀하신 것 중에 행복하려면 친구나 동료가 필요하다고 하셨는데, 그렇다면 사람들과의 관계를 좋게 하려는 노력이 행복을 위한 조건이겠군요."

철학자: "그럴 수도 있겠지. 하지만, <u>지나치게 사람의 호감을 사려는 모습이나 행동은 호감을 얻는 대신 신뢰를 잃을 걸세.</u>[53]"

학생: "음, 호감은 얻지만, 신뢰는 잃는다? 얻는 것보다 잃는 게 더 많겠네요. 그렇다면 사람들과의 관계는 어떻게 만들어가야 하는 거죠?"

철학자: "과도하게만 하지 말라는 말이네. 사람과의 관계는 서로 호감을 표시하고, 친절히 대하고, 주의해서 배려하면 그것으로 충분하지. 더 깊은 관계는 억지로 되는 일이 아니라네."

학생: "사람 관계가 중요하지만 억지로 되는 것이 아니니, 너무 가까이 다가서지 말라는 말이군요. 이 말은 꼭 '행복은 억지로 되지 않는 일이니 너무 애쓸 것 없다'라고 말하는 것 같습니다."

철학자: "행복에 그런 면이 없지 않기는 하지. 행복과 삶의 목표에 너무 신경을 쓰다 보면 그리고 그것에 집착하다 보면 오히려 행복이 도망갈 테니 말이야. 삶의 과정 모두가 행복이지 어떤 목적지

에만 행복이 숨겨져 있는 것은 아니라네."

학생: "그렇군요. 빨리 행복의 비밀 열쇠를 갖게 되어 저도 행복하고 다른 사람들에게도 알려주고 싶군요!"

철학자: "아쉽지만, 그렇게 되지는 않을 걸세."

학생: "네? 그게 무슨 말입니까?"

철학자: "자네는 아마도 20년 안에 그 비밀 열쇠를 발견할 수 없을 거란 말이네. 누군가 하얀 머리카락이 보이기 전에 자기 생각을 자신 있게 가르친다면 그것은 대부분 거짓이라네. 그때쯤 비로소 행복을 알게 되기 때문이지.54"

학생: "그럼 오늘 수업도 의미 없는 것 아닌가요?"

철학자: "하얀 머리카락이 보일 때쯤 행복의 열쇠를 발견하려면 자네처럼 젊을 때부터 오랫동안 준비해야 하는 걸세. 준비하지 않은 사람은 죽음을 앞둔 노인이 돼도 그 열쇠를 발견할 수 없는 거라네."

† 5. 내 행복이 아닌 세상의 행복을 목적하라 †

이때, 함께 수업을 듣던 또 다른 학생이 이렇게 물었다.

학생: "행복을 위해 젊은 시절부터 오랫동안 준비해야 한다고 하셨는데, 도대체 무엇을 준비해야 하는 거죠?"

철학자: "오늘 그리고 앞으로 수업할 모든 것이라 할 수 있지."

학생: "그 많은 것을 어떻게 다 준비합니까?"

철학자: "그렇게 많은 것을 이야기했나?"

학생: "오늘 수업에서 말씀하신 내용에 간단히 핵심 단어만 적어 봤습니다. 명예, 순수함, 매력, 어둠, 배움, 진실, 자기 만들기, 고귀함, 어제, 굳건함, 숭고함, 목표, 행동, 창작, 자존, 무심, 기만, 과거, 배우, 설득, 자기 세계, 개별 진리, 겸허, 학자, 교제, 평온함, 탁월함, 다름, 유연함, 자기 철학, 방향(芳香), 숙독, 제3의 탄생, 확고함, 겸손, 자기 형상화, 독서, 동화, 용기, 청빈, 가난, 견지(堅持), 먼 꿈, 명랑함, 젊음, 공평, 자유, 쟁취, 가라앉힘, 냉철함, 강함, 수용, 호감, 가르침, 이런 것들이었습니다."

철학자: "내가 그런 말들을 했나? 잘 정리했군. 하지만 그런 말들이 모두 서로 다른 것들이 아니라네. 어느 한순간 동시에 모두 가질 수 있는 능력과 태도들이지. 하나하나 받아들여 익혀간다면, 국어, 영어, 수학 공부하는 정도의 노력만 들인다면, 국영수 과목처럼 행복도 잘 만들어 갈 거네."

학생: "음, 국어, 영어, 수학 공부하는 정도로 우리가 행복에 대해 공부하고 익히지 않는 것은 사실이죠. 그런데 실은 이런 행복을 위한 수업은 학교는 물론이고 어디에서도 해주지 않지 않습니까! 그런 것을 가르쳐주는 선생님도 별로 없고요."

철학자: "자네 말이 맞네. 하지만 자네들에겐 오래된 책이 있지 않나! 혼자서도 공부할 수 있다는 얘기네. 혼자 조금 고독하겠지. 하지만, 원래 행복을 위한 진리를 찾으려는 자는 사람들과 이야기할 시간이 그렇게 많지 않은 걸세. 위대한 정신의 '고독과 침묵'에 대한 이유지. 행복은 고독과 침묵 속에도 있으니, 도무지 없는 곳이 없다네.[55]"

학생: "행복을 위해 고독과 침묵도 필요하다는 말이군요."

철학자: "항상은 아니겠지만 말일세."

학생: "친구들이 질문하는 걸 들으며 생각한 것인데, 행복을 찾으려면 자기 행복에 집중하는 것이 중요할 것 같습니다."

철학자: "왜 그렇게 생각하나?"

학생: "네, 선생님이 말씀하신 그 많은 것들이 모두 자신을 변화시키고 향상시키는 것들이었으니까요."

철학자: "자네가 그렇게 생각할 수도 있겠군. 하지만 말일세, 한 가지 예를 들어보겠네. 자네가 누군가와 이야기한다고 해보세. <u>자네는 열심히 말하고 있다고 생각하지만, 상대가 듣고 싶은 말을 하지 않으면, 자네 말은 그에게 대부분 소음일 뿐이지.</u>[56] 이처럼 우리는 서로 자기 행복을 위해 영원히 평행선을 달리며 어디에도 도착하지 못하는 걸세. 자기보다는 상대를 행복하게 해주기 쉽지 않나! 서로 그렇게 하면 세상은 행복해질 텐데 말일세. 행복의 중요한 조건이지."

학생: "내 행복을 타인의 행복에서 찾으란 말씀인가요?"

철학자: "그렇네."

학생: "선생님은 그게 가능한 일이라고 생각하십니까? 우리가 성인군자는 아니지 않습니까?"

철학자: "자네 생각은 알겠네. 하지만, <u>지혜로운 자는 뜨거운 일상, 생의 한가운데서 죽음으로 아무것도 잃지 않도록 오늘을 준비한다네.</u>[57]"

학생: "네? 무슨 말이죠? 죽음으로 잃지 않는 것이라뇨?"

철학자: "자네 말대로 그렇게, 자신이 쌓아둔 모든 것을 죽음에서 지킬 수 있을 것 같나?"

학생: "종교적 신념을 가진 사람이 아닌 보통 사람이라면, 아니 이성적 사고를 하는 사람이라면 불가능하겠죠."

철학자: "한 가지 방법이 있네. 그것은 자신의 것을 타인이 갖고 있도록 하는 것이지. 그러면 죽음도 그것을 빼앗지 못한다네. 자기 행복이 타인의 행복으로 완성된다는 말을 이제 알겠나?"

학생: "무엇을 위해 살아야 하는지에 대한 답이군요. 논리적, 이성적으로는 이해했습니다. 하지만, 그건 좀 ···."

철학자: "오늘 수업은 관조적, 달관적 방법을 찾는 것이 아니라고 하지 않았나! 그 방법이 논리적, 이성적이라면 우선 받아들이는 것이 순리일세."

학생: "그렇긴 합니다."

철학자: "<u>씨 뿌리는 자의 마음이 평화로운 것은 해야 할 일이 결정되었기 때문이라네</u>.[58] 원칙을 정하고 탐구하고 그 결과가 논리적, 합리적이라면 의심하지 않고 받아들이는 것도 중요한 일일세."

학생: "그럼, 일단 받아들이겠습니다. 하지만 저도 논리적으로 반론을 한다면 우리가 타인의 행복을 위해 산다는데 바로 그 타인이 과연 그럴 만한 자격이 있는 사람인가라는 의문에 부딪힙니다. 선생님도 아시겠지만, 세상은 그럴 만한 자격이 없는 사람으로 가득하지 않습니까?"

철학자: "자네 말도 일리가 있네. 하지만 잘 생각해보게. 그 어떤 엄마가 아무리 못된 아들이라 하더라고 그를 사랑하지 않겠나? 그

것은 그 아이와 함께했던 즐겁고 행복한 그 사랑스러운 순간을 영원히 잊지 않기 때문이라네. 인간이 부족하고 어리석고 악한 행동을 하더라도 끝까지 그를 사랑하려는 마음을 가져야 하는 이유일세. 물론 그 사랑이 때에 따라서는 강력한 응징과 처벌이 될 수도 있겠지."

학생: "누군가의 행동이 밉더라도 사랑하는 마음만은 끝까지 가지라는 말이군요. 이것도 무엇을 위해 살아야 하는지의 답이고요."

철학자: "그렇네. 저편 호숫가에서 걷고 있는 인간의 아름다움으로 우리는 사람의 행복을 목적하지 않을 수 없는 것일세.[59]"

학생: "선생님의 말이 이해가 안 되는 것은 아니지만, 저도 20년 이상 자기 생각과 가치를 가지고 살아왔는데, 제 생각이 쉽게 바뀔 수 있을지는 의문입니다."

철학자: "그럴 걸세. 하지만, 정말 씨를 뿌린 농부처럼 소박하고 편안하게 서로의 의견을 나눈다면 꼭 불가능한 일은 아니지. 오히려 생각의 변화, 생각의 다양성, 생각의 수용성이 행복으로 인도할지도 모르니 말이야. 이처럼 사람은 계속 바뀌어야 한다네. 바뀌지 않으면 자기 생각이 바로 드러나 버리지. 우리가 초라하지 않으려면 누군가에게 이처럼 간파당하지 않아야 한다네. 그러려면 자신을 끊임없이 변화시키지 않으면 안 되지. 따분한 책에서 가르치는 일관성의 미덕은 쓰레기통에나 버리는 것이 좋을 걸세.[60]"

수업 내용을 정리했던 머리가 긴 학생은 고독, 타인의 행복, 죽음, 평온함, 사람을 목적함, 무질서적 다양함 등 추가한 핵심 수업 내용을 다른 학생들에게 알려주었다. 행복하려면 무엇을 위해 살아야 하는지를 알려주는 최소행복이론 첫 번째 수업은 끝났고, 행복을 이루기 위해 '어떻게 살아야 하는지'에 대한 두 번째 수업이 예고되었다. 내용이 예고된 만큼, 이번에는 학생들도 곤란하고 어려운 더 많은 질문을 준비하고 올 것이다.

두 번째 수업

어떻게 살아야 하는가

불행하지만 않다면 행복한 것이다

철학자: "행복은 불행하지만 않으면 된다네."

학생: "그건 너무 소극적이지 않나요?"

철학자: "행복은 90점, 100점짜리만 있는 것은 아닐세. 10점, 20점짜리 행복도 있는 거네. 모두가 그래도 조금은 행복한 사람인 셈이지. 그래야 각자 어떻게 살지가 그려질 걸세. 모두 100점짜리 행복만 향해 가면 어떻게 살지도 똑같이 정해져 버리지 않겠나!"

두 번째 수업

† 1. 자기 행복을 너무 믿지 말라 †

첫 번째 수업 후 몇몇 학생은 자신의 논리를 가다듬어 선생의 생각에 반론을 제기할 준비를 했다. 두 번째 수업에는 첫 번째 수업을 듣지 않았던 학생도 몇몇 참여했다.

철학자: "잘들 지냈는가? 행복과 삶의 목적, 왜 사는지 등에 대해 조금 깊이 생각해봤겠지? 오늘 수업은 예고한 대로 행복하기 위해 우리가 어떻게 살아야 하는지 생각해보세."

이 말에 지난 수업부터 조용히 듣고만 있던 한 학생이 손을 들고 이렇게 물었다.

학생: "그런데 선생님은 행복을 위해 '어떻게 살아야 하는가'에 대해 정말 알고 강의하시는 건가요? 버릇없다 생각 마시고 답해 주시면 좋겠습니다. 정말 궁금해서 묻는 것입니다."

철학자: "내가 그런 성인이라는 것은 아니지만, 부처에게, 예수에게 그런 질문을 하는 제자가 있었다는 이야기를 들어본 적 있나? 진리나 깨달음 같은 것은 아무리 부처나 예수가 '알고 있다' 이야기해도 자기 생각이 확고한 사람에게는 아무 소용 없는 일이네. 반면 부처나 예수 이야기를 마음속으로 긍정하는 사람은 그런 물음을 할 필요가 없는 거지. 그러니 자네 질문은 철학과 진리의 세계에서는 가장 대표적인 우문이라네. 자네들은 아직 배우는 학생이니 우문은 잘 기억해 두는 것이 좋네."

학생: "정말로 자기 생각에 확신이 있는 사람도 있지 않습니까?"

철학자: "그렇겠지. 하지만, 내 생각이 틀리지 않다고 너무 믿는 것은 어리석음 아니면 오만함, 둘 중 하나네. 어느 쪽이든 행복하기는 어려운 법이지.[61]"

학생: "자기 생각을 너무 강력히 주장하지 말라는 거죠? 알겠습니다. 그건 그렇고 이번 수업이 행복을 위해 '어떻게 살아야 하는가'라는 것이라면 답은 이미 정해져 있는 것 아닙니까?"

철학자: "그게 무엇인가?"

학생: "결국은 열심히 살라는 것 아니겠습니까?"

철학자: "하하, 그렇기는 하지. 열심히 하지 않고 무언가 잘 되는 일은 드문 일일 테니 말일세. 하지만, 휴식도 행복의 조건이네. 그러니 함께 휴식할 수 있는 자를 만나는 것은 굉장한 행운이지. 함께 휴식할 수 있는 책을 만나는 것도 못지않은 행운이고.[62] 열심히 해야 할 때는 분명 최선을 다해야 하지만, 휴식 없는 노력은 행복을 오히려 병들게 하는 법이지. 이것이 바로 자네가 하고 싶은 말 아니었나?"

학생: "들켜버렸군요."

철학자: "우리가 즐겁고 여유로운 것은 아직 시간이 있기 때문이네. 우리가 모아야 할 것은 돈이 아니라 시간이지.[63]"

학생: "행복은 시간과 분명, 연결 고리가 있을 것 같기는 합니다."

철학자: "아마도 그럴 걸세."

학생: "선생님은 항상 확답을 하지 않으시네요. 플라톤은 틀리더라도 자신의 주장을 명확히 한 것으로 사람들에게 긍정적으로 인정

받지 않습니까?"

철학자: "내가 플라톤만큼 위대한 철학자는 아니지 않나. 언젠가는 나에게도 그런 날이 올 수는 있겠지. 하지만 말일세, <u>옳고 그름의 판단은 신의 영역이지 인간의 영역이 아니네. 자기가 옳다고 너무 주장하면 신이 화를 내지.</u>[64]"

학생: "신이 화를 낸다는 말이 무슨 말입니까?"

철학자: "자기주장의 불완전성, 불명확성이 오래지 않아 드러나고 그것으로 다수 사람들에게 비난받게 되어 있네. 인간이 신이 아닌 한, 모든 경우와 상황에 적용되는 그런 엄청난 생각이나 진리를 발견할 수는 없기 때문이지."

학생: "음, 그렇기야 합니다. 결국은 행복하기 위해서는 자기주장을 너무 강하게 하지 말고 살라는 말이겠군요."

철학자: "그 말은 크게 틀리지는 않을 걸세."

학생: "저희는 지금까지 항상 목표를 향해 열정을 가지고 살아가라고 수도 없이 들어왔습니다. 그리고 어떤 열망을 갖고 그것을 이루는 과정에서 성취와 성공을 경험하기도 하고 행복을 느낀 적도 있습니다. 행복하기 위해서는 열정과 열망이 그 방법이 되는 건가요?"

철학자: "다시 열심, 열정, 열망, 이런 가치들 이야기이군. 그렇네. 자네 말대로 행복하기 위해서 꼭 필요한 가치들이지. 하지만 말일세, <u>거의 예외 없이 '내가 열망했던 것이 겨우 그것인가'라고 한숨짓는 것을 우리는 수없이 보아왔네. 사람은 기억력이 좋지 않은 것이 틀림없어. 그래서 자신이 행복을 향해 가고 있는지 자꾸 돌아보아야 하네.</u>[65] 자신의 열심, 열정, 열망이 가짜 행복인 경우가 아주 많다네."

학생: "가짜 행복의 예를 들면 무엇입니까?"

철학자: "의사가 되면 행복할 거로 생각하고, 검사가 되면 행복할 거로 생각하고, 선생님이 되면 행복할 거로 생각하고, 대기업 사원이 되면 행복할 거로 생각하고, 대통령이 되면 행복할 거로 생각하고, 부자가 되면 행복할 거로 생각하는 것, 뭐 이런 것들이지."

학생: "자기 꿈이 의사, 검사, 선생님, 대기업 사원, 대통령, 부자였다면 행복한 일 아닙니까?"

철학자: "며칠, 몇 달은 행복하겠지. 하지만 그 행복은 오래 가지 않네. 실제로 그들이 그 직업만으로는 행복하지 않다는 건, 자네도 익히 보고 들어, 잘 알지 않는가?"

학생: "그렇긴 합니다만, 그래도 모두가 불행한 것 또한 아니지 않습니까?"

철학자: "우리가 수업하는 있는 것은 단지 몇몇 경우에만 해당하는 행복하기 위한 방법은 아니지 않은가?"

학생: "그렇지요. 그럼 그런 꿈은 전혀 필요 없다는 말인가요?"

철학자: "그렇다네. 그런 꿈은 필요 없고, 우리의 행복에 필요한 것은 '어떤 의사, 어떤 검사, 어떤 선생님, 어떤 회사원, 어떤 대통령, 어떤 부자'처럼 어떤 무엇이 되려는 가이네."

학생: "'어떤'은 뭘 말합니까?"

철학자: "그것은 자신이 삶에서 어떤 가치를 중요시하고 목적으로 하는지에 따라 달라지는 것일세."

학생: "자신의 가치나 철학 같은 거군요."

철학자: "그렇네. 예를 들면, 사람들의 행복한 얼굴을 가장 큰 가치로 생각하는 의사, 사람들의 편안한 일상을 목표로 하는 검사, 학생들의 환한 웃음을 삶의 의미로 생각하는 선생님, 동료들에게 믿음을 주는 것을 제1 가치로 하는 회사원, 사람들에게 미래를 안내하는 것을 아침마다 다짐하는 대통령, 사람들에게 기쁨을 주기 위해 사는 부자 같은 것이라네."

학생: "그런 가치 중심의 삶으로 살아간다면 행복할 수 있다는 말인가요?"

철학자: "그렇네. 물론, 반드시 그런 것이 아니라, 그럴 가능성이 더 클 뿐이지. 앞에서도 말했지만, 단정은 신이나 할 수 있는 것이니까."

학생: "알겠습니다. 결국 자기 생각은 틀릴 가능성이 크다는 말이군요."

철학자: "그렇네. 자네 생각은 틀릴 가능성이 크네. 하지만, 자네뿐 아니지. 사실 모든 사람이 그렇다네. <u>자신이 옳다고 생각하는 것이 틀릴 확률은 맞을 확률보다 훨씬 높다네. 자신과 수많은 타인의 생각이 모두 다르기 때문이지. 여러 번 자꾸, 자기 생각이 맞을 확률이 더 높다고 생각한다면 아직 공부가 부족한 증거일세. 오히려 타인의 생각이 대부분 괜찮아 보이면 행복에 가까운 증거지.</u>[66]"

학생: "네, 그게 무슨 말이죠?"

철학자: "타인의 생각이 괜찮아 보이면 타인 생각대로 일은 진행될 것이고, 그 결과, 다툼도 경쟁도 없으니 삶 자체가 즐겁고 편안하지 않겠나? 다툼은 내 생각을 주장하기 때문에 시작하는 것이니까."

학생: "그렇긴 하지만, 자기 생각을 주장하는 것이 더 논리적이

고 합리적인 경우도 분명히 있을 것 아닙니까? 그런 경우에도 자기주장을 하지 않는다는 건 오히려 부조리하고 불성실한 것일지도 모릅니다."

철학자: "자네 말이 맞네. 그런 경우는 자기주장을 관철해야 겠지. 하지만 자기주장을 꼭 자기가 주장할 필요는 없다네."

학생: "네?"

철학자: "자기 마음속 생각을 다른 사람이 떠오르게 하여 그 사람이 자기 생각인 것처럼 착각하게 해서 자기주장을 이루면 되는 것이지."

학생: "그게 가능할까요?"

철학자: "어렵지. 그럼, 행복을 이루는 것이 그렇게 쉽겠나?"

학생: "하지만, 그렇게 계속하다 보면 자기 생각, 자기 원칙이 없는 흐릿한 사람으로 여겨질 수도 있지 않나요?"

철학자: "자기 원칙, 그런 것 필요 없네. <u>가장 어리석은 일 중 하나가 자기가 만든 원칙에 스스로 구속되는 것일세. 이는 땅에 금을 그어 놓고 거기를 넘지 않겠다고 하는 것과 다를 바 없는 것이지.[67]</u>"

학생: "자기 생각도 갖지 말고, 자기 원칙도 갖지 말고 …. 반행복 이론인가요? 행복해지는 방법이 너무 단순하군요. 좀 더 깊이 있는 철학적 의미가 있어야 하는 것 아닌가요?"

철학자: "물론, 자기 생각, 자기 원칙이 없는 듯하지만 숨겨져 있는 자신만의 투명한 통찰은 있어야 하겠지. 그것이 드러나지 않아 남에겐 보이지 않고 투명하겠지만 말일세."

학생: "음, 어렵군요."

철학자: "산은 산이고 물은 물이라네. 또, 바람은 바람이고 비는 비이지. 공연히 깊이 있는 철학, 심오한 의미를 찾으려 애쓸 것 없네. 이것이 행복의 조건이지.[68]"

학생: "심오하게 깊이 생각하지 말라는 말이군요."

철학자: "그렇네."

학생: "선생님은 철학자 아닌가요?"

철학자: "철학으로 먹고사는 사람을 그렇게 부른다면 그렇네."

학생: "철학을 하는 분이 자기주장, 자기 원칙도 가지지 말고, 깊은 생각도 하지 말라는 말을 어떻게 하실 수 있습니까?"

철학자: "하하, 그런 것을 바로 자기 철학이라고 하면 되지 않겠나? 지금 우리는 어떻게 살아야 행복한지에 관한 수업을 하는 중이네. 철학의 목적에 분명히 행복도 있기는 하지만, 철학이 바로 행복을 목적으로 하지는 않는다네. 지금 우리는 철학에 대해 수업을 하는 것이 아니라, 행복에 대한 수업을 하는 걸세."

학생: "철학과 행복을 동일시하지 않는다면 그럴 수는 있겠습니다. 지금까지 우리에게 어떻게 살아야 하는지를 가르쳐주는 사람이나 교과 과정은 거의 없었습니다. 지난 수업과 이번 수업을 듣다 보니 그럴 수밖에 없을 것 같다는 생각이 듭니다. 결국, 도서관으로 가 그것을 가르쳐주는 보물을 찾아야 하는 겁니까?"

철학자: "책 속에 답이 있는 것은 틀림없네. 도서관 서고 속 책에는 사람들이 발견한 보물로 가득할 걸세. 그런데 책을 너무 많이 읽으면 보물이 너무 많아 보관해둘 곳이 마땅치 않은 법이지. 작더라도 정연히 정리된 창고가 삶에 더 유용하다네.[69]"

학생: "다독보다는 몇 번이고 읽어 확실히 자기 것으로 하고 넘어가라는 말이군요."

철학자: "다독은 별로 쓸모없는 일이지."

학생: "얼마 전 제가 읽은 책에서 우리는 절대 행복할 수 없다는 논지의 글이 있었습니다. 이유인즉슨 죽음이 기다리고 있기 때문이라는 것입니다. 나이 드신 어른들께 여쭈어봐도 틀린 말은 아닌 것 같습니다. 죽음의 불안에 대해 어떻게 생각해야 합니까? 이를 극복하지 못하면 결국 행복할 수 없는 것 아닙니까?"

철학자: "자네 말이 맞네. 사람은 죽음의 공포를 쉽게 벗어날 수는 없는 법이지. 죽음에 대해선 별도로 시간을 내서 수업할 예정이니 그때 자세한 것은 이야기하겠네. 한 가지만 간단히 이야기하겠네. <u>우리는 평온한 죽음을 목표로 해서는 안 되는 걸세. 평온한 삶을 목표로 해야 하지. 죽음의 바로 그 순간도 아직 삶이기 때문이네.</u>[70]"

† 2. 바람이 고요해도 때가 되면 꽃잎은 떨어진다 †

이때, 함께 수업을 듣던 또 다른 학생이 이렇게 물었다.

학생: "지금 행복에 대해 수업 받고 있지만, 도대체 우리는 언제 행복해질 수 있나요? 아니면 언제 행복의 정체를 알 수 있는 건가요? 지금 우리는 행복할 수 없는 건가요? 꼭 중년의 시기까지 기다려야 하나요? 청춘, 젊음의 시절은 꼭 아프고 불행해야 하는 건가요?"

철학자: "그럴 리가 있겠는가? 행복은 누구에게나 언제든지 다가오는 것이라네. 즐거운 여름밤 서늘한 바람이 알려주는 것들도 적지 않은 법이지. 바람이 고요해도 때가 되면 꽃잎은 떨어지니 말일세.[71]"

학생: "너무 초조해하지 말라는 말인가요?"

철학자: "그렇네."

학생: "우리가 행복하다는 것은 삶 속에서 행복하다는 것일 텐데, 그 삶은 어떤 것입니까? 삶을 한마디로 정의하면 무엇이죠?"

철학자: "삶을 한마디로 어떻게 정의하겠나? 설악산을 한 마디로 묘사해보라면 웃고 말지 않겠나! 삶은 수없이 많은 설악산 같은 것의 집합체 아닌가? 우리가 행복해지는 방법에 대해 수업을 하고 있으니 한 가지만 이야기하면, 삶은 억압을 만들어내는 자와 그것을 해방하는 자 사이, 투쟁의 역사네. 이때 행복은 항상 해방자의 편일세.[72]"

학생: "행복하려면 억압을 해방하는 편에 서야 한다는 말이군요."

철학자: "억압과 해방 측면에서 그렇다는 말이지. 억압자 편에 서면 절대 행복할 수 없는 법이지."

학생: "왜 그렇죠? 그런데 보통, 세상은 억압자, 힘 있는 자가 행복하지 않나요?"

철학자: "억압자는 권력과 힘을 가진 자 아니겠나! 권력과 힘을 가진 자 편에 선다는 것은 평등 관계에서, 사람들에게서 스스로 멀어지려는 것이지. 담장 높은 성벽 속에 스스로는 가두는 셈이네. 행복할 리가 있겠는가!"

학생: "그건 사람마다 다르지 않나요? 오히려 사람들과 떨어져 자신을 특별한 존재로 여기면서 행복할 수도 있지 않습니까?"

철학자: "그건 정신병적 증상일 뿐이라네. 자신을 특별한 존재로 생각한다면 미치기 시작하는 것이지."

학생: "자존감이란 것도 있지 않습니까?"

철학자: "자존감이란 자신을 존중함과 동시에 타인도 존중해야 하는 것이네. 자신에 대한 자존감만 주장한다면 그건 광인의 증상과 다를 바 없지."

학생: "음, 자존감에 대해 다시 생각해봐야겠군요! 어쨌든 우리가 행복하기 위해서는 무언가 계기는 있어야 할 것 아닙니까? 지금까지와 같은 상황을 지속한다면 행복으로 다가서는 길에 접근할 수 없을지도 모른다는 생각이 듭니다. 지금까지 행복하지 않은데 앞으로 행복을 원한다면 무언가 바뀌어야 하겠지요?"

철학자: "그야 그렇겠지."

학생: "어떻게 자신을 바꾸죠?"

철학자: "사람이 그렇게 쉽게 바뀌겠나! 그럴 수 있다면 그것이 행복하기 위한 방법이겠지. 단, 사람이 바뀌기 위한 조건은 있네."

학생: "그게 뭐죠?"

철학자: "<u>조용히 시원하고 향기로운 공기를 느낄 수 있는 '고독'과 태양이 자신을 불태우는듯한 '열망'은 사람을 또 다른 존재로 탄생시킨다네.</u>[73]"

학생: "열정은 많이 들어보았지만, 고독은 의외군요. 왜 그런가

요?"

철학자: "사람은 혼자 있을 때 성장하는 법이라네. 그 이유는 자신을 돌이켜보면 알 걸세."

학생: "언뜻 생각해보니 그런 것도 같습니다. 선생님, 그런데 우리가 살다 보면 부조리한 일과 억울한 일을 당하기도 하지 않습니까? 이때 모든 행복은 무너지게 될 텐데, 그런 일들에 부딪혔을 때 어떻게 해야 하나요?"

철학자: "그런 일을 당하게 되면 당황하게 되고 최선의 선택을 하지 못해 곤란해지기 쉽지. 우리는 냉철해야 하네. 살다 보면 그런 일을 당할 수는 있지만, 당황하지 말고 논리적, 합리적으로 자신의 최선을 다해 해결해 나가라는 말이지. <u>부조리한 억압에 대항하기 위한 냉철한 투쟁은 내가 약자라면 강하게 만들고, 강자라면 고귀하게 만들 것이야. 이는 행복의 조건일세.</u>[74]"

학생: "논리적, 합리적 판단을 한다는 것은 사실, 말처럼 쉽지 않습니다."

철학자: "알고 있네. 최선을 다해 해결책을 찾고, 어쩔 수 없는 부분은 인정해야 하네. 최선을 다했는데 안 되는 부분은 할 수 없지 않겠나! 하지만 어떻게 살아야 하는지에 대한 답에 냉철한 투쟁은 반드시 포함될 걸세."

학생: "그렇군요. 지난 시간에 선생님이 타인을 위한 삶에 행복이 있다고 말씀하셨는데 그때 저는 그게 정말 타인을 위한 삶이었을지에 대한 의문이 들었습니다. 심지어 엄마가 아이를 위해 하는 희생도 정말 아이만을 위한 삶이라고 자신 있게 말할 수는 없을 것 같아서요."

철학자: "타인을 위한 삶이 행복을 위한 방법이 아닐 수 있다는 말을 하고 싶은 건가?"

학생: "그렇습니다. 엄마도 아이에게 바라는 것이 있을 텐데, 아무것도 바라지 않고 타인을 위해 살아야 한다는 것은 우리가 행복할 수 없다는 말과 다르지 않을 수 있다는 생각이 들어서 그렇습니다."

철학자: "자네 말에도 일리가 있군."

학생: "그렇지요!"

철학자: "타인을 위한 삶을 산다고 해도 엄밀히 파고 들어가면 자신의 만족과 행복을 위한 것일 수 있으니 순수하게 타인만을 위한다고 생각하기 어려울 걸세. <u>모든 일이 타인을 위한 것인 줄 알았는데 사실 자신을 위한 것이었음을 알게 되는 것이지. 그런데 그것도 오해라네. 사실, 자신을 위한 것도 아니지. 그래서 누군가를 위한 일이라는 생각마저 없는 것. 그것이 행복의 조건이라네.[75]</u>"

학생: "네? 목적 없이 살라는 말인가요?"

철학자: "그럴 리가 있겠는가! 그 답은 즐거운 여름밤 서늘한 바람이 알려줄 테니 걱정할 것 없네."

학생: "저절로 일이 진행될 거라고 계속 말씀하시는군요. 그건 운명론과 다를 바 없지 않습니까? 운명론자가 되고 싶지는 않습니다."

철학자: "물론이네. 젊은 자네들이 운명론이라니! 그럼, 자신을 위한 것도 아니고 타인을 위한 것도 아니면 무엇을 위한 것이겠나?"

학생: "자신도 아니고 타인도 아니면, 무슨 난센스 퀴즈 같군요.

모르겠습니다."

철학자: "자기도 아니고 타인도 아니면 신이나 귀신이 아닌 한 그런 것은 없겠지. 그 말은 자신과 타인을 구분하지 말라는 것이네. 자신을 위하는 경우도, 타인을 위하는 경우도 그 전제는 나와 타인에 대한 구분이지. 이 확실한 구분과 분별이 있는 한, 어떤 경우도 행복에 이르는 길을 방해한다네."

학생: "나와 타인을 구분하지 말고 살아야 행복하다는 말입니까?"

철학자: "그렇다네."

학생: "성인군자라면 가능하겠지만, 모두 타인을 이용하려는 세상에서 어떻게 살아남겠습니까?"

철학자: "쉬웠다면 벌써 행복한 세상이 됐겠지. 큰 바위는 어떤 풍파에도 거의 변하지 않는다네. 사람의 마음도 그에 못지않지. 타인의 마음을 움직이려면 감동적인 노력이 필요하다네. 행복은 감동과 친구지.[76]"

학생: "후유! 또 노력하라는 말이군요. 조금만 더 구체적으로 알려주실 수 없으신가요?"

철학자: "자네들이 너무 힘들어하는 표정이니 조금 더 알려주겠네. 자신을 성장시키는 방법은 다른 사람의 생각을 나와 다른 것이 아니라, 내 생각의 일부로 느끼는 것일세. 이때 자연스럽게 다른 사람을 존중하게 된다네.[77] 자신이 성장하면 행복도 다가오는 법이지."

학생: "자신과 타인을 구분하지 말라는 의미가 타인의 생각을 내 일부로 생각하라는 말이군요. 실제로 가능할지는 모르겠지만, 어떤

방법인지는 조금 알겠습니다."

철학자: "다른 사람 생각을 내 생각으로 수용하기 시작하면 지혜는 급격히 증가한다네. 이때, 지혜의 숲속에서 길을 잃지 않기란 쉽지 않지. 그래서 너무 많은 독서도 좋지 않다고 했던 것이네. 지혜는 양이 아니라 질이 훨씬 중요한 법이니까.[78] 이처럼 책도 그렇지만 타인의 생각을 자신의 일부로 생각할 때 비로소 그 벽이 허물어지지. 무조건적인 것은 물론 아니네."

학생: "세상에 조건 없는 것이 있겠습니다. 그 정도는 알고 있습니다."

철학자: "다행이군."

학생: "그런데 선생님, 요즘 나를 찾으라고 말을 많이 듣는데 나를 찾으면 행복할 수 있는 건가요?"

철학자: "나를 찾는다는 것이 무언지에 따라 달라질 걸세. 자네는 나를 찾는 게 무엇을 찾는 것으로 생각하나?"

학생: "음, 내 존재를 찾거나, 내 가치를 찾거나, 내 삶의 목적을 찾거나, 내 행복을 찾거나 그런 것 아닐까요? 말하다 보니 나를 찾는 것도 결국 우리가 수업하고 있는 최고의 행복, 삶의 목표, 이런 것들과 같은 말이네요."

철학자: "그렇네. 나를 찾는 것이 내 진정한 행복을 찾는 의미라면 당연히 나를 찾으면 행복도 찾는 것 아니겠나!"

학생: "그렇겠군요!"

철학자: "그래서 나를 위해서 나를 찾으면, 나를 찾으나 찾지 못하나 별 차이 없는 법이라네.[79]"

학생: "그건 또 무슨 말이죠?"

철학자: "행복은 천 개의 퍼즐 조각 맞추기 놀이 같은 것이지. 자신은 그중 한 개의 조각에 해당한다네. 자신이나 자기 행복을 찾아도 퍼즐 전체를 맞추지 못하면 별 의미가 없는 것이라네."

학생: "개인의 행복이 '전체 세상 행복이 모두 완성돼야 비로소 가능하다'라는 말인가요?"

철학자: "그럴지도 모른다네."

학생: "그건 불가능한 일 아닙니까?"

철학자: "천 개의 퍼즐 모두는 맞출 수 없어도 전체적인 모습이 드러나는 어느 정도 완성된 그림을 볼 수 있지 않겠나. 잘 만하면 그 정도까지는 가능할지는 모르는 걸세."

학생: "완전한 행복은 아닐 것이라는 걸 인정한다면 그렇겠습니다. 하긴 우리가 부처나 예수 같은 성인도 아닌데 완전한 행복을 얻을 수는 없겠지요."

철학자: "잘 이해했네."

학생: "그럼 오늘 수업한 내용을 잘 생각하고 인식해 가는 것이 행복으로 가는 방법이 되는 건가요?"

철학자: "그렇지만, 주의해야 할 것은 있네. 생각은 나를 만드는 나무를 준비하는 것이고, 행위는 나를 조각하는 것일세. 조각되기 전에는 무엇인지 알 수 없지.[80] 생각하고 인식하는 것만으로는 별로 소용없는 일이네."

† 3. 행복은 타인의 주머니가 아닌 내 주머니 속에 있다 †

잠시 휴식 후, 함께 수업을 듣던 다른 학생이 이렇게 물었다.

학생: "선생님, 세상은 행복한 사람과 불행한 사람으로 나뉘는 건가요? 사실, 행복하지는 않지만 불행하지도 않은 중간쯤의 어정쩡한 사람이 훨씬 더 많은 것 아닌가요?"

철학자: "그렇겠지."

학생: "그렇다면 행복하기 위해 어떻게 살아야 하는지 생각하는 이 수업은 별로 필요 없는 것 아닌가요? 대부분 대충 살고 있는데요."

철학자: "그렇게 생각할 수도 있겠네. 하지만 잘 생각해보게. 어느 순간에는 그렇게 대충 어정쩡하게 사는 것 같지만, 한 사람의 오랜 인생을 고찰한다면, 그 사람이 계속 그런 생각을 하고 산다고 생각하나? 절대 그렇지 않네. 누구나 사람은 상황이 바뀌면 행복이 절실해지고 그것을 찾는 법이라네. 자네가 본 것은 그렇지 않은 때를 본 것뿐일 걸세."

학생: "그럴 수도 있겠군요. 저는 '저 밖에 있는 키 큰 느티나무는 행복할까'라는 생각을 해보았습니다. 행복할까요? 그렇다면 무언가 배울 것이 있을지도 모르겠습니다."

철학자: "훌륭한 생각이네. <u>산속 시냇물 소리는 편안한 데, 사람과 있으면 그렇지 않을 걸세. 우리는 시냇물에는 아무것도 바라지 않지만, 사람에게는 그럴 수 없기 때문이지.</u>[81] 바라지 않음, 이는 행복의 조건이라네. 느티나무는 아마도 행복할 걸세."

학생: "바라지 않는 것, 이것은 불교 중요 교리 아닙니까? 종교적

차원에서 그렇게 말하고 실천할지 모르겠지만, 현실 세계에서 가당 키나 한 말일까요?"

철학자: "어려운 일이겠지. 불교 이야기 한 번 더 이야기하면 부처 눈에는 부처만 보이고, 돼지 눈에는 돼지만 보인다고 하지 않았나! 자네가 돼지란 말은 아니지만, 분명 부처 마음을 가진 사람도 있을 걸세."

학생: "네, 뭐 그건 그렇지요. 그런데 왜 바라지 않는 것이 행복에 그렇게 중요한 방법인 거죠?"

철학자: "그건 변하지 않는 것이라서 그렇다네."

학생: "네?"

철학자: "우리가 살아가면서 변하지 않는 것이 무엇이 있겠나? 아름다움이겠나, 젊음이겠나, 사랑이겠나, 우정이겠나, 돈이겠나, 집이겠나, 즐거움이겠나? 이는 우리가 죽을병에 걸렸다고 가정하고 생각해보면 알게 될 것이네. 우리가 중요시 했던 것들, 우리가 생각했던 것들의 의미가 완전히 바뀌게 될 걸세."

학생: "그럼, 변하지 않는 것들은 무엇일까요?"

철학자: "지금 이야기하고 있는 바라지 않는 마음, 선한 마음, 정직한 마음, 배려하는 마음 같은 것이겠지."

학생: "모두 타인과 관계없는 자기 자신 속에 있는 것들이군요."

철학자: "그렇네."

학생: "무언가 떠오르는데, 그럼 행복은 주변 상황이 어떻든 자기 마음 속에 있는 것이겠군요."

철학자: "그렇지 않겠나! 살아서 변함없는 내가 있다면 그건 죽어서도 변함없을 것일 걸세. 나는 그것을 위해 살겠네.[82]"

학생: "선생님이 그렇게 말하시니 행복을 위해 어떻게 살아야 하는지가 조금 구체화된 듯합니다."

철학자: "그런가?"

학생: "네, 자신의 선한 본성을 묵묵히 행하면서 사는 것, 이것이 행복을 위한 방법이군요."

철학자: "그럴 수 있겠지. 그런데 말일세. 모두가 자존감으로 무장하여 자기만 위해 달라 아우성치네. 자존감 작은 선인(善人)만 양보하니, 선인일수록 곤궁해지지."

학생: "그럴 수 있겠습니다. 그러다 보면 행복도 눈앞에서 사라지겠군요."

철학자: "그런데 신기하게도 결국 행복은 그의 것이네. 이처럼 행복의 조건은 타인의 자존에 대한 인정이라네.[83]"

학생: "선인은 곤궁해진다고 말씀하셨지 않았습니까! 어떻게 행복할 수 있겠습니까?"

철학자: "한번 생각해보게. 어리숙한 선인이라면 자네 말이 맞겠지만, 지혜로운 선인이라면 무조건 양보하지는 않을 걸세. 양보는 하되 서로 최선이 되는 대안을 찾겠지. 그 과정에서 모두 만족하는 결과를 얻어내는 것이네."

학생: "잘만 하면 타인에게 한 양보로 조금은 곤궁해지겠지만, 그만큼 얻는 것도 있을 것이란 말이군요."

철학자: "그렇네."

학생: "조금 전, 행복은 자신 속에 있는 것이라 말씀하셨는데, 그렇다면 우리는 자신을 변화시키거나 새롭게 만들거나 해야 하겠습니다."

철학자: "그렇지. 어느 여름에서 가을까지, 숲과 하늘, 구름, 땅, 바람 그리고 노을의 운율 속에서 한 대상이 창조된다네. 행복의 조건과 아주 닮았지.[84]"

학생: "숲, 하늘, 구름, 땅, 바람, 노을의 운율이라면 무엇을 말합니까?"

철학자: "서로 조화로운 모습을 말하네."

학생: "행복의 조건이 조화라는 말이군요. 그 속에서 창조된 대상은 행복한 사람을 말하고요!"

철학자: "그렇다네."

학생: "조화가 무엇일까요? 사전적 의미는 아니겠죠?"

철학자: "조화는 진리와 마찬가지로 최대 다수에게 최대 자유를 부여하는 것일세. 철학을 몰라도 그런 삶을 산다면 그는 위대한 철학자이지. 진리를 알고 행하나 모르고 행하나 결과는 그렇게 다르지 않네. 행복을 찾아 행복을 위해 살면 고달프고, 행복하게 살면 행복할 걸세.[85] 최대 다수에게 최대 행복을 주면서 그렇게 살면 행복하다는 말이지."

학생: "조화란 최대 다수가 행복한 것이군요."

철학자: "물론, 그 다수에 자신도 포함되겠지."

학생: "그런데 세상에는 나눌 수 있는 사람이 있는 반면, 도저히 나눌 수 없는 사람, 오히려 나눔을 받아야 하는 도움이 절실한 사람도 있지 않습니까?"

철학자: "그렇겠지."

학생: "그렇다면 그들은 행복할 수 없는 건가요?"

철학자: "자네는 사람이 100년을 산다면 100년 동안 모두 최고의 행복 상태여야 한다고 생각하나?"

학생: "그건 아닙니다."

철학자: "그럼, 대답이 되겠지? <u>아무리 어려워도 나누려고 하지 않으면 행복은 도망가는 법이네.</u>[86]"

학생: "그렇군요."

철학자: "<u>우리는 명랑해도 된다네. 무더운 여름밤 어깨를 스치는 서늘한 바람을 느낄 수 있으면. 우리는 두려워하지 않아도 된다네. 지금 숨 쉴 수 있으면. 행복이 불가능한 때란 없는 걸세.</u>[87] 최고의 행복 상태가 아니어도 만족한다면."

학생: "선생님 말씀을 들어보면 어쨌든 우리는 변화가 필요한 것 같습니다. 내가 변하든 타인이 변하든 세상이 변하든 말입니다."

철학자: "무언가 변화하지 않고 바꿀 수 있는 것이 있겠나?"

학생: "그런데, 그 변화란 것이 나는 내가 무엇인지 몰라 변화하기 어렵고, 타인을 변화시키는 것도, 세상 전체를 변화시키는 것도 개인의 힘으로 가능할 것 같지도 않으니, 좀 막막합니다."

철학자: "그렇겠네."

학생: "방법이 없을까요?"

철학자: "왜 없겠나?"

학생: "정말입니까?"

철학자: "우리 사람은 세상 벽에 가로막혀 답답한 삶을 살기 마련이지. 그렇지 않은 사람이 몇이나 되겠나? <u>모두 고독하고 모두 암울함을 느끼기도 하지 않는가! 이때, 나를 바꾸겠는가? 세상을 바꾸겠는가? 그런데 세상을 바꾸는 것은 의외로 간단해서 자기 주위 열 사람으로 충분하다네.</u>[88]"

학생: "열 사람만 바꾸면 세상이 바뀐다고요?"

철학자: "그렇네."

학생: "어떻게요?"

철학자: "사람에 따라 다르겠지만, 보통 사람이라면 그 사람이 지내는 시간의 95%는 열 사람과 지낸다네. 물론 그렇지 않은 사람도 있고 때에 따라 더 많은 사람과 보내기도 하겠지만 말일세."

학생: "그렇다고 하면요!"

철학자: "그 열 사람과의 관계를 재설정하기 위해 마음먹고 노력한다면 한 달 안에 새로운 세상을 만들 수 있을 걸세."

학생: "나에게 중요한 열 사람에 집중해서 그들과의 관계를 돈독히 한다는 말이군요."

철학자: "거기에 조금 더 노력해 우리가 지금 배우고 있는 수업 내용을 실제로 그들에게 적용한다면 그들과 새로운 관계가 만들어질 걸세."

학생: "그럴 수 있겠지요."

철학자: "그렇다면 자기 삶의 95%는 바뀌는 것이니 세상이 변했다고 생각해도 큰 무리는 없는 거라네."

학생: "세상 전체라기보다는 내가 살아가는 세상을 바꾸는 것이군요."

철학자: "바로 그렇네."

학생: "그렇다면 물론 그것도 쉽지는 않겠지만, 시도해볼 수는 있겠습니다."

철학자: "내가 원하는 대로 세상을 바꿀 수 있다면 그야말로 행복에 한 걸음 더 다가설 수 있을 걸세."

학생: "지금 세상을 바꾸는 방법을 말씀하셨는데, 혹시 나를 바꾸는 방법은 없을까요? 그렇다면 열 사람을 바꾸지 않고 나만 바꾸면 되지 않겠습니까?"

철학자: "자네도 말한 대로 '나'를 바꾸려면 '나'를 알아야 하지 않나! 그리고 그것이 어렵다는 것은 잘 알고 있는 것 같은데."

학생: "네, 그렇습니다. 하지만 조금 힌트라도."

철학자: "알겠네. <u>그는 토요일 해가 드는 오후 문득 한가함이 느껴지면 잠시 '나'를 찾아온다네. 그는 '나'와 이야기하고 싶어 하는데 '나'는 항상 다른 친구를 찾는다네.</u>[89]"

학생: "여기서 그가 진짜 '나'인가요?"

철학자: "그렇겠지."

학생: "내가 '나'를 찾는 것을 오히려 거부한다는 말씀인가요?"

철학자: "그렇네."

학생: "왜요?"

철학자: "지금 '나'라고 착각하고 있는 거짓 '나'에 익숙해서 바꾸고 싶지 않은 거네. 그리고 바꾸려면 지금까지의 '나'로 알고 있는 모든 사람과의 관계가 위험해질지 모른다는 두려움도 있는 걸세."

학생: "만들어진 가짜 내가 진짜 '나'를 몰아내는군요."

철학자: "그런 셈이지."

학생: "그렇다면 진짜 나를 찾는 것은 꽤 위험하겠습니다. 나를 찾는 것이 어려운 이유군요."

철학자: "그렇네."

학생: "이렇게 이야기하다 보니 현명하지 못하고 부족한 자신이 조금 느껴집니다."

철학자: "현명해지려 그리고 현명함을 드러내려 너무 노력할 것 없네. 내가 없어도 물은 흐르고 꽃은 피지. 현명함도 어리석음도 개인의 취향일 뿐이니 말이야.[90]"

† 4. 너무 향기로운 물은 향수로밖에 쓸 일이 없다 †

이때, 함께 수업을 듣던 또 다른 학생이 이렇게 물었다.

학생: "현명할 필요 없다는 말씀이신가요? 저희가 이 수업을 듣는 것도 현명해지려, 지혜로워지려 듣는 것 아닌가요?"

철학자: "그렇긴 하지."

학생: "그런데 어떻게 그런 말을 하십니까?"

철학자: "자네들도 '현명하지 않은 삶의 자유로움'이 눈물 나도록 그리울 때가 그리 멀지 않을 걸세.91"

학생: "네? 음, 현명하지 않을 때가 그립다고요?"

철학자: "그렇네."

학생: "왜 그렇죠?"

철학자: "그때가 행복했기 때문이네."

학생: "음, 어쩌면 그럴 수도 있을 것 같기는 합니다. 그렇다면 현명함, 지혜로움, 이런 것들과 행복은 별 관계가 없겠군요."

철학자: "극단적 생각은 하지 말게나. 어찌 현명함과 지혜로움이 행복과 관계없겠나? 지나치게 그것을 추구하는 삶이 그렇다는 이야기일세. 우리는 너무 현명하여지려, 지혜로워지려 노심초사하고 있다네. 경쟁 속에서 조금만 뒤처져도 자신이 어리석어 보여 참을 수 없기 때문이지. 이런 삶 속에서 어찌 행복할 수 있겠나. 너무 향기로운 물은 향수로밖에 쓸 일이 없다네.92"

학생: "무슨 말인지 알겠습니다. 선생님 수업을 들으면서 든 생각입니다만 행복을 위한 것들을 일목요연하게 정리해서 이해한다면 행복을 이루기가 조금 더 쉽지 않겠느냐는 생각이 듭니다."

철학자: "그렇기는 하겠지."

학생: "수업 내용을 제가 한번 정리해 보겠습니다. 핵심 단어만으로 제대로 정리가 될지는 모르겠지만요."

철학자: "자네가 내가 한 말의 핵심 단어들을 모두 정리한 친구로군."

학생: "그렇습니다."

철학자: "그래, 열심히 정리해보게. 하지만 한 가지는 꼭 주의해야 하네."

학생: "무엇이죠?"

철학자: "그림은 아무리 봐도 소용없다는 것이지. 산속을 거닐어야 산을 느낄 수 있는 법일세.[93]"

학생: "행복하기 위한 방법을 정리해도 삶 속에 직접 적용하지 않고 알기만 하면 별 소용 없다는 말이죠?"

철학자: "그렇네."

학생: "조금 전, 과도한 현명함과 지혜가 오히려 행복을 막는다고 하셨는데, 사실 명확한 이유는 모르고 그럴 것 같다는 생각만 들었습니다. 혹시 어떤 이유인가요?"

철학자: "고개 숙이지 않아서 그렇다네."

학생: "네?"

철학자: "자네도 진정한 지혜의 정원에 가고 싶겠지? 고개 숙여 '겸손의 문'을 지나는 수고를 하면 연녹색의 눈부신 정원이 펼쳐져 있을 것이네. 그런데 그 문을 지나는 사람이 별로 없는 것이 문제지.[94] 겸손을 잃으면 어떤 현명함과 지혜도 악취가 난다네. 우리가 모두 다르지 않다는 '평등의 진리'에서 벗어나기 때문이라네."

학생: "현명함이 자만, 교만, 오만, 거만으로 나타나기 때문이군

요."

철학자: "그렇네. 오만, 거만하게 되면 사람들로부터 외면받게 되고, 그로써 행복도 끝나버리지."

학생: "겸손을 잃지 않는 '현명함과 지혜'가 행복의 방법이겠군요."

철학자: "그렇다네. 하지만 그게 어려운 일이지. 자신이 현명해 보이고 지혜로워 보이면 곧바로 사람들을 내려다보니 말일세."

학생: "어떻게 해야 하죠?"

철학자: "뭐 다른 방법이 있겠나! 그래서 사람이 행복하기 어려운 것이네."

학생: "그래도 겸손을 유지하는 비법이 있지 않겠습니까? 선생님의 경험도 있을 수 있고요."

철학자: "비법 같은 건 없네. 단지, 바다는 바람이 일어도 걱정하지 않는 법이지.[95]"

학생: "지혜를 바다 같이 더욱 깊고 크게 할 수밖에 없다는 말이군요."

철학자: "그런 셈이네."

학생: "행복의 길은 아직 멀고 험난하군요. 이건 제 경험인데 언젠가 아주 못된 친구와 같이 일한 적이 있는데, 그때는 행복에서 아주 멀어진 듯한 느낌이었습니다. 살면서 누구나 그런 경험을 하면서 살 텐데, 그때는 어떻게 대처해야 하나요?"

철학자: "누군가에게 행복에 직접적인 악영향을 받는 경우를 말

하는 건가?"

학생: "그렇습니다."

철학자: "강물이 흘러갈 때, 분명 그 흐름을 막는 방해물이 있는 법이지. 하지만 강물은 그것을 우회하든 넘어가든 흘러간다네. 행복의 강물도 그렇게 흘러가도록 해야 하는 걸세."

학생: "삶 속 어떤 고난과 어려움도 행복에 큰 영향을 미치지 않게 일을 도모하라는 말이군요."

철학자: "그렇네."

학생: "하지만 그건 이론적 말씀이시고 실제로 그렇게 하기란 쉽지 않지 않습니까?"

철학자: "자네 말 대로네. 쉽지 않지. 그러나 정말 악질적인 인간, 정신병자 같은 <u>아주 특별한 경우를 제외하고는 우리가 그를 악하게 한 것이고 또 우리가 그를 선하게 한 것이네</u>.[96] 악한 행동을 하는 자들을 두둔하는 것이 아니라, 가능한 그런 일을 피하고, 피할 수 없을 때는 사람들과 공동으로 대응해 피해를 최소화해야 한다는 것일세."

학생: "악한 자들의 악행에 우리도 책임이 있다는 말인가요?"

철학자: "책임까지는 아니지만, 그들이 처음부터 악행을 할 수 없도록 철저하게 준비할 필요가 있다는 말일세. 그것도 행복을 위한 방편 중 하나지."

학생: "철저한 준비, 그런 말이군요."

철학자: "그렇네."

학생: "행복을 위해서는 많은 것들이 필요한 것 같습니다. 그리

고 그것들을 다 고려하려면 아주 오랫동안 생각으로 가득해야 할 것 같네요."

철학자: "생각 없이 어떻게 행복하겠나! 하지만, <u>생각은 잊혀지고 행동은 영원하다네. 생각은 머뭇거리고 행동은 결정하지. 생각은 나를 움직이고 행동은 사람을 움직인다네.[97]</u>"

학생: "생각보다 행동이 중요하다는 말인가요?"

철학자: "어떤 때는 생각이 중요하고 어떤 때는 행동이 중요하겠지. 우열의 문제는 아닐세."

학생: "그렇군요. 조금 전, 다른 학생과 대화 내용 중에 '자신을 찾기 어렵다'라고 했는데, 정말 그런가요? 그렇다면 왜 그런가요?"

철학자: "나를 어떻게 생각하느냐에 따라 달라질 걸세. 니체는 '나'를 찾으려 490개의 껍질을 까고 또 파고들지 말고, 자신에게서 쉽게 드러나는 것, 예를 들면 친구 관계, 적대 관계, 필체, 좋아하는 책, 내가 관심을 가지는 것, 기억하고 있는 것, 망각한 것, 내가 사랑한 것, 나를 매혹한 것, 이처럼 그냥 한번 힐끗 보면 보이는 그런 것이 '나'라고 했다네. 니체적 '나'라면 '나' 찾는 게 뭐가 어렵겠나!"

학생: "그런데, 왜 어렵다고 하죠?"

철학자: "<u>내가 나를 보지 못하는 이유는 다른 사람을 보느라 나를 볼 시간이 없기 때문이라네.[98]</u>"

학생: "네?"

철학자: "또 한 가지 있네. <u>내가 나를 보지 못하는 이유는 다른 이에게 잘 보이려 나를 너무 치장하기 때문이지. 화장이 너무 두껍다네.[99]</u>"

학생: "진한 화장을 한 채 다른 사람들만 보고 있어 자신을 보지 못한다는 말이네요."

철학자: "그렇네."

학생: "그렇게 항상 다른 사람만 보고 있으면 행복은커녕 무언가 불만이 생기고 다툼이 생기겠군요."

철학자: "잘 보았네. 다른 사람을 본다는 것은 내 생각, 내 가치, 내 철학, 내 성취와 상대의 그것을 비교하게 되지 않겠나. 경쟁과 다툼은 필연이지. 그런데 <u>다툼은 상대에 기인하는 것이 아니라네. 모르는 척할 뿐이지 자네들도 모두 알고 있지 않은가?[100]</u>"

† 5. 불행하지만 않다면 행복한 것이다 †

이때, 함께 수업을 듣던 또 다른 학생이 이렇게 물었다.

학생: "저는 자신을 조금 부족하다고 생각합니다. 별로 뛰어난 점이 없죠. 항상 앞서가는 사람들에게 주눅 들고 초라함을 느끼기도 합니다. 이건 제 기분만의 문제가 아니라, 실제로 능력과 실력이 부족하다는 것은 이미 여러 면에서 확인된 결과입니다. 그런 저도 행복할 수 있는 건가요?"

철학자: "내가 아니라고 답하지 않을 거라는 건 알고 있지 않나!"

학생: "그건 그렇습니다. 내가 어떻게 살아야 행복할 수 있는지 알고 싶습니다."

철학자: "부자가, 높은 지위에 있는 사람이, 유명한 사람이 행복한 것은 아니라는 것쯤은 알고 있지? 분명 행복은 그런 것은 아니네. 그런데 자네가 스스로 부족하다고 생각하는 '능력과 실력'은 행복의 조건이 아닌 부자, 높은 지위, 명예 같은 것을 이루는 데 필요한 것이지 않나! 그러니 자네의 능력과 실력 부족은 행복과는 관계없는 것이네."

학생: "네? 그런가요?"

철학자: "그렇다네."

학생: "그럼, 저처럼 능력과 실력이 없는 사람은 '어떻게' 행복할 수 있는 건가요?"

철학자: "그건 이제 자네만의 문제가 아니라, 지난 수업부터 계속, 모든 학생이 알고 싶어 하는 내용이네. 능력 없는 사람을 위한 특별한 방법이 있는 것이 아니란 말일세."

학생: "그렇군요."

철학자: "오히려 능력이 출중해서, 자신이 사람들보다 우월해 보이면 행복과 멀어진 것이라네. 행복은 가장 낮은 곳에 있기 때문이지.[101]"

학생: "우리 같은 능력 없는 사람도 똑같은 조건이란 말에 조금 위안이 됩니다."

철학자: "잘됐네."

학생: "그리고 보니, 저는 그렇게 세상을 불평하지 않고, 나보다 뛰어난 사람의 의견을 받아들여 변화할 준비가 되어 있습니다. 제가

능력과 실력이 없기 때문이죠. 그래서인지 행복하지는 않지만, 그렇다고 크게 불행하다고 생각하지도 않습니다."

철학자: "좋은 관점을 말했네. '변화'와 '불행하지 않음', 이것들이 행복과 관련이 있다네."

학생: "네? 어떻게요?"

철학자: "행복은 사실 '불행하지 않음'의 다른 말일지도 모르네."

학생: "그게 무슨 말인가요?"

철학자: "XY 좌표축을 상상해보게. X축은 시간이고 Y축은 행복으로 그려보세. Y값이 0보다 크면 행복한 거고, 0보다 작으면 불행한 거라고 치세. Y값이 (+)로 크다는 것은 행복의 정도가 크다는 것이고, (-)로 크다는 것은 불행의 정도가 크다는 것이 될 걸세."

학생: "네, 기본적 좌표축이군요."

철학자: "여기서 Y값이 (-)만 아니면 행복한 것 아니겠나!"

학생: "그래서 불행하지만 않다면 행복하다는 말이군요."

철학자: "그렇네. 거기에 그 값이 (-)라고 했을 때, 상수가 아니라면, 즉 시간에 따라 변화한다면 언젠가는 (+)값을 가지지 않겠나!"

학생: "'언젠가'라는 조건이라면 그렇겠지요."

철학자: "그래서 변화가 행복의 조건인 걸세."

학생: "자신이 변하지 않는다면 인생의 긴 여정에서 불행에 빠졌을 때 행복으로의 전환이 어렵다는 말씀이고요."

철학자: "그런 셈이지."

학생: "하지만, 옛말에도 있듯이, 사람이 그렇게 쉽게 변하는 것은 아니지 않습니까?"

철학자: "그건 오래된 거짓말이네. 사람은 자신이 변해 놓고 상대가 변했다고 불평하지. 만일 변하지 않을 수 있다면 시간마저 멈출 것이네. 사람은 항상 변화하는 존재일세. 마치 저 산처럼.[102]"

학생: "알 듯 말 듯 합니다. 수업을 들으며 저는 행복하려면 사람과의 사귐이 중요할 것 같은 생각이 계속 들었습니다. 어떤 사람들이 우리 행복에 도움이 될까요?"

철학자: "지난 수업에서 행복은 남의 주머니가 아니라, 내 주머니에 있다고 하지 않았나!"

학생: "네, 기억합니다. 하지만, 어쩌면 친구도 내 주머니 속에 있는 것으로 생각할 수도 있지 않습니까?"

철학자: "그렇게 생각할 수도 있겠군. 물론, 그런 사람이 있기는 하네."

학생: "어떤 사람이죠?"

철학자: "너그러운 사람이네. 그런데 그런 사람을 만나기가 어렵지. 혹시 그런 이를 만나면 놓치지 말게나. 너그러워지면 오래지 않아 숨어 있던 행복이 나타난다네.[103]"

학생: "너그럽다는 것이 어떤 의미이죠?"

철학자: "말 그대로이네. 상대방에 대한 이해와 아량이 있는 넓은 마음을 말하는 걸세."

학생: "그럼, 그 사람에게서는 편안함을 느끼겠군요. 행복과 편

안함, 조금 연결이 되는 듯합니다."

철학자: "편안함, 이는 자유로움과 같은 말이지. 전에도 비슷한 말을 했지만, 내 주위 열 사람만 자유로우면 이 세상 모두가 자유롭게 느껴진다네. 행복은 그들 뒤에 살짝 숨어 있을 걸세.[104]"

학생: "그런 사람을 찾는 것도 중요하지만, 자신이 너그러워지는 것이 행복에 이르는 더 가까운 길이란 말이군요."

철학자: "그렇네. 게다가 자기 주변 사람이 너그러우면 자신도 그렇게 되기가 쉽겠지."

학생: "스스로 너그러워지고 또 너그러운 사람을 곁에 두라는 말이죠? 그래도 이번 말씀은 무언가 우리가 할 수 있을 것 같은 조금 구체적 방법인 것 같습니다. 뭔가 행복을 손에 쥘 수 있을 것 같은 기분이 듭니다."

철학자: "그렇다고 연못을 비추는 달을 잡으려고 뛰어들지는 말게나. 달은 보는 것이지 손에 쥐는 것이 아니라네.[105]"

학생: "네? 보기만 하라고요?"

철학자: "자네가 행복을 손에 쥔다고 해서 하는 말이네. 행복은 내 것이 아니라 모두의 것이어야 하네."

학생: "네?"

철학자: "행복을 자기 것으로 독점하려고 해서는 안 된다는 말일세."

학생: "행복은 내 것이 아니다? 깊이 생각해봐야 할 것 같습니다."

철학자: "그러게나."

불행하지만 않다면 행복한 것이다

학생: "저는 미약한 사람이지만, 세상은 강하고 능력 있는 사람들이 이끌어가는 것일 텐데, 이처럼 세상을 이끈다는 것은 행복을 느낄 가능성이 더 큰 것 아닙니까? 행복은 능력과 실력 같은 것과 관련이 없다고 하셨지만, 아직 제가 완전히 이해가 안 돼 계속 의문이 듭니다."

철학자: "잘 들어보게. 강함은 타자에 비해 강한 것이네. 아무도 없는 산속에서 강함이란 없지. 능력과 실력도 마찬가지일세. 그런데 산속에 혼자 살아도 행복할 수 있다네. 이처럼 행복은 타인과 무관하게 자기 내면에서 발생하는 것이란 말일세. 세상을 이끈다는 면에서도 유능한 사람만이 그것이 가능한 것이 아니네. 너그러운 사람, 선한 사람은 세상 사람의 마음을 이끌지. 나는 능력 있고 강한 사람들에게 항상 이렇게 말한다네. '자신이 강하다고 생각하는가! 악(惡)해지지는 말라'[106]고 말일세. 선한 강함이 아니면 아무짝에도 쓸모없네."

학생: "그렇군요. 그런데 사실, 저는 누군가 세상을 그리고 저를 이끌어주기를 바랍니다. 스스로 삶을 개척해나갈 자신이 없기 때문이죠."

철학자: "자네는 무언가 자신감이 없어 보이긴 하네. 경쟁에서 자꾸 밀리다 보니 그런 모양이야."

학생: "그런 것 같습니다."

철학자: "하지만, 누군가 인도해 주기를 바라는 것은 눈을 감고 있겠다는 것이지. 눈을 감고서는 자유로울 수 없다네.[107]"

학생: "그럼, 행복할 수도 없겠군요."

철학자: "그렇지 않겠나!"

학생: "하지만, 선생님, 세상에서 종교를 통해 신에게 의지하는 수많은 사람이 있지 않습니까? 그렇다면 그들 모두가 행복할 수 없다는 건가요?"

철학자: "그런 셈이지."

학생: "우리 지구 인구의 반이 될 수도 있을 텐데요."

철학자: "그들이 자기 삶을 신에게 의지하고 모든 것을 신에 맡긴다면 어쩔 수 없네."

학생: "종교인들은 선생님 생각에 반대하지 않을까요?"

철학자: "그럴 테지. 나는 그들에게 이렇게 말해 줄 걸세. '<u>신에 의지하지 말고 신이 당신을 따르도록 하라. 그것이 신이 바라는 바이다</u>'[108]라고 말일세."

학생: "네? 그들이 불경하다고 하지 않을까요?"

철학자: "진정한 종교인이라면 내 말을 이해할 걸세."

학생: "그래도 신에게 인간을 따르라고 하는 것은 심한 것 아닌가요? 어떤 의미인가요?"

철학자: "신도 따를 만큼 그렇게 자신을 훌륭히 만들라는 말이네. 어떤 신이 이를 마다하겠는가? 만일 신이 예배하고 경배하는 것만을 우선한다면 그는 그럴 가치 없는 신이라네."

학생: "결국, 행복은 자기 삶을 스스로 결정해가는 사람에게만 허락된다는 말이군요."

철학자: "그렇네."

학생: "<u>스스로 결정한다는 것은 그만큼 실패와 불행의 가능성도

큰 것 아니겠습니까?"

철학자: "그렇겠지. 물은 끊임없이 낮은 곳을 향하네. 그렇다고 바다가 목적지라고 생각하면 곤란하지. 눈앞의 목적은 행복을 망가뜨린다네.109"

학생: "무슨 말입니까?"

철학자: "물은 그냥 아래로 흐를 뿐이네. 바다를 목적지라고 생각하지 않지. 물이 중간에 호수나 저수지에 머물러 더 이상 갈 수 없다면 바다에 도착할 수 없으니 실패한 것으로 생각해 불행을 느끼겠나?"

학생: "그럴 리가요."

철학자: "우리 인생 행복과 삶의 목적도 바다가 아니라, 단지 흐르는 것일 뿐이네. 우리 자유 의지대로 살아가는 것이지. 하지만, 100점 기준으로 90점 이상이면 성공, 이하면 실패라고 생각하면 자네 말처럼 실패와 불행에 빠지게 되겠지."

학생: "그럼요?"

철학자: "100점짜리 성공, 80점짜리 성공, 60점짜리 성공, 40점짜리 성공인 거지. 이처럼 우리 삶에서 실패는 없다네. 조금 점수가 낮을 뿐이지. 우리는 자기 의지대로 살아갈 뿐이라네."

학생: "행복과 불행으로 양분되는 일은 없겠습니다."

철학자: "그렇다네."

학생: "저도 불행하지는 않겠군요."

철학자: "그렇네."

학생: "선생님 수업 내용은 행복에 대한 생각을 조금은 바꾸어주는 것 같습니다. 하지만, 내 생각이 바뀐다고, 내가 행복에 대해 조금 더 안다고, 행복한 세상으로 바뀌는 것은 아니지 않습니까?"

철학자: "그렇겠지."

학생: "네? 인정하시는 건가요?"

철학자: "<u>세상을 바꾸는 것은 불가능하다네. 그런데 나를 바꾸면 세상은 새벽 아침과 함께 어느새 바뀌어 있을 걸세.</u>[110] 걱정 말게나."

† 6. 다른 사람의 행복은 따라 할 수 없다 †

이때, 함께 수업을 듣던 또 다른 학생이 이렇게 물었다.

학생: "선생님, 행복을 찾으면 저에게 뭐가 좋은 거지요?"

철학자: "뭐가 좋겠나?"

학생: "음, 기분 좋고, 만족스럽고, 설레고, 즐겁고 …. 뭐 별거 없네요."

철학자: "그렇네."

학생: "별것도 아닌데 왜 다들 행복하려고 하지요? 삶의 목적이기도 하지 않습니까?"

철학자: "그렇지. 행복은 삶의 목적이기도 하지."

학생: "사실, 행복할 때 실제로 제가 느끼는 것은 한마디로 하면 기분 좋은 느낌인데, 이는 행복이 아니더라도 얼마든지 느낄 수 있는 것 아닙니까?"

철학자: "그렇다네. <u>행복을 찾아 나에게 좋은 것을 염두에 둔다면 빨리 그만두는 것이 좋을 걸세. 점점 더 멀어질 것이니까 말이야</u>.[111]"

학생: "행복해도 나에게 좋은 것이 별로 없다면 '행복은 타인을 좋게 하는 것'이라는 지난 수업 내용 재확인인가요?"

철학자: "그렇네. 내게 좋은 것이 '하나'라면, 타인의 경우에는 그것의 합이 '백'이 될 수도 '천'이 될 수도 있으니 말일세."

학생: "하지만, 그런 생각은 너무 이론적, 종교적 논리 아닐까요? 이건 천 년 묵은 먼지로 가득한 쾌쾌한 책에서나 나올 법한 생각 같네요."

철학자: "반대로 그것이 천 년 동안 숨겨져 있는 황금의 비밀 열쇠일 가능성도 있지 않겠나. 그건 천천히 생각해 보기로 하세."

학생: "선생님, 우리가 찾는 행복은 모든 사람에게 같은 건가요? 그렇다면 좀 찾기가 쉬울 것 같은 생각이 듭니다."

철학자: "그렇겠지. 하지만 아쉽게도 그런 것은 없다네. <u>행복은 매우 개별적이지. 그것은 사람 수만큼 존재하는데, 각각의 사람에서 서로 다르게 출발하기 때문이라네</u>.[112]"

학생: "행복은 모두 다르다는 말씀이시군요. 그래도 공통적인 무언가가 있지 않을까요?"

철학자: "그게 무엇인가?"

학생: "우선 부자면 가난한 것보다 좋겠지요. 먹는 것, 입는 것, 사는 곳이 좋을 테니까요. 건강하면 아픈 것보다 좋지 않겠습니까? 남들이 나를 알아주면 무시 받는 것보다는 나을 테고, 누군가로부터 사랑받는다면 무관심한 것보다는 즐겁겠지요. 조금 높은 자리에 있어 자기 힘을 과시할 수 있으면 머리를 조아리고 사는 것보다는 기분 좋지 않겠습니까?"

철학자: "그렇겠지. 그게 공통적인 것들이군. 부자고, 건강하고, 나를 알아주고, 사랑받고, 높은 자리에 있으면 나쁠 게 무엇이겠나?"

학생: "그렇다고요? 지금까지의 선생님 말과 다르지 않습니까?"

철학자: "그렇지 않네. 우리는 삶의 목적 측면에서 행복에 대해 지난 시간에 수업하지 않았나! 부자면 좋겠지만 그것이 삶의 목적이 되면 안 되고, 건강하면 좋겠지만 그것을 최고의 행복으로 목적해서는 안 된다네. 사람들이 나를 알아주면 좋겠지만 그것이 삶의 목적이면 안 되고, 높은 자리에 오르면 좋겠지만 그것을 최고의 행복으로 목적해서는 안 된다네."

학생: "행복 관점에서는 얻으면 좋고 얻지 못해도 상관없는 것이라는 말이군요."

철학자: "그렇네. 삶의 목적이 아니라는 거지. <u>사람은 소박한 곡식의 창고 가득 있는데 맛있는 것을 찾아 나선다네. 기름진 것을 찾아 헤매다 결국 소박한 음식을 다시 찾게 되지. 행복은 소박함일세.</u>[113]"

학생: "최소행복이군요. 소박함. 무언가 깊은 의미가 내포되어 있을 것 같습니다. 아! 그렇다면, 예를 들면 소박함, 이런 것이 공통된 행복 아닐까요?"

철학자: "조금 가까워졌다고 볼 수 있을 걸세."

학생: "이렇게 공통된 삶의 목적이나 행복의 계단을 알게 되면 어떤 좋은 점이 있을까요?"

철학자: "내가 찾는 행복과 다른 누군가가 찾는 행복이 다르지 않다는 것을 알 수 있다면 서로 다투지 않을 걸세.114"

학생: "왜죠?"

철학자: "동질감 때문이지. 황폐함과 충만함은 자신과 타인을 얼마나 구분하는지에 달려 있다네. 구분하면 서로 가시요, 아니면 함께 열매를 나눌 걸세.115"

학생: "그렇군요. 음, 소박함 같은 공통된 행복을 위한 계단을 찾아 올라가면 정상에 오를지도 모르겠군요. 그런 것으로 편안함은 어떤가요? 편안함은 부자든 가난하든, 나를 알아주든 알아주지 않든, 높은 자리에 있던 낮은 자리에 있던, 사랑 받든 받지 않든 모두 원하는 것 아니겠습니까?"

철학자: "그렇게 생각하나? 하지만, 조건이 있네."

학생: "조건이라뇨?"

철학자: "편안함은 마음으로 충분하다네. 아무 일도 하지 않는 것은 휴식이 아니라 죽음이지. 굳이 죽음을 목표로 할 건 없지 않은가. 일은 행복의 조건이네.116"

학생: "네?"

철학자: "사람은 죽는 날까지 쉼 없이 일해야 하네. 행복하려면."

학생: "젊은 시절 열심히 일하는 이유가 퇴직이나 은퇴해서 편히

놀면서 쉬는 것이잖습니까?"

철학자: "그래서 행복하지 않은 것이라네."

학생: "나이가 들면 할 수 있는 능력도 체력도 떨어지지 않습니까?"

철학자: "자기 능력껏, 힘이 닿은 데까지 하면 되는 걸세. 그런 걸 젊을 때부터 찾아 놓아야지."

학생: "죽는 날까지 일하는 건 인생이 너무 고달픈 것 아닙니까?"

철학자: "실제로 죽는 날까지 일한 사람들 백이면 백, 모두 행복하다 말할 걸세. 물론 자신의 힘과 능력을 벗어나 특히 억지로 일해야 한다면 그건 아니지만 말이야."

학생: "본인이 할 수 있고 본인이 원한다면 그것이 행복의 조건이란 말씀이군요."

철학자: "그렇네."

학생: "생각해 보겠습니다. 그런데 선생님 좀 다른 이야기이기는 하지만, 모두가 추구하는 행복을 바라지 않거나 방해하는 사람도 있을까요?"

철학자: "왜 그런 생각을 했나?"

학생: "사촌이 땅을 사면 배가 아프다고 하지 않습니까? 사람은 시기와 질투심이 대단하고 남이 행복한 걸 좋아하지 않을 수도 있지 않겠나 라는 생각이 들어서입니다. 우리가 행복하려면 사람 관계에 있어 이런 것도 잘 고려해야 할 것 같습니다."

철학자: "잘 통찰했네. 사람의 행복이 무너지는 한 요인이기도

하지. 꼭 방해하거나 해치지는 않더라도, 좋았던 관계가 나빠지면서 행복이 조금씩 무너져 내리기도 한다네."

학생: "어떻게 하지요?"

철학자: "가르쳐야 하지 않겠나?"

학생: "요즈음은 가르치려 하는 사람을 모두 싫어합니다."

철학자: "그건 나도 알고 있네. 하지만, 그들이 싫어하는 건 가르칠 자격도 없는 사람이 가르치려 하기 때문이지. 오히려 사람들은 자신을 가르쳐줄 사람을 목타게 기다린다네."

학생: "가르칠 자격이 있는 사람은 누구입니까?"

철학자: "자격이 없는 자가 가르치면 악취가 나네. 그의 가르침에 향기가 느껴지면 자격이 있는 것이지."

학생: "향기가 뭐죠?"

철학자: "진실의 향기네. 그의 오랜 인생 전체를 통해 흐르는 진실이지. 이것은 아직 젊은 자가 가르칠 자격이 없는 이유네. 아직 삶으로 증명해 보이지 않았기 때문이지."

학생: "사실 어쩌면 저도 믿을 만한 교육자를 기다리고, 그런 책도 기다리는 것 같습니다."

철학자: "<u>진리는 약자 편이지만, 먼저 교육받아야 할 자들은 강자들이라네. 항상 그들이 더 큰 문제를 일으키기 때문이지. 행복의 방해꾼은 의외로 탁월한 자가 많다네.</u>[117]"

학생: "자신이 탁월하다면 주의해야 하겠군요. 그런데 더 큰 문제라면 어떤 것인가요?"

철학자: "약자들은 물론 전혀 없는 것은 아니지만, 사실 시기와 질투를 별로 하지 않네. 자신이 약자임을 알고 있기 때문이지. 하지만 강자들은 자신이 강하다고 생각했는데, 자신보다 탁월한 성과를 내는 누군가가 나타나면 참을 수가 없는 거지. 무언가 꼬투리를 잡아, 그들을 끌어내려야 직성이 풀린다네."

학생: "저도 그런 걸 본 적이 있습니다."

철학자: "굳이 찾으려 할 것도 없을 정도네. 조금만 관심을 두고 보면 주변에서 언제나 쉽게 볼 수 있을 테니 말이야."

학생: "그렇군요. 또 하나 궁금한 게 있습니다. 다른 사람도 그런지는 모르겠지만, 정말로 내가 행복을 원하는지 그걸 모르겠습니다. 그걸 원한다면 해서는 안 되는 것들을 아무렇지도 않게 하고 있으니 말이죠."

철학자: "그게 뭔가?"

학생: "행복을 원한다면, 내 능력과 실력을 키워야 할 텐데, 밤새도록 게임만 한다든지, 화를 못 이겨 사랑하는 사람에게 마음 아픈 말을 해버린다든지, 해야 할 일을 하지 않고 한가롭게, 나태하게 지낸다든지, 뭐 이런 것들입니다."

철학자: "행복을 위한 일은 아닌 것 같군. 하지만 사람이 하루도 빠지지 않고 행복에 도움이 되는 일만 할 수 있겠나! 그런 날도 있는 거지. 하지만 행동은 다른 이들뿐 아니라 나 자신도 설득한다네. 행동까지 이어지지 않으면 그것은 내가 정말 원하는 것은 아닌 걸세.[118]"

학생: "그렇군요. 역시 제가 행복을 항상 원했던 것은 아니었군요."

철학자: "그래도 자네의 염려 중 하나는 행복에도 도움이 될 수 있기도 하지."

학생: "그게 무엇입니까?"

철학자: "한가로움이네. 태양이 비추고 있는 늦가을 따뜻한 햇볕 아래, 오후 시간의 한가로움은 모든 것을 회복시킨다네.[119] 가치 있는 이탈 아니겠나!"

학생: "그렇군요. 선생님, 행복을 위해 훌륭해 보이는 사람들의 행동과 태도를 잘 보고 비슷하게 따라 해보는 건 어떤가요?"

철학자: "그건 안 될 말일세."

학생: "모범이 될 만한 사람, 훌륭한 사람, 어릴 때 읽던 위인전 속의 인물을 따라 하는 것이 안 된다고요?"

철학자: "링컨, 세종대왕, 이순신, 아인슈타인, 칭기즈칸, 에디슨, 김유신, 이런 사람들 말하는 건가?"

학생: "그렇다고 볼 수 있지요. 안 되나요?"

철학자: "그들은 위대한 사람들이네."

학생: "네?"

철학자: "우리가 지금 수업하고 있는 것은 위대한 사람이 되는 법이 아니라, 행복한 사람이 되는 법이네. 그들이 행복했다고 그 누구도 알 수 없다네."

학생: "그러면 누가 행복한 사람인지는 다른 사람은 절대 알 수 없는 것 아닙니까?"

철학자: "그렇네."

학생: "행복이란 누군가 참고할 만한 사람도 없다는 건가요?"

철학자: "흉내 내는 자에게서는 기분 나쁜 음울함이 느껴진다네. 함부로 흉내 내어서는 안 되는 것일세.[120]"

† 7. 어제의 행복은 아무 쓸모 없다 †

이때, 다른 학생이 이렇게 물었다.

학생: "선생님, 행복은 이성적인 건가요, 감성적인 건가요. 스스로 찾아내라 하셨지만, 그 정도는 알려주실 수 있지 않나요?"

철학자: "우선, 자네 생각은 어떤가?"

학생: "잘 모르겠어서 물은 것이지만, 제 생각은 둘 중 하나만 선택한다면 이성적인 것 같습니다."

철학자: "왜 그렇나?"

학생: 우리는 삶의 목표로써 최고의 행복을 이루는 방법을 찾고 있고, 인간이 지구에서 최고의 지적 생명체로 살고 있는 것은 이성적 능력 때문일 테니, 행복도 이성의 영역이 아닐까 합니다."

철학자: "그럴듯한 논리군."

학생: "그럴듯하다는 것은 아니라는 말이군요."

철학자: "그렇네."

학생: "그럼, 감성 영역이라는 말인데, 왜 그렇지요?"

철학자: "감성 영역이라고 단정해서도 안 되네. 행복은 이성 영역도 감성 영역도 모두 포함하기 때문이지. 감성만으론 행복과 거리가 머네."

학생: "저도 그럴 것 같기는 했습니다만, 꼭 하나만 선택한다면 어느 것이 더 중요할까요?"

철학자: "행복이 머무는 곳으로 이성과 감성 중 한 곳만 선택해야 한다면 감성을 선택하는 것이 좋네. 행복은 변화와 우연을 그 특성으로 하기 때문이지.121"

학생: "변화와 우연이라니요?"

철학자: "말 그대로네. 변화와 우연이란 희망과 역동성이 있는 것을 말하지. 행복은 그곳에 있고 그곳은 바로 감성과 감정이 주관하는 곳이라네."

학생: "감성과 감정은 어떤 차이죠?"

철학자: "감성은 제어 가능한 감정이라고 보면 되네. 제어할 수 없다면 그것은 감정이라고 봐야지."

학생: "감정이란 어찌할 수 없는 사랑이나 분노 같은 것이군요."

철학자: "그렇네."

학생: "그럼, 행복은 '감성이 주관하는 변화와 우연의 영역이다'라는 정의가 가능하겠네요?"

철학자: "가능하다고 생각하나?"

학생: "그렇게 물으시니 행복을 100% 정의하고 있는 것 같지는

않습니다."

철학자: "스스로 생각해도 그럴 걸세. 행복은 큰 산과 같아서 정의되어 기술되는 순간, 부분적이고 제한적 사실로 전락해 버린다네. 아무리 위대한 정신의 소유자라도 그것을 알려줄 수 없는 이유일세.[122]"

학생: "사실 지난번에 그 말씀은 하셔서 어느 정도 이해하고 있기는 합니다. 자꾸 잊어버리는군요."

철학자: "사람의 기억력은 하루를 넘기기 어렵네. 위대한 깨달음도 하룻저녁 지나면 다 잊어버리지."

학생: "그런 것 같습니다. 선생님, 그런데 우리는 누구나 과거 언젠가 행복했던 적이 있지 않습니까?"

철학자: "그렇겠지."

학생: "그런데, 우리는 왜 그 행복을 유지하지 못하는 거죠?"

철학자: "예를 들면 어린아이 때의 행복, 서로 사랑을 시작했을 때의 행복, 이런 것 말인가?"

학생: "네."

철학자: "자네 집 근처에 자주 산책이나 운동하는 공원이 있나?"

학생: "네, 일주일에 두세 번 정도 산책하는 곳이 있습니다."

철학자: "봄, 여름, 가을, 겨울, 공원의 모습은 어떤가?"

학생: "계절 별로 완전히 다릅니다. 제가 그 모습을 설명할 필요는 없겠지요! 어떤 봄날에는 하루 이틀 사이로 벚꽃이 만발했다가 다 떨어지기도 합니다."

철학자: "바로 그 이유 때문이네."

학생: "네?"

철학자: "매일 같은 길을 걸어도 같은 것은 하나도 없는 법이지. 어제의 행복은 아무 쓸모 없다네.123"

학생: "어제 삶의 상황과 오늘의 것이 다르니, 어제의 행복은 오늘 더 이상 유효하지 않다는 말이군요."

철학자: "그렇다네."

학생: "선생님, 주변에 멋있는 사람들이 있는데 그들이 행복해 보이기도 합니다. 그들의 멋진 모습처럼 되는 것이 결국 행복해지는 방법 아닐까요?"

철학자: "어떻게 멋있나?"

학생: "자기 능력, 외형적 모습, 인간관계, 자기 관리 측면에서 모두 그렇습니다. 그런 것들을 잘한다면 행복은 저절로 따라올 것 같습니다."

철학자: "어떻게 살아야 하는지를 보여주는 것이군."

학생: "그렇습니다."

철학자: "비틀즈 같은 어떤 멋진 가수가 있다고 치세. 어떤 새로운 가수가 그들의 멋진 모습을 따라 하면 자네는 그 새로운 가수에게서 무엇을 느끼겠나?"

학생: "음, 무슨 말씀하시는지 알겠습니다."

철학자: "일견 멋있어 보여도, 모방은 결국 아류이고 촌스럽다네.

못 알아볼 거라는 기대는 하지 말게.[124]"

학생: "그러면 인간의 위대한 스승들의 이야기도 모방하지 말라는 말씀인가요?"

철학자: "그렇다네. 불가에서는 부처도 만나면 죽이라고 했다네."

학생: "네? 부처의 가르침을 따르는 것이 불교의 기본 아닙니까? 무슨 뜻이지요?"

철학자: "자네 말이 맞네. 부처의 가르침을 따라야지. 하지만 불교적 깨달음을 위해서는 부처도 따라 하지 말고 자신만의 방법으로 피안에 다다르라 하는 것이네."

학생: "어떤 경우에도 다른 사람 따라 하지 말라는 말이군요."

철학자: "조금 더 엄밀히 말하면, 사람의 행복은 상황에 따라 바뀌니 행복은 어제, 오늘 다르고, 부처와 각자의 상황이 다르니, 행복도 사람마다 다르다는 말일세."

학생: "그럴 것 같습니다. 행복을 향한 길은 멀고 험하군요."

철학자: "그렇네. 배가 고프면 먹어야 한다네. 음식 보기만 해서는 소용없고, 남 배부른 모습 아무리 보아도 쓸모없네. 행복을 찾아가려면 자신의 길을 한 걸음 한 걸음 걸어야지. 생각만으로는 도달할 수 없으니 말이야.[125]"

학생: "자기 배를 채우고 자기 길을 가야 한다고 하시는데, 사실 이 말에는 문제가 있습니다."

철학자: "어떤 문젠가?"

학생: "자기만의 '행복의 길'을 가라는 것은 자기만족을 하라는

것 아닌가요?"

철학자: "어느 정도 그런 면이 없지는 않네."

학생: "그러면 사람에 따라 행복의 질이 너무 차이가 날 수 있는 것 아닌가요? 엄청난 능력과 노력으로 이루는 행복과 적당히 요령 피우면서 얻는 행복이 어찌 같을 수 있겠습니까?"

철학자: "자네 말이 일리가 있네."

학생: "네? 그렇게 인정하시면 …."

철학자: "자네 말이 일리가 있는 것은 그 난이도와 성취도 측면에서라네. 복싱 헤비급과 라이트급 챔피언이 있다면 헤비급 챔피언이 꼭 더 행복해야겠나? 아인슈타인처럼 대단한 지능을 가진 사람이 평범한 지능을 가진 사람보다 꼭 더 행복해야겠나? 유전적으로 근면하고 성실하게 태어난 사람이 그렇지 못 한 사람보다 꼭 행복해야 한다고 생각하나?"

학생: "물론, 꼭 그런 건 아니겠지요. 하지만 그들이 느끼는 행복감에는 조금 차이가 있지 않을까요?"

철학자: "그건 성취감이지 행복감이 아니라네. 어린 시절 딱지치기 놀이에서 이겨 친구 딱지를 따거나, 동네 골목길 축구 시합에서 이겨 느꼈던 행복이 아인슈타인이 상대성 이론을 완성하고 발표할 때 느꼈던 행복감보다 못하다고 생각하나?"

학생: "그렇게 말씀하시면 정확히 기억이 나지는 않지만, 어릴 때 느꼈던 행복감도 꽤 대단했던 것 같기는 합니다."

철학자: "그럼 어릴 적 느꼈을 아이의 행복과 아인슈타인이 느꼈을 행복의 공통점은 무엇이겠나?"

학생: "음, 어린아이와 아인슈타인, 행복의 공통점이라. 어렵군요."

철학자: "시간을 줄 테니 잘 생각해보게."

학생: "아! 그 성취의 내용은 다르지만, 무언가 이루었다는 것이 공통점이군요."

철학자: "잘 맞추었네. 자, 그러면 이룬 것이 공통점이기는 한데, 그 성취의 정도가 크게 다른데도 불구하고 행복감이 비슷한 건 왜 이겠나?"

학생: "음, 혹시 얼마나 절실히 원하는지에 따라 행복의 크기는 결정되는 것 아닌가요?"

철학자: "바로 그렇네. 그 절실함에 있어 어린아이와 아인슈타인은 비슷했던 것이라네."

학생: "무언가 느껴지는 게 있습니다."

철학자: "그런가? <u>한여름 뜨거운 태양과 한겨울 차가운 바람에 사람은 누구나 별로 다르지 않다네. 누군가 자신을 아무리 하찮게 보더라도 말일세.</u>[126]"

학생: "행복은 공평할지도 모르겠습니다."

철학자: "그렇네."

학생: "그런데 선생님, 사람이 왜 행복해야 하는 거죠? 행복하지 않아도 불행하지만 않다면 그럭저럭 살 수 있는 것 아닌가요?"

철학자: "꼭 행복해야 할 이유는 없네."

학생: "그럼, 꼭 이 수업을 들어야 하는 이유도 없는 거네요."

철학자: "그렇다네."

학생: "그렇다고 하시면 …. 그래도 행복을 찾으면 무언가 좋은 것이 있을 것 아닙니까?"

철학자: "있기는 하네만."

학생: "그게 뭐죠?"

철학자: "선구적 삶을 살아갈 수 있다는 것이네."

학생: "네? 앞서가는 삶을 말씀하시는 건가요? 행복의 길을 찾으면 사람들을 인도할 수 있다는 말인가요?"

철학: "한 선구적 삶이 고요한 침묵 속에서 세상 모든 행동을 바꾼다네. 그리고 그것이 세상을 유지케 하지.[127]"

학생: "자기 행복이 세상을 유지케 한다고요? 그게 무슨 말입니까?"

철학자: "그만큼 어려운 일이고 중요한 일이라네. 아무나 할 수 없는 일이지."

학생: "그렇게 중요한데 왜 수업을 안 들어도 된다고 하셨나요?"

철학자: "어렵기 때문이지. 이 수업을 아무리 들어도 안 되는 일이기 때문이라네."

학생: "수업만으로는 행복을 알 수 없다는 말이군요."

철학자: "그렇다네."

학생: "그 정도는 저희도 알고 있습니다. 그렇게 어려운 일이라면 오히려 더 도전해보고 싶네요."

철학자: "그런가? 훌륭하네."

학생: "세상 모든 행동을 바꾼다고 하셨는데, 그게 무슨 말인지 잘 모르겠습니다. 이해되도록 예를 들어 주시면 안 될까요?"

철학자: "오늘, 주위 사람을 행복하게 해보게. 내일은 그들이 나를 행복하게 해줄 것이야.[128] 이것이 세상을 바꾸게 하는 일이지."

학생: "예를 들어도 확실히는 모르겠습니다."

철학자: "모든 걸 다 알 필요는 없다네."

학생: "음, 우리가 지금 행복을 수업하지만, 오히려 불행을 연구한다면 행복할 방법도 알 수 있지 않을까요?"

철학자: "좋은 생각이네."

학생: "우리가 불행을 벗어나면 행복하다고 하지 않았습니까?"

철학자: "그랬지."

학생: "그럼, 불행을 벗어나는 법을 찾으면 되겠군요."

철학자: "그렇겠네."

학생: "어떻게 벗어나죠?"

철학자: "어떻게 벗어나겠나?"

학생: "음, 불행의 이유, 원인을 찾아 그것을 없애는 거겠죠. 불행의 이유가 가난이었다면 열심히 돈을 벌고, 불행의 이유가 능력 부족이었다면 열심히 실력을 키우고, 뭐 이런 거죠."

철학자: "평범한 정답이군."

학생: "그럼, 평범하지 않은 다른 방법이 있나요?"

철학자: "자네가 말한 대로 불행의 이유를 해결할 수 있다면 사람은 그걸 불행이라고 느끼지 않는다네."

학생: "네?"

철학자: "무언가 열심히 해서 해결된다면 그게 무슨 불행이겠나. 불행은 사람이 아무리 애써도 잘 안될 때 느끼는 것이라네."

학생: "음, 그렇네요."

철학자: "어둠 속에서 어둠을 피해 달아날 수 없다네. 침착히 그리고 조용히 아침을 기다리는 것이 좋지.[129]"

학생: "무조건 기다리란 말은 아니겠죠?"

철학자: "희망을 갖고 불행의 시기를 침착히 그리고 묵묵히 자신이 할 수 있는 것을 하면서 넘기라는 말일세. 침착함과 묵묵함이 시간의 도움을 받아 불행에서의 출구를 알려줄 것이네."

학생: "네, 특별한 방법은 아니지만, 그럴듯한 방법인 것 같기도 합니다. 불행 속에서 사람이 침착함과 묵묵함을 유지할 수 있을 지가 의문이긴 합니다만. 거기에 희망을 갖는다는 것도 쉽지 않아 보이고요."

철학자: "불행을 이기는 방법이 쉽다면 행복하지 않은 사람이 있겠는가? 행복하지 않은 이유는 삶에 불행과 불행의 잔재가 남아있기 때문이라네."

학생: "역시, 행복은 불행의 부재로 충분할지도 모르겠습니다."

철학자: "그럴 수 있네. 불행으로 행복이 다 가려져 숨겨지는 것이지."

학생: "네?"

철학자: "행복을 찾는다는 것은 태양이 떠오르는 것과 같다네. 어둠 속의 것이 드디어 드러나지. 그런데 이때, 어둠 속에 없던 것이 새로 생성되는 것은 아니네. 그렇다면 아직 어둠 속에 있다 해도 걱정할 것 없지 않은가![130]"

† 8. 성공의 길과 행복의 길은 서로 다른 길이다 †

이때, 또 다른 학생이 이렇게 물었다.

학생: "선생님, 사실 저는 어렸을 때부터 행복을 찾으려고 꽤 노력해 왔습니다. 공부가 그 길 같으면 공부를 열심히 했고, 친구가 그 길 같으면 친구와 열심히 사귀었고, 대학이 그 길 같으면 어떻게 든지 이루려 노력했습니다. 그리고 대부분 성공했습니다."

철학자: "훌륭하네."

학생: "그런데 저는 행복한 적이 별로 없습니다."

철학자: "당연하지 않은가?"

학생: "네?"

철학자: "자네는 공부, 친구, 대학을 목표로 했지, 행복을 목표로 한 것은 아니지 않나?"

학생: "네? 그런 것들이 저를 행복하게 하는 것 아닙니까?"

철학자: "공부도 잘하고, 친구도 많고, 대학도 잘 갔으면서 행복까지 하려 한다면 욕심이 과하지 않나?"

학생: "행복은 그것들과 별도의 것이란 말인가요?"

철학자: "물론이네. 자네는 행복의 산을 오르려고 하면서 공부의 산, 친구의 산, 대학의 산을 오른 것이네."

학생: "그걸 어떻게 아십니까?"

철학자: "자네가 말했지 않나! 행복하지 않다고."

학생: "그렇네요. 저는 그곳이 행복의 산으로 가는 중간 길인 줄 알았습니다."

철학자: "중간 길일 수도 있었겠지. 하지만 자네에게는 중간 길이 아니었네. 그랬다면 항상 행복했을 테니까. <u>진리와 행복을 찾으려 하면 세상 모든 것이 도와줄 것이네. 그런데도 찾지 못하는 이유는 사실, 찾으려 하지 않기 때문이지.</u>[131]"

학생: "어떻게 하지요?"

철학자: "행복을 누군가에게 보여주려고 하지 말게. 그것은 가짜 행복이니 말이야."

학생: "네?"

철학자: "<u>숭고한 자를 모방하는 것과 숭고한 자가 되는 것은 다른 일이네. 그럴듯하게 모방하지 말게. 그것이 신이라 하더라도 말일세.</u>[132] 행복을 보여주려 하지 말고 행복한 자가 되라는 거네."

학생: "둘이 어떻게 다르죠?"

철학자: "보여주는 가짜 행복은 타인의 평가가 그 기준이고, 진

짜 행복은 자신의 평가가 그 기준이네. 가짜 행복은 타인에 의해 언제든지 사라지기도 하지만, 진짜 행복은 항상 내 옆에 있는 걸세."

학생: "아! 제 행복이 그렇습니다. 행복한 충분한 조건을 갖춘 것 같은데, 다른 사람의 말 한마디, 시선 하나에 모든 것이 무너져 내리니까요."

철학자: "하지만, 자네의 가짜 행복도 진짜 행복을 알고 그곳을 향해 갈 때 큰 도움이 될 테니 실망할 건 없네."

학생: "그렇군요. 선생님, 그런데 요즘 저는 심적으로 매우 힘들었습니다. 우울감에 가깝다고 할 정도로요. 그런데 그 이유를 이제 조금 알겠습니다."

철학자: "무엇인가?"

학생: "제가 그렇게 최선을 다해 살아온 시간에 비해 행복하지 않음에 스스로 절망했던 것 같습니다. 그렇게 열심히 살아도 별로 행복하지 않은데 무슨 의욕이 있었겠습니까. 제가 다른 길에 있었군요."

철학자: "어느 정도 이유를 알았다니 다행이군. 행복에 가까울수록 동요와 의심은 커진다네. 태양에 가까울수록 뜨거워지는 것과 같지. 고난의 시기가 커지면 행복이 가까운 걸세.[133]"

학생: "그런데, 제가 제대로 된 행복의 산으로 가는 길로 들어설 수 있을까요?"

철학자: "그걸 누가 알겠나!"

학생: "그래도 수업을 들으면 도움이 되겠지요?"

철학자: "안 듣는 것 보다는 낫지 않겠나."

학생: "결국 찾아내는 것은 본인 몫이란 말이군요."

철학자: "<u>아주 어리석지만 않다면 추운 겨울을 견딘 자는 계절의 변화를 이해하는 법이네.</u>134"

학생: "추운 겨울을 견디면 되는군요. 어쩌면 다른 것에서는 열심이면서 막상 행복에는 나태했던 것 같습니다."

철학자: "<u>그런 셈이지. 한가로움과 여유로움과 나태함, 이것을 구분할 수 있으면 나태함은 별문제 될 것 없네.</u>"

학생: "네?"

철학자: "<u>한가함은 할 일이 적어서 편안히 지내는 것이고, 여유로움은 할 일을 다 하고 편안히 지내는 것이네. 그런데 나태함은 할 일이 있는데도 편안히 지내는 것이지. 우리는 나태를 변명 말아야 하네. 해야 할 것은 해야 하는 거지.</u>135"

학생: "변명의 여지가 없다는 말이군요. 선생님 말씀대로 나태에는 변명의 여지가 없지만, 무지는 조금 변명해도 되지 않을까요?"

철학자: "어떤 변명인가?"

학생: "아무도 행복에 대해 알려주지 않았습니다. 목표만 알려줄 뿐이었죠. 행복이 무엇인지조차 생각할 수 없었는데 어찌하겠습니까?"

철학자: "큰 서점에는 가 보았나?"

학생: "네? 가끔 갑니다."

철학자: "거기에는 행복에 관해 알려주는 책들로 가득하다네."

학생: "하지만, 그 책들 속에 행복이 있다고 가르쳐 주는 사람도 없었고 어떤 책을 읽어야 하는지 알려주는 사람도 없었습니다."

철학자: "그게 바로 나태함의 증거이네."

학생: "무지가 바로 나태함이라고요?"

철학자: "자네 게임 좋아하나?"

학생: "싫어하는 편은 아닙니다."

철학자: "그 게임이 처음부터 잘 되던가?"

학생: "그렇진 않지요."

철학자: "잘 안되면 이것저것 조사하고 잘하는 친구에게 물어보고, 때에 따라서는 게임 공략법 책도 사지 않나?"

학생: "그럴 때도 있습니다."

철학자: "행복을 이루는 게임에는 어떤가?"

학생: "제가 나태하다는 말이군요."

철학자: "기본적으로는 그렇다네. 하지만 자네 말에 일리가 있는 부분도 있지."

학생: "무엇이죠?"

철학자: "목표만 알려줄 뿐 행복을 알려주는 선생이 별로 없다는 거지. 사람은 죽음으로부터 도망가려는데 그를 향해 가고 있고, 행복을 향해 가려는데 그로부터 도망가고 있다네. 반대로 가면서 오히려 투덜거리지. 그곳이 어디인지 잘 모르기 때문일세. 무조건 가는 것은 현명하지 않다네. 방향을 알려주는 교육자가 필요한 이유지.[136]"

학생: "네, 저도 그렇게 생각합니다."

철학자: "하지만 기본적으로 자신의 나태함을 먼저 탓해야 하네. 서점에 선생님들로 가득하니까. 오늘 수업도 그중 하나일 뿐이지."

학생: "남 탓하지 말라는 말씀이시죠?"

철학자: "그렇네."

학생: "그런데 선생님, 세상이 혼란스럽습니다. 존경할 만한 분들도 비리와 범죄로 물들어 있고, 곳곳에 무언가 성취한 사람들은 많은데 행복한 사람들은 별로 눈에 띄지 않습니다."

철학자: "자네 말이 틀리지 않네. <u>사람들이 혼란스러운 이유는 무지한 자들이 자꾸 삶을 이끌어가기 때문이라네.</u>[137]"

학생: "그래도 교육자 선생님들은 믿을 만할까요?"

철학자: "아쉽지만 그것도 아닌 것 같네."

학생: "왜 그렇지요? 그래도 선생님 아닙니까?"

철학자: "그러게나 말이네. 하지만 대학교수도 기술자, 과학자, 지식 전달자가 돼버렸고, 초중고 선생님도 교과 지식을 가르치는 전달자가 돼버렸네. 학생들 행복을 가르쳐주는 선생님은 아니지. 물론, 지식을 가르친다고 해서 경시하는 건 아닐세. 그들의 지식은 존경할 만하니까."

학생: "곳곳에 지식을 가르쳐주는 선생님은 많은데 행복이나 삶의 목적을 알려주는 선생님은 잘 보이지 않는다는 말이군요."

철학자: "그렇다네."

학생: "그래도 그들이 우리에게 풍요로운 세상을 이끌어준 건 사

실이지 않습니까?"

철학자: "지식의 덕으로 풍요로워진 건 분명한 사실이지."

학생: "그렇다면 지식을 가르치는 선생님도 행복하기 위한 방법을 알려주는 것 아닌가요?"

철학자: "그럴 수 있겠네. 그런데 그것은 이제는 더 이상 아니네."

학생: "네?"

철학자: "이제는 과학 기술과 지식 덕으로 얻는 행복과 그것 때문에 잃어버리는 행복을 비교하면 오히려 잃는 게 더 많기 때문이라네."

학생: "지구에서 발생하는 이상 현상, 멸종하는 생물, 다음 차례가 될 인간의 비극을 말하는군요."

철학자: "그렇네. 더 풍요롭고 편리한 세상을 위한 전진은 이제 멈추는 것이 좋을 걸세. 행복은 그것을 원하지 않으니 말이야. 그것을 원하는 자는 어리석은 자본가뿐이지.[138]"

학생: "정치나 세상사 같은 지루한 이야기가 돼버렸군요."

철학자: "그렇게 되었네."

학생: "우선 현실적으로 행복할 수 있는 가장 쉽고 단순한 방법은 무얼까요? 그것으로 사람들에게 인정받고 행복의 씨를 뿌리면 되는 것 아닌가요?"

철학자: "명석하군. 그것은 있는 것을 우선 보고, 그다음, 없는 것을 보는 걸세. 이 순서만 지켜도 세상은 꽤 살 만하다네.[139]"

학생: "정말 그럴까요? 있는 것만 보다가는 경쟁에서 뒤처지고

불행하지만 않다면 행복한 것이다

행복에서 멀어지는 건 아닌가요?"

철학자: "그 반대네. 경쟁을 생각한다면 더욱 자신이 이미 가진 것, 자신이 잘하는 것을 중심으로 자기 삶을 만들어가야 한다네."

학생: "그러다가는 자기 능력을 더 개발할 기회를 잃을지도 모르지 않나요?"

철학자: "자기 능력은 넓게 가지는 방법도 있지만, 깊이 가지는 방법도 있네. 깊이만 가지려 해도 자기 인생 모두를 걸어도 부족할 걸세."

학생: "하지만, 자신이 가진 것이 무엇인지 아직 모르는 경우도 있는 것 아닙니까?"

철학자: "물론, 스물이 되기 전, 한창 공부하는 학생이라면 자네 말이 맞네. 내가 말하는 깊이를 추구해야 할 때는 스물이 넘어 자신을 발전시켜 나갈 때를 말하는 거지. 물론, 서두를 필요는 없네."

학생: "그렇군요."

철학자: "<u>서두르지만 않는다면 조금 부족한 삶도 나쁘지만은 않네. 천천히 가니 눈앞의 광경이 따분하지 않기 때문이지. 어차피 최종 목적지는 예외 없이 같을 테니 말이야!</u>[140]"

† 9. 행복한 척은 하지 말라 †

이때, 또 다른 학생이 이렇게 물었다.

학생: "선생님, 행복도 가장할 수 있는 것 아닙니까?"

철학자: "어떻게 말인가?"

학생: "제가 부자라면 저는 할 수 있을 것 같습니다."

철학자: "돈으로 말인가?"

학생: "물론입니다. 제가 부끄럽지 않게 번 돈으로 말이죠."

철학자: "어떻게 말인가?"

학생: "좋은 집에서 멋진 아내와 함께 귀여운 아이를 키우면서 맛있는 음식을 먹고, 신기한 곳을 여행하고, 편안하고 즐거운 시간을 천국처럼 보낼 수 있지 않습니까? 제 마음속이 행복하든 말든 제 인생은 행복의 증거로 넘쳐날 테니까요."

철학자: "그럴듯하네."

학생: "거기에다가 제가 번 돈으로 가난한 사람들을 위해 충분한 기부나 배려를 베풀면 사람들은 저를 존경하기도 할 겁니다. 이 정도면 선생님 수업을 통해 얻는 행복에 비해 못하지 않을 것 같습니다."

철학자: "훌륭한 삶이군. 그렇겠네."

학생: "진정한 행복이 무엇인지 모르지만, 이편이 행복에 더 가까이 갈 수 있는 현실적 방법 아닌가요?"

철학자: "돈으로 행복도 살 수 있다는 생각이군."

학생: "진정한 행복이 아니라는 것은 저도 알고 있습니다."

철학자: "인생이 행복의 증거로 넘쳐나고 존경까지 받으면 금상첨화 아닌가?"

학생: "그렇지요."

철학자: "그런데 어느 날 갑자기 병에 걸려 거동도 불편하고 잘 먹지도 못하게 되면 어떻게 될까?"

학생: "모든 게 무너져 내리겠지요."

철학자: "자신뿐 아니라 자기가 사랑하는 사람이 그렇더라도 비슷하겠지?"

학생: "그렇겠지요."

철학자: "그리고 자네가 아무리 사람들에게 베풀더라도 세상 모든 사람이 자네를 좋아하겠나?"

학생: "그럴 리가 있겠습니까!"

철학자: "자네 도움을 받고 싶었는데 받지 못했던 사람들은 불만이 있을 걸세."

학생: "그렇겠지요."

철학자: "아무리 부자라도 이 세상에서 자네가 도와줄 수 있는 사람이 얼마나 될까?"

학생: "그건 말할 필요도 없이 극소수 사람뿐이겠지요. 그건 국가도 못하는데 제가 어떻게 하겠습니다."

철학자: "그렇다면 누군가에게 베풀어서 얻는 행복은 얼마 안 되겠군."

학생: "아무리 부자라도 한 사람 개인이 무엇을 하겠습니까?"

철학자: "자네가 좋은 집, 좋은 옷, 좋은 음식으로 행복하다 했는데, 그런 좋은 것들이 처음 며칠은 행복하겠지만 그것이 일상화되면 별로 감흥이 없지 않겠나?"

학생: "뭐, 시간이 지나면 그렇게 되겠지요."

철학자: "그럼, 그런 감흥 없는 것들을 누리면서 행복한 모습을 계속 연기하는 게 가능할까?"

학생: "음, 그건 좀 어렵겠지요."

철학자: "그렇다면 행복을 가장하기도 어렵겠지?"

학생: "그렇겠네요."

철학자: "귀여운 아이를 키우면서 행복하다 했는데 아이를 키우며 느끼는 행복은 돈이 많은 부자면 더 행복할까?"

학생: "뭐, 조금은 더 행복하겠지만 그 면에서는 가난한 사람들도 비슷하게 행복할 것 같습니다."

철학자: "그럼, 신기한 곳을 여행하면서 느끼는 행복은 꼭 부자여야만 가능할까 아니면 조금만 여유 있는 삶을 살아도 가능할까?"

학생: "사실 엄청난 호화 여행이 아니라면 꼭 큰 부자만 갈 수 있는 곳은 별로 없겠지요. 우주여행이 아니라면요."

철학자: "그리고 자네는 일 년에 반 정도, 육 개월 동안 여행한다면 정상적 삶이 가능하겠나?"

학생: "아무리 여행을 좋아해도 그건 아니겠지요."

철학자: "그럼 적당한 기간, 적당한 경비만 댈 수 있다면 굳이 큰 부자는 아니어도 되지 않나? 물론, 돈이 많으면 호화 여행은 할 수 있겠지만 말일세."

학생: "그렇긴 합니다."

철학자: "사람이 가장 불행해지고 두려운 게 무엇이겠나?"

학생: "뭐, 당연히 죽음이겠지요."

철학자: "건강 관리를 좀 잘하기는 하겠지만, 부자가 가난한 사람보다 건강하게 오래 산다고 생각하나?"

학생: "장수하는 사람 중에서 부자는 별로 없는 것 같습니다."

철학자: "그렇다면 사람 행복의 가장 중요한 변수인 죽음에서도 부자가 그리 유리한 점은 별로 없는 것 같지 않나?"

학생: "그건 그런 것 같습니다."

철학자: "그럼 자네가 행복을 가장하려는 것들은 모두 그럴 수 없는 것들이지 않은가?"

학생: "그렇군요."

철학자: "<u>우리는 가장하지 않는 것이 좋네. 처음은 사람들의 호감을 얻을 수 있겠지만, 두 번째는 조롱거리로 전락한다네</u>.[141]"

학생: "제가 '가짜 행복'이라 말씀드리긴 했지만, 그것이 가짜인지 진짜인지 사실 저 자신도 모르는 것도 있었습니다. 그걸 어떻게 알 수 있을까요?"

철학자: "보통 스스로 알기 마련인데 잘 모르겠다는 말이군."

학생: "행복한 것 같기도 한데, 선생님 말을 들으면 아닌 것 같고 그렇습니다."

철학자: "집단 무의식에 우리 생각이 잠식당하면 행복도 세뇌된다네."

학생: "그런지도 모르겠습니다."

철학자: "가짜 진리로는 행복에 다가서지 못하지. <u>위장된 진리를 구분하는 방법은 단지 세 사람의 동의를 구해 보면 된다네.</u>[142]"

학생: "세 사람의 동의도 받지 못한다는 말인가요?"

철학자: "가짜 진리, 가짜 행복으로는 세 사람은커녕 한 사람의 동의도 얻기 어려울 거네."

학생: "사람들이 모두 그렇게 명석하게 남을 비판할 수 있다는 말입니까?"

철학자: "사람은 자기 일에는 어리석어도, 남의 일에는 부처의 지혜로 무장하네. 한 사람도 설득하기 어려운 이유지."

학생: "남의 일에는 그렇긴 한 것 같습니다."

철학자: "어쨌든 자기 행복이 진짜인지 가짜인지는 저절로 알게 되니 걱정할 것 없네."

학생: "선생님, 저는 자존감이 조금 강한 것 같습니다. 어떤 뛰어난 사람의 생각이라도 제 생각보다 나 보이지 않습니다. 제 지기 싫어하는 성격이 그렇게 만드는 것 같고요."

철학자: "자네가 지기 싫어하는 것이 무엇인가?"

학생: "누군가 저보다 뛰어난 것을 참을 수 없습니다."

철학자: "실제, 현실은 어떻다고 생각하나?"

학생: "글쎄요. 저는 제가 뛰어나다고 생각해 왔습니다."

철학자: "자네가 아인슈타인보다 상대성이론에 대해 뛰어난가?"

학생: "그건 아닙니다."

철학자: "자네가 모차르트보다 연주와 작곡을 잘하는가?"

학생: "아닙니다."

철학자: "자네가 제갈량보다 지략이 뛰어난가?"

학생: "그럴 리가 있겠습니까?"

철학자: "역사적 인물에는 이기려고 하지 않는 건가!"

학생: "그런 것 같습니다."

철학자: "자네 주변 인물과 역사적 인물은 어떤 차이가 있나?"

학생: "제 주변 인물은 경쟁 가능한 사람들이고 역사적 인물은 경쟁이 불가능하지 않습니까?"

철학자: "그러면 자존감이 아니라 경쟁심이 문제 아닌가?"

학생: "네? 그럴지도 모르겠습니다."

철학자: "자네는 죽을 때까지 경쟁을 멈출 수 있겠는가?"

학생: "정말 죽기 바로 직전이라면야."

철학자: "그럼 죽을 때까지 행복할 수 없지 않겠나!"

학생: "경쟁하면 행복할 수 없다는 말입니까?"

철학자: "그렇다고 봐야지."

학생: "경쟁을 통해 세상은 발전했고 또 그럴 것 아닙니까?"

철학자: "맞지. 하지만 경쟁은 다른 사람을 이기고 한 사람이 높은 자리를 차지하는 것 아닌가?"

학생: "그렇지요. 그때 행복하지 않습니까!"

철학자: "그건 자네 혼자 행복하지 않나?"

학생: "네. 그래서 행복한 것 아닙니까!"

철학자: "조금, 이기적이지 않나?"

학생: "그건 능력이 부족하고 노력하지 않는 사람의 넋두리에 불과합니다."

철학자: "하지만 100명을 누르고 자네가 차지한 자리가 그들의 넋두리로 가득하다면 자네도 편치 않을 걸세."

학생: "할 수 없지요."

철학자: "자네의 그 '할 수 없지요'가 바로 문제의 본질이라네."

학생: "네?"

철학자: "경쟁의 승리자가 패배자를 고려하여 서로 가능한 정도의 행복을 나눈다면 괜찮겠지만, '할 수 없다'라는 말로 모든 행복을 독차지하려 한다면 다른 사람들은 불행해지고 만다네."

학생: "음, 다시 말하지만, 그건 할 수 없지요."

철학자: "자네는 인생을 경쟁이라고 하지 않았나?"

학생: "네, 그랬습니다."

철학자: "그럼, 전체 삶 속에 경쟁은 계속될 것 아닌가?"

학생: "그렇겠지요?"

철학자: "자네가 경쟁에서 언제까지나 계속 이길 수 있다고 생각하나?"

학생: "영원히는 아니겠지요."

철학자: "오랫동안 경쟁에서 이기려면 편법이나 불법을 사용할 수도 있겠지!"

학생: "글쎄요."

철학자: "어쨌든 언젠가 경쟁에서 지면, 자네의 행복도 무너지게 될 걸세. 그것이 행복을 쟁취한 바로 다음 날일 수도 있겠지."

학생: "제가 조금 억지를 부리는 것은 느껴집니다."

철학자: "자네 말도 꼭 억지만은 아니네. 충분히 논리적이야. 하지만, 우리가 찾는 삶의 목적, 최고의 행복과는 조금 다른 것임은 분명하네."

학생: "경쟁 속에서 행복할 수 없다는 것은 사실 제 인생 경험 속에서도 뼈저리게 느끼고 있습니다."

철학자: "<u>행복을 갖기 위한 첫 번째 단계는 자신이 갖지 못한 것에 대한 솔직하고 담대한 인정이라네. 그럼 자기가 가진 것이 모습을 드러낼 걸세.</u>[143]"

학생: "사실 경쟁한다는 것은 다른 사람보다 탁월한 자신을 만들기 위해 노력한다는 말이지 않습니까!"

철학자: "그렇지."

학생: "경쟁이 없으면 이런 탁월함을 위한 노력이 아무래도 줄어들긴 할 것 같습니다."

철학자: "그럴 것 같나?"

학생: "아닌가요?"

철학자: "그건 자네가 사람에 대해 깊이 생각할 시간이 부족해서 그렇게 생각하는 것일 수도 있네."

학생: "사람의 어떤 면이죠?"

철학자: "콜럼버스의 신대륙 발견은 경쟁을 통한 것이 아니네. 아인슈타인의 상대성이론도 경쟁과는 무관하지. 니체가 '차라투스트라는 이렇게 말했다'라는 책을 썼을 때 경쟁해서 쓴 것은 아니고, 예수나 부처가 종교적 가르침을 설파할 때 경쟁이 끼어들 수는 없을 걸세. 레오나르도 다빈치가 모나리자를 누군가와 경쟁해서 그린 것도 아니고, 피라미드가 경쟁 속에서 만들어진 것은 물론 아니라네. 뉴턴의 만유인력이 경쟁 속에서 발견한 것은 아니고, 에디슨의 전구도 그렇지. 경쟁이 크게 작용하는 것은 100미터 달리기와 50미터 수영 올림픽 시합에서뿐이지 않나?"

학생: "음, 그렇군요."

철학자: "인간의 위대한 성취는 경쟁과는 큰 관계없지. 경쟁이 없어도 사람은 노력한다네. 자전거를 타기 위해서도 시간과 노력이 필요하고, 아름다운 피아노곡을 연주하기 위해서도 마찬가지 아닌가! 행복은 말할 것도 없다네.[144]"

학생: "사람은 경쟁 없이도 행복을 위해 노력한다는 말이군요."

철학자: "그렇네."

불행하지만 않다면 행복한 것이다

학생: "노력한다면 행복할 수 있을까요?"

철학자: "글쎄."

학생: "절대 불가능할 것 같은 생각이 들어서요."

철학자: "왜 그런가?"

학생: "행복하기 위해 너무 생각할 것이 많은 것 같고 복잡하고 어려워 보입니다. 보통 사람은 행복할 수 없을 것 같은 느낌입니다."

철학자: "수업 중 많은 이야기들이 오고 가서 그런가 보군. 하지만, 그런 것들은 모두가 서로 다른 것이 아니라네. 행복을 위해 어떻게 살아야 하는지는 단 하나일 뿐이지. 지금 그것을 찾기 위해 여러 생각을 하고 있는 것 아닌가!"

학생: "그렇군요. 하지만 그걸 우리 같은 보통 사람이 찾을 수 있을까요?"

철학자: "<u>신이 인간을 포함한 모든 것을 창조한 것은 틀림없지. 그러나 그 후 아무것도 하지 않았네. 사람을 믿기 때문이지. 행복쯤 문제없다네.</u>[145]"

학생: "행복을 위해 누구 말을 믿어야 하나요? 서점에 있는 책들마다 행복을 위한 방법이 다르고, 강연으로 행복을 가르쳐주는 선생님들의 생각도 다 다를 수 있지 않습니까?"

철학자: "그렇지. 하지만, 기준은 있지. <u>우리는 아무것도 요구하지 않는 자만 신뢰할 수 있다네. 이는 신도 예외는 아니지.</u>[146]"

학생: "서점에 있는 책들도 공짜로 주는 것은 아니지 않습니까?"

철학자: "책의 내용을 보면 알 수 있지 않나? 그 책이 돈을 벌기

위해 쓴 책인지, 돈과 관계없이 정말 행복을 알려주려고 쓴 책인지 말일세."

학생: "결국, 본인이 판단하는 거군요."

철학자: "그렇네."

학생: "그럼, 선생님, 혹시 신이 행복을 알려줄 수 있는 것 아닌가요? 종교를 통해 행복을 얻은 듯한 사람도 가끔 볼 수 있지 않습니까!"

철학자: "그럴 수 있을 걸세."

학생: "그럼, 결국, 행복은 신의 힘을 빌릴 수밖에 없는 건가요?"

철학자: "신의 도움 없이 행복한 사람도 많네."

학생: "그래도 살아가기 바쁜 보통 사람들에게는 좋은 해법인 것 같습니다."

철학자: "하지만, 이미 신은 두 번이나 죽었네. 첫 번째는 악한 자 소수에 의해서였고, 두 번째는 선한 자 다수에 의해서였지. 사람은 너무 많은 것을 바란다네.147"

학생: "니체의 말을 인용하신 건가요?"

철학자: "첫 번째 죽음이 바로 그것이지."

학생: "두 번째 죽음은 사람들이 너무 많은 것을 바란 것이 그 원인입니까?"

철학자: "과로사한 것이지. 신에게 행복을 기원하려 하는 자네 같은 사람이 너무 많았던 탓일세."

학생: "신이 죽었다는 말은 무슨 말입니까?"

철학자: "무력화된 신을 말하는 것이네. 아무리 기도해도 들어줄 수 없는 거지."

학생: "그 말은 결국 신도 인간에게 행복을 줄 수는 없다는 말이군요."

철학자: "그렇네."

학생; "왜 그렇죠?"

철학자: "신이 죽었다고 하지 않았나!"

학생: "그건 현학적 말씀이고 진짜 이유는 따로 있지 않습니까?"

철학자: "눈치챘나?"

학생: "그 정도는 유추할 수 있습니다."

철학자: "그건 인간의 '자유 의지' 때문이네. 신도 그것은 어찌할 수 없지. 신이 인간에게 그것을 주었으니 말일세."

학생: "신이 준 자유 의지로 신을 거역하는 거군요."

철학자: "그런 셈이지."

학생: "신이 아무리 행복하기 위해 어떻게 살아야 한다고 가르쳐 줘도 사람이 그것을 따르지 않으니 소용없겠군요."

철학자: "그래서 행복은 신의 일이 아니라, 인간의 일이라네."

학생: "할 수 없다는 거군요. 우리 인간이 열심히 생각해내는 수밖에요. 선생님, 행복해지는 방법을 알기 위해 행복하지 않은 이유를 생각해보는 것은 어떤가요?"

철학자: "좋은 생각이네. 자네의 경우는 어떤가?"

학생: "음, 제가 행복하지 않은 이유는 조금 더 편한 시간을 갖지 못해서, 아침에 늦잠을 자지 못해서, 친구들과 여행을 가지 못해서, 더 좋은 직업을 갖지 못할 것 같아서, 미래가 불안해서, 마스크가 불편해서, 전공이 마음에 안 들어서, 사람들이 나를 그렇게 좋아하는 것은 아닌 것 같아서, 내가 더 멋있게 태어나지 못해서, 우리 집이 조금 더 부자이지 못해서, 뭐 이런 것들입니다."

철학자: "행복하지 못할 만하네."

학생: "이건 극히 일부에 불과합니다. 그날그날 새롭게 등장하는 저를 힘들게 하는 이유로 하루가 가득합니다."

철학자: "행복할 시간과 여유가 없겠군."

학생: "그렇습니다. 사정이 이런데 어찌 행복을 논할 수 있겠습니까?"

철학자: "그렇다면 이 세상 그 누구라도 행복할 수 없다는 건가?"

학생: "실제로 그렇지 않습니까! 저는 제 주위에서 행복한 사람을 한 번도 본 적이 없습니다."

철학자: "행복한 척하는 사람이 있듯이 행복하지 않은 척하는 사람들도 있는 법이네."

학생: "왜 행복하지 않은 척을 하나요?"

철학자: "행복의 방해자, 공격자들이 있기 때문이네."

학생: "질투와 시기인가요?"

철학자: "그런 셈이지만, 막상 본인은 그렇게 생각 안 하겠지."

학생: "그럼, 어떻게 생각하죠?"

철학자: "다른 사람의 행복은 누군가를 더욱 불행하게 만들 것이네. 그래서 수단과 방법을 가리지 않고 그를 자신처럼 비슷하게 만들려 할걸세. 이때 행복한 사람들이 느끼는 행복이 가짜라고 이야기하겠지. 예를 들면 소박함이나 청빈함 속에서 행복을 느끼는 사람들에게 자신의 무능을 위장하지 말라고 호통치겠지."

학생: "그런 사람들은 피하는 것이 좋겠군요."

철학자: "그렇겠지."

학생: "어쨌든 삶 속에서 이어지는 제 불편함은 저를 행복으로 접근하지 못하게 할 것은 분명합니다."

철학자: "그런가? <u>바람이 동쪽으로 불거나 서쪽으로 불거나 우리는 별로 불만이 없지 않은가! 작은 것을 웃어넘기면 행복이 바로 눈앞이라네.</u>[148]"

학생: "어떻게 그런 마음을 가질 수 있을까요?"

철학자: "이러나저러나 비슷한 것은 그냥 넘어가라는 뜻이지."

학생: "예를 들면요?"

철학자: "조금 더 편한 시간을 갖나 갖지 못하나 그게 정말 큰 문제인가?"

학생: "정말 큰 문제는 아니겠죠."

철학자: "아침에 늦잠을 자지 못하는 것이 정말 삶을 불행하게 하나?"

학생: "그것으로 불행까지는 아니죠."

철학자: "친구들과 여행을 가지 못한 것이 정말 그렇게 슬픈 일인가?"

학생: "뭐, 아쉽기는 하지만 그 정도는 아니겠죠."

철학자: "더 좋은 직업을 갖는 것이 정말 그렇게 삶을 어렵게 하는 일인가? 다른 직업도 나름대로 의미와 가치는 있지 않겠나?"

학생: "그렇겠죠."

철학자: "미래가 불안한 것이 그렇게 자네를 불행하게 하나?"

학생: "그것으로 불행하지는 않죠."

철학자: "마스크가 불편한 것이 그렇게 자네를 괴롭혀 행복하지 못하게 하나?"

학생: "아닙니다."

철학자: "전공이 마음에 안 드는 것이 그렇게 괴로운가? 부전공을 하면 되지 않나?"

학생: "그렇긴 합니다."

철학자: "더는 묻지 않겠네. 이렇게 다시 묻는 이유는 이런저런 것이 다 모여서 큰 바람처럼 느낄지 몰라도, 사실 그런 것들은 동쪽으로 불다 서쪽으로 부는 작은 바람일 뿐이지. 자네 행복과는 관계없다네. 만일 그런 작은 불행으로 행복할 수 없다면, 세상 누구도 절대 행복할 수 없을 걸세."

학생: "행복하려면 작은 불행은 가볍게 여기라는 거죠? 한 번 그렇게 시도는 해보겠습니다."

철학자: "한비는 말더듬이였지. 만일 그가 그것을 불행으로 여겨

자기 삶을 자포자기했다면, '한비자'라는 책도 진나라의 중국 통일도 없었을 것이네."

학생: "그렇군요. 선생님 말씀은 이해했는데, 그런 작은 불행이 목에 걸리고 그것으로 자꾸 소화불량이 되어버리니 어찌해야 합니까?"

철학자: "꿈속에서는 아무리 먹어도 배부르지 않고, 요리책은 아무리 보아도 배부르지 않은 법이라네.149"

학생: "네?"

철학자: "우리의 행복은 꿈속에 있는 것도, 요리책 속에 있는 것도 아닌 진짜 세상 속에 있는 거라네. 작은 불행은 꿈속에서처럼, 요리책에서처럼, 우리 행복과 별로 관계가 없는 걸세."

학생: "선생님 수업을 들으며 든 생각이지만, 행복과 지식은 꽤 깊은 관련이 있는 것 같습니다. 지식은 우릴 행복하게 할 것임이 틀림없습니다. 선생님도 혹시 수업하시면서 스스로 행복하시나요?"

철학자: "내가 '행복하다, 행복하지 않다' 하면 자네들 행복 찾기에 방해가 될 것이야. 지식 자랑은 스무 살 청년 시절로 충분하지. 그 후에는 지식 자랑할 것이 아무것도 없을 걸세. 행복과 지식은 먼 친척도 아니라네.150"

† 10. 행복을 위해 행복을 희생하지 말라 †

이때, 수업을 듣는 또 다른 학생이 이렇게 물었다.

학생: "지식이 행복과 관련이 없다고 하셨는데, 지식 중 진리를 암시하거나 알려주는 중요한 지식도 있을 것이고, 그런 지식은 우리에게 행복으로 가는 길을 알려줄 수도 있지 않나요?"

철학자: "진리와 행복이 어떤 관계가 있다고 생각하나?"

학생: "진리는 행복도 주는 것이라고 생각합니다. 아니, 솔직히 말하면 잘 모르겠습니다. 진리가 뭐죠?"

철학자: "진리는 올바른 것, 선한 것, 멋진 것의 복합체네. 옳고 그름의 기준이기도 하지. 자유와 평등 같은 것을 통해 조금씩 만들어가는 것이고, 진리에 도달하면 편안하기도, 즐겁기도, 자유롭기도, 행복하기도 하네."

학생: "그렇군요. 그럼 진리를 찾으면 행복하겠네요!"

철학자: "진리가 찾기 쉽겠나, 행복이 찾기 쉽겠나?"

학생: "그나마 행복은 그 판단을 본인이 하는 것이니 진리보다는 쉽겠군요."

철학자: "그렇네."

학생: "그래도 진리를 알면 무언가 대단한 깨달음을 얻는 것이겠지요?"

철학자: "진리를 안다고 달라질 것은 아무것도 없네. 삶을 두려

원하지 않는 것으로 그 가치는 충분하지. 그런데 진리를 몰라도 행복하면 두렵지 않을 수 있네. 행복은 죽음보다 강렬하기 때문이지.[151]"

학생: "네? 죽음보다 행복이 더 강렬하다고요?"

철학자: "그렇네. 사랑을 위해 목숨을 버리고, 산을 오르다가 생명을 잃고, 바다를 가로지르다 물속에서 주검이 되기도 하지."

학생: "그게 행복을 위해서라고요."

철학자: "그렇네."

학생: "행복은 진리보다는 하위 개념이지만, 지식보다는 상위 개념이군요."

철학자: "그렇지. 지식은 유익은 하지만 그것을 위해 행복을 버리진 않는다네."

학생: "지식은 우리 삶 어디에 유익한 건가요?"

철학자: "지식 말인가? 계절의 변화를 모르는 자가 겨울을 절망으로 보낼 때, 그것을 아는 자는 봄을 준비한다네.[152]"

학생: "그 정도면 지식도 행복에 엄청 도움이 되는 것 아닌가요?"

철학자: "그렇지. 도움이 되는 것이지 행복을 대신하진 못하네."

학생: "그런데 선생님, 갑자기 든 생각인데, 행복은 고정된 건가요, 계속 변화하는 건가요?"

철학자: "자네는 어떻게 생각하나?"

학생: "음, 작은 행복들은 나이에 따라 계속 변화할 것 같은데, 최고의 행복은 무언가 정해져 있고 고정된 것 같다는 생각이 듭니다."

철학자: "왜 그렇게 생각했나?"

학생: "제 경험상으로도 유치원, 초등학교, 중학교, 고등학교를 거치면서 행복은 계속 변했습니다. 그런데 최고의 행복 상태는 그 모든 것을 통합하는 변하지 않는 그 무엇이어야 하지, 그렇지 않으면 '최고'라는 수식어를 붙일 수 없지 않겠습니까?"

철학자: "자네 말대로네. <u>계곡 물은 계속 흘러가도 산속 계곡은 그대로이지 않은가! 진리와 행복도 계곡을 많이 닮았다네.</u>[153]"

학생: "아, 무언가 행복이 시각적으로 보이는군요."

철학자: "그런가?"

학생: "무언지 잘은 모르지만, 무언가 알 것 같은 기분입니다."

철학자: "다행이군. <u>알고 있어도 행하지 않음은 모르는 것과 다르지 않으니, 행하지도 않으면서 안다고 하는 것은 스스로 거짓말쟁이임을 실토하는 것이라네.</u>[154]"

학생: "행하지 않으면 거짓말쟁이라는 것은 너무 엄격한 것 아닌가요? 어떻게 안다고 다 실행에 옮길 수 있겠습니까?"

철학자: "물론이네. 아는 걸 어떻게 다 행동으로 옮기겠나! 그러니 행하지 않거나 행하지 못할 것은 아는 척도 하지 말아야 한다네."

학생: "겸손해야 한다는 말이군요."

철학자: "그렇지."

학생: "선생님, 사실 사람은 항상 불안한 마음을 갖고 살고 있지 않습니까! 행복을 발견하면 아니, 행복에 도달하면 편안한 마음을 가질 수 있겠죠?"

철학자: "그런 생각은 버리는 것이 좋네."

학생: "그게 무슨 말씀이신가요? 행복해도 편안하지 않단 말인가요?"

철학자: "<u>행복을 발견한 자가 마음 편해지는 것이 아니라, 마음 편해지려 노력하는 자가 행복에 다가서는 것이라네.</u>[155]"

학생: "네? 반대라고요?"

철학자: "그렇네."

학생: "잘 모르겠습니다. 혹시 예를 들어 설명해 주실 수 있나요?"

철학자: "자네가 의사가 되는 것이 직업적 목표라고 가정해보세. 의사가 되기 위해서는 모든 편안함과 행복을 포기해야 하지 않나?"

학생: "의사가 되려면 의대 가기도, 졸업하기도 어려우니까요."

철학자: "다시 묻겠네. 자네가 의사가 되는 것이 직업적 목표라고 가정해보세. 의사가 되기 위해서 모든 편안함과 행복을 꼭 포기해야 하나?"

학생: "네? 의대 가기도 졸업하기도 힘들지 않습니까?"

철학자: "의대에 가고 졸업하는 과정이 편안하고 행복하지 않다면 의사가 되는 것은 별로 추천하고 싶지 않네."

학생: "어떻게 편안하고 행복할 수 있겠습니까?"

철학자: "내가 말하는 것은 마음의 편안함과 행복이네."

학생: "마음이라면 가능하지 않겠습니까?"

철학자: "그렇네. 그런 마음이 들지 않으면 별로 합리적이지 않

다네."

학생: "이익될 거 없다는 말이군요."

철학자: "그렇네. 행복을 찾기 위해 행복을 잃어버리지는 않나 잘 살펴봐야 하네. 얻는 것과 잃는 것이 비슷하다면 찾지 않는 것이 현명한 일이지.156"

학생: "행복을 얻기 위해 행복을 희생하면 결국, 득 될 게 없다는 말이군요."

철학자: "그렇네."

학생: "만일 그렇다면 우리가 부자가 되기 위해 자신의 젊음을 희생하는 것, 높은 지위를 얻기 위해 자기 모든 것을 바치는 것, 유명해지고 명예를 얻기 위해 자신의 영혼을 파는 것, 이 모든 것들이 행복 관점에서는 득 될 게 없다는 말인가요?"

철학자: "명석하군."

학생: "음, 행복 관점에서는 그럴 수 있겠네요."

철학자: "사람들이 원하는 '세상의 것'도 구하고 행복도 찾으려 하는 것은 지나친 욕심이네.157"

학생: "그렇다고 행복 말고, 세상의 것을 모두 포기하면 도대체 무엇을 위해 살아야 한다는 거죠? 무조건 행복만을 위해 살란 말인가요? 그런데 행복이 뭔지, 어떻게 살아야 하는지도 잘 모르지 않습니까! 선생님 말씀도 좀 비논리적이고 부조리하게 들립니다."

철학자: "그럴 수 있겠군."

학생: "행복을 잘 모르니 징검다리 같은 무언가 알기 쉬운 목표

가 있어야 할 것 같습니다."

철학자: "그래, 그렇겠군."

학생: "행복에 대해 자세히는 알려줄 수 없다고 하셨지만, 그래도 어느 정도는 알려주셔야 저희도 행복을 위한 삶의 목표를 가질 수 있지 않겠습니까? 저도 행복을 위한 삶의 목표를 갖고 싶습니다."

철학자: "행복을 위해 자네가 알아야 할 것은 그렇게 복잡하고 어렵지 않네."

학생: "그게 뭐죠?"

철학자: "<u>행복을 위해 우리가 알아야 할 것은 사람들보다 뛰어나게 되는 법이 아니라, 그들과 함께 즐거워하는 법이네.</u>[158]"

학생: "자기가 뛰어나서 얻는 행복보다 함께 즐거워하면서 얻는 행복이 더 크다는 말이죠?"

철학자: "그렇네."

학생: "하지만 뛰어나게 되는 것은 어쨌든 자기 힘으로 가능하지만, 함께 즐거워하는 건 혼자 힘만으로 되는 건 아니지 않습니까? 더 힘들 것 같은데요?"

철학자: "그건 함께 즐거워하는 데 힘을 들이지 않아서 그렇네. 뛰어나게 되는데 들이는 것보다 훨씬 적은 노력으로 가능한 일인데 말이야."

학생: "그런데 사람들은 왜 그런 일에 힘을 들이지 않을까요?"

철학자: "인간의 지배욕, 권력욕이 그것을 방해한다네."

학생: "그것이 행복을 준다고 생각하는군요."

철학자: "그렇네."

학생: "그런데 사람들도 전부 바보는 아닐 텐데, 어느 것이 더 큰 행복을 주는지 왜 모를까요?"

철학자: "<u>우리가 알지 못하는 것은, 알지 못한다는 것을 알지 못하기 때문이라네.</u>[159]"

학생: "네? 아, 그렇다면 방법이 없겠군요."

철학자: "그렇네."

학생: "선생님, 조금 전에도 말씀드렸지만, 사람은 원래 걱정이 많지 않습니까? 그런 성격을 가지면 아무래도 행복하기 어려울 것 같은데 어떻게 하죠?"

철학자: "행복 찾는 것도 못 찾을까 걱정이겠군!"

학생: "그렇겠지요."

철학자: "걱정이 많다는 것은 좀 더 일이 완벽하게 되기를 바란다는 것이고, 그것은 다른 말로 하면 욕심이 많다는 것이네."

학생: "결국, 사람이 욕심이 많다는 것이군요."

철학자: "그렇지."

학생: "정말 욕심을 줄이면 걱정이 줄어들까요?"

철학자: "욕심 줄이는 만큼 걱정도 줄어들 걸세. 장담하지."

학생: "행복은 걱정 속에서는 생겨나지 않을 것이고, 걱정이 욕심에 기인한다면, 행복을 위해 욕심을 줄이는 것이 어찌 보면 필연적 방법이 되겠군요."

철학자: "논리적으로 그렇지 않겠나!"

학생: "그러면 어떻게 욕심을, 욕심이 드러내는 걱정을 줄이죠?"

철학자: "어떻게 줄일 수 있겠나?"

학생: "음, 내가 왜 욕심을 내는가를 생각해보는 건가요?"

철학자: "행복을 위해서겠지?"

학생: "그렇겠지요."

철학자: "이상하지 않나? 행복을 위해 행복을 가장 방해하는 방법을 택하고 있으니 말일세."

학생: "논리적으로는 그렇군요."

철학자: "행복을 공부하면 성격도 바뀔 걸세. 물론, 하루아침에 바뀌지는 않겠지. 현실적으로는 걱정이 되지 않을 정도의 '편하고 자신 있는 것'을 목표로 하는 것이 필요할 걸세. 목표를 20퍼센트만 낮추게."

학생: "20퍼센트, 해보겠습니다."

철학자: "<u>우리가 걱정하는 것 대부분은 다른 이에게 보이는 자신에 대한 것이네. 자기를 별로 걱정해 주지 않는 사람을 위해 우리는 항상 걱정이지.</u>[160]"

† 11. 지나친 행복욕이 행복을 해친다 †

이때, 수업을 듣는 또 다른 학생이 이렇게 물었다.

학생: "선생님, 저는 사람들과 잘 다투는 편입니다. 다투고 나면 조금 남아 있던 행복도 모조리 사라져 버리죠."

철학자: "왜 다투나?"

학생: "사람들이 맘에 들지 않아서죠."

철학자: "어떤 점이 맘에 안 드나?"

학생: "어리석어 보이기도 하고, 그런 사람들이 나를 무시하는 말이나 태도를 보이기도 하고, 뭐 그렇습니다."

철학자: "사람들이 어리석어 보인다면 자네도 그들을 무시하는 말이나 태도를 보였겠군."

학생: "그럴 수도 있습니다."

철학자: "그게 원인 아니었나?"

학생: "음, 그런 면도 있겠지만, 그렇다고 그게 전부는 아닙니다."

철학자: "자네는 스스로를 명석하고 우수하다고 생각하나?"

학생: "그런 편이긴 합니다."

철학자: "어릴 때부터 칭찬을 많이 받고 살았겠군!"

학생: "그렇긴 합니다."

철학자: "뭐든지 자네 중심이었고 주위에서 모든 걸 알아서 해주

진 않았나?"

학생: "그런 편이었죠."

철학자: "자네는 자존감으로 뭉쳐있고 인내심이 부족하도록 어릴 때부터 키워진 것 같네."

학생: "인내심은 부족하지 않습니다. 제가 시험에 합격하기 위해 모든 걸 참고 또 참으면서 살아왔으니까요."

철학자: "그건 목표나 성공을 위한 욕심이 인내심을 가장한 것이라네."

학생: "네? 인내심이 아니라 욕심이었다고요?"

철학자: "그렇네."

학생: "제 노력과 인내를 너무 폄하하시는 것 아닙니까?"

철학자: "하하, 조금 더 하면 나와도 다투겠군?"

학생: "하지만, 제 자존감은 이유 있는 것입니다."

철학자: "어떤 이유인가?"

학생: "아직 젊지만, 지금 제가 이룬 성취가 그 이유입니다."

철학자: "좋은 대학 가고, 상도 받고, 칭찬받고, 실력 인정 받고, 그런 것들인가?"

학생: "네?"

철학자: "지금도 어리석은 선생이 자네를 무시하는 말이나 태도를 보인다고 생각하겠군. 다툼의 조건이 만들어진 건가?"

학생: "수업 중의 선생님이 아니었다면요."

철학자: "자네의 그 자존감을 구성하는 성취들 모두, 행복을 위한 것 아니었나?"

학생: "그렇다고 할 수 있겠죠."

철학자: "그런데 그 행복 상태가 한 번의 인내 부족으로 사라져 버리는 것은 아깝지 않나?"

학생: "아깝지요. 그럼, 어떻게 하죠?"

철학자: "다투지 말아야지. <u>행복한 진리를 향하는 자는 다른 이들을 그렇게 오랫동안 볼 시간이 없어서, 그들과 다투지 않는다네. 이것만으로도 세상 문제는 대부분 해결되지.</u>[161]"

학생: "사람들을 무시하라고요?"

철학자: "무시하라는 것이 아니라, 더 큰 곳을 향해 돌진하는 자는 다른 곳에 시선이 잘 가지 않는다는 말일세."

학생: "알 듯 말 듯 합니다. 제가 이해할 수 있는 다른 예를 들어 주실 수 있나요?"

철학자: "안중근 의사가 이토 히로부미를 암살하러 가는 날을 상상해보게. 집을 나서는데 동네 불량배와 어깨를 부딪쳐 시비가 붙었다고 하세. 불량배는 계속 시비를 걸고 용서받으려면 자기 가랑이 사이를 지나가라고 요구하고 있지. 이때 갖고 있던 암살용 총으로 불량배를 쏴 버릴 수도 있을 걸세. 자네 같으면 가랑이 사이를 지나 겠나, 총으로 쏴버리겠나?"

학생: "가랑이 사이를 지나가야겠죠. 그날이 바로 암살 당일이라면요."

철학자: "예가 되었나?"

학생: "무슨 말인지는 알겠습니다."

철학자: "물론, 모든 게 자네 탓만은 아니네."

학생: "네?"

철학자: "자네도 집단 무의식의 희생자일지도 모른다네."

학생: "어떤 집단 무의식인가요?"

철학자: "<u>아무것도 필요 없는 곳, 무욕의 땅. 우리는 이것을 원하는데, 욕심 많은 자들이 내버려 두지 않는다네.</u>[162]"

학생: "네?"

철학자: "자네의 다툼도, 지나친 자존감도 모든 것의 원인은 욕심과 관련이 있네. 그런 욕심을 버리고 싶어도 욕심 많은 자들이 보이는 행태는 사람을 자극하게 되어 있지. 이 자극을 견디는 사람은 별로 없네."

학생: "서로 욕심을 경쟁하는 그런 세상이 되어 버렸단 말이군요. 저도 그 집단 무의식에 물들어 있고요."

철학자: "그렇다고 봐야지."

학생: "그럼 욕심을 해결하면 많은 것이 좋아지겠네요."

철학자: "그렇겠지."

학생: "그런데 욕심은 왜 생기나요?"

철학자: "자네는 왜 생긴다고 생각하나?"

학생: "글쎄요. 재물욕, 권력욕, 명예욕, 사랑욕, 이런 것들로 봐

서는 욕심도 역시 행복을 얻기 위해서 같습니다."

철학자: "그렇다네. 행복을 위해 행복을 해치는 것이지. 물론 지나친 욕심을 말하는 것이네. 소박한 욕심은 오히려 행복에 불가결한 요소이기도 하지."

학생: "그렇다면 '지나친 행복욕이 행복을 해친다'와 같은 말 아닌가요?"

철학자: "논리적으로 그렇네."

학생: "적당한 행복만 추구하라는 말인데, 하지만, 이것도 욕심의 늪에 빠지면, 가능할 리가 있겠습니까!"

철학자: "그래서 어려운 일 아니겠나! 자, 그러면 조금 더 깊이 생각해보세."

학생: "네, 좋습니다."

철학자: "욕심에 재물욕, 권력욕, 명예욕, 사랑욕 같은 것이 있다고 했지? 그런 욕심이 행복을 위해서라고 했는데, 그전에 그런 욕심이 생긴 것은 무언가 부족하다고 느껴서가 아니겠나?"

학생: "그렇겠지요."

철학자: "큰돈을 가진 재벌 회장은 더 큰 재물욕은 없었을 것이고, 진시황제는 더 큰 권력욕은 없었겠지?"

학생: "그렇지요."

철학자: "그런데 어떤 재벌도 권력과 사랑에 대한 만족은 아직 부족했을 수 있고, 진시황제도 건강이나 사랑에는 만족하지 못했을 수 있지 않았겠나!"

학생: "네."

철학자: "그럼 이 세상 누구도 모든 욕심을 만족시키면서 살 수는 없다는 말이지 않나!"

학생: "그렇겠지요."

철학자: "행복을 위해 욕심을 가진 건데, 그럼 결국 욕심을 만족시켜 행복을 이루려는 방법은 세상 누구도 불가능한 방법이지 않나?"

학생: "욕심을 채워 행복해지려는 것은 논리적으로 부조리하다는 거군요. 제 다투려는 것도 행복 관점에서는 이치에 맞지 않고요."

철학자: "그렇네."

학생: "다투면 외로워지기도 합니다. 선생님, 사람은 누구나 외로움을 두려워하는 것 같습니다. 외로운 생각이 들면 모든 행복이 달아나버리겠죠. 삶의 의미도 없어지는 것 같고요."

철학자: "세상 사람 누구나 외롭다네."

학생: "그런가요? 제가 보기에는 외롭지 않아 보이는 사람도 많아 보입니다."

철학자: "그런 척만 하는 거네."

학생: "그걸 어떻게 아시죠?"

철학자: "사람은 외로울 수밖에 없기 때문이지."

학생: "왜 그렇지요?"

철학자: "모두 각자의 세계가 있기 때문이지. 그곳은 다른 사람

이 들어갈 수가 없는 곳이라네."

학생: "각자의 정신 세계, 가치 세계, 철학 세계가 다르기 때문이란 말인가요."

철학자: "그렇네."

학생: "외로움을 느끼면서 행복할 수는 없을 테니 그렇다면 세상 모든 사람이 행복할 수 없다는 말 아닌가요?"

철학자: "자네가 잘못 알고 있는 것이 있네."

학생: "무엇이죠?"

철학자: "외로움과 행복이 서로 관계있다는 생각 말일세."

학생: "아닌가요?"

철학자: "둘은 아무 관계도 없네."

학생: "제 경우는 외로우면 분명 행복감도 사라졌습니다."

철학자: "깊은 산속에 혼자 있어도 행복한 사람이 있고 수많은 군중 사이에서도 불행한 사람은 있네. 자네의 외로움이 행복을 없앤 것이 아니라, 그 외로움이 자네를 잠시 행복과 분리했을 뿐이지. 외로움이 해소되면 행복은 다시 회복할 테니 말일세."

학생: "다시 회복되기는 합니다."

철학자: "외로움은 오히려 행복을 돕기도 하지."

학생: "어떻게 말인가요?"

철학자: "외로움은 '외롭지 않게 해줄 시간'을 제공한다네. 자신을 향상시키는 것은 보통, 혼자 있을 때일세.[163]"

학생: "탁월함을 위해 혼자 있을 때, 외로울 때를 잘 활용하라는 말인가요?"

철학자: "그렇네."

학생: "그럼, 아리스토텔레스처럼 탁월하다면 행복할 확률이 더 높다는 말씀인가요?"

철학자: "탁월하다면 그렇겠지. 하지만, 조건이 있네."

학생: "어떤 조건이죠?"

철학자: "<u>탁월하지 않은 보통 사람은 이미 즐거운 삶의 진리를 어느 정도 알고 있네. 정작 그 진리를 위한 교육을 받아야 할 사람은 스스로 탁월하다고 생각하는 '뛰어난 소수'지. 탁월했던 자가 행복하기 더 어려운 것은 탁월함을 끝까지 유지하려 하기 때문이라네. 자신이 다른 여러 곳에서도 탁월한 줄로 오해하면서 말일세.</u>[164]"

학생: "결국, 그 조건이란 탁월함은 오래 가지 않는다는 것을 인지하고, 그것을 인정하는 것인가요?"

철학자: "그렇네."

학생: "하지만, 탁월함도 자신의 노력으로 오랫동안 유지할 수 있는 것 아닌가요?"

철학자: "노력으로 가능하긴 하지. 하지만 그 탁월함 유지가 점점 어려워지고 그에 따라 행복도 조금씩 줄어들기 때문이네."

학생: "자기 능력에 맞는 적절한 탁월함을 유지하라는 말이군요."

철학자: "그렇다네. 그 이상은 득보다 실이 많을 걸세."

학생: "선생님, 지금 우리 세대는 행복하기 위해 너무 많은 탁월함이 필요합니다."

철학자: "무엇이 필요한가?"

학생: "좋은 대학을 나와야 하고, 좋은 직업을 가져야 하고, 좋은 집도 있어야 하고, 돈도 어느 정도 있어야 하고, 투자도 잘해야 하고, 좋은 배우자, 행복한 가정, 뭐 이런 것들입니다."

철학자: "엘리트의 조건이지 않나! 모두가 그런 엘리트가 될 수는 없지 않겠는가?"

학생: "그렇지요. 그런데 그렇게 되지 않으면 행복할 수 없을 것 같습니다."

철학자: "왜 인가?"

학생: "모두가 그곳을 향해 가고 있고 실제로 그곳에 도착해 삶을 즐기는 사람들이 있으니까요! 그곳에 가지 못하면 낙오자, 패배자가 된 듯한 느낌입니다."

철학자: "낙오자, 패배자라! 걱정은 되겠네."

학생: "사실, 밤잠을 못 잘 지경입니다."

철학자: "그런 것들이 좋다는 것은 알고 있네. 하지만 지금 우리가 수업하고 있는 것은 '행복하기 위해 어떻게 살아야 하는가'이지 않은가?"

학생: "네, 알고 있습니다."

철학자: "그렇다면 해결책이 무엇이겠는가?"

학생: "네? 제가 답하라고요?"

철학자: "생각해보게."

학생: "음, 그런 것들이 과연 행복에 필요 조건인지 충분조건인지 생각해보라는 것이군요!"

철학자: "잘 알고 있군. 우리가 찾고 있는 것은 공통적인 충분조건일세. 필요 조건은 너무나 다양하고 사람에 따라 상황에 따라 바뀌기 때문에 행복의 조건이라고 하기는 어려운 법이네."

학생: "그렇군요."

철학자: "거기에 한 사람이 모든 필요 조건을 다 갖추는 것은 세상 1퍼센트도 안 될 텐데, 그런 것을 행복을 위한 방법이라고 할 수는 없지 않겠나?"

학생: "그럼 우리가 수업하며 찾고 있는 것은 세상 사람 누구나 행복할 수 있는 방법이란 말인가요?"

철학자: "물론 세상에 100퍼센트라는 게 있겠나! 특별한 경우를 제외하고 보통 사람이라면 행복할 수 있는 방법을 찾는 거지."

학생: "그렇다면 우리 세대가 행복의 조건이라고 생각하고 있는 것들은 행복을 위한 필요 조건들의 나열에 불과하고 충분조건은 아니란 말씀이시죠?"

철학자: "사실, 엄밀히 말해선 행복을 위한 필요 조건도 아니고, 도움이 되는 조건 정도로 말해야 할 걸세."

학생: "우리 세대가 원하는 것들이 그 정도라면 충분조건은 황당할 정도로 엄청난 것 아닌가요? 두꺼운 철학책 속에서나 겨우 찾을 수 있는 그런 것 말입니다."

철학자: "목마름이 행복에 대한 진리를 알려 주는 것과 두꺼운 책 속 철학이 알려주는 것은 다르지 않네. 가난한 농부와 저명한 학자의 삶이 크게 다르지 않은 이유이기도 하지. 목마를 때는 고급 프랑스 와인이 아니라, 무미의 시원한 물로 충분하다네. 행복은 꼭 필요한 것만 들어있는 적당한 여행 가방 같은 것일세.[165]"

학생: "무겁지 않고 항상 갖고 다닐 수 있는 것이란 말입니까?"

철학자: "그렇네."

학생: "예를 들면 그런 것에 무엇이 있죠?"

철학자: "죽음을 선고받은 자의 첫 번째 생각은 진짜 '나'에 대한 연민이라네. 그때부터 그는 전과 다른 것을 원하기 시작하지. 이것이 행복의 비밀 열쇠네.[166]"

학생: "죽기 전 원하는 것이 내가 행복을 위해 추구해야 하는 것이란 말씀인가요?"

철학자: "그렇네."

학생: "하지만 그건 아주 특수한 상황이지 않습니까! 그런 특별한 경우를 위한 행복의 조건을 아직 어리고 젊은 사람들이 추구하라는 것은 받아들일 수 없습니다."

철학자: "그런가? 자네 말도 일견, 일리가 있기는 하네."

학생: "일견이 아니라, 젊은 사람으로서는 절대 받아들일 수 없는 것 아닙니까?"

철학자: "우리는 이미 죽음을 선고받았다네. 위대한 철학자는 항상 그 이야기를 하는데 사람들은 별 반응이 없지. 죽음의 선고 면에

서 사람들에게는 의사가 철학자보다 권위가 있어 보이는가 보네. 죽기 며칠 전 바라는 것은 보잘것없는 것이 대부분이지. 하지만 그것이 행복의 실체일세.[167]"

학생: "네?"

철학자: "라면에 밥 말아 김치와 먹고, 남편과 아이 저녁을 준비하고, 친구와 전화로 수다를 떨고, 아내와 동네 산책을 하고, 마트에서 장을 보고, 따뜻한 이불 속 온기를 느끼고, 편안한 마음으로 잠이 들고, 친구들이랑 등산을 하고, 아이에게 어버이날 선물을 받고, 작은 집에서 미래를 꿈꾸고, 열심히 일하고, 열심히 놀고, TV를 보면서 같이 웃고, 이런 것이 보잘것없는 것들 아니겠는가?"

학생: "그런 것들이 행복의 조건들이라면 행복을 위해 특별히 더 할 일도 없지 않습니까?"

철학자: "그럴지도 모르지. 행복 따윈 필요 없네."

학생: "허무하군요."

철학자: "무엇이?"

학생: "행복을 이미 이룬 것 아닙니까?"

철학자: "행복의 필요조건들을 이룬 것이지. 충분조건은 아니라네."

학생: "아! 필요조건이 그렇다는 말씀이시군요. 대단한 필요조건은 그야말로 필요 없다는 말이고요."

철학자: "그렇다네."

학생: "그럼, 세상 대부분의 사람은 행복할 수 있는 조건이나 자

격을 이미 갖추고 있는 셈이네요."

철학자: "그렇다고 볼 수 있지."

학생: "저도 행복할 수 있겠군요."

철학자: "물론이네."

학생: "행복이 그렇게 어려워 보이지 않는데, 행복한 사람이 왜 이렇게 잘 보이지 않는 거죠? 특별히 배울 기회가 없어서일까요?"

철학자: "그럴 수 있네. 특별히 가르쳐주는 사람이 별로 없으니까. 그런데 그것만큼 중요한 것이 하나 더 있네."

학생: "그게 뭐죠?"

철학자: "<u>배움을 위한 준비에만도 많은 시간이 필요하다네. 행복을 위한 진리를 쉽게 얻지 못하는 이유지.</u>[168]"

학생: "배울 기회가 있다 하더라도 배울 수 있는 준비가 안 되면 배울 수 없다는 말이군요. 그 준비가 뭐죠?"

철학자: "수용성을 키우는 것이네."

학생: "네? 수용성이요?"

철학자: "<u>미숙한 사고를 가진 사람의 두 가지 특징은 다른 사람을 너무 쉽게 비판한다는 것과 중요한 것과 그렇지 않은 것을 구분하지 못하고 비판한다는 것이지.</u>[169] 사고의 수용성에 관련된 것이네."

학생: "받아들일 준비를 말하는군요. 그건 가르치는 사람이 뛰어나면 해결할 수 있는 것 아닌가요?"

철학자: "하하, 학생으로서 받아들일 준비가 필요하다고 하니,

선생으로서 잘 가르치라고 말하는 건가?"

학생: "선생님을 염두에 두고 한 말은 아닙니다."

철학자: "농담이네. 예를 들면 부처나 예수가 가르침이 부족해서 세상 모든 사람을 교화시키지 못한 것은 아니네. 아무리 위대한 사상도 그것을 받아들일 준비가 안 되어 있으면, 시장 사소한 잡담과 다를 바 없는 것일세. 자식이 사고로 막 죽은 부모에게 행복을 위한 방법을 가르치는 것은 누구도 할 수 없는 일이네."

학생: "그렇긴 합니다."

철학자: "그러니 모든 사람을 한 번에 가르치려고 하는 것은 이치에 맞지 않은 일이네. 오랜 시간이 걸리는 것이지. 모든 사람이 깨닫기 전에 깨달았던 사람은 죽어버리고 새로운 아이들이 태어나 자라니, 부처나 예수라도 세상 모든 사람을 가르쳐 교화시킬 수 없는 것이네."

학생: "모든 사람이 사고의 수용성을 갖기란 불가능하겠죠."

철학자: "그래서 행복을 위한 방법을 터득하는 것은 사고의 수용성을 높이는 것과 깊은 관련이 있는 것이지."

학생: "무엇을 말씀하려고 하는지는 알겠습니다. 아무리 행복의 진리를 알려주어도 받아들이지 않으면 소용없겠지요."

철학자: "그래서 위대한 성인들은 그 방법을 찾아냈네."

학생: "네? 방법이라면?"

철학자: "<u>위대한 정신의 소유자가 할 일은 진리에 관한 질문에 답하는 게 아니라, 진리에 관한 질문을 떠올리게 하는 거라는 걸세.</u>[170]"

학생: "누군가 지금은 사고 수용성이 없어도, 나중에 질문을 떠올리게 해서 스스로 답을 찾도록 한다는 말씀이군요."

철학자: "그렇네."

학생: "그럴듯한 방법입니다."

† 12. 삶을 선택할 수 있어야 행복도 선택할 수 있다 †

이때, 수업을 듣는 또 다른 학생이 이렇게 물었다.

학생: "선생님, 저는 책 읽는 걸 좋아합니다. 가끔 어려운 철학책도 읽습니다. 그런데 무슨 말을 하는지 잘 모르는 것도 있지만, 어떤 것은 제가 무언가 알고 싶어서 읽기 시작한 그 목적과 주제에 대해 답을 하지 않는 책이 많습니다. 아니, 대부분이라고 해도 될 정도입니다. 왜 그럴까요?"

철학자: "예를 들어 지금 행복을 찾기 위한 방법에 대한 수업을 듣고 있는데 아무리 들어도 그것을 말해주지 않는다면, 같은 경우라고 볼 수 있겠군."

학생: "정확히 그렇습니다."

철학자: "그런데, 작가가 왜 책을 쓴다고 생각하나? 물론, 생계 같은 것은 제외하고 말일세."

학생: "물론, 하고 싶은 말, 생각, 사상, 철학이 있어 책으로 출판하는 거겠죠."

철학자: "작가가 하고 싶은 말과 자네가 알고 싶은 내용과 정확히 일치할 수 있다고 생각하나?"

학생: "딱 일치하기는 어렵지만, 제목에서 암시하는 내용이 집필 의도 아니겠습니까?"

철학자: "제목? 예를 한 번 들어보겠네. 삼국지, 지하생활자의 수기, 생의 한가운데, 데미안, 반시대적 고찰, 예언자, 주역, 명상록, 인간적인 너무나 인간적인, 순수이성비판, 방법서설, 신논리학, 리바이어던, 이런 제목들이 작가의 집필 의도와 일치한다고 생각하나?"

학생: "그 관점으로 보니, 별로 일치하는 것 같지는 않습니다."

철학자: "제목은 예나 지금이나 대중의 주목을 끌만 한 것으로 각색되는 법이지. 자네가 책에서 원하는 답을 얻지 못하는 것은 자의적으로 해석한 책의 내용과 자네가 원하는 내용과 일치하지 않아서 일뿐이네."

학생: "그럼 제가 원하는 답을 주는 책을 어떻게 선택해야 하죠? 다 읽어봐야 아는 것이라면 말이 안 되지요."

철학자: "중국 음식점서 자장면을 시켜 먹을 때, 자네가 원하는 자장면의 모든 것을 갖춘 그런 자장면만 먹나, 아니면 자장면으로 배를 채우면 되는가?"

학생: "그렇게 까다롭게 음식을 가리지는 않습니다."

철학자: "책도 마찬가지네. 자네가 원하는 것을 직접적으로 답하지 않아도, 원하는 맛과 다른 자장면을 소화하듯, 자신의 추리와 판단으로 자신의 답을 유추해야 하는 걸세."

학생: "음, 그런가요?"

철학자: "위대한 철학자나 그의 책이 자신의 질문에 답하지 않는다면 그것은 자신이 아직 그 답을 받을 만한 준비가 되지 않았다고 생각하면 된다네.[171]"

학생: "작가 탓이 아니라는 말이군요."

철학자: "그렇네."

학생: "지금 듣고 있는 행복에 관한 수업도 자기가 알고 싶은 내용과 조금 다르더라도 자기 생각과 추론으로 그것을 끌어내야 하겠고요."

철학자: "그렇네. 내가 자네들 하나하나 깊은 속마음까지 알 수는 없는 일이니 말일세."

학생: "그렇긴 합니다. 그런데, 선생님, 사람마다 꿈이 있지 않습니까?"

철학자: "그렇겠지!"

학생: "그런데 자기 꿈을 이루며 사는 사람이 얼마나 되겠습니까? 이런저런 이유로 그 꿈을 접게 되겠죠. 이 경우 계속 그것이 마음에 남아 있을 텐데, 그의 미래가 행복할 수 있을까요?"

철학자: "우선, 직업적 꿈을 말하는 것이지?"

학생: "네."

철학자: "그 꿈의 목적이 돈을 버는 것이라면 꼭 그 직업이 아니어도 되니 그것은 아니겠지?"

학생: "물론이지요."

철학자: "만일 그 꿈이 선생님이라면 왜 그것을 선택했겠나?"

학생: "가르치는 것, 정보를 제공하는 것에 그 가치를 두었겠지요."

철학자: "그렇다면 꼭 학교에 나가야 가르치거나 정보를 제공하는 것은 아니지 않은가?"

학생: "예를 들면요?"

철학자: "요즘은 유튜브를 통해 가르칠 수도 있고 인터넷 강의 사이트에서 가르칠 수도 있지 않나?"

학생: "그렇지요."

철학자: "그러면 학교 선생님이 아니어도 상관 없지 않나!"

학생: "하지만, 수입이 일정하지 않아 생활이 안정되지 않습니다."

철학자: "그럼 선생님이 되려고 하는 것은 가르치는 것을 위해서가 아니라, 안정된 생활을 위해서 아닌가? 가르치는 것만이 목적이라면 굳이 학교 선생님만 고집할 이유가 없으니 말이야."

학생: "그렇겠네요."

철학자: "그럼, 안정된 생활이 목적이라면 꼭 선생님이 아니라 공무원이나 다른 직업을 가져도 상관 없지 않겠나?"

학생: "그렇지요."

철학자: "이러나저러나 선생님은 되도 그만, 안 되도 그만 아닌가?"

학생: "논리나 이치상으로 직업적 꿈은 행복과 큰 상관 없겠군요."

철학자: "봄은 꽃에만 있는 것은 아니라네. 봄은 세상 어디에나 있는 법이지. 행복도 어디 한 곳에만 있는 것이 아닐세.[172]"

학생: "그래도 꿈을 이루어 그 삶을 시작할 때의 행복감도 무시하지는 못할 겁니다."

철학자: "물론이네. 자신이 정말 원하는 것을 이루었을 때의 즐거움은 몇 되지 않는 중요한 행복 아니겠나!"

학생: "그런데 그 꿈을 너무 경시하는 것 아닌가요?"

철학자: "엄밀히 말하면 '너무 힘든 꿈'을 경시하는 거지."

학생: "네?"

철학자: "사람은 꿈을 이루려고 하지만, 언제 행복할지도 잘 모를 지경이라네. 짧은 행복을 위한 긴 여정이 너무 고단하지. 그런데 그가 꿈을 이뤄 즐거워할 것이 과연 진짜 행복인지도 잘 모르지 않은가! 행복을 향해 가는 길이 너무 오랫동안 고난의 연속이라면, 그것은 행복이 아니라네.[173]"

학생: "꿈을 이루는 과정도 행복해야 진짜 행복이란 말이죠?"

철학자: "그렇네."

학생: "하지만, 어렵다고 그렇게 꿈을 포기하면 그것 또한 후회스럽고 마음 아플 것 같습니다."

철학자: "지금 인생에서 성공하는 방법을 수업하는 것이 아니라, 행복하기 위한 방법을 수업하고 있지 않나! 인생 전반을 전체적으로 고려한 행복을 논하고 있는 걸세."

학생: "그렇긴 하지만요."

철학자: "삶은 원래 어떤 선택을 하든 후회하는 법이지. 그런데 과거는 이미 없고, 미래는 아직 없다네. 사람은 과거를 만들어 괴로워하고, 미래를 상상해 두려워하지. 이것은 쓸데없는 오래된 습관일 뿐일세.[174]"

학생: "그런데도 끝까지 무리해서 꿈을 추구한다면, 어떤 일이 일어날까요? 실제로 그런 사람들도 적지 않을 텐데요."

철학자: "호랑이를 탄 사람은 사람들로부터는 선망의 대상이지만, 본인은 편치 않네. 이때 호랑이는 '가짜 나' 같은 것이지. '진짜 나'가 아닌 그 누구도, 그 무엇도 '진짜 나'를 편안히 해주지 않을 걸세.[175]"

학생: "그런 삶은 그럴듯해 보이는 '가짜 나'로 살아가는 것이란 말이군요."

철학자: "그런 셈이지."

학생: "선생님, 세상은 정말 잘 모르겠는 것투성이군요."

철학자: "잘 모르는 채로 죽는 것이네. 나이가 아무리 많아도 소용없지."

학생: "행복도 그렇나요?"

철학자: "알려고 노력하지 않으면 그렇지 않겠나!"

학생: "삶이 난해하고 허무하기까지 느껴집니다."

철학자: "허무한가? '도대체 내가 무엇 하나 제대로 알고 있기는 한 것인가' 이 말을 하기까지 보통 30년 공부가 필요하다네. 아무나 할 수 없는 말이지. 행복은 겸손해져서 세상을 받아들이는 것일세.[176]"

학생: "난해하고 허무함도 삶의 그 무엇도 그대로 받아들이라는

말이군요."

철학자: "그렇게 삶을 받아들이고 겸손해져야 행복을 논할 자격이 생기는 걸세."

학생: "겸손하지 않으면 행복을 논할 자격도 없다고요?"

철학자: "당연하네."

학생: "왜죠?"

철학자: "행복의 문은 아주 낮은 곳에 있어서 그곳에 가려면 고개를 한참 숙여야 하기 때문일세."

학생: "논리적이지 않군요."

철학자: "행복은 다른 사람의 행복을 통해 완성된다고 하지 않았나! 겸손하지 않다는 것은 내 행복을 우선한다는 말일세. 행복할 자격이 없는 거지."

학생: "음, 그런가요? 그런데 선생님, 조금 전 너무 힘든 꿈은 행복을 해친다고 하지 않았습니까! 그럼, 행복하기 위해 '어떻게 살아야 하는지'에 대한 것도 너무 힘들면 포기해야 하는 것 아닌가요?"

철학자: "행복하기 위한 방법 찾다가 힘들어 죽으면 안 되지!"

학생: "행복, 그렇게 어려운 건가요?"

철학자: "자네는 살기 힘들다고 죽나?"

학생: "뭐, 죽기까지야 하지 않죠."

철학자: "행복도 그냥 삶이네. 힘들어도 그냥 찾는 것이지. 목숨을 끊을 수 없듯이, 죽을 때까지 그렇게 찾다 그렇게 죽는 것이라네."

학생: "결국 아무것도 모른 채, 죽을 수도 있다는 것이네요!"

철학자: "그렇지."

학생: "그래서 사람들이 행복에 관한 생각을 머리 아파하고 피하는군요."

철학자: "하지만, <u>어느 하루 저녁 생각한 것 이상, 우리 삶에서 더 알 것이 없을 수도 있네.</u>[177]"

학생: "네?"

철학자: "더는 알 필요 없을 수도 있다는 것이지."

학생: "행복은 그렇게 어렵고 많은 지식이 필요 없다는 말인가요?"

철학자: "물론, 찾으려는 마음은 항상 있어야겠지."

학생: "그렇다면, 선생님, 행복하다는 것은 누군가가 나를 좋아하거나 어떤 일에 내가 선택되거나 하는 것과 관련이 있는 것 같습니다."

철학자: "왜 갑자기 그런 생각이 들었나?"

학생: "행복하기가 쉬울 수도 있다는 말에서 쉽게 행복할 수 있는 일이 어떤 것이 있을까 생각해봤습니다."

철학자: "누군가 자신을 좋아한다는 것도 선택받는 것이니, 선택받으면 쉽게 행복할 수 있겠다는 생각이군. 선택받기 위해 노력하면 되고 말일세."

학생: "그렇습니다. 누군가 갑자기 나를 사랑한다면, 내가 갑자

기 복권에 당첨된다면, 내가 어려운 입사 시험에 합격한다면, 이런 일들입니다."

철학자: "그렇겠네."

학생: "혹시 행복을 위한 비밀 황금 열쇠가 '선택받기 위해 노력하는 것' 아닌가요?"

철학자: "선택받으면 기분 좋으니 결국 행복한 것 아니냐는 논린가?"

학생: "그렇습니다."

철학자: "하지만, 사랑받는다고 아무 조건 없이 행복하지는 않네. 그 행복을 지키려면 쉬운 일이 아닐세. 복권 당첨된 사람들도 모두가 행복하지는 않다네. 이는 자네도 알고 있지 않나! 반드시 갈등이 발생하게 되어 있지. 자네도 대기업 입사한 사람들이 행복한 삶을 산다고 생각하지는 않을 걸세. 좋은 기업일수록 똑똑한 사람들 사이에서 경쟁해야 하지. 똑똑한 사람들이 절대 좋은 사람들을 의미하지는 않는다네. 선택받으면 잠깐은 행복할지도 모르지만, 그 행복은 얼마 가지 않을 걸세."

학생: "선택받아 얻은 행복은 잠시뿐이라는 말이군요."

철학자: "우리는 대부분 선택받으려 산다네. 죽는 순간까지도 신에게 선택받으려 기도하니 그러면 도대체 우리 삶을 언제 선택하겠나![178] 행복하려면 우리가 선택하는 삶을 살아야 한다네."

학생; "그런데, 사실, 선택하는 삶이 어떻게 가능하죠?"

철학자: "자네도 매일 선택하고 있지 않나?"

학생: "무엇을요?"

철학자: "점심으로 무엇을 먹을지, 친구와 어떤 영화를 볼지, 수강 신청은 어떤 과목을 할지, 카페에서 커피를 마실지 과일 주스를 먹을지, 버스를 탈지 지하철을 탈지, 저 사람과 결혼할지 말지, 죽을지 살지, 건강 진단을 받을지 말지, 차를 살지 말지, 집을 살지 말지, 이런 것들 말일세."

학생: "그런 것들이야 선택하겠지만, 정작 중요한 것들, 예를 들면 어떤 대학을 갈지, 어떤 회사에 들어갈지, 내 개발 계획이 회사에서 인정받을지 같은 것은 선택받아야 하는 것 아닙니까?"

철학자: "자네도 말하면서 선택하는 것이 선택받는 것보다 훨씬 많다는 것을 느끼지 않았나?"

학생: "사소한 것들까지 포함한다면요."

철학자: "결혼이나 집 문제는 사소한 것은 아니지 않나! 거기에 자네가 선택받는 것이라고 했던 것 대부분도 만일 자네가 탁월한 능력을 준비하고 있었다면 선택할 수도 있지 않나?"

학생: "탁월하다면야 대학도 회사도 기획서도 내 생각대로 할 수 있겠죠."

철학자: "우리는 선택하는 삶을 항상 살고 있고, 살 수 있고, 더 넓혀갈 수 있다네. 행복의 조건이지."

학생: "그것은 능력 있는 탁월한 사람에게만 해당하는 것 아닌가요?"

철학자: "탁월함은 그 목표에 따라 달라지는 것이네. 평범한 프로 야구 선수도 아마추어 야구단에 들어가면 탁월한 법이지. 목표만 조정하면 누구나 탁월할 수 있네."

학생: "목표만 줄인다면 누구나 선택하는 삶을 살 수 있고, 그것이 행복을 준다는 거군요. 반행복적 최소행복이론인가요?"

철학자: "그렇네."

학생: "그래도 그런 선택하는 삶을 살려면 탁월함 말고도 삶에 자유로움이 있어야 하지 않나요?"

철학자: "물론, 그렇겠지."

학생: "그런데, 우리가 자유롭기 위해서는 많은 것들이 필요하지 않습니까?"

철학자: "어떤 조건들인가?"

학생: "유럽 여행을 가고 싶어도 돈과 시간이 있어야 가지 않습니까! 좋은 집에 살고 싶어도 돈이 있어야 사고, 친구들과 맛있는 저녁을 같이 먹고 싶어도 시간이 있어야 하고, 이런 조건들이죠!"

철학자: "그건 자유가 아니라, 희망 사항 아닌가?"

학생: "네?"

철학자: "자유는 자신이 할 수 있다는 조건에서 할지 말지를 결정하는 것이라네. 처음부터 유럽 여행을 갈 돈이 없으면 자유가 끼어들 여지가 없는 거지."

학생: "돈이 없으면, 결국 유럽 여행을 갈 수 없는 것으로 이미 결정된 사실이니, 자유의 대상이 아니란 말이군요."

철학자: "그렇네. 독재 국가에서 누군가 자신의 주장을 책으로 출간할 수 없다고 치세. 이때 책을 출간할 자유가 없는 것이 아니라, 그런 국가에서 살고 있기 때문에 출간할 힘과 능력이 없는 것이지."

학생: "다시 한번 요약하면, 유럽 여행을 가려고 할 때 돈이 없다면, 여행 갈 자유가 없는 것이 아니라, 여행 갈 능력이 없다는 말이군요?"

철학자: "그렇다네. 자유를 가지려면 선택할 수 있는 힘, 능력이 있어야 하는 것이지."

학생: "그럼, 힘과 능력이 없으면 자유가 없다는 말인가요? 그건 자유민주 국가에서 통용돼서는 안 되는 생각 아닌가요?"

철학자: "기본권으로써 자유는 자네 말이 맞네. 하지만 돈이 없으면 맛있는 한우를 사 먹을 능력이 없는 것은 틀림없는 사실이고, 그렇다면 그럴 자유도 없는 것이지. 물론, 열심히 한 달간 일해 월급날이 되면, 드디어 한우를 사 먹을 자유가 생기는 것일세. 하지만 사 먹을지 절약을 위해 참을지는 본인 자유지."

학생: "알듯 말듯 합니다."

철학자: "선택할 수 있어야 드디어 자유로운 것이고, 자유로워야 행복할 수 있는 것이네."

학생: "선택하는 삶을 살 수 있도록 자신의 힘과 능력을 키우는 것이 행복의 조건이란 말이군요."

철학자: "그렇네. 물론, 그 힘과 능력을 키우는 과정도 행복해야겠지."

학생: "그럼, 돈을 벌어 부자가 되면 선택할 수 있는 것이 많아지니 행복할 수 있는 건가요?"

철학자: "그럴 가능성은 있겠지. 하지만 돈을 버는 과정에서 잃

어버리는 자유와 행복이 부자가 되어 얻는 자유와 행복보다 큰지는 신중히 살펴보아야 하네."

학생: "혹시 이것도 가난한 사람들이 부자들에게 하는 시기와 질투 아닌가요?"

철학자: "돈이 많아서 나쁠 것은 없겠지. 지금 말하고 있는 것은 부자가 아니라, 부자를 목표로 하는 삶에 대한 주의와 경계를 말하는 것일세."

학생: "열심히 살다 보면 어쩌다 부자도 되는 것이지, 부자가 되기 위해 살면 안 된다는 말인가요?"

철학자: "부를 위한 <u>음습한 부자유의 거미줄에 걸리는 것보다는 오히려 청빈한 가난이 좋다네. 그런데 보통 그 음습한 부자유를 선택하지.</u>[179] 거미줄에 걸리지 않도록 주의해야 하네."

학생: "최소 행복이군요. 그런데 이렇게 수업받은 내용을 열심히 생각해서 그대로 행동하더라도 사람들이 저를 이해하지 못하면 결국 아무 소용 없는 것 아닌가요? 모든 사람이 행복을 이해하지 않는 한, 누구도 행복할 수 없을지도 모른다는 생각이 듭니다."

철학자: "타인의 이해가 행복의 조건이라는 말인가?"

학생: "그렇죠. 아닌가요?"

철학자: "다른 사람이 나를 이해하는 것은 원래 불가능하네. 나를 생각하는 시간이 짧기도 하고, 생각한다 하더라도 겉만 보기 때문이지. 타인에게 이해받으려 애쓸 것 없네. 자기 생각이나 상처를 이해 받기란 그리 쉬운 일이 아니지. 행복은 이해받음이 아니라, 오히려 <u>'타인은 나를 이해할 수 없음'을 인지하고 인정함에 있다네.</u>[180]"

† 13. 우리 삶에 실패란 없다 †

이때, 수업을 듣던 다른 학생이 이렇게 물었다.

학생: "선생님, 이해까지는 아니더라도 다른 사람들로부터 인정받는 것은 행복의 조건 아닐까요?"

철학자: "왜 그런가?"

학생: "누군가가 나를 인정한다는 것은 그것이 능력이든 재력이든 권력이든 명예든 어쨌든 나를 존중한다는 것 아닙니까! 존중받을 때 사람은 비로소 행복할 것 같습니다. 반대로 누군가에게 무시당하면 모든 행복이 사라지듯 말입니다."

철학자: "누가 나를 무시한다면 행복하긴 어렵겠지."

학생: "그러면 행복하기 위해서는 누군가에게 인정받기 위해 살아가야 할까요?"

철학자: "자네, 정말 그렇게 생각하나?"

학생: "그런 것 같기는 한데, 확신하기에는 무언가 꺼림직합니다."

철학자: "무엇이 꺼림직한가?"

학생: "그렇다는 얘기는 내 행복이 다른 누군가에 의해 결정되는 것 같다는 생각 때문입니다."

철학자: "바로 그렇네. 우리는 다른 누군가에게 인정받기 위해 살면 안 된다네."

학생: "그렇다면 <u>스스로에게 인정받으면 된다는 것인데</u>, 사실 내가 나를 인정한다는 것이 무엇인지 잘 모르겠습니다. 내가 나를 인정하는 건 그 성취의 정도, 가치와 무관하게 내 마음대로 자신을 합리화할 수 있는 것 아닙니까!"

철학자: "그렇겠지."

학생: "네? 인정하시는 겁니까?"

철학자: "논리적으로는 그럴 수 있지 않겠나. 하지만, 여기서 자신이 자기를 인정한다는 것이 무엇인지 정의가 필요할 것 같군."

학생: "네, 그게 뭐죠?"

철학자: "아주 단순하다네. 자신이 한 행동을 스스로 인정한다는 것은 스스로 자랑스러운지, 부끄러운지, 그것으로 판단하는 거지."

학생: "음, 그런가요? 그런데 우리는 살면서 자신의 것이 무언가 부정당하면 행복에서 자꾸 멀어지는 듯한 기분이 들지 않나요?"

철학자: "음, 꼭 그런 것은 아니네."

학생: "네?"

철학자: "<u>아니다. 아니다. 아니다. 사람은 그가 아무리 위대한 정신을 가진 철학자라도 세 번만 '아니다'를 하면 자신을 시기하는 것으로 의심한다네. 하지만, '아니다'를 말해주는 자를 만나는 것이 얼마나 소중한지는 젊은 시절이 다 지나야 알 수 있지.</u>[181]"

학생: "아, 타인의 부정도 불행의 조건과 관계있는 것은 아니란 말인가요?"

철학자: "그렇네."

학생: "어렵군요. 그런데, 선생님, 자신의 힘과 능력을 키우는 것이 행복의 조건이라고 하셨는데, 태생적으로 여러 면에서 약자로 태어난 사람도 있지 않습니까? 그럼, 그들이 행복에 있어 불리할 수밖에 없단 말인가요?"

철학자: "엄청난 재능을 가지고 태어난 사람보다는 불리할 수 밖에 없지 않은가? 그래서 사회학자들이 분배를 주장하는 것이지. 자네처럼 선택하는 삶을 위해서는 힘이 있어야 한다고 보통 생각하기 쉽네. 그런데 그런 경우는 별로 쓸데없는 일뿐이야. 따뜻한 봄날 오후, 한적하게 혼자 산에 오르는 것은 재력가, 권력가일수록 더 어려울 수도 있네.[182]"

학생: "조금 전, 타인의 인정이나 부정 평가가 행복과는 별 상관없다고 하셨는데, 그럼, 타인은 우리 인생에서 어떤 의미죠?"

철학자: "타인은 나를 이해하려는 자가 아니라, 나에게서 이득을 얻으려는 자이지. 사람들과 잘 지내는 방법은 단 하나, 그들에게 이익을 주거나 그 기대를 주는 것이네. 하지만 타인은 같이 생존을 위해 살아가는 정다운 자이기도 하지. 삶을 위한 이기심은 서로 정겹게 보는 것이 좋을 걸세.[183] 솔직히 자네들도 모두 이기적이지 않나!"

학생: "사실은 그렇지요."

철학자: "타인은 그냥 세상을 같이 살아가는 사람들일 뿐이네."

학생: "그런데 선생님, 다른 누군가에게 인정받기 위해 살면 안 된다고 하셨는데, 실제로 저는 누군가에게 인정받은 적이 거의 없는 것 같습니다."

철학자: "자네는 타인을 진정으로 인정한 적이 있나?"

학생: "음, 그리고 보니 저도 거의 없는 것 같습니다."

철학자: "<u>죽음도 이루게 하지 못할 정도로 어려운 일이 있는데 그것은 타인을 인정하는 일이네</u>.[184] 그런데 그것이 숨겨진 행복의 조건이네."

학생: "타인에게 인정받는 것이 아니라, 타인을 인정하는 것이 행복의 조건이라고요? 반대군요."

철학자: "그렇네. 행복은 타인이 아닌, 내 손에 달린 셈이지."

학생: "왜 그렇죠?"

철학자: "왜 그렇겠나?"

학생: "음, 행복은 타인의 인정, 불인정이 중요한 게 아니라, 타인과의 관계가 중요하다는 말이군요."

철학자: "명석하군. 자네가 타인을 진정으로 인정하면, 그는 자네를 진심으로 좋아하게 될 걸세."

학생: "행복과 사람 관계는 분명 관련이 있는 거군요."

철학자: "산속에 혼자 사는 사람은 관계 없겠지만, 공동체에서 사람과 함께 사는 사람은 무시해서는 안 되겠지."

학생: "선생님, 행복에 사람과의 관계가 중요한지는 알겠습니다. 그런데 살다 보면 슬픔, 고통, 어려움과 부딪칠 텐데, 이때 우리의 행복은 어떻게 지켜야 하죠?"

철학자: "자네는 욕심도 많군. 슬픔, 고통, 어려움을 겪는데, 어떻게 행복하려는 생각을 하나?"

학생: "그런 경우라면 행복할 수 없단 말인가요?"

철학자: "당연하지 않은가?"

학생: "음, 그러면 어려움을 겪는 사람들은 행복을 포기해야 하는 겁니까?"

철학자: "부모님이 돌아가셨는데 행복한 것이 더 이상한 것 아닌가?"

학생: "운명 앞에서는 행복도 힘을 쓰지 못하는군요."

철학자: "그렇네. 행복은 운명을 극복하는 방법을 알려주는 것이 아니라, 그 운명을 어떻게 받아들여야 하는지를 알려줄 뿐이네."

학생: "슬플 때, 고통스러울 때, 어려울 때 그것을 받아들이는 방법을 알려준다는 거죠?"

철학자: "우리가 슬픈 것은 그것을 받아들이지 못해서 더 슬픈 것이고, 고통스러운 것도 그것을 수용하지 않아서 그런 것이지. 슬픔, 고통을 있는 그대로 받아들이는 것, 그것이 행복이 알려주는 방법이라네."

학생: "알 듯, 말 듯합니다."

철학자: "슬프면 눈물 흘리며 서러워하고, 아프면 아야아야 아파하고, 어려우면 투덜투덜 괴로워하고, 산은 산이고, 물은 물이고, 뭐 이런 것일세."

학생: "슬퍼도, 고통스러워도, 어려워도 그것들을 행복의 바닷속 파도처럼 생각하라는 거죠?"

철학자: "적절하네."

학생: "그래도 무언가 그런 사람을 위한 조언 같은 건 없나요?"

철학자: "없네."

학생: "그렇군요. 혹시 기대할까 단호히 말씀하시는군요."

철학자: "자네가 무언가 어려움을 겪고 있는가 보군. 만일 그렇다면 생각을 멈추게. 슬픔, 고통, 어려움에 빠진 사람이 잊지 말아야 할 것은 그 고난의 모든 것이 생각에서 기원한다는 것이라네. 생각을 멈추어도 지옥 불에 떨어지지 않으니 걱정 말게.185"

학생: "네? 그게 제 맘대로 되겠습니까?"

철학자: "그건 자네 맘이니, 자네가 알아서 할 수밖에 없네."

학생: "어쨌든 슬프고 힘든 일을 행복이 마법처럼 없애주는 것은 아니란 말씀이죠?"

철학자: "그렇네. 아무리 깊은 바다라도 파도가 잔잔해지길 기다려야지."

학생: "그런데 선생님, 사람들이 서로 비난하고 싸우는 모습을 보면서 저는 그렇게 하지 않겠다고 다짐하곤 하지만, 막상 닥치면 저도 비슷한 모습을 보입니다. 이때는 행복도 사라져버리죠. 어떻게 해야 하죠?"

철학자: "비판은 이성적으로 남을 공격하는 것이고 비난은 감정적으로 공격하는 것이지."

학생: "비난하지 말고 비판하라는 건가요?"

철학자: "아닐세. 비판도 하지 말아야 하네."

학생: "이성적인 것도 안 된다는 말인가요? 그럼 최선의 선택으로 이끌 수 없지 않습니까?"

철학자: "보통 그렇게 생각하지만, 이성적으로라도 남을 공격해서는 안 되네. 아무리 자신이 이성적으로 생각해 한 말이라도 듣는 사람이 그것을 즉시 이성적이라고 판단할 수는 없기 때문이지."

학생: "보통, 어떤 말이든 비이성적 비난으로 먼저 생각하게 된다는 말이군요."

철학자: "그래서 자신의 이성적 판단 과정부터 상세히 이야기 하면서 자기 생각을 말하면 되는데, 그렇게 할 수 있는 사람은 별로 없지. 특히 자기가 먼저 공격당했을 때는 말이네."

학생: "그건, 비판도 아니고 대화나 토의 수준 아닙니까?"

철학자: "그런 셈이지. <u>타인을 비판할 때는 조심해야 하네. 사실은 그가 나를 시험하고 있을지도 모르기 때문이지. 작은 일도 비판하지 않는 것이 좋네. 그러면 행복은 오랫동안 근처에 머물 것이야.</u>[186]"

학생: "어떻게 살아야 하는지에 대한 수업 주제에 그럴듯한 답인 것처럼은 보이지만, 과연 사람들이 그렇게 할 수 있을지, 제가 그렇게 할 수 있을지는 의문입니다."

철학자: "그건 자네의 일이네. 눈사람을 만들 때, 주먹만한 크기로 시작해서 만들지 않나! 행복도 연습이라네. 그런 어려운 것들을 어릴 때부터 조금씩 연습하고 만들어 간 사람에게만 주어지는 신의 선물이지. 수업 몇 번 듣는다고 행복해질 수 없는 이유이기도 하네."

학생: "무슨 말인지는 알겠습니다. 어려워 보여도 하나씩 하나씩 할 수밖에 없는 거란 말이죠?"

철학자: "주변에 행복한 사람이 별로 없는 이유이기도 하지."

학생: "행복이 어려운 이유를 조금 알 것 같고, 행복의 비밀도 조

금 보이는 것 같습니다."

철학자: "잘 됐군."

학생: "제가 잘못 본 건지는 모르지만, TV나 뉴스에서 행복해 보이는 사람들을 본 적이 있습니다."

철학자: "그 사람들을 참고하면 도움이 되겠군. 그들이 누군가?"

학생: "아프리카에서 봉사하는 의사, 목숨을 걸고 사람들을 구조하는 사람, 아주 싸게 음식을 제공하는 식당 주인, 이런 사람들입니다. 당연히 누군가를 위해 희생하는 사람들이겠죠."

철학자: "누군가를 위해 희생하면 행복하다는 것은 상식 아닌가!"

학생: "네. 제가 의아한 것은 그런 사람들 수가 너무 적다는 것입니다. 답을 아는데도 말이죠."

철학자: "그러게나 말이네."

학생: "결국 자신의 이익이 그런 행복의 길에서 눈을 돌리게 하는 거겠죠?"

철학자: "그렇겠지. 그런데 우리가 열심히 이룩한 것 대부분은 의도하지는 않았겠지만, 허무하게도 결국 '타인의 이익'을 위한 것이네. 어차피 그렇게 될 바에야 처음부터 그것을 꿈으로 하면 매일매일 즐거울 텐데 말일세.187"

학생: "그래도 재산은 자식에게 물려줄 수 있지 않습니까?"

철학자: "자식은 타인이 아니라고 생각하나?"

학생: "자식이지 않습니까?"

철학자: "죽을 때, 같이 가지 않으면 모두 남이네."

학생: "세상 모두가 남이군요."

철학자: "그렇지."

학생: "세상 모두가 처음부터 남을 위해 살면 세상은 유토피아가 될 테지만, 삶의 성공을 그것으로 평가하지 않기 때문에 보통 사람이 남을 위해 살 수는 없겠지요."

철학자: "성공은 어떻게 평가하나?"

학생: "간단합니다. 합격 아니면 불합격이고, 1등급 아니면 실패이고, 부자가 아니면 가난뱅이이고, 당선 아니면 낙선, 뭐 이런 식입니다."

철학자: "이분법이군."

학생: "네, 다른 방법이 없습니다."

철학자: "그럴까? 사실, <u>실패란 없네. 그러므로 그 이유도 없지. 죽는 순간까지 목표를 향해 쉬지 않으면 부족할 수는 있지만, 본래 실패란 없는 법일세.</u>[188]"

학생: "네?"

철학자: "모두가 성공자라네."

학생: "무슨 말이죠?"

철학자: "국어 시험을 봤는데 90점 이상은 1등급이라 해보세. 이때, 90점 이상만 행복한 것이 아니라, 80점은 80점짜리 행복, 60점은 60점짜리 행복을 느끼면 되는 거네. 물론 중간도 되지 못하는 40점

짜리 행복은 좀 더 노력해야겠지."

학생: "행복도 그렇다는 말이군요."

철학자: "그렇네."

학생: "하지만, 세상은 양분법으로 돌아가지 않습니까? 본인만 행복해 만족한다고 정말 행복한 것은 아닐 수도 있지 않습니까?"

철학자: "물론, 그렇지. 세상이 합격, 불합격 같은 양분법적 기준을 가진 경우는 양분법에 대응해야 하네. 우리는 세상을 살아가는 거니까. 내가 말하는 것은 90점 이상만 행복하지 않아도 될 일조차 양분법적 기준으로 자신을 불행하게 해서는 안 된다는 것이야."

학생: "예를 들면 어떤 일들이 그런가요?"

철학자: "우리 삶, 대부분이 그런 일이라네. 30평 이상 집에 살지 못해도 24평 집만큼 행복하면 되고, 소고기를 못 먹으면 돼지고기를 먹으며 행복하면 되고, 자식에게 물려줄 재산이 없어도 자식들에게 살아갈 힘을 갖도록 도와주면 되고, 서울에서 못 살면 지방에서 살면서 그만큼만 행복하면 되고, 건강하지 않아도 죽지 않았으니 그만큼은 행복한 것이고, 대기업에 취지 못하면 중소기업에 취직하면 되고, 친구가 열 명이 아니면 한두 명만큼 행복하면 되고, 우리 삶에서 실패란 없다네."

학생: "그럴 수는 있겠습니다. 물론 그것을 인정해야 하는 것이 쉽지는 않겠지만요."

철학자: "그럼, 행복이 쉽겠나!"

학생: "조금 전 하신 말씀 중에서 친구도 행복에 중요한 요소처

럼 느껴집니다."

철학자: "왜 그런가?"

학생: "기쁨과 슬픔을 나눌 수 있는 사람이 있으면 기쁨은 더 커지고 슬픔은 좀 줄어들지 않겠습니까? 행복을 돕겠죠."

철학자: "즐거움과 슬픔은 나눌 수 있겠지만, 행복을 돕지는 못하네."

학생: "네?"

철학자: "기쁨과 슬픔이 행복과 관련이 없기 때문이네."

학생: "네? 왜 그렇죠?"

철학자: "올림픽 은메달리스트는 기뻐도 불행할 수 있고, 슬퍼도 행복할 수 있네. 기쁨과 슬픔은 개인감정이기 때문이지. 같은 일에도 어떤 사람은 행복하고 어떤 사람은 불행하다네. 그러니 우리가 지금 수업하고 있는 최고의 행복을 위한 조건은 아닌 것이지. 우리가 찾고 있는 행복의 조건은 사람과 상황에 따라 달라지는 그런 것이 아니네."

학생: "행복에는 친구들도 별 필요 없다는 말인가요?"

철학자: "행복을 찾으러 가는 길은 대부분 혼자 간다네. 사람은 자존심이 의외로 강해 그 과정은 비밀로 하고 싶기 때문이지.[189]"

학생: "그렇군요. 사실은 제 경험에서도 그렇게 사이가 좋은 친구도 생각이 서로 다르게 되면 어느새 큰 벽이 생기는 경험이 여러 번 있었습니다. 아무리 좋은 친구라도 한계가 있더군요."

철학자: "어떻게 해결했나?"

학생: "특별히 해결한 것은 없었습니다. 친구니까 그냥 넘어간 거지요. 하지만 언젠가 그 친구가 '네 생각이 맞다'라고 인정해 주기를 기다리고 있습니다."

철학자: "마음속에선 아직 대립하고 있는 상태군."

학생: "사실, 그렇습니다."

철학자: "<u>타인이 자기와 생각이 다른 것은 얼굴이 다른 것과 같은 유전자적 현상이지. 그런데 우리는 타인의 얼굴은 자신과 같도록 요구하지 않으면서, 타인의 생각은 자기와 같기를 바란다네.</u>[190]"

† 14. 행복의 통솔자가 되라 †

이때, 수업을 듣던 다른 학생이 이렇게 물었다.

학생: "하지만, 생각이 다르면 누군가 양보해야 하고 그렇게 되면 그 누군가의 행복은 사라지는 것 아닌가요? 실제 살아가면서 아주 많이 부딪치게 되는 문제인데, 생각이 다를 때 현실적으로 어떻게 대처해야 하죠?"

철학자: "대처랄 것도 없네. <u>문제는 생각의 다름이 아니라, 생각이 다를 때 사람의 마음가짐이네. 이는 보통, 어릴 때 결정되지. 어린 시절 교육이 중요한 이유네.</u>[191]"

학생: "네? 어떤 마음가짐 말인가요?"

철학자: "생각을 똑같이 만들려고 하는 마음을 없애는 걸세."

학생: "아예, '설득도 필요 없다'란 말인가요?"

철학자: "그런 셈이지."

학생: "그건 아니지 않습니까? 상대가 명백히 잘못된 생각이나 판단을 하고 있을 때도 그냥 내버려 둔다면 그건 무책임한 행동 아닌가요?"

철학자: "명백히 잘못 판단하고 있을 때는 단 한마디 말로 모든 것이 해결된다네. 그걸 설득이라고는 하지 않지. 설득이란 말을 쓴다는 것은 상대가 이미 자기 생각을 어떤 이성적 판단으로 확신하고 있다는 것을 의미하네. 이때 설득하려 할 필요 없다는 말일세. 설득이 아니라, 자기 생각을 이야기하는 것으로 충분하네."

학생: "토론을 통한 합의라는 것도 있지 않습니까!"

철학자: "합의가 가능한 내용이라면 자기 생각을 이야기하면 저절로 자연스럽게 합의가 도출될 것이고, 합의가 가능하지 않은 내용이라면 어차피 설득의 과정으로 들어가는 것이지. 다시 말하지만, 설득이 아니라, 자기 생각을 이야기하는 것으로 충분하네."

학생: "그런 의미군요. 실제로 한 번 친구들과 의견 대립이 있을 때, 적용해 보겠습니다."

철학자: "해보는 것은 중요하지. 해보고 내게 결과를 알려주게. <u>책을 읽고 있다면 그것을 실제로 행해 볼 일이네. 쓰여 있는 대로가 아니면 그것은 십중팔구 거짓이지. 삶의 행복과 평온함은 생각이 주는 것이 아니라 행함이 주는 것이네.</u>[192]"

학생: "그렇게 하지요. 그런데, 왜 사람마다 생각이 다른 걸까요?"

철학자: "자기한테 이익이 되는 것을 정당하고 올바른 것으로 생

각하기 때문이네."

학생: "하지만, 자기한테 이익이 되는 것은 결국 타인에게 손해가 되는 것이 세상의 원리 아닙니까! 올바른 정신의 사람이라면 무조건 자기 이익만 생각하진 않겠지요."

철학자: "타인에게서 이익을 얻으려는 것은 모든 생명체의 본능이네. 차분히 생각해보면 바로 알 수 있을 걸세. 인류 역사상 그렇지 않은 몇 사람이 있고 그들은 바로 성인(聖人)이지. 우리는 성인이 아니지 않나! 이를 이해함이 행복의 조건이네.[193]"

학생: "네? 사람들이 성인(聖人)이 아님을 아는 것이 행복의 조건이라고요?"

철학자: "그렇네."

학생: "음, 조금은 알 것 같습니다. 세상 모든 사람은 자기 이익만 생각하는 평범한 사람일 뿐이니, 다른 사람이 그런 행동을 하더라도 그러려니 하고 넘어가라는 말이군요."

철학자: "그게 정신 건강에 좋다네. 그래야 행복을 해치지 않지."

학생: "세상 모두가 자기 이익만 생각하는 이기적인 사람뿐이라 하셨는데, 그것을 어떻게 알 수 있지요? 꼭 그렇지 않을 수도 있지 않나요?"

철학자: "물론이지. 그렇지 않을 수 있네. 하지만 그런 사람이 훨씬 더 많은 것은 확실하고, 그렇지 않은 사람은 우리와 의견이 부딪칠 일도 없지 않겠나!"

학생: "그래서 모두 일단 그런 사람으로 생각한단 말이군요."

철학자: "그렇네."

학생: "그래도 좀 궁금합니다. 그 사람이 어떤 사람이고 어떤 생각을 하고 있는지 알 수 있는 방법이 없을까요?"

철학자: "그건 방법이 없지. <u>우리 각자 모두는 하나의 산과 같다네. 아무리 작은 산이라도 도저히 이야기를 마무리할 수 없을 것이야.</u>194"

학생: "그렇다는 얘기는 저도 자기 이익밖에 모르는 사람일 가능성이 크겠군요."

철학자: "그렇지 않겠나!"

학생: "그럼, 그렇다는 가정하에 어떻게 행동하면 좀 더 현명하고 지혜로워질 수 있을까요?"

철학자: "자네가 자기 이익밖에 모르는 이기적 사람이라면 자네는 어떻게 행동하겠나?"

학생: "또 먼저 물으시는군요. 음, 저라면 그것을 고려해서 제 생각이 나만을 위한 것인지, 나와 타인 모두를 위한 것인지 3번 이상 되새기겠습니다."

철학자: "아리스토텔레스, 니코마코스 윤리학에 나올 법한 말이군."

학생: "고리타분하다고 혼내시는 거지요?"

철학자: "하하, 알아서 생각하게."

학생: "선생님은 어떻게 해야 한다고 생각하시나요?"

철학자: "<u>풍요로운 자는 가끔 멈추어 자신의 풍요로움이 다른 사</u>

람과 크게 다르지 않음을 확인해야 하네. 그렇지 않으면 그와 적이 되는 법일세.[195]"

학생: "최소한 적이 되지 않도록 자기 생각을 수정하라는 말인가요?"

철학자: "명석하군. 적이 되지 않도록 자기 생각을 양보하는 과정에서 자신의 이기적 요소들이 줄어드는 거지."

학생: "그렇군요. 누군가와 다투지 않도록 자기 생각을 조금 양보해야겠군요. 하지만, 자기 생각과 욕심이 있을 텐데 그렇게 쉬워 보이진 않습니다."

철학자: "몇 번이고 말하지만, 행복해지는 것이 쉽겠나!"

학생: "참, 그런데 선생님, 지금 저희가 이렇게 수업을 듣고 있는데 저희가 듣는 수업을 옛날에 다른 학생들도 들었을 것 아닙니까?"

철학자: "많지는 않지만, 수업을 들었던 학생들도 있지."

학생: "그 친구들은 모두 행복해졌습니까?"

철학자: "검증해보려고 그러나?"

학생: "그런 건 아니지만, 효과가 검증된 것이라면 더욱 열심히 수업을 듣지 않겠습니까?"

철학자: "행복을 찾은 것 같다고 연락해 온 것은 몇 학생뿐, 별로 없네. 우리 수업을 그것으로 판단한다면 거의 낙제점인 셈이지."

학생: "수업을 들어도 행복할 수 있는 건 아니라는 말이군요."

철학자: "실망했나?"

학생: "오히려 그 반대입니다. 미지의 곳은 발견하기 힘들수록 의욕과 모험심이 생기는 것 아닙니까!"

철학자: "행복을 위한 길은 어느 순간 우리에게 다가와 그것을 깨닫게 한다네. 그런데 문제는 우리 기억력이 보통 이틀을 넘기기 어렵다는 사실일세.[196]"

학생: "그럼, 행복을 찾아도 하루에 한 번은 되돌아봐야 행복을 잃지 않겠군요."

철학자: "바쁜 우리 삶에서는 불가능에 가까운 일이지."

학생: "행복한 사람이 눈에 잘 띄지 않는 이유가 사람들이 바빠서 그렇군요."

철학자: "그렇네."

학생: "그러면, 바쁘지 않을 방법이 있을까요?"

철학자: "무엇이겠나?"

학생: "음, 어렵네요. 욕심과 목표를 줄여, 바쁘지 않은 나를 만드는 것은 어떤가요?"

철학자: "나쁘지 않은 방법이네. 하지만, 지나친 한가로움은 앞으로의 전진을 가로막고 나태의 숲으로 데려간다네."

학생: "그럼, 삶을 집중해 바쁜 시간을 줄이고 남은 시간을 여유롭게 보내는 건가요?"

철학자: "지난 시간 수업했던 것과 비슷하군. 그렇네. 첫 번째 방법보다는 더 좋아 보이지만, 사람이 항상 그렇게 집중하면서 살 수만은 없을 걸세. 살다 보면 이런저런 사정이 생기는 법이니까 말일

세."

학생: "그러면 어떻게 해야죠?"

철학자: "자신 속에 바쁜 존재와 바쁘지 않은 존재를 만들어 바쁜 존재는 일하게 하고 바쁘지 않은 존재는 쉬도록 하면 되네."

학생: "네?"

철학자: "자신의 새로운 존재를 인식하라는 말일세."

학생: "그게 무슨 말이죠?"

철학자: "자신의 존재 속에는 세 가지 종류의 존재 '나'가 존재한다네. 첫 번째 나는 목이 타거나, 배가 고프거나, 간지럽거나처럼 무언가를 스스로 느끼는 '나'이고, 두 번째 나는 엄마 앞에서의 아이, 선생님 앞에서의 학생, 연인 앞에서의 애인처럼 타인과 관계 속에서 탄생하는 '나'지. 마지막 세 번째 나는 시간을 초월한 어떤 경우에도 변치 않는 항상 존재하는 '나'라네."

학생: "세 가지 '나', 생각보다 복잡하진 않군요."

철학자: "우리 존재는 세 개의 내가 만드는 수레바퀴가 끄는 삼륜 마차네. 수많은 바큇살 중 한두 개 부러져도 마차는 별 상관 없지."

학생: "그래서 어떻게 바쁘지 않은 거죠?"

철학자: "나는 세 개의 존재 바퀴가 만드는 마차를 끄는 마부라네. 세 개의 바퀴는 계속 돌아 바쁘지만, 마부는 그리 바쁘지는 않은 편이지.[197]"

학생: "마부가 되면 바쁘진 않겠군요."

철학자: "그렇지. 진짜 마부가 된다면 말일세."

학생: "마부가 자기 존재들을 통합적으로 움직이는 통솔자겠군요."

철학자: "그렇네."

학생: "조금 알 듯 말 듯 합니다."

철학자: "그 정도면 됐네. 처음부터 다 알 수는 없지 않겠나!"

학생: "통솔자와 행복이 무언가 관련이 있을 것 같습니다."

철학자: "그럴 걸세. 행복을 위한 길을 찾기 시작하면 오늘 찾지 못해도 내일 찾을 것이라는 기대가 있네. 시작하지 않으면 알 수 없는 즐거움이지.[198]"

학생: "무언가 가슴이 설레는 것 같기도 합니다."

철학자: "행복과 진리를 향한 열정이 바로 '젊음'이지. 어떤 이는 죽는 순간까지 젊음을 유지하기도 하고, 어떤 이는 아직 젊을 때 이미 전부 잃기도 한다네.[199]"

학생: "나 자신을 생각하고 공부하는 것이 행복과 관련이 있다고 생각하니, 무언가 할 일이 많이 생긴 것 같습니다. 그런데 자기 자신만 생각하다 보면 타인에 대해 무지해지는 것 아닌가요?"

철학자: "그 반대지. 나 자신을 공부하기 시작하면 타인을 대상으로 하는 심리학자만큼 타인에 대해 잘 알게 된다네. 오랫동안 혼자 수행한 수도승이 세상 이치를 잘 아는 이유이지.[200] 그런 걱정은 하지 않아도 될 걸세. 나나 타인이나 별 차이 없네."

학생: "예를 들면, 친했던 친구가 멀어졌을 때, 그 친구가 왜 멀어졌는지, 그 이유도 자기 자신 속에서 찾을 수 있다는 말인가요?"

철학자: "그렇네."

학생: "친구의 생각을 내 존재 속에서 찾는다. 흥미롭군요."

철학자: "사람들이 나를 덜 찾게 되면, 보통, 내가 그에게 줄 게 적어졌다고 생각하면 된다네. 하지만, 돈주머니가 얇아도 생각 주머니만 두둑하면 걱정 없지.201"

학생: "결국 내가 그 친구에게 줄 것이 적어졌다는 말이군요. 생각 주머니도 얇아졌고요. 나를 돌아보고 그 이유도 대안도 찾을 수 있겠군요."

철학자: "그렇지."

학생: "무언가 행복을 위한 시작점에 선 듯한 느낌입니다. 단지 느낌일 뿐이지만요."

철학자: "행복은 하루아침에 발견하는 것이 아니라, 매일 만들어 가는 것이네. 한순간 발견한 행복은 그 작은 시작점일 뿐이지. 계속 모아 가지 않으면 어느새 공기 중으로 흩어질 걸세.202"

이렇게 행복을 위해 '어떻게 살아야 하는가'에 대한 두 번째 수업이 끝나고, '행복하기 위해 작지만 가능한 것들'에 대한 세 번째 수업이 예고되었다. 이 수업은 그곳에 가기 위한 확실한 징검다리 역할을 할 것 같다.

세 번째 수업

행복을 위해 작지만 가능한 것들

행복에 잡아먹히지 말라

철학자: "목마를 때 포도주는 필요 없네."

학생: "포도주로도 갈증은 해소할 수 있는 것 아닌가요?"

철학자: "곧 취해버릴 걸세. 가끔, 정다운 친구와의 만남에는 포도주도 괜찮겠지만, 뜨거운 사막의 갈증은 물로 풀어야지. 게다가 온종일 느끼는 일상의 갈증에는 물밖에 다른 방법이 없을 걸세."

"행복을 위해 살다 보면 행복에 잡아먹히기 쉬우니
행복이 오히려 사람을 불행하게 한다네."

세 번째 수업

† 1. 작은 일에 행복한 아이처럼 †

두 번째 수업 후 학생들은 행복을 위한 삶의 목적과 그 방법에 대해 일부 수긍하는 면도 있었지만, 아직은 역시 과연 자신들이 행복할 수 있는지에 반신반의하고 있었다. 그래서인지 이번 시간 강의 내용을 꽤 기대하고 있는 것 같았다.

철학자: "잘들 지냈는가? 무엇을 위해 살아야 하는지, 행복을 위해 어떻게 살아야 하는지 깊이 생각해봤겠지? 오늘 수업은 예고한 대로 행복하기 위해 우리 삶에서 실제로 할 수 있는 사소하지만 가능한 행복들이 무엇인지 생각해보세."

이 말에 끝나자마자 바로 한 학생이 손을 들고 이렇게 물었다.

학생: "선생님, 행복하기 위해 실제로 가능한 일은 사람들과 웃고 떠들면서 즐겁게 지내는 게 최선이라고 생각합니다."

철학자: "그때 행복하단 말이지?"

학생: "뭐, 다른 행복한 일도 많겠지만, 저는 그때가 행복했습니다."

철학자: "왜 과거형인가?"

학생: "음, 사실 말하는 중에 갑자기 느낀 건데, 그때는 웃고 떠들며 행복했지만, 지금은 아닌 것 같아 그렇습니다."

철학자: "갑자기 어떤 감정을 느꼈나?"

학생: "약간 허무한 느낌이 들기도 합니다. 웃고 떠들던 그때 내가 '나' 같지 않고, 무언가 연기를 한 것 같은 생각이 듭니다."

철학자: "자네가 어떤 감정인지 알겠네. <u>우리가 진정으로 즐거운 것은 소리 내어 웃을 때보다 소리 없이 미소 지을 때지.</u>[202] 미소 속에는 연기가 필요 없기 때문이네."

학생: "우리가 행복을 위해 할 수 있는 사소하고 가능한 것은 연기가 필요 없는 즐거움이군요. 크게 떠들고 웃어대도 그것이 연기가 아니라면 상관없겠네요."

철학자: "그런 셈이지."

학생: "그런데, 연기가 필요 없는 즐거움이 어떤 것이 있을까요?"

철학자: "저 존재 심연에서 분출하는 즐거움, 이 끝없는 우주 속에서 살아 있다는 것을 인식하는 유일한, 아니면 유일에 가까운 '기적의 생명체'라는 즐거움 같은 것일세."

학생: "다른 건 필요 없군요. 살아 숨 쉬는 것 말고는."

철학자: "사실, 벌써 수 천 년 전 노자, 장자의 생각이지. 살아 있는 것 이상으로 행복한 건 없는 거네."

학생: "우리가 할 수 있는 가장 사소하고 가능한 일일 지도 모르겠군요. 물론 반행복적 최소행복이론이고요."

철학자: "그렇네."

학생: "저는 꿈을 이루어가는 것도 우리가 할 수 있는 사소하고 가능한 행복이라고 생각합니다."

철학자: "왜 그런가?"

학생: "돈을 벌 수도 있고, 그 일이 재미있을 수도 있고, 일에 보람이 있을 수도 있으니, 이만한 행복이 어디 있겠습니까?"

철학자: "사람들이 지금까지 그렇게 살아왔는데, 훨씬 더 많은 사람이 행복을 못 느낀다고 답하지 않나!"

학생: "저도 그건 알지만, 지금은 가능한 일을 찾는 수업이지 않습니까?"

철학자: "그렇지. 그래서 가능한 꿈을 갖는 게 좋지 않겠나?"

학생: "네?"

철학자: "꿈은 세 가지가 있네. 첫 번째는 직업을 위한 꿈이고, 두 번째는 가치를 위한 꿈, 세 번째는 행복을 위한 꿈이지. 첫 번째 꿈은 하루 만에도 찾을 수 있지만, 두 번째 꿈을 찾기 위해서는 1년이 걸릴 수 있고, 세 번째 꿈은 10년, 아니 죽기 전에 발견 못 할 수도 있다네. 성공해도 행복하지 못한 이유이지.[204]"

학생: "직업을 위한 꿈과 행복을 위한 꿈이 다르군요."

철학자: "그래서 첫 번째 꿈은 성공해도 행복하지 못한 걸세. 행복을 위한 꿈이 따로 있으니 말이네."

학생: "가치를 위한 꿈이 무엇이죠?"

철학자: "가치란 사람들에게 무언가를 제공하는 것이지. 그 꿈은 어떤 가치를 사람들에게 제공할지를 정하는 것이네."

학생: "예를 들면요?"

철학자: "예를 들면 살면서 사람들에게 즐거움을 제공하는 꿈이지. 직업은 상관없다네. 빵집을 운영해도, 거리에서 잡화를 팔아도,

회사에서 영업일을 해도, 연구소에서 개발을 해도 상관없네."

학생: "어떤 일을 해도 사람들을 즐겁게 할 수는 있단 말이죠?"

철학자: "그렇네."

학생: "그렇다면 사람들에게 정보를 제공하는 것도, 편리함을 제공하는 것도, 건강을 제공하는 것도, 모두 가치를 위한 꿈이 될 수 있겠네요."

철학자: "그렇네. 거기에 가치를 위한 꿈은 직업도 상관없지만, 지금 당장도 가능한 꿈이라네."

학생: "예를 들면, 집에 가서 청소나 설거지를 도와드리면 부모님께 편리함을 제공하는 것이 되겠군요."

철학자: "가치를 위한 꿈이 행복에 좀 더 가까이에 있지."

학생: "그럼, 행복을 위한 꿈은 무언가요?"

철학자: "우리가 지금 수업하고 있는 것이 바로 행복을 위한 꿈을 찾는 것이네."

학생: 그럼, 지금 우리가 할 수 있는 '사소하고 가능한 일'은 가치를 위한 꿈을 찾고 만드는 일인가요?"

철학자: "그렇다고 볼 수도 있지."

학생: "그런데 사실, 능력이 있어 부나 좋은 직업을 갖게 되면 가치를 위한 꿈도 쉽게 이룰 수 있는 것 아닌가요? 돈도 있고 시간도 있으면 남을 위한 일도 쉽게 할 수 있을 테니까요."

철학자: "그럴 것 같나?"

학생: "네. 아무래도 그럴 것 같습니다."

철학자: "사람은 더 좋은 것들을 찾다 보면, 아주 엄청난 부자가 아닌 한, 남에게 눈길을 잘 돌리지 않는다네. 그런 엄청난 부자는 세상에 얼마 되지 않으니 보통 사람이 좀 부자가 돼도, 좋은 직업을 가져도 남을 위한 일을 잘하지 못하지. 혹시 한다면 그것을 통해 또 다른 숨겨진 이익을 얻기 위해서라네."

학생: "연예인이나 스포츠 스타들이 이미지 관리를 위해 하는 기부 같은 것을 말하는군요."

철학자: "자네도 여윳돈이 있으면 노후를 위해 저금을 하거나 자식들에게 물려주려고 하지 않겠나?"

학생: "솔직히 말하면 그렇습니다."

철학자: "노후 준비가 충분하고 자식들에게도 충분히 남겨줄 재산을 자네는 모을 수 있다고 생각하나?"

학생: "충분히는 어렵겠지요."

철학자: "그럼, 자네도 남을 위해 무언가 하기는 어렵겠네!"

학생: "음, 긍정도 부정도 못 하겠습니다."

철학자: "그래서 부자가 돼도 좋은 직업을 가져도 가치를 위한 꿈을 쉽게 실현한다는 생각은 오류일 가능성이 크다네."

학생: "그렇기도 하겠군요."

철학자: "<u>사람의 가치는 그가 가진 것이 아니라, 그가 행하는 것으로 결정되는 걸세. 가지지 못했음을 한탄할 것 없지.</u>[205]"

학생: "가치를 위한 꿈은 부와 직업으로 할 수 있는 것이 아니란

말이네요."

철학자: "그렇네."

학생: "그럼, 행복을 위해 가능한 일은 남을 위해 작더라도 무조건 해보는 것이고요."

철학자: "그렇지."

학생: "음, 작고 가능한 일이라! 선생님, 그럼 우리가 아름답게, 멋지게 되려고 노력하는 것도 행복을 위해 가능한 길 아닌가요?"

철학자: "아름다움의 정의가 다양해서 답하기 어렵지만, 뭐 그렇지 않겠나!"

학생: "그것이 외형적 아름다움이라면 어떻습니까? 다른 생각을 가진 사람들도 있겠지만, 아름다우면 더 행복할 가능성이 크다고 생각합니다."

철학자: "정말 그렇다고 생각하나?"

학생: "스스로 아름답다고 생각하면 더 행복하다는 통계 자료도 있습니다."

철학자: "그건 여러 사람이 평가하고 인정한 객관적 아름다움과는 다른 것 아닌가!"

학생: "그래도 어느 정도 객관적 아름다움이 있어야 스스로도 아름답다고 생각하겠지요."

철학자: "그런 면도 있겠지. 하지만, 아름답게 되는 것보다 아름다움을 느끼는 것이 훨씬 쉽다네. 혹시 둘 중 하나를 택하라면 나는 후자를 택할 걸세. 그것이 우리를 훨씬 행복하게 하지.[206]"

학생: "아름다움을 느끼는 것으로 행복하다고요? 그건 확실히 누구나 가능한 일이긴 하겠네요. 하지만, 어떻게 그것만으로 행복을 느끼겠습니까?"

철학자: "왜 안 된다고 생각하나?"

학생: "그 아름다움이 내 것이 아니지 않습니까? 남의 것은 부러운 일이지 내가 행복할 일은 아니지요."

철학자: "아름다움을 갖는다는 것은 내가 가진 것에 대해 '남이 아름다움을 느낀다는 것'이지. 게다가 매우 제한적이고 본인은 그것을 느낄 수도 없다네. 반면, 아름다움을 느끼는 것은 남이, 대상이 가진 아름다움을 '자기가, 본인이 느낀다는 것'이지. 게다가 대상은 무한해서 아름다움을 느끼는 것에서 행복을 느낀다면 끝없는 행복의 연속일 걸세."

학생: "행복을 위해 논리적으로는 그 말이 맞습니다."

철학자: "우리는 관조적, 달관적 이야기는 믿지 않기로 하지 않았나! 논리적이라면 믿기로 했고."

학생: "그렇긴 합니다. 논리적이고 이치에 맞는다면 일단 받아들이기로 했죠."

철학자: "그뿐만 아니지. <u>아름다움을 갖지 못해 슬퍼할 것 없네. 몇 년 후에는 완전히 다른 관점에서 아름다움을 보게 될 것이야. 그것을 준비하면 된다네.[207]</u>"

학생: "20살 때의 아름다움과 30살, 40살, 50살 때의 아름다움은 다르다는 말이죠?"

철학자: "그렇네."

학생: "행복을 위해 작지만 가능한 일은 자신이 아니라, 타인, 대상의 아름다움에서 행복을 느끼는 것이군요."

철학자: "그렇게 어렵지 않은 일이네. 그에 따라 설렘도 그 모습을 끊임없이 드러내지."

학생: "네? 설렘이요?"

철학자: "타인과 대상에서 아름다움 느낄 때, 우리는 설렘을 느끼네. <u>설렘은 의지지. 의지를 잃지 않는 한, 그의 소맷자락은 즐거운 바람을 몰고 다닐 것이네. 그것이 가슴 뜀의 기원이지. 설렘을 놓치면 젊음도 놓친다네.</u>[208]"

학생: "타인이나 대상에서 아름다움을 느끼려면 그런 생각, 그런 의지가 있어야 한다는 말인가요?"

철학자: "사소하지만 가능한 일이지."

학생: "그 느낌이 잘 다가오지 않는데, 어떤 예가 있나요?"

철학자: "우연히 사랑에 빠진 남녀가 있다고 하세. 둘은 열렬히 사랑했지만, 시간이 지나며 조금씩 열정은 식어갔지."

학생: "연인에서 가족이 되어가니까요."

철학자: "연인과 가족, 둘의 차이는 무엇이지?"

학생: "음, 글쎄요."

철학자: "연인은 사랑의 최고 상태로 가기 위해 자신의 더 좋은 매력을 보여주려 하는 단계고, 가족은 이미 최고 상태에 도달했다고

생각해 더 이상 자신의 매력을 보여주려고 노력하지 않는 단계라네."

학생: "그럴 수 있겠네요."

철학자: "사랑을 더 상승시키려는 의지, 즉 자신의 매력을 보여주려는 의지가 자신도 아름답게 만들지만, 대상도 아름답게 만드는 설렘을 탄생시키는 것이네."

학생: "조금 어렵지만, 알 것 같기도 합니다."

철학자: "자신을 향상시켜 설렘을 갖는 것, 행복을 위해 사소하지만 가능한 일이네."

학생: "최소 행복이군요. 그런데 선생님, 세상에는 그런 행복에 만족하지 않고 불평하는 사람이 너무 많은 것 같습니다."

철학자: "왜 그렇게 느꼈나?"

학생: "대부분 사람이 모두 그런 모습을 보이니까요."

철학자: "자네는 불평이 왜 생긴다고 생각하나?"

학생: "자기 기대치를 만족 못해서 그렇겠지요."

철학자: "불평이 많다는 것은 세상 대부분 일이 자기 기대치에 미치지 못한다는 말이겠군."

학생: "그렇겠지요."

철학자: "조금 의도적이란 생각 안 드나?"

학생: '네?'

철학자: "자신이 그들보다 뛰어나거나 앞선다는 것을 보여주려는 의도 말일세. 자기 기대치가 자신의 수준을 나타낸다는 생각으로

말이야."

학생: "듣고 보니 그런 것도 같습니다."

철학자: "그들은 상대가 아무리 잘해도 더 큰 기대치를 가져와 상대를 은근히 무시하는 거지."

학생: "비판을 통한 자기 과시군요."

철학자: "행복도 다르지 않다네. 삶을 불평하는 자의 특징은 즐거움이 아니라, 더 큰 즐거움을 원한다는 것이지. 매일 태양의 떠오름과 함께 삶을 새롭게 시작하는 연습이 필요하다네.[209] 더 큰 거 바라지 말고 말일세."

학생: "더 큰 즐거움, 더 큰 성취, 더 큰 환호, 더 큰 인정 같은 것 말이군요."

철학자: "행복은 단언컨대 만족이지. 그런데 사람은 쉽게 만족하지 못하는 욕심 많은 창조물이라, 만족하라고 해서 만족할 수 없는 게 문제일세."

학생: "그래서 매일 아침 새롭게 시작하는 연습을 하라는 거군요. 어제의 것은 모두 잊어버리고 더 큰 것을 바라지 않도록 말이죠."

철학자: "그렇네. 보통, 아이들은 작은 일에도 만족하지. 그래서 아침마다 어린아이로 돌아가는 연습을 하라는 것이라네."

학생: "음, 알 듯 말 듯 합니다."

철학자: "어느 독일 철학자는 아이들은 순결하고, 망각하며, 시작하고, 유희 정신이 있으며, 자유롭고, 창조하며, 긍정한다고 했네."

학생: "꽤 구체적이군요. 일곱 가지 모두는 모르겠지만 몇 가지

는 가능할 것 같습니다."

철학자: "그 정도면 되지 않겠나! 다 할 수는 없겠지."

학생: "그런데 그 특성이 모두 이성적이기보다는 감성적이네요."

철학자: "그래서 연습이 필요하지. 사람은 <u>한순간 행복을 잃을 수 있다네. 그것은 이성적 능력 부족이 아니라, 제어되지 않은 감정 때문이지. 삶이 한 번에 크게 흔들리지 않으려면, 이성 연습보다 감성 연습이 더 필요하네. 바이올린 선율이 아름다워지기 위해 연습하는 것만큼 말일세.</u>[210]"

† 2. 감동시키는 삶 †

이때, 수업을 듣던 또 다른 학생이 이렇게 물었다.

학생: "하지만, 선생님, 이성 연습은 '냉철하고 논리적으로 대응'하는 연습이라지만, 감성 연습은 무엇입니까?"

철학자: "감성 연습도 이성 연습과 같은 것이네."

학생: "네?"

철학자: "감정에 대해 냉철하고 논리적으로 대응하는 연습을 하는 것이지."

학생: "그건 이성 연습이지 않습니까?"

철학자: "그렇네. 감정을 이성적으로 표출하도록 연습하는 것일

세."

학생: "그게 가능한 일입니까?"

철학자: "물론, 쉽지는 않지만 가능한 연습이네. 오랜 연습이 필요하지. <u>오랫동안 행복하려면 목적지를 바르게 그리고 조금 멀리 잡을 필요가 있는 걸세. 수많은 위대한 철학자들이 반복하는 천 년의 진리지. 목적지에 쉽게 도착하면 사람은 교만해지기 때문이네.[211]</u>"

학생: "행복을 가까이 있는 것이 아니라, 멀리 있는 것으로 생각하고 천천히 가라는 말이군요."

철학자: "그렇네."

학생: "그렇다고 가까이 있는 행복을 무시하라는 말은 아니시죠?"

철학자: "물론이네. 하지만, 강을 건너기 위한 징검다리 돌을 목적지로 생각하면 곤란하지. 비가 많이 오면, 물에 잠겨버릴 수도 있다네. 강을 건너기 위한 중간 휴식처로만 생각해야 하는 걸세."

학생: "선생님, 저는 행복하려면 '누군가를 또는 세상을' 변화시키는 무언가를 해야 한다고 생각합니다."

철학자: "왜 그런가?"

학생: "거기서 힘을 느끼기 때문입니다."

철학자: "자기 힘을 느낄 때, 행복을 느낀다! 그럴 듯하네."

학생: "그런데 문제는 그것이 정말 어렵다는 겁니다. 세상은커녕 내 앞에 있는 단 한 사람도 변화시킬 능력이 없음을 한두 번 느낀 게 아닙니다."

철학자: "그건 예수님도, 부처님도, 철학자 니체도 절망한 내용이네."

학생: "그런가요? 원래 불가능한 건가요? 제가 욕심을 부리는 건지도 모르겠군요."

철학자: "한 가지 방법이 있기는 하네."

학생: "무엇이죠?"

철학자: "<u>진정한 강자는 감동시키는 자네. 그만이 세상을 변화시킨다네.</u>212"

학생: "사람을, 세상을 바꾸려면 그들을 감동시키라는 말이군요."

철학자: "그렇네. 그것 외에 다른 방법은 없을 걸세."

학생: "결국, 우리가 행복하기 위해서는 남을 설득할 만한 감동을 주는 행동과 노력을 하라는 거죠?"

철학자: "자기를 계속 키워가야 하네. <u>태양의 황금비를 담는 것은 자신의 그릇 크기에 비례하지. 올바른 교육은 그릇 크기를 키우는 일이네.</u>213"

학생: "태양의 황금비가 행복인가요? 그릇 크기는 구체적으로 무얼 말하나요?"

철학자: "그릇 크기는 행복을 담는 그릇 크기를 말하지. 그 크기를 키운다는 것은 자신이 행복할 만한 자격을 키워가는 것이네. 물론, 인내와 노력, 배려와 희생, 공부와 사유, 이런 것들이겠지."

학생: "행복의 과정이 고난의 길이면 그것은 행복이 아니라고 말씀하지 않았나요! 그렇다면 그 말과 서로 상충하지 않나요?"

철학자: "그렇네. 내가 그런 말을 했지. 인내와 노력, 배려와 희생, 공부와 사유를 고난이라고 생각한다면 그건 자네 말대로 상충하겠지. 하지만, 인내와 노력, 배려와 희생, 공부와 사유를 누구나 고난이라고는 생각하지 않는다네."

학생: "그런 힘든 과정을 즐겁게 느끼면서 살아가는 것, 그것이 행복을 위해 해야 할 일이란 말이죠? 그런데, 그런 말은 교과서에 나오는 따분하고 상식적인 말 아닌가요? 우리가 실제로 그렇게 생각하기도 힘들고요."

철학자: "그런가? 하지만 교과서에 나오는 따분한 말이라도 필요하다면 받아들여야 하네. 원하는 것만 하면서 행복을 이룰 순 없는 법이지."

학생: "저도 고리타분하다고 무조건 부정하는 것은 아닙니다."

철학자: "그렇지? 클래식 음악을 고리타분하다고 하는 사람도 있지만, 교양 있고 전통적이라고 하기도 하니 말일세."

학생: "선생님, 음악 이야기가 나와서 든 생각인데, 우리 삶도 즐겁다가 슬프다가, 기쁘다가 화가 나다가 하지 않습니까! 마치 이 음악, 저 음악이 그렇듯 말이죠."

철학자: "오랜 인생에서 당연하지 않겠는가?"

학생: "그럼 그때마다 천국과 지옥을 오가야 하는 건가요?"

철학자: "<u>밝은 감성을 가지려는 연습, 이것이 실제로 삶을 밝게 만든다네. 이 면에서는 감성이 이성을 압도하지.</u>[214]"

학생: "네? 슬프고 화가 나 있는데 어떻게 밝은 감성을 가질 수

있나요?"

철학자: "삶을 대낮처럼 밝게 만들라는 말일세. 즐거워도 슬퍼도 대낮이고, 기뻐도 화가 나도 밝은 세상에서 살라는 것이지. 사는 데 슬픔과 분노 없이 어찌 살겠나! 슬퍼도 화가 나도 밝은 세상에서 살라는 것이네. 자기 삶을 어두운 밤으로 만들지 말라는 얘기야."

학생: "밝게 살라는 것은 희망을 갖고 살라는 말인가요?"

철학자: "희망도 포함하는 '긍정성'이네."

학생: "삶을 긍정한다는 게 뭘 말하는 거죠?"

철학자: "삶에서 일어나는 모든 사건을 나에게 플러스 되는 것으로 생각하는 것이네."

학생: "삶을 부정적으로 생각한다는 것은 그 반대고요."

철학자: "그렇네."

학생: "그게 가능할까요?"

철학자: "자네의 10대를 생각해보게. 무언가 어렵고 힘들어도 그 시기는 항상 밝지. 무엇이든 교훈으로, 추억으로 생각하며 살아가기 때문이네. 나이가 들어도, 죽음을 앞두고도 그 마음을 잃지 말라는 것일세."

학생: "슬픈 일도 밝은 대낮에 슬퍼하라는 말이죠?"

철학자: "그렇네. 슬퍼하지 말고 화도 내지 말라는 것이 아니라, 밝은 긍정의 세계에서 슬퍼하고 화도 내라는 것이지."

학생: "이번 것은 사소하고 가능한 것이라는 생각이 잘 들지 않

습니다."

철학자: "그런가? 쉽게 다시 말하자면 슬플 때나 화가 날 때도 삶의 밝음을 잃지 않으려 노력하라는 말일세. 밝음을 잃으면 그야말로 어둠 속에서 헤맬 테니 말이야. 삶에서 길을 잃지 않으려면 얼굴에 미소를 띠란 말이라네."

학생: "무슨 말인지는 알겠습니다. 그런데 살다 보면 강자에게는 비굴한 표정을 짓고 약자에게는 거만한 모습을 보이는 것이 사람의 본성 아닙니까?"

철학자: "그런데?"

학생: "상황이 조금만 바뀌어도 이렇게 태도가 180도 바뀌는데 기쁨과 슬픔이 교차했을 때 같은 태도와 미소를 보이는 게 가능하겠습니까?"

철학자: "누가 그렇게 바뀌는 것을 사람의 본성이라 했나?"

학생: "어딘가 처세술 책에서 본 것 같습니다."

철학자: "그건 아주 제한적인 경우네. 그런 태도가 필요할 때도 있겠지. 하지만, 권력자, 아니 신을 대할 때나 지나가는 걸인을 대할 때나 우리는 조금도 변함없어야 한다네. 자기모순이 없는 것은 행복의 조건이기 때문이지.[215]"

학생: "한결같아야 행복한 이유가 뭐죠?"

철학자: "행복의 방향은 하나여야 하기 때문이네. 이랬다저랬다 하면서 행복에 도달할 수 없는 일이지."

학생: "이번에도 무슨 말인지는 알겠습니다. 하지만, 우리는 살

면서 상황에 따라 의지나 꿈을 바꾸기도 하고, 삶의 방향도 조금 틀기도 하면서 즉, 적절히 삶에 적응하면서 사는 것이 현명한 것 아닌가요? 너무 융통성 없이 고지식하게 살면 어떻게 성공하고 또 행복하겠습니까?"

철학자: "내 말과 자네의 주장이 조금 초점이 어긋난 것 같군. 나는 삶의 태도에 대한 일관성을 말하는데, 자네는 삶 자체의 일관성으로 생각하고 있다네. 자네 말대로 삶 자체는 일관성을 꼭 지킬 필요는 없네."

학생: "삶의 방향이 바뀌어도 삶에 대한 태도는 바뀌지 않아야 한다는 말씀이군요."

철학자: "그렇네. 삶은 항상 바뀌야지. <u>보통, 약자는 어려움에 부딪혔을 때 자신의 의지를 변화시키지. 그러나 마음 편한 시기가 지나면 삶을 변화시키려 한 자를 부러워할 것이네.</u>[216]"

학생: "약간 두렵군요."

철학자: "무엇이 두려운가?"

학생: "삶을 변화시키려 하지 않았을 때, 제 실패한 모습이 상상돼서 그렇습니다. 삶을 변화시킨다는 것이 벽처럼 느껴지고요."

철학자: "그럴 수 있겠군. 하지만 삶을 변화시킨다는 것은 별것 아니네."

학생: "네? 왜죠?"

철학자: "살면서 어려움은 있기 마련 아닌가! 그것을 피하고 극복하려 하지 않으면 삶은 그대로 흘러갈 걸세. 하지만, 그걸 극복하

려 조금만 노력해도 삶은 그대로 흘러가지 않고 조금은 변화하겠지! 물론, 더 많이 노력하면 삶은 더 많이 변화할걸세."

학생: "그 정도는 다르겠지만, 자기 능력에 맞게 노력한다면 자기 삶에 변화를 줄 수 있다는 말이군요."

철학자: "그렇네."

학생: "그렇다면 어려운 일은 아니겠군요."

철학자: "이것 또한 삶에 대한 태도를 말하는 것이지."

학생: "선생님, 태도에 대해서라면 여쭤볼 말이 있습니다. 저는 살면서 화를 내는 사람을 너무도 많이 봐왔습니다. 아리스토텔레스 말대로 당연히 화낼 일에 대해, 또 당연히 화낼 사람에 대해, 적절한 때에, 적절한 정도로, 적절한 동안 적절하게 화를 내는 사람을 거의 보지 못했습니다. 대부분 도를 넘어 화를 냅니다. 물론, 저도 마찬가지입니다. 앞으로도 화를 낼 일이 적지 않을 텐데, 그때마다 어떤 태도를 보여야 하는 거죠?"

철학자: "아리스토텔레스 선생이 훌륭히 알려주지 않았나! 그대로 하면 되네."

학생: "그런데 그게 어렵습니다. 처음에는 적절히 화내려고 했지만, 말하다 보면 그 적절성을 유지하는 것이 거의 불가능합니다. 서서히 이성을 잃어가는 거죠."

철학자: "내게 어떻게 아리스토텔레스보다 더 좋은 방법이 있겠나?"

학생: "그래도 지금 말씀하고 계신 삶의 태도의 한결같음 측면

에서 다른 방법이 없을까요? 화를 적절하게 제어할 수 있는 실제적 방법 말입니다."

철학자: "예외도 있기는 하지만, 한 가지 방법은 있네."

학생: "네? 그게 뭐죠?"

철학자: "분노와 격정을 표출하는 방식은 그 '대상'에 표출하는 방식과 그 '원인'에 표출하는 방식이 있지. 이는 분노를 제어하지 못하는 우리 시대에 잊지 말 일이네. 후자가 행복에 가깝지.[217]"

학생: "표출하는 방식에 차이가 있군요."

철학자: "분노나 화를 눈앞에 있는 사람에 표출하는 것과 분노의 원인에 표출하는 차이지."

학생: "예를 들면 말다툼할 때, 억지를 부리는 사람에게 화를 내는 것과 그 사람이 왜 그런 부조리한 상태가 되었는지 그 원인을 찾아 그것에 화를 내는 것의 차이군요."

철학자: "그 원인을 찾다 보면 분노나 화가 치미는 상황에서 조금 더 냉철해지고 이성적으로 된다네. 게다가 그 원인이 자기 자신일 때도 있지."

학생: "음, 실제로 적용해 볼 수 있을 것 같습니다."

철학자: "물론, 분노나 화가 이성의 영역을 벗어나면 소용없는 일이니, 그런 상태로 가기 전에 그 원인을 찾아야 한다네."

학생: "지금 행복을 위해 사소하지만 가능한 것들을 수업하고 있는데 그런 사소한 것들이 과연 정말 행복을 줄 수 있는 건가요? 그럴듯한 작은 일들도 있기는 하지만, 잠깐의 이슬비는 가뭄에 별 도움

이 안되지 않습니까?"

철학자: "행복을 위해서 우린 어린아이들을 닮아야 하네. 어린아이의 특징은 자신의 의지 대부분을 쉽게 성취할 수 있는 일로 한다는 것일세. 그러므로 휴식할 때만큼은 그렇게 하는 것이 좋네. 그렇게 하면 삶이 순수해지지.[218]"

학생: "휴식할 때라면?"

철학자: "산에 오를 때, 한창 오를 때는 별생각 들지 않지. 이런저런 생각이 드는 것은 쉴 때라네."

학생: "아! 올라온 길을 돌아보고 앞으로 갈 길을 정하는 것은 휴식할 때겠군요."

철학자: "행복에도 그대로 적용된다네."

학생: "화를 낼 때, 그 원인에 화를 내야 한다고 하셨는데, 실제로 그렇게 하려면 무엇을 준비해야 하나요?"

철학자: "조금 관대해져야지."

학생: "어떻게요? 그게 마음대로 되나요?"

철학자: "작은 일에 관대한 것은 강자의 특성이네. 그렇지 못하다면 강자가 아닌 증거지. 그런데 의도하지는 않았어도 작은 일에 관대하다 보면 자연스럽게 강자가 되어 있을 걸세.[219]"

학생: "관대한 강자가 되라는 말씀이네요. 제가 궁금한 것은 어떻게 관대해질 수 있는가인데요."

철학자: "자네는 어떻게 관대해질 수 있다고 생각하나?"

학생: "음, 관대하다는 것은 상대방을 이해하고 그가 원하는 것

을 해주는 것이지요?"

철학자: "그렇겠지."

학생: "그렇다면 내가 그걸 해줄 수 없다면 관대할 수도 없겠군요."

철학자: "그런데 우리가 해줄 수 없는 것은 많지 않네. 상대방 의견을 인정해주고, 상대방 실수나 잘못을 이해하거나 용서해주고 하는 것 같은 해줄 수 있는 일이 대부분이지. 자네는 아직 가난하고 특별한 지위도 없지만, 자네 또한 얼마든지 최고의 강자가 될 수 있는 걸세."

학생: "그렇군요. 저도 그런 의미에서 강자가 될 수 있군요. 저는 저를 굉장한 약자로만 생각해 왔습니다. 약간 들뜨네요."

철학자: "그런가?"

학생: "누구나 어려운 시기가 있다고 위안하고 있지만, 제가 지내온 시절은 다시 생각하고 싶지 않은 기억들로 가득합니다. 항상 약자였죠."

철학자: "힘든 시기를 겪었나 보군. 고생이 많았네. 과거 '그것'의 가치가 사라져 보일 때 잊지 말아야 할 것은 '그것'이 아니었더라면 어디로 가야 할지 몰랐으리라는 것이네. 과거의 보잘것없는 '그것'은 자신의 안내자이고 시금석인 걸세.[220]"

† 3. 즐거움이 곧 행복은 아니다 †

이때, 조용히 수업을 듣던 또 다른 학생이 이렇게 물었다.

학생: "선생님, 세상은 부자도 있지만 가난한 사람이 더 많고 능력 있는 자도 있지만 보통 사람이 훨씬 더 많지 않습니까?"

철학자: "그렇겠지."

학생: "전에도 한 번 말씀하셨던 것 같은데 '행복을 위해 가능한 것' 관점에서 다시 질문하겠습니다."

철학자: "말해보게."

학생: "행복은 이미 정해져 있는 것 아니냐는 생각이 듭니다. 부와 능력이 있는 자들은 행복하고, 그렇지 못한 자들은 그들을 부러워하면서 사는 것으로요."

철학자: "그럴 수도 있겠지."

학생: "이미 정해져 있다면 수업받아 무엇 합니까?"

철학자: "자네는 정말 정해져 있다고 생각하나?"

학생: "아니길 바랍니다."

철학자: "그럼, 아니네. 자네가 그렇게 바라면 세상은 바로 그렇게 바뀐다네."

학생; "어떻게요?"

철학자: "자네가 원하는 대로지."

학생: "네?"

철학자: "자네가 원하면 세상은 마법처럼 자네 생각대로 바뀌는 거라네."

학생: "우리 수업은 논리적으로 이치에 맞게 행복하기 위한 방안을 찾기로 하지 않았나요?"

철학자: "논리와 이치에 맞지 않아 보이나?"

학생: "마법 운운하시니, 누가 보아도 그럴 겁니다."

철학자: "자네는 행복이 정해져 있기를 바라지 않고 또 행복을 원한다고 하지 않았나?"

학생: "네, 그렇습니다."

철학자: "그러면 현 상황을 좀 더 분석하려고 시도하지 않겠나?"

학생: "물론, 그렇겠지요."

철학자: "그때부터 자네의 상황에서 무엇이 문제이고 또 그것을 극복하기 위한 방법을 찾겠지. 그럼 보이지 않던 작은 길들이 비로소 드러난다네. 이것을 마법이라 한 것이지. 찾지 않으면 드러나지 않는 행복을 위한 사소하고 가능한 방법들 말일세."

학생: "별것은 아니군요. 그건 찾아야 보인다는 심리학적 현상일 뿐이지 않습니까?"

철학자: "바로 그것이네. 사람이 현 상황에 좌절하고 벗어나려는 시도를 하지 않으면 행복은 정해져 있는 법이지."

학생: "네, 그런데 그곳에서 어떻게 벗어나죠? 문제 상황, 즉 가지지 않은 것들이 쉽게 극복되는 것은 아닐 것 같은데요."

철학자: "가지지 않은 것에 너무 애쓸 것 없다네. 이미 가진 아름

다움을 지키는 것도 중요하기 때문이지. 미는 청결히 유지되지 않으면 곧 더럽혀지는 것일세! 하나를 얻으려다 열을 잃는다네.[221]"

학생: "가진 것에 만족하라는 말인가요?"

철학자: "만족하라는 것이 아니라, 자기가 가진 것을 최대화하라는 말일세. 그것이 행복의 씨앗이 되도록 말이야."

학생: "그것이 어떻게 행복의 씨앗이 되죠?"

철학자: "갖지 않은 것에 대해 원망하고 한탄하지만 않으면, 누구나 행복의 씨앗을 가질 수 있네."

학생: "원망하고 한탄하느라 시간 다 보낸다는 말이군요."

철학자: "그런 셈이지."

학생: "혹시 그런 생각을 가진다 해도 곧 원망과 한탄 속으로 빠뜨리려는 유혹에 견디지 못할 겁니다."

철학자: "왜 그런가?"

학생: "마키아벨리 말대로 사람은 원래 나약하고 게으른 형편 없는 족속 아닙니까? 그렇게 성실하게 자신을 발전시키려는 노력이 얼마나 가겠습니까?"

철학자: "어쩌다 유혹에 빠져 다시 원망과 한탄 속에 빠지면 어떤가! 다시 자기 자신으로 돌아가면 되지. 약자는 보통 유혹에 약하다네. 그만큼 사람들을 믿고 좋아하기 때문일세. 반면, 강자는 유혹에 빠지지 않는 '삶의 지식'으로 무장돼 있지. 나는 행복한 약자가 되겠네.[222]"

학생: "유혹에 빠지기도 하고, 자기 것을 최대화하기도 하면서

그럭저럭 살아가면 된다는 말인가요?"

철학자: "물론, 주류와 핵심은 정해져 있겠지만 말일세."

학생: "선생님, 자기가 가진 것의 최대화도 중요하지만, 저는 다른 무엇보다 우선해야 할 일은 행복을 위해 즐거움을 추구하는 거로 생각합니다. 즐거움은 부와 권력, 능력의 유무를 초월하니까요."

철학자: "물론, 나도 동의하네. 그것이 최우선 같지는 않지만 말일세. 즐거움의 예를 한 번 들어보겠나?"

학생: "가족들과 맛있게 식사를 하고, 친구들과 재미있게 볼링을 치고, 지인들과 독서 토론을 하고, 일요일엔 등산을 가고, 좋아하는 나무를 키우고, 뭐 이런 일 아니겠습니까?"

철학자: "훌륭하지 않은가! 그곳에 분명 행복이 있을 걸세."

학생: "그런데 조금 걸리는 것이 있습니다."

철학자: "무언가?"

학생: "이런 즐거움이 행복이라 한다면, 내가 인생을 걸고 하는 일, 물론 돈을 벌려고 하는 것이지만, 그렇게 애쓰는 일이 행복과 관련이 없다는 반증이 될 텐데, 그것은 또 인정하기는 싫은 면이 있습니다."

철학자: "자네 말도 일리가 있네."

학생: "어떻게 하죠?"

철학자: "일도 즐겁다면 좋겠지만, 그건 절대 쉽지 않겠지. 어떨 때는 지나친 즐거움 추구로 지치기도 하지 않나! 이처럼 즐거움이 행복의 최우선은 아닐세. <u>즐거움은 중독되지 않을 정도로 드물게만</u>

갖는 것이 좋지. 그것에 중독되면 즐거움이 아니라, 고된 사역의 원인이 되기도 한다네.²²³"

학생: "그렇군요. 삶은 즐거움 말고도 '살아가기 위한 일'이 삶의 대부분을 차지하는군요. 즐거움과 행복은 거의 같은 거로 생각했는데, 그렇지는 않겠네요."

철학자: "그렇다고 할 수 있네."

학생: "그런데 그 일을 하는 직장에서 가장 힘든 일이 인간 관계지 않습니까! 일은 열심히 하면 되지만, 사람 관계는 그것 말고도 또 다른 요소가 있으니까요."

철학자: "그렇겠지."

학생: "그럼 결국 사람 관계를 위한 노력이 행복에 도움이 되겠네요."

철학자: "논리적으로도 그렇지."

학생: "사람 관계의 핵심은 '자기를 적절히 드러내고 그것을 타인에게 이해받는 것'이라고 들었습니다. 어떻게 하면 사람 관계를 좋게 할까요?"

철학자: "그건 꽤 자기중심적인 것 같네."

학생: "그럼 어떻게 해야 하나요?"

철학자: "자기를 표현하는 일은 어려운 일이지. '표정, 몸짓, 말투, 목소리', 모두 오랜 연습이 필요하네. 이를 통해 자신이나 자기 일을 겨우 설득할 수는 있을 걸세. 그런데 이런 자기표현보다 더 설득력 있는 것은 '상대에 대한 존중'이네.²²⁴"

학생: "사람 관계의 기본이 상대에 대한 존중이라는 말인가요?"

철학자: "그렇지."

학생: "왜죠?"

철학자: "사람은 모두 자기를 표현하고 이해받기를 바라네. 거의 예외가 없지. 모두 자기만 봐 달라고 하니 관계가 좋아지기 어려운 거네. 그런데 누군가 자기를 존중해주면 완전히 다른 관계, 다른 세계가 만들어지는 것일세."

학생: "자기를 존중해주는 사람에 목말라 있다는 거군요."

철학자: "이는 많은 사람과 관계를 갖는 사람일수록 더 목마름을 느낀다네."

학생: "그렇겠네요."

철학자: "<u>더 큰 외로움을 느끼는 것은 혼자 있을 때가 아니라, 사람들과 함께 있을 때지. 함께 할 때 그들과의 괴리감, 그런데 그것을 나만 느낀다고 생각하는 것은 다행스러운 오해라네.</u>225"

학생: "모두가 외로움을 느끼는군요. 그런데 그게 왜 다행스럽지요?"

철학자: "남도 똑같이 외로움을 느낀다고 생각하면 자신이 먼저 존중해주려는 마음이 생기기 어렵기 때문이지. 다른 사람과의 관계가 좋아지는 것을 더욱 어렵게 할 걸세."

학생: "만일 그렇다면, 보통, 강자는 타인을 존중하려고 하지 않으려 할 테고, 이것이 강자가 사람 관계가 좋지 않은 이유가 되겠군요. 결국 그가 행복하기 어려운 이유도 되겠고요."

철학자: "그렇다고 봐야겠지."

학생: "강자가 되어도 어쩌면 진짜 강자가 아닐 수 있겠습니다."

철학자: "그렇네. <u>강자는 보통 외롭다고 하지. 자기를 이해하는 사람이 적다고 하면서 말일세. 이건 커다란 오해지. 사실 그는 거짓 강자라네. 타인을 이해하고 또 이해시킬 만한 힘이 없음에 대한 반증이기 때문이지. 반대로, 이는 자신을 약자로 오인하는 사람도 주의할 일이네. 행복은 '타인을 이해하는 그리고 자신을 이해시키는 정도'라 말해도 될 걸세.</u>[226]"

학생: "타인을 이해하려는 실제적 노력, 자신을 이해시키려는 구체적 노력이 행복을 위해 해야 할 작지만 가능한 일이군요."

철학자: "그렇네."

학생: "하지만, 우리가 진짜 강자인지 약자인지 어떻게 알 수 있나요? 가장할 수도 있는 것 아닌가요?"

철학자: "그런 일은 없을 걸세. <u>단지 세 마디 말로 대부분 자신을 노출하네. 감추려 노력해도 소용없지. 있는 그대로 보여주는 수밖에 없네.</u>[227]"

학생: "음, 그렇군요."

철학자: "<u>위장술이 뛰어날수록 사기꾼이 되기 쉽네. 타인을 속여 쉽게 호의를 얻을 수 있기 때문이지. 그러나 같은 사람이 두 번 당하지는 않는다네. 위장술이 뛰어난 자가 친구가 없는 이유일세.</u>[228]"

학생: "은폐나 위장은 결국 드러난다는 말이죠?"

철학자: "그렇네. 말이 많아지거나 시끄러워지면 더는 가진 것이

없다는 증거지. 만일 그렇다면 자신에 실망하지 않기 위해서 이제 자기를 위해 무언가 시작해야 할 때임을 자각해야 하네. 여자가 남자보다 시끄럽다고 생각하는 것은 오래된 오해지. 여자나 남자나 행복하면 보통 조용해진다네. 이것이 남자가 좀 더 시끄러운 이유일세.[229]"

학생: "그렇긴 합니다. 남자가 더 시끄러운 건 정치를 보면 알 수 있죠."

철학자: "사실, 모든 면에서 시끄럽지."

학생: "은폐나 위장이란 건 원래 자신의 것, 자기 생각을 지키기 위한 노력으로 볼 수도 있지 않습니까? 은폐나 위장을 하지 않는다는 것은 자기 생각을 바꾸어야 한다는 것인데, 과연 그렇게 해서 행복할까요?"

철학자: "변심이란 원래 없네. 달라진 것은 자신을 포함한 세상 모든 것이지. 이것을 인정하지 않으면 외로운 고집불통이 되는 것은 하루아침일세. 자기 생각을 바꾸지 않으면 행복이란 없네.[230]"

† 4. 행복을 위한 나침반 †

이때, 또 다른 학생이 이렇게 물었다.

학생: "행복과 분노는 정말 상극인 것 같습니다. 사람은 왜 화가 나는 거죠?"

철학자: "자네는 어떨 때 화가 나는가?"

학생: "음, 내가 원하는 대로 되지 않을 때인 것 같습니다."

철학자: "그 원하는 것이 무엇인가? 명왕성에 가고 싶은데, 가지 못한다고 화가 나진 않을 테지!"

학생: "그러면 내가 할 수 있고 원하는데, 할 수 없을 땐가요?"

철학자: "출출해서 라면을 먹고 싶은데, 그럴 시간이 없이 무언가 해야 할 때 화가 나나?"

학생: "음, 뭐 그럴 때도 있겠지만, 바빠서 라면 못 먹는다고 꼭 화가 나는 건 아니죠."

철학자: "그렇지. 하고 싶은 걸 못 한다고 꼭 화가 나는 건 아닐세. 이렇게 사는 것이 맞나 하는 회의감은 들겠지."

학생: "그럼, 화가 왜 날까요?"

철학자: "화를 내는 이유는 '무시와 손해' 외 다른 것은 없네. 자신에 대한 '존중과 이익'을 원하는 사람도 사실, 그것으로 타인에게 '무시와 손해'를 주려 했으면서 말일세. 이처럼 대부분 누구도 화낼 자격이 거의 없는 셈이지.[231]"

학생: "음, 무시와 손해군요. '자신에 대한 존중과 이익'을 원한다는 것이 바로 '타인에 대한 무시와 손해'를 의미라는 것이 새로운 관점이군요. 그렇게 생각할 수 있는 사람은 별로 없을 것 같습니다."

철학자: "전부 아전인수지. 자기 본성은 '고귀한 의지'를 가진 숭고한 자라고 생각하고, 자기 잘못은 '약한 감정' 탓으로 돌리는 것은 비겁함의 극치라네. 술에 취해 파렴치한 행동을 한 자의 변명처럼

말일세.232"

학생: "여러 사람이 모여 사는 세상에서 행복하기란 쉽지 않은 것 같습니다. 무언가 가슴이 답답합니다. 이럴 때 쓸 수 있는 무언가 팁 같은 건 없는 건가요?"

철학자: "뭐, 그런 게 어디 있겠나! 지금 우리가 수업하는 내용 모두가 팁이라면 팁이겠지. 행복의 부재로 가슴이 답답할 땐 삶의 방향성을 생각하는 것이 좋네. 삶에 방향성이 없으면 진전도 없지. 이때 '감성 나침반'이 유용하다네. 내 인생 방향을 즐거움으로 향할지, 흥미로움으로 향할지, 자랑스러움으로 향할지, 설렘으로 향할지 말일세. 자유, 평등, 정의 같은 '이성 나침반'보다 이편이 훨씬 간편하고 정확하다네.233"

학생: "네? 감성 나침반이요?"

철학자: "그렇네. 내가 어떤 감성을 내 삶의 목표로 할지 정하고 그것을 향해 매진하는 거지. 이건 돈도 능력도 지위도 별 상관없네."

학생: "그럴듯합니다. 그런데 그것이 행복과 어떤 관련이 있는 거죠?"

철학자: "진리가 우리를 자유롭게 하듯 감성이 우리를 평등하게 할 것이기 때문일세.234"

학생: "행복은 평등에서 시작하는 거죠?"

철학자: "그렇네."

학생: "평등, 말씀하시니까 드는 생각인데, 세상은 반대로 불평등을 조장하고 있는 것 같습니다."

철학자: "왜 그런가?"

학생: "TV를 보면 100만 원이 훨씬 넘는 휴대전화 광고를 멋진 모델들이 온종일 광고하고, 1억을 호가하는 고급 자동차, 10억이 넘는 신규 분양 아파트 광고로 지칠 지경입니다. 그것을 사고 이용할 수 있는 부자와 그렇지 못한 가난한 사람을 계속 구분해가는 느낌입니다. 저 같은 가난한 학생은 좌절감과 비참함을 느낄 정도로요."

철학자: "현재의 불행과 함께 미래의 불행까지 예감된다는 말이군."

학생: "그렇습니다."

철학자: "조소할 수 있어야 하네."

학생: "네?"

철학자: "우리를 상심케 하는 것은 허영심과 욕구를 자극해, 갖고 있지 않으면 무력감이 들도록 하는 비열한 상술일세. 이익을 위한 것이니 크게 탓할 바는 아니지만, 이를 조소할 수는 있어야 하지.[235]"

학생: "어떻게요?"

철학자: "그건 철저한 무관심과 자가가 정한 가치를 위해 한눈팔지 말고 돌진하는 것이네."

학생: "신경 쓰지 말고 내가 선택한 자기 인생을 열심히 살아가라는 말이시죠. 그런데 사실, 조금 겁이 납니다. 그게 잘못된 길이 아니라는 확신은 없으니까요."

철학자: "우리는 약자로 사육되고 있다네. '불안의 시대'지. 불안을 조장하여 모두를 겁쟁이로 만들고, 사기꾼들은 이를 이용해 돈을

벌지.²³⁶"

학생: "불안에 떠는 겁쟁이로 양육된단 말이죠?"

철학자: "그런 감정에서 벗어나야 하지 않겠나!"

학생: "어떻게요?"

철학자: "감정을 감성화하는 것일세."

학생: "네? 둘이 어떤 차이죠?"

철학자: "전에 한 번 말했던 것 같은데, '감정'은 의지 영역 밖의 것이고 '감성'은 의지 영역 안의 것이지. 제대로 된 공부를 계속할수록 감정 영역은 줄어들고 감성 영역은 늘어난다네.²³⁷"

학생: "이성으로 제어할 수 있는 감정을 감성이라 하는군요."

철학자: "그렇네."

학생: "불안을 느끼는 감정을 감성화하면 그 불안을 분석하고 원인을 제거하는 이성 작용이 시작된다는 말이죠?"

철학자: "명석하군."

학생: "선생님 말씀대로 불안을 한번 분석해보면, 그건 더 큰 힘에 대한 무력감에 기인하는 것 아닌가요? 그럼 불안을 제거하려면 자신의 힘을 키워나가는 수밖에는 없고요."

철학자: "잘 분석했네. 그런데 한 가지 주의할 것은 상당히 많은 부분에서 자신의 무력감이 자신감 부재에서 오는 경우가 많다는 것이지."

학생: "자신감이요?"

철학자: "행복하지 않은 이유는 자신에 대한 경시에 기인한다네. 자신보다 꿈을, 자신보다 지식을, 자신보다 명예를, 자신보다 도덕을, 자신보다 타인을, 자신보다 국가를 중시하도록 세뇌받고 있지. 그런 것들보다는 자신을 더 존중하는 것이 행복의 조건이네.[238]"

학생: "꿈, 지식, 명예, 도덕, 타인, 국가, 이런 것들보다 자기를 더 존중하라고요? '자기'란 게 뭔가요? 너무 이기적 아닌가요!"

철학자: "자기를 더 존중해야지. '자기'란 자기 행복을 말하는 걸세. 그건 이기적이 아니라, 모든 생명체의 자연법적 권리네."

학생: "알 듯 말 듯 합니다. 저도 다른 의견이 있기는 한데, 분명 반박 받을 만한 것들이군요."

철학자: "자네 말대로네. 반박하는 의견이 있겠지만, 자신의 행복을 우선하는 것의 의미를 축소할 순 없지."

학생: "하지만, 자기 행복 추구에도 한계가 있는 것 아닙니까?"

철학자: "물론이네. 행복할 정도로만 추구해야지."

학생: "모순적 역설이네요."

철학자: "그 이상 행복을 추구했을 때 얻는 것보다 잃는 것이 많다면 행복 추구를 멈추어야 한다는 말이네."

학생: "예를 들면요?"

철학자: "예, 말인가? 간단하네. 일반적으로는 친구보다 자기 행복을 추구해야 하지만, 계속 자기 행복을 추구했을 때, 그가 더 이상 친구로 남지 않을 것 같으면, 그땐 자기 행복을 일부 포기해야지."

학생: "자기 존중, 자기 행복 추구의 기준이 조금 어렵게 느껴지

네요."

철학자: "쉬운 일은 아니지. 안타깝게도 훌륭한 책이나 진정한 스승을 만나는 일은 매우 어렵네. 이는 누군가를 인도할 만한 책이나 스승이 드문 탓도 있지만, 대부분 그 가르침을 수용하려는 인내심 부족 때문이지. 이처럼 행복의 조건은 수용이라네.[239]"

학생: "잘 알지 못하는 것은 본인 탓이란 말이군요."

철학자: "하하, 자네를 염두에 두고 한 말은 아니네만."

학생: "그 수용하는 힘을 키우려면 어떻게 해야 하나요?"

철학자: "인내심이지. 인내심만 있으면 이미 반쯤 행복하다네. 인내심은 타고나는 것이 아니라, 배움과 익힘을 통해 조금씩 향상되는 것일세. 그런데 인내심이 부족한 이들은 이를 잘 모르고, 그것이 자신의 타고난 어쩔 수 없는 기질 때문이라 생각하지.[240]"

† 5. 항상 행복을 위해 살아야 하는 것은 아니다 †

이때, 맨 뒤쪽에 앉아있던 학생이 이렇게 물었다.

학생: "선생님이 조금 전 '감성이 행복의 방향을 찾는 데 도움이 된다'라고 했는데 그 이유가 뭔지 궁금합니다."

철학자: "행복은 과거도 미래도 아니고 현재가 결정하기 때문이네. 자신을 현재로 되돌려주는 것은 감성일세. 우리 모두 '감성을

위한 노트'를 준비해야 하는 이유지.241"

학생: "자신을 현재로 되돌려준다는 것이 무슨 말이죠?"

철학자: "우리는 항상 과거를 후회하고 미래를 걱정하면서 행복을 차버린다네. 행복이 있는 곳은 현재뿐이지. 감성은 우리가 현재를 감각하는 것이니, 행복은 감성을 열심히 준비하는 사람에게만 찾아오는 걸세."

학생: "음, 그런 의미군요. 선생님, 정치가들은 사람들에게 풍요롭고 행복한 미래를 주겠다고 모두 약속하는데 그게 가능한 일인가요?"

철학자: "왜 그런가?"

학생: "우리 수업에서는 스스로 행복을 만들라고 하는데, 그들이 행복을 만들어주겠다고 하니 사실이라면 대단한 것 아닙니까? 진정한 행복을 주는 그런 철학적 정치가가 나타났으면 합니다."

철학자: "철학적 정치가 말인가? 플라톤이 꿈꾸던 국가 아닌가?"

학생: "네. 그렇습니다."

철학자: "그건 어려울 걸세."

학생: "그런 행복한 삶으로 이끌어주겠다고 하는 사람을 지도자로 뽑으면 되지 않습니까!"

철학자: "행복은 개별적이라고 하지 않았나! 각각 개인별 맞춤 공약을 해야 하는데, 선거에서 그게 가능하겠나?"

학생: "그렇긴 하군요."

철학자: "정치가, 권력가, 재력가는 자신이 무언가 대단한 일을

할 수 있다고 생각하는 점에서 어느 정도 치료를 요하는 정신병적 요소를 가진다네. 천 년에 한 번 나타나는 성자만이 가능한 일을 자신이 할 수 있다고 착각하기 때문이지. 오히려 그들이 사람의 행복을 망치지 않으면 다행이네. 부처도 많은 사람을 쉽게 행복하게 해주지는 못하지. 보통 사람의 역할은 열 사람이면 충분하다네.[242]"

학생: "음, 행복은 정치로는 안 되겠군요."

철학자: "물론, 행복의 아주 작은 부분은 가능하겠지."

학생: "그렇군요. 그리고 선생님, 사람은 쾌락이나 욕망의 해소로 행복에 다다를 수는 없는 건가요?"

철학자: "가능할 것으로 생각하나?"

학생: "물론, 마약이나 성욕 같은 것을 말한다면 말이 안 되지만 과시욕, 지식욕, 나태욕, 관계욕, 재물욕, 권력욕, 명예욕, 사랑욕 같은 것을 통해 즐거움과 쾌락을 얻는다면, 그것도 작은 행복은 될 수 있는 것 아닌가 해서요."

철학자: "그렇긴 하네. 사람도 동물이니 욕망 해소를 통해 조금은 행복할 수 있겠지. 우리가 특별한 신념이 있지 않은 한, 스토아 철학자들처럼 금욕을 할 필요는 없네. 쾌락과 욕망의 극단적 억압은 오히려 다른 부작용이 있을 테니 말이야. 우리가 정말로 욕망에서 벗어나기 어렵다면 '자신답게 그리고 인간답게' 행해야 한다네. 그렇게 할 수 없는 것에는 과감히 철퇴를 내려야 할 걸세.[243]"

학생: "자신답게 라면 어떤 말이죠?"

철학자: "자기 '자신에게 부끄럽지 않게'라는 뜻이네."

학생: "인간답게는 '인간으로서 부끄럽지 않게'라는 뜻이겠군요."

철학자: "그렇지."

학생: "자신답게 그리고 인간답게, 이것도 행복을 위한 작지만 가능한 일이군요."

철학자: "그렇네. 자신다울 수 있으면 그것으로 충분하지. 항상 자신다움을 잃지 않는 일관성. 조금 부족하고 조금 마음에 들지 않지만, 자신다움을 유지한다면 그런대로 사람들과 같이 사이좋게 살아갈 수 있을 걸세.244"

학생: "선생님, 사람은 다른 사람에게 인정받거나 최소한 이해받고 싶어 하지 않습니까!"

철학자: "누군가가 나를 인정하거나 이해해 준다면, 뭐, 기쁘지 않겠는가?"

학생: "그렇지요? 저도 그런 면이 좀 있는 것 같습니다. 그런데, 어떻게 다른 사람에게 인정이나 이해를 받죠?"

철학자: "다른 사람에게 인정이나 이해를 받는다는 게 무엇인가?"

학생: "음, 인정받음은 내 능력과 장점이 타인에게 받아들여지는 것이고, 이해받음은 내 무능함과 단점이 타인에게 받아들여지는 것 아닙니까?"

철학자: "잘 정의했네. 그럼, 내 성격, 성질, 특성, 개성 등이 다른 사람들에게 받아들여지려면 어떻게 하면 되겠나?"

학생: "음, 그러고 보니 나만의 성격, 성질, 특성, 개성 같은 것을 타인이 인정하고 이해하는 게 가능할까 하는 의구심이 드네요."

철학자: "결국, 다른 사람에게 자신을 인정 받거나 이해받기는 어렵겠다는 말이군."

학생: "차근차근 생각해 보니 그렇습니다."

철학자: "자네 생각대로네. 타인은 자신을 인정하고 이해하는 척만 할 뿐이지. 그래서 정말로 타인에게 이해받고자 하는 자는 자기 생각을 너무 뚜렷이 나타내면 안 되네. 대부분 사람은 생각이 조금 불분명하기 때문에 명확한 주장은 자기 생각과 다르다고 단정 짓기 때문이지. 그러니 대중의 인정, 이해, 호평을 받지 못한다고 실망할 것 없다네.[245]"

학생: "다른 사람의 인정이나 이해를 통해 행복하려는 마음은 포기해야겠군요."

철학자: "물론이네. 그 반대만 아니어도 다행이지."

학생: "네?"

철학자: "자신을 비난하거나 공격하는 것 말일세."

학생: "잘 생각해 보면 경험상으로도 그 말이 맞는 것 같습니다."

철학자: "누구나 자신과 다른 생각에 반감을 보일 수밖에 없네. 자기 생각이 의미를 잃을 수 있기 때문이지. 만일 그런데도 혹시 그것을 수용하는 자가 눈에 띄면, 놓치지 말고 그를 친구로 삼기를 권하네.[246]"

학생: "인정이나 이해가 거의 불가능하다는 말씀이지요?"

철학자: "그렇네."

학생: "사정이 이러한데, 우리가 사람과 어울려 함께 살면서 과연 행복할 수 있는 건가요?"

철학자: "그럼, 강아지들하고만 살 텐가? 우리는 입고, 먹고, 자야 하지 않나! 목숨도 지켜야 하고 말일세."

항상 행복을 위해 살아야 하는 것은 아니다

학생: "네?"

철학자: "우리가 항상 행복을 위해 살아야 하는 것은 아니라는 말일세."

학생: "네? 음, 무언가 행복이 희미한 상태에서 조금 형상화되는 느낌입니다."

철학자: "잘 되었군."

학생: "우리가 사람들과 살아야 한다면 어떻게 살아야 하죠? 우리를 인정하거나 이해하지 못하는 사람들과!"

철학자: "<u>사람이 편안한 것은 자연과 조화로운 모습을 보일 때가 아니라, 사람과 조화로운 모습을 보일 때라네. 이처럼 사람의 본성은 사람을 향하는 걸세.</u>[247]"

학생: "한마디로 하면 '조화'군요."

철학자: "그렇네."

학생: "조화란 단어 자체는 쉽지만, 어떻게 살아야 조화롭게 사는 건지 잘 모르겠습니다."

철학자: "간단하네. 서로 화나지 않도록 상대방을 고려하고 배려하면서 살면 된다네."

학생: "그런가요? 그렇다면 불가능한 일은 아니겠네요. 하지만 남을 화나게 하지 않기는커녕, 어떻게 남에게 화를 내지 않고 살 수 있겠습니까? 그것만 가능해도 행복에 정말 가까워진 것 아닌가요?"

철학자: "<u>화는 자신의 약점과 아픈 곳이 드러남에 따라 그것을 감추기 위한 위장 전술이네. 그러니 화를 자주 낸다면 그만큼 자신</u>

이 부족하다는 것을 자각해야 하지. 그런데 자신 이외에 누구도 자기감정을 바꿀 수 없기 때문에 자기 약점과 아픈 곳을 극복하기 위해 한 걸음 한 걸음 혼자 노력하는 방법밖에 다른 길이 없는 걸세. 깊은 독서와 사유가 필요한 이유지.248"

학생: "자신의 약점과 아픈 곳이 있다면, 그것을 노력으로 치유하든지 둔감 훈련을 하든지 해야 한다는 말이군요."

철학자: "바로 그것이네."

학생: "하지만, 어쩌다 한 번 서로 화가 나지 않게 조화롭게 살아가는 건 몰라도 긴 일생 동안 계속 그렇게 사는 것도 좀 스트레스가 아닐까요?"

철학자: "그렇겠지. 하지만 어쩌겠나. 그것으로 얻는 것이 잃는 것보다 크면 그것이 지혜로운 선택이지. 감성은 저절로 지속하는 것이 아니라, 의도적으로 유지하는 것이라네. 깊은 사랑도, 절망적 슬픔도, 강한 분노도 예외는 아니지. 조화로운 관계를 위해 적절한 감성의 의도적 유지가 필수라네. 물론, 행복도 마찬가지지.249"

학생: "그런데 한 번 느낀 감성은 항상 비슷하거나 같은 거 아닌가요? 그렇다면 그 유지는 처음보다 어렵진 않을 텐데요."

철학자: "그러면 얼마나 좋겠나! 어느 한 번의 감성은 두 번 다시 재현될 수 없네. 16살 풋내기 소년이나 죽음을 앞둔 지혜로운 자나 어느 아침 감성의 경이로움은 같은 면도 있지만, 또 어떤 면에서는 확실히 다르지. 행복도 마찬가지네.250"

† 6. 아무리 화가 나도 거울 속 나는 변함 없다 †

이때, 또 다른 학생이 이렇게 물었다.

학생: "선생님, 지금까지 화를 내지 않는 방법을 몇 가지 알려주셨는데, 이미 화가 나 미칠 지경이면 어떻게 해야 하나요?"

철학자: "이미 임계점을 지났다는 말이군."

학생: "네. 거의 이성을 잃기 직전까지 왔다면 말이죠."

철학자: "자네는 어떻게 하나?"

학생: "사실, 그런 상태까지 가면 저는 그곳을 피해 저 혼자 있는 것을 선택할 때가 많습니다. 화를 내며 날카로워진 나를 시간이 좀 뭉뚝하게 해주길 기다릴 수밖에 없습니다."

철학자: "좋은 방법 아닌가!"

학생: "하지만, 그렇게 그곳을 피하기까지 상대방에 상처를 주기도 하고, 나도 그 과정에서 상처받을 만한 말을 많이 듣습니다. 시간이 지나도, 상처를 주고받은 말들이 씻을 수 없는 흔적으로 남습니다. 처음부터 피하고 싶은 거죠."

철학자: "사실, 부처님도 예수님도 화를 낸다네. 물론 보통 사람이 내는 화와는 조금 다르긴 하지만 말일세."

학생: "방법이 없다는 말인가요?"

철학자: "속 시원한 방법이 있겠나! 조금 도움이 될 정도겠지."

학생: "그게 뭐죠?"

철학자: "자신이 감정의 격류 속에 있을 때 거울을 보는 것은 매우 유익하네. 아무리 화가 났어도 거울 속 자신은 분노에 찬 악마의 모습이 아니라, 평상시 모습 그대로이니 말일세.251"

학생: "네? 그게 무슨 말이죠?"

철학자: "거울 속 자신을 보면 화를 내나 화를 내지 않나 항상 변함없는 내가 보인다네. 거울 속 내가 화난 나를 가라앉혀 주지."

학생: "알 듯, 말 듯 합니다."

철학자: "잘 생각해 보게나. 곧 알 수 있을 걸세."

학생: "음, 화를 내고 있는 내가 나를 구성하는 모든 것의 극히 일부분이란 생각이 들면, 화를 내는 그 사실이 실제로 그렇게 중요한 것이 아니라는 생각으로 이어진다는 말인가요?"

철학자: "별로 중요하지 않은 일에 꼭 그렇게 화낼 필요는 없겠지."

학생: "그렇군요. 거울이 실제로 꼭 있어야 한다는 말은 아니지요?"

철학자: "물론이네. 자신 전체를 돌아보라는 말일세. 물론 옆에 거울이 있다면 한 번 보면 더 좋겠지."

학생: "알겠습니다. 그런데 선생님, 수업을 들으면서 계속 들었던 생각인데, 누구나 한 번쯤은 행복감을 느꼈던 일이 있지 않겠습니까?"

철학자: "그렇겠지."

학생: "그럼 그 일을 반복해서 하면 계속 행복할까요?"

철학자: "몇 번이고 행복하지 않겠나!"

학생: "아무리 맛있는 음식도 몇 번 먹으면 질리는데 행복도 그렇지 않나요? 그렇게 사랑해서 결혼한 부부도 서서히 애정이 식는 것을 보면요."

철학자: "음, 아무래도 그렇지 않겠나?"

학생: "선생님, 말씀이 왔다 갔다 하네요!"

철학자: "그런가? 몇 번 계속 먹으면 질리는 음식도 있지만, 밥이나 김치 같은 음식은 전혀 질리지 않지 않나!"

학생: "그렇긴 하죠."

철학자: "남녀의 사랑도 시간이 지남에 따라 식는 것이 있고 식지 않는 것이 있네."

학생: "어떤 것이죠?"

철학자: "아무래도 외모 같은 것은 매일 보면 연애 때와는 조금 다르겠지. 하지만, 상대가 가진 다정함, 솔직함, 진지함, 삶의 목적, 성실함 같은 사랑스러운 가치들은 아무리 반복되고 또 반복되어도 전혀 변하지 않고 오히려 더 사랑스럽게 느껴질 수도 있다네. 살다 보면 다른 의견 대립과 충돌로 그런 중요하고 사랑스러운 가치들에서 의도적으로 눈을 돌려버리는 실수를 계속하지만 말일세."

학생: "행복도 질리는 것도 있지만 절대 질리지 않는 것도 있다는 말이군요."

철학자: "그렇네."

학생: "절대 질리지 않는 행복은 뭐죠?"

철학자: "뭐겠나? 한 번 맞춰보게."

학생: "쉬운 거라면 너무 자주 반복되어 식상하게 느끼겠지요?"

철학자: "글쎄. 꼭 그런 건 아니네만."

학생: "음, 그런 게 어떤 거죠?"

철학자: "숨쉬기네."

학생: "네?"

철학자: "물에 빠진 사람, 심한 폐질환을 앓는 사람, 죽음 직전의 사람은 숨 한 번 쉬는 것만큼 더 큰 행복은 없네."

학생: "음."

철학자: "그뿐만 아니지. 카트 끌면서 마트에서 장보기, 동네 주변 공원 산책하면서 수다 떨기, 이런 것들도 깊은 병 중의 사람이나 큰 사고를 당한 사람들에게는 가장 절실하고 소중한 행복이라네."

학생: "흔하다고 행복이 줄어드는 것은 아닌데, 그것을 잊어버린 채, 알아채지 못하고 사는 바람에 행복을 느끼지 못하는 거군요."

철학자: "그렇네."

학생: "그럼, 주변에는 눈물 날 정도의 행복으로 이미 가득 차 있는데, 우리가 알아채지 못할 뿐이네요."

철학자: "그렇다고 할 수 있지."

학생: "행복을 찾는 방법은 '이미 있는 것'을 찾는 거군요."

철학자: "황금 덩어리를 자기 주머니 속에서 꺼내기만 하면 되는데 말일세."

학생: "음, 행복을 위해 뭘 해야 하는지 무언가 다가오는 게 있습니다."

철학자: "잘 됐군. 평생 변하지 않는 자기만의 행복한 경험을 하나쯤 가지는 것은 유용하다네. 예를 들면 '5월 버찌를 따 먹으며 느끼는 설렘' 같은 것이지. 이런 행복은 반복되어도 절대 줄어들지 않는다네.[252]"

학생: "행복한 경험이라면 단언컨대 '사랑' 아닙니까?"

철학자: "아마도 그렇겠지."

학생: "그때는 상대에게 잘 보이려고 최선을 다하는 때인 것 같습니다."

철학자: "그렇지."

학생: "그런데, 자신을 너무 좋게 보이려 하는 건 괜찮은 건가요?"

철학자: "그렇다고 사기를 치는 것은 아니지 않나! 최선의 모습을 결혼해서도 계속 보이면 자신도 발전하고 좋은 거겠지. 사람은 자기를 보아주는 자가 있어야 치장하지 않나! 어떻게 보면 타인을 조금 기만하려는 것이지. 그런데 그것으로 모두 행복해진다면 부정적 면보다는 긍정적 면이 더 크다네.[253]"

학생: "거짓이 아니라면 최선을 다하는 것은 나쁘지 않다는 말이군요."

철학자: "그런 셈이지."

학생: "선생님, 그렇게 최선을 다하는 게 사랑인데, 사랑으로 실제로 행복하려면 어떻게 해야죠?"

철학자: "글쎄. 누군가 그리운 것은 그가 그리운 것보다 그와 함께 한 즐거운 시간에 대한 기억이네. 그리움으로 남을 행복한 시간을 지금 만들어야겠지.254"

학생: "하나라도 더 추억을 만들라는 말이네요."

철학자: "그게 사랑을 통해 행복한 작지만 가능한 방법 아니겠나."

학생: "선생님, 분명 사랑받는 것은 행복의 최고 상태일 텐데, 어떻게 해야 누군가 나를 이해하고 사랑하도록 만들 수 있을까요?"

철학자: "사랑의 묘약을 원하나? 자네가 욕심이 많은 것 같군. 누군가 자기를 좋아할 때 자신의 극히 일부분만 좋아하는 것이네. 그 이상 욕심내거나 기대하지 말 일이지.255"

학생: "네? 극히 일부분만 좋아하는 것이라고요?"

철학자: "예수님도 부처님도 인간의 모든 면을 사랑하는 것은 아닐세. 하물며 인간은 말할 것도 없지."

학생: "음, 욕심인가요?"

철학자: "사랑에 대해 기대가 많나 보군. 꼭 그런 건 아니지만, 보통 기대가 적을수록 만족도 행복도 커지는 법이네."

학생: "알겠습니다. 그런데 선생님, 혹시 행복이 있는 특별한 곳이 있는 건 아닌가요? 예를 들면 절에 들어가 스님이 되면 행복해질 가능성이 훨씬 크든지, 스웨덴 같은 유럽의 최고 복지 국가로 이민을 한다든지 말입니다."

철학자: "자네는 모든 것을 버리고 스님이 되거나 이민을 가기를

원하나?"

학생: "제 경우를 염두에 두고 한 말은 아니지만, 어쨌든 저는 원하지 않습니다."

철학자: "왜 그런가?"

학생: "얻는 것보다 잃는 게 더 많은 것 같습니다."

철학자: "스스로 답하고 있지 않나!"

학생: "그런가요?"

철학자: "각자 살기 편한 곳에서 사는 것이 좋다네. 그렇지 않으면 약자의 운명을 벗어나기 어렵지. 따뜻한 곳에서 사는 식물이 추운 곳에서 싹트면 살기 어려운 걸세. 행복은 자기 주변을 멀리 벗어나지 않는다네.[256]"

학생: "그런데 자기 주변에서는 도저히 행복할 상황이 안 될 수도 있지 않습니까?"

철학자: "그럼 멀리 벗어나야지. 얻는 것보다 잃는 게 많으면 말일세. 하지만, 그런 경우는 많지 않을 걸세."

학생: "행복하기 위해 생각할 것들이 많군요. 각자 자신만의 행복법이 있을 수 있겠습니다."

철학자: "그럴 수 있겠지."

학생: "자신만의 행복을 위한 방법을 놓고 각자 서로 논쟁을 벌이는 경우도 있겠습니다."

철학자: "물론이네. 대부분의 다툼은 언쟁에서 시작되지. 그런데

그 언쟁 속에는 항상 자기 행복을 위한 주장이 녹아 들어가 있는 법이네."

학생: "그럼, 사람들의 다툼과 싸움도 행복을 위한 싸움이라고 보면 되는 거군요."

철학자: "그런 셈이지."

학생: "음, 마치 행복이 우리 삶 모두를 쥐고 흔들고 있는 것 같은 느낌이 듭니다. 잘못하면 행복에 잡아먹히겠습니다."

철학자: "그렇네. 물론, 다는 아니지만 말일세."

학생: "이렇게 각자 행복을 두고 서로 다툴 때 어떻게 해야 하나요?"

철학자: "아주 어려운 일이지. 그 해법이 경우와 상황에 따라 모두 다를 테니 말일세. 한 가지 방법이 있기는 하네."

학생: "뭐죠?"

철학자: "사람은 자기 생각에 대한 타인의 반대를 반박하기 위해 더욱 고집스럽게 자기주장을 하는 경우도 적지 않네. 그래서 그를 설득하려면, 반론을 제기하기보다는 '허점 있는 긍정'을 하는 것이 좀 더 유익할 걸세. 싸워서는 행복은 절대 얻을 수 없지.[257]"

학생: "허점 있는 긍정이 뭐죠?"

철학자: "상대 의견을 긍정해 주되 그가 스스로 허점을 찾을 수 있도록 살짝 힌트를 주는 거지. 자기주장을 그 속에 숨겨서 말이야."

학생: "상대가 자기주장을 동조하는 줄 오해하겠군요. 스스로 자기 생각을 수정할 테고요."

철학자: "그렇네."

학생: "굉장한 대화 기술이군요. 보통 사람도 가능할까요?"

철학자: "물론이지. 어려워 보이지만 상대 생각을 긍정하면서 자기 생각을 주의 깊게 주장하려는 태도만 가지면 자연스럽게 할 수 있는 방법이네. 물론, 그런 태도에 연습은 필요하지만 말일세."

학생: "선생님, 우리가 수업하고 있는 행복을 위해 가능한 것들은 사실, 가능은 하겠지만 그렇게 쉬워 보이진 않습니다. 열심히 연습하지 않는다면요."

철학자: "쉬운 일이 있겠나! 하지만, 조심해야 할 것이 있네. <u>내일의 추억을 위해 오늘을 준비하는 자는 훌륭한 과거를 가지겠지만 오늘은 항상 보잘것없는 법이지.</u>[258]"

학생: "행복을 위한 일이 미래를 위해서 라면 좋지 않다는 말인가요?"

철학자: "그렇네."

학생: "아무튼 행복을 이룬 사람들, 행복해 보이는 사람들은 어쩌면 존경할 만한 사람이라고 봐도 될 정도로, 갖추어야 할 태도나 방식이 훌륭합니다. 그들에게서 우아함마저 느껴집니다."

철학자: "자네가 행복에 조금 더 가까워지면 생각이 바뀔 걸세."

학생: "네? 어떻게요?"

철학자: "<u>사람이 타인의 성공에 존경을 표하는 것은 자기가 할 수 없는 것만 해당한다네. 자기도 할 수 있는 것으로 생각하면 곧 시기와 질투를 시작하지. 행복이 어려운 이유 중 하나네.</u>[259]"

학생: "제가 지금은 행복한 사람들을 존경한다고 말하지만, 저도 행복할 수 있을 것 같은 생각이 들면, 그들이 이룬 행복을 무시하고 그들의 것이 노력이 아니라, 어쩌다 운이 좋아 그렇게 되었다고 생각할 것이란 말이군요."

철학자: "명석하군."

학생: "비겁하군요."

철학자: "비겁한 경우도 있지만, 나태한 경우도 있지."

학생: "네?"

철학자: "진짜 행복을 얻은 사람이 다른 행복한 사람을 시기하거나 질투하겠나?"

학생: "그럴 필요 없겠죠."

철학자: "진짜 행복하기 위한 태도에 나태한 것이네."

학생: "나태라뇨? 무슨 말이죠?"

철학자: "자네가 말했던 행복한 사람의 모습, 우아함을 예로 들어 보겠네. 사실, 우아하게 되는 것이 생각보다 쉬워졌네. 정보가 넘쳐나 흉내 내면 되기 때문이지. 그에게는 어디서 본 듯한 표정, 들은 듯한 말투, 맡은 듯한 향기가 난다네. 이는 행복하기 위한 태도에 나태하다는 증거일세. 진짜 멋지고 우아한 자는 항상 독특하고 처음 보는 듯한 모습을 보이지. 이처럼 모방한 듯한 행복을 가진 사람은 사실은 행복하지 않네.[260]"

† 7. 행복도 독이 될 수 있다 †

이때, 또 다른 학생이 이렇게 물었다.

학생: "선생님, 사람은 놀 때 행복한가요, 일할 때 행복한가요?"

철학자: "자네는 언제 더 행복한가?"

학생: "당연히 놀 때죠."

철학자: "왜 그런가?"

학생: "일은 해야 하는 것을 무언가 하는 것이고, 노는 건 해도 되고 안 해도 되는 자유 상태니까요."

철학자: "놀려면, 예를 들면 여행을 가려면 무엇이 필요한가?"

학생: "네? 돈이나 시간이 필요하겠죠."

철학자: "돈과 시간을 주는 것은 일 아닌가?"

학생: "일이 '놀 때 필요한 돈이나 시간을 버는 것'이라 말하고 싶으시군요."

철학자: "노동은 자유를 주는 일이고, 휴식이나 유희는 자유를 쓰는 일이네. 일하면서도 행복할 수 있지 않겠나?"

학생: "음, 그런 논리라면 일할 때도 놀 때도 모두 행복할 수 있겠네요."

철학자: "자네 같은 학생에게 공부하는 것은 자유를 주는 일, 자유를 저금하는 일이지."

학생: "그렇겠군요."

철학자: "물론, 휴식은 필요하네. 휴식이 주는 최대 장점은 감성을 부드럽게 한다는 것이지. 공격적인 사람은 대부분 잠이 부족한 사람이네. 육체의 병이 휴식을 통해 치유되듯 정신의 병 또한 휴식을 통해 치유되는 걸세.[261]"

학생: "삶의 중심은 휴식이 아니라, 일이 되어야 한다는 말이지요?"

철학자: "당연하지 않은가! 돈이 있어야 국수든 자장면이든 사먹을 수 있으니까."

학생: "일도 자유를 위해서군요. 어릴 때부터 배운 것하고 좀 다릅니다."

철학자: "명망 있는 자도 거짓일 수 있다는 것을 알면서도 '거짓 진리'를 말하고 다닌다네. 정신적 사기꾼이지. 이를 바로 잡지 않으면 '참과 거짓의 미로' 속에서 헤어 나오지 못할 걸세. 행복하기가 쉽지 않은 또 다른 이유이기도 하지.[262]"

학생: "행복을 위해 해야 할 것은 역시 '일'이군요."

철학자: "물론, 일만 하라는 것은 아니지만 말일세."

학생: "선생님, 행복을 위한 일이 무엇인지 알게 되면 사람의 삶이 갑자기 많이 변할까요? 삶과 함께 사람도 바뀌고요."

철학자: "충분히 그럴 수 있네."

학생: "사람은 잘 변하지 않는다는 말을 여러 번 들었는데요."

철학자: "그건, 진정으로 무엇이 행복한 것인지 잘 몰라서 그런 것일세. 그걸 아는데 변하지 않는 것이 오히려 이상한 일이지."

학생 : "사람은 항상 변한다고 생각해야겠군요."

철학자: "그게 현명한 생각이지. 사람은 잘 변하지 않는다고 말하는 사람도 자기 자신은 여러 번 변하고 발전했다고 스스로를 평가할 걸세. 앞뒤가 안 맞는 말이지."

학생: "그렇긴 합니다."

철학자: "사람은 자기가 변한 만큼만 타인도 변했을 것으로 생각한다네. 이솝 우화를 읽을 시절에 이미 깨우쳤어야 하는 오류지. 사람은 과거와 무관하게 어느 순간, 존경할 만한 자가 되어 있기도 하고 경멸의 대상이 되어 있기도 하네.263"

학생: "그런데, 선생님, 그렇게 변한 사람 중에는 자기만 생각하는 이기적인 사람들이 너무 많은 것 같습니다. 그 전엔 안 그랬는데 말이죠."

철학자: "왜 그런가?"

학생: "친구들과 사귀다 보면 제가 좀 손해 본다는 생각이 들 정도가 아니면, 관계가 잘 유지되지 않는 것 같아서 그럽니다."

철학자: "자존심도 상하고 허탈하기도 하겠군."

학생: "그런데 사람들은 왜 그렇게 자기중심적이죠?"

철학자: "사람은 타인이 자기를 위해 조금 희생해도 된다고 생각한다네. 자기도 어느 정도 희생을 감수한다고 생각하기 때문이지. 그런데, 문제는 그 요구가 자기희생보다 항상 더 크다는 것이라네. 물론 본인은 반대로 생각하지만 말일세. 보통, 거절한 자가 이기적이라고 생각하지만, 거절할 정도로 무리한 요구를 한 자가 더 이기

적인 경우도 적지 않다네.[264]"

학생 : "사람이 행복을 찾아 숭고한 모습을 보이기도 하지만, 행복을 찾는 과정에서 이기적이고 경멸스러운 사람이 돼버릴 수도 있다는 말이군요."

철학자: "그렇네."

학생: "그럼 행복을 찾는 게 꼭 좋은 것만은 아니란 얘기군요. 경멸스러운 사람으로 만드는 악마의 독이 될 수도 있으니까요."

철학자: "핵심을 잘 파악했네."

학생: "선생님 수업도 독이 될 수도 있으니 주의해야겠군요."

철학자: "물론이지. 악마의 독이 되지 않도록 주의해서 수업을 들어야 의미 있는 행복 수업이 될 걸세."

학생: "듣는 학생의 책임도 있다는 말인가요?"

철학자: "수업이란 기본적으로는 선생의 책임이 더 큰 법이지. <u>누군가의 생각이나 오류를 설득하지 못하는 것은 자기 생각이 틀렸거나 그것을 이해시킬 능력 부족 때문이라네. 다른 사람 탓할 것 없는 걸세.</u>[265]"

학생: "선생님은 이렇게 행복에 대해 수업을 하시니, 스스로 인생에서 성공했다고 생각하시나요?"

철학자: "글쎄, 성공해가는 중이라고 해두세."

학생: "그런데, 선생님, 세상에는 성공한 사람들이 많지 않습니까?"

철학자: "많겠지."

학생: "그들은 그 성공을 기반으로 하기 때문에 행복할 가능성이 보통 사람들보다는 높겠죠."

철학자: "그렇겠지."

학생: "그럼, 행복을 직접 찾는 게 아니라, 중간 단계로써 성공한 사람들을 롤 모델로 해 살아가는 것이 행복을 직접 찾는 것보다 현실적 아닌가요?"

철학자: "그럴 수도 있네."

학생: "네? 그럼 이 수업은요?"

철학자: "행복은 태도의 관점이네. 중간 단계의 목표가 무엇인지, 직업이 무엇인지, 수입이 얼마나 되는지, 그런 것들과는 별로 상관이 없는 일일세."

학생: "동시에 고려하라는 말인가요?"

철학자: "롤 모델을 정해 그것을 중간 목표로 하든, 아니든 그것은 상관없네."

학생: "음, 현실적 중간 과정을 너무 경시하는 건 아닌가요? 아니면, 어떤 이유가 있는 건가요?"

철학자: "<u>성공한 자는 역경을 극복하고 그 속에서 밝게 빛나지. 하지만 사람들은 이것을 아이들 교육용으로만 사용할 뿐, 마음속으로는 그의 행운만을 부러워하네. 그렇게 생각하지 않으면 쉽게 잠들 수 없기 때문이지.[266]</u>"

학생: "네?"

철학자: "롤 모델이란 건 없네. 부러움의 대상일 뿐이지. 모두 허

상이네."

학생: "왜 그렇지요?"

철학자: "롤 모델의 대상은 성공한 사람이란 것만 알 뿐, 그가 어떤 행복을 갖고 있는지는 아무도 알 수 없는 거지. 즉, 그를 롤 모델로 한다는 것은 그의 행복이 아니라, 그의 성취를 그 대상으로 하는 것이네. 누군가를 롤 모델로 해도 행복에는 아무 도움이 되지 않는다는 걸세."

학생: "논리적 반박은 어렵군요."

철학자: "행복하려면 누군가의 성취가 아니라, 그의 행복을 참고해야겠지. 그게 잘 드러나지 않는 게 문제지만 말일세."

학생: "선생님, 그런데 사람들은 누군가를 롤 모델로 삼기도 하지만, 누군가를 비난, 비판, 비방, 공격하면서 무언가 위안을 느끼기도 하는 것 같습니다."

철학자: "그쪽이 더 많겠지."

학생: "왜 그럴까요? 실제로 누군가를 비난한다고 자신에게 도움이 되는 것도 아니지 않습니까?"

철학자: "도움이 된다고 생각하고 그런 행동을 할 걸세."

학생: "어떤 도움이요?"

철학자: "<u>누군가를 비방함으로써 얻는 가장 큰 이점은 자기는 그 비방의 대상이 아니라는 것을 상대에게 공표하는 것이네. 이 쾌감은 의외로 커서 비방 거리를 찾는데 모두 열심이지. 그런데 상대가 그렇게 생각할 것으로 단정하는 것은 위험한 착각일세.</u>[267]"

학생: "착각이군요."

철학자: "누군가의 부정직을 비난하면서 자신의 정직함을 주장하고, 누군가의 불성실을 비방하며 자신의 성실을 피력하려는 것이지. 하지만, 이는 오히려 자신의 부정직과 불성실을 떠올리게 하는 경우가 더 많다네. 함부로 남을 비난해서는 안 되는 이유지."

학생: "그렇군요. 비난, 비방도 결국 자신을 드러내려는 욕심에서 기원하는군요."

철학자: "욕심에서 시작하지 않는 것이 뭐가 있겠나? 사람은 욕심의 노예라네."

학생: "욕심이 행복의 적일 가능성이 있군요. 사람은 왜 욕심이 생기죠?"

철학자: "두려움 때문이네."

학생: "네?"

철학자: "실패에 대한 두려움, 가난에 대한 두려움, 타인의 시선에 대한 두려움, 죽음에 대한 두려움, 이런 것들이지."

학생: "실패하지 않기 위해, 가난하지 않기 위해, 타인의 호의적 시선을 위해, 죽음을 야기하는 원인을 없애기 위해 욕심을 내는 것이란 말이군요."

철학자: "그렇네."

학생: "그럼, 어떻하죠?"

철학자: "<u>슬픔의 반대는 기쁨이 아니라 '슬프지 않음'이고, 가난의 반대는 풍요가 아니라 '가난하지 않음'이지</u>. 원점을 기준으로 살

면 괴로움은 반으로 준다네. 욕심도 반으로 줄겠지. 삶에 대한 관점 변화가 필요한 걸세.[268]"

학생: "잘만 하면, 상당히 유용한 관점의 변화인 것 같습니다."

철학자: "지금 당장 가능하기도 하지."

학생: "이 관점 변화는 삶에서 적용할 곳에 더 있을 것 같습니다."

철학자: "그렇네. 사람은 자기 생각을 너무 열심히 이야기할 필요가 없네. 그럴수록 보통 상대방은 더욱 무관심해지기 때문이지. 그가 원하는 것을 던져놓는 것으로 충분한 걸세. 이는 사람 사이 관계에서도 다르지 않다네.[269] 욕망, 자기주장, 사람 관계, 사랑, 우정, 권력, 자유, 이 모든 곳에 절제된 시선과 태도는 사람을 멋있게 하지."

학생: "그처럼, 욕망과 자기주장을 줄여서 얻고자 하는 게, 멋짐인가요?"

철학자: "그럴 수도 있지. 멋짐도 행복과 관계있을 테니 말일세. 그런데 더 큰 관심을 두고 해야 할 것이 있지."

학생: "그게 뭐죠?"

철학자: "욕망과 자기주장을 줄여서 그것으로 타인에게 행복을 선물하는 거네. 진정으로 행복한 자는 행복을 나누어 주는 자이기 때문이지. 아직 어린아이는 그것을 잘하지 못하는데, 이를 아는 데만도 시간이 오래 걸리기 때문이네. 잘못하면 젊은 시절 다 지나가 버리지. 그래서 젊은 시절 가장 우선해서 해야 할 일은 선인(先人)에게 그의 업적이 아니라, 그의 행복을 배우는 것이네.[270]"

† 8. 함께 노는 자, 함께 일하는 자, 함께 휴식하는 자 †

이때, 맨 앞자리에서 수업을 듣던 또 다른 학생이 이렇게 물었다.

학생: "선생님, 수업을 듣다 보니 행복을 위해 하는 일들이 결국 자신을 향상하고 자기 마음을 넓히는 일이네요."

철학자: "그런 셈이지."

학생: "그런 생각이나 태도나 행동이 좋은 건 알겠는데, 꼭 그렇게 행복을 위해 자신을 투자해야 하나요?"

철학자: "하하, 그래, 투자해야 하네. 20대 젊은이도 자신을 가꾸는데 열중일 때 비로소 아름답지. 아름다움은 가꾸는 자의 것이네.271 물론 적당히 일세. 적당히 투자해야지."

학생: "조금 전에 말씀하신 사랑이나 우정 같은 사람 관계에서 그 관계를 오랫동안 친밀하게 유지하기가 쉽지는 않은 것 같습니다. 그들을 통해 결국 행복도 느끼는 거니, 그 관계가 틀어지면 행복도 틀어질 텐데 말이죠."

철학자: "그렇네. 주의해야지. 사람 사이 관계의 시작은 최면의 결과인 경우가 많네. 최면은 곧 깨지지만, 이때야말로 진짜 친밀감을 만들 기회지. 물론, 사람은 의외로 까다로워서 신조차 만족시킬 수 없지만, 그에게 '편안함'을 준다면 이야기가 다르다네.272"

학생: "진정한 관계의 기본은 편안함이란 말이군요."

철학자: "기본이긴 하지. 꼭 그런 것이 아니지만 말일세."

학생: "그런데 한 사람이 아무리 잘하려고 해도 다른 사람이 너

무 변덕스러워 이랬다저랬다 하면 참 맞추기 어려운 것 같습니다."

철학자: "뭐 그래도 어쩌겠나!"

학생: "사람은 왜 그렇게 마음이 계속 바뀔까요?"

철학자: "하지만, 사람은 왜 그렇게 바뀌지 않냐고 투덜대는 사람도 많다네."

학생: "그렇긴 합니다. 어떨 땐 너무 자주 바뀌고, 어떨 땐 아무리 얘기해도 바뀌지 않으니, 사람은 정말 제멋대로군요."

철학자: "원래, <u>사람의 감성은 아침저녁 다르다네. 이는 우리를 혼란스럽게 하기도, 화나게 하기도 하지. 하지만 그 변덕스러움이 삶을 가슴 뛰고 풍요롭게 한다네.</u>[273]"

학생: "네?"

철학자: "사람이 예측 가능하다고 생각해보게. 사람 관계에 문제는 발생 안 할 수 있을지는 몰라도 인공지능 로봇과 무엇이 다르겠나! 이 말 하면 이렇게 대답하고 반응할 것이고, 저 말 하면 저렇게 대답하고 반응할 것이니 말일세."

학생: "마음 상할 일은 없겠지만, 재미도 없겠군요."

철학자: "자네라면 누구를 선택하겠나. 일관성 있는 인공지능인가, 변덕스러운 사람인가?"

학생: "할 수 없군요. 마음 상해도 참고 살아야지."

철학자: "잘 생각했네."

학생: "선생님, 그렇게 속상하게 하는 변덕스러운 사람들과 함께

살아가려는 생각을 버리지 못하는 이유가 뭐죠?"

철학자: "그들과 함께 놀고, 그들과 함께 일하고, 그들과 함께 휴식하기 때문이라네."

학생: "음, 그렇긴 하네요. 그들이 아무리 속상하게 해도 그만한 가치는 있는 건가요?"

철학자: "<u>함께 놀 수 있는 자를 만나는 것은 행운이고, 함께 일할 수 있는 자를 만나는 것은 커다란 행운이며, 함께 휴식할 수 있는 자를 만나는 것은 굉장한 행운이네.[274]</u>"

학생: "그렇군요. 그걸 생각하며 조금씩 참아야겠군요."

철학자: "잘 생각했네. 행복에 또 한 걸음 다가갈 걸세."

학생: "그런데, 선생님, 사람들은 왜 모두와 좋은 관계를 유지하면서 살 수 없는 걸까요? 누구도 적이 없는 사람은 없는 것 같습니다. 아무리 인격이 훌륭한 사람조차 적이 있으니까요. 그런데 그 적이 행복을 깨뜨리는 이유나 원인이 되지 않습니까?"

철학자: "그렇네. 적을 항상 조심해야지. <u>모두와의 좋은 관계는 바라지 않는 것이 건강에 좋다네. 같은 미소를 띠는데 어떤 사람은 좋아하고 어떤 사람은 비웃는 것으로 생각하기 때문일세.[275]</u>"

학생: "왜 그럴까요?"

철학자: "다른 누군가에게 무시나 멸시받아 이미 기분이 안 좋은 사람은 충분히 그렇게 반응할 수 있지 않겠나!"

학생: "그럴 순 있지만, 그렇게 흔한 일은 아니겠지요."

철학자: "자기는 의도하지 않았지만, 상대는 무시 받은 느낌을

가질 수도 있네."

학생: "네, 그런 경우도 분명히 있기는 할 겁니다."

철학자: "자기가 하던 일에 크게 실패해서 낙담하고 있었다면, 그렇게 반응할 수 있네."

학생: "그렇군요."

철학자: "이런 비슷한 일들을 모두 합치면 드문 일이 아닐 수 있지 않겠나?"

학생: "모두 합치면요."

철학자: "거기에 자신의 숨겨진 비열함을 이루려고 의도적으로 상대에게 적대감을 보일 수도 있지."

학생: "어떤 비열한 의도죠?"

철학자: "예를 들어, 자네가 아우렐리우스의 말을 인용하면서 금욕과 이성을 주장하고 있다고 하세. 만일 누군가 기질적으로 금욕적이거나 이성적이지 못하다면, 아마도 자네 주장에 극렬하게 반대할 걸세. 자기 삶을 합리화하기 위해 말일세."

학생: "그렇겠군요."

철학자: "또한 <u>불평하는 자 중에는 나태를 감추고 있는 자도 있기 때문에 그의 말을 그대로 받아들여서는 안 된다네.</u>[276]"

학생: "끝이 없군요. 누군가가 내가 적이 되는 것은 어쩌면 필연에 가까울 수도 있겠습니다."

철학자: "그렇네."

학생: "그렇다면 누군가 본인은 문제가 없는데, 다른 사람의 사정으로 의도치 않게 공격이나 비난을 받을 수 있겠네요."

철학자: "그럴 수도 있겠지."

학생: "그건 그 사람 입장에서는 억울한 일 아닙니까!"

철학자: "<u>삶은 몇 가지만 제외하면 불평을 받을 만큼 그렇게, 불공평하지 않네.</u>277"

학생: "네? 억울한 일이 아니라고요?"

철학자: "그렇네. 억울한 일이라고 생각하는 것 자체가 억울한 일이지."

학생: "네?"

철학자: "자기 사정과 생각으로 다른 사람을 공격하는 것은 그 사람의 일이네. 그 일을 다른 사람이 고려할 필요는 없는 거지. 시간이 지나 그 사람 사정이 좋아져 적대감이나 공격이 없어질 수도 있지 않겠나!"

학생: "그럴 수도 있겠지요."

철학자: "그런 일을 염두에 두고 고민한다면 얼마나 어처구니없는 일이겠나! 이유 없는 적대감이나 공격은 모른 척 넘어가는 것이 서로에게 좋은 법이네."

학생: "듣고 보니 그렇습니다. 그런데 선생님, 이런 '억울하지 않은' 억울함도 당하면서 사는 삶이 조금 허무하다는 생각이 듭니다."

철학자: "왜 그런 생각이 드나?"

학생: "자신이 열심히 살면 그것으로 사람들에게도 인정받고 그

럭저럭 만족하면서 살 수 있을 거로 생각했는데, 어쨌든 세상이 자신의 노력만으로 되는 것은 아니라는 실망 때문입니다."

철학자: "그 실망과 회의가 사람의 자만, 교만, 오만, 거만을 경계하게 하고 치유하게 하는 것일세."

학생: "자신이 아무리 뛰어나도 기껏해야 반 정도밖에는 자기 생각을 따르지 않을 거라는 생각에, 조금 더 신중하고 조금 더 힘써 나아가게 한다는 거군요."

철학자: "그렇지 않다면 세상은 변증법적 대안과 해결책을 찾지 못하고 극단으로 달려갈 걸세."

학생: "그럴 수도 있겠네요."

철학자: "사람들이 있는 곳은 정다움이 있다네. 삶이 혼란스러워도 그것이 우리를 즐겁게 할 수도 있는 걸세.[278] 그냥 그러려니 하고 정답게 넘어가는 것이 좋네."

학생: "네, 저도 사람들과 정답게 사는 법을 깊이 생각해봐야 할 것 같습니다. 실망, 회의, 허무 같은 것, 너무 신경 쓰지 말고요."

철학자: "우울을 치료하는 것은 웃음이 아니라 휴식이네. 진정한 휴식은 생각을 멈추는 것이고, 생각을 멈추는 것은 목표를 향한 여정을 멈추는 것이지.[279]"

학생: "필요한 것은 휴식이군요."

철학자: "서늘한 바람은 무더움을 전제로 하지. 행복도 마찬가지네.[280]"

† 9. 서두르지 않아야 행복할 수 있다 †

이때, 또 다른 학생이 이렇게 물었다.

학생: "선생님, 도대체 언제 행복하나요? 죽을 때쯤이나 행복하다면 전 행복하고 싶지 않습니다."

철학자: "만일 그렇다면 나도 포기하겠네."

학생: "그렇지는 않다는 말이군요."

철학자: "그걸 누가 알겠나! 20살이면 충분할지, 40살은 되어야 할지, 죽을 때쯤이나 가능할지 말일세."

학생: "지난번 말씀하신 대로, 인생 80년에서 40살 정도라면 그럭저럭 인정할 만하겠습니다."

철학자: "눈 깜짝할 사이에 운명이 바뀔 정도로 삶은 역동적이네. 내일 완전히 다른 삶을 살 수 있지. 지금 바로 과거를 준비하게.[281]"

학생: "내일이라도 행복할 수 있다는 말이지요?"

철학자: "그렇네."

학생: "그렇게 갑자기 행복을 얻는 방법, 한 가지만 알려 주실 수 있나요? 그런데 사실, 그런 건 없지 않나요?"

철학자: "왜 없다고 생각하나?"

학생: "지금까지 수업에서 계속 작지만 가능한 일들을 공부하고 있는데, 갑자기 행복할 수 있는 일이 있다는 건, 논리와 이치에 맞지 않는 것 같습니다."

철학자: "아, 그건 최고의 행복, 완전한 행복을 위해 할 일들이고, 지금 말하는 행복은 작지만 가능한 일을 통해 즉시 얻을 수 있는 작은 행복을 말하는 걸세. 자네 말대로 우리 수업에서 계속 찾고 있는 최고의 행복은 그렇게 하루아침에 이룰 수는 없는 거지."

학생: "역시 그렇군요. 그럼, 내일 당장 얻을 수 있는 작은 행복은 뭐죠?"

철학자: "아주 쉽네. 자기 것을 나누어주는 것이지."

학생: "나누어 줄 것이 없는 사람도 있지 않습니까?"

철학자: "그런 사람은 없네. 돈, 경험과 지식, 육체적 힘, 응원의 마음, 따뜻한 말, 어떤 것도 모두 나누는 것이지."

학생: "나눌 게 전혀 없진 않겠군요."

철학자: "<u>몇 가지 더 가졌다고 자랑할 것 없네. 우리에게 필요한 사람은 가진 자가 아니라, 나누는 자이기 때문이지. 자기가 명석하다고 생각하는 자는 받을 일이 별로 없어, 잘 나누지도 않기 때문에 사람들에게 곧 무시당한다네.</u>[282]"

학생: "나누는 게 왜 행복하죠? 내 것이 없어지는 것 아닙니까? 그렇게들 많이 이야기하지만, 논리적으로 설명이 잘 안 됩니다."

철학자: "논리적 이유는 단 하나네."

학생: "뭐죠?"

철학자: "모두 받기를 좋아하기 때문이지. 기분이 좋아지면 받은 사람은 그것에 보답하기도 하네. 보통 자신이 주는 것, 나누는 것보다 적지 않은 법이지. 항상 투자에 성공한다네. 단기간에 생색을 내

거나 즉시 보답을 바라거나 하면 항상 실패하지만 말일세."

학생: "장기간 동안의 결과를 보면 항상 이익이라는 말인가요?"

철학자: "부모가 자식들에게 나누어주는 경우를 생각해보게."

학생: "음, 급하게 마음만 먹지 않으면 그런 것 같기도 합니다. 항상 그런 건 아닐 테지만요."

철학자: "예외 없는 일이 어디 있겠나!"

학생: "그럼, 일단 작은 행복을 위한 지금 가능한 일은 당장 바라지 말고 베풀고 나누는 것이네요."

철학자: "그렇게 어렵지 않은 일이지."

학생: "손해 보는 듯한 느낌은 어떻게 해야 하죠?"

철학자: "그렇게 생각할 거 없네. 자네도 베풂과 나눔을 백 가지 이상 받고 있으니 말일세."

학생: "제가요? 뭘요?"

철학자: "<u>백 가지 우연과 행운이 비로소 사람을 숨 쉬게 한다네.</u>[283]"

학생: "네?"

철학자: "아마존의 산소가 맑은 공기를 사람에게 나누고 있고, 화타도 못 할 진통제로 사람의 고통을 치료하고, 수레의 명수 왕양이 와도 불가능한 속도로 원하는 곳에 갈 수 있고, 진시황제도 살지 못했던 수명을 누리고, 한여름에 세종대왕도 부러워할 시원한 바람을 온종일 쐬고, 왕이나 귀족이나 들었던 음악을 마음대로 듣고, 한겨울에도 반 팔만 입고 지내 광개토대왕을 깜짝 놀라게 할 수 있고.

이 정도면 자네도 충분히 나눔과 베풂을 받았다고 할 수 있지 않나? 물론, 아주 공짜는 아니지만 말일세."

학생: "음, 알게 모르게 자연과 문명의 베풂과 나눔을 누리고 있는 셈이군요."

철학자: "다른 사람에게 조금 나누어주어도 그렇게 억울할 것 없네."

학생: "이해는 했습니다. 그런데 사람은 각자 목표가 있고 그걸 달성하기 전까지는 삶이 조금 불안정하고 그것에 불안해하기 마련일 텐데요. 그런 사람이 과연 남에게 그렇게 베풀고 나누는 것이 가능할까요?"

철학자: "평온함을 먼저 바라는 거군."

학생: "그렇습니다. 서둘러 우선 목표를 달성하고, 베풀고 나누는 것은 그다음에 해도 되지 않습니까? 목표를 이루고 나면 그것을 위해 더 이상 일을 하지 않아도 되고 마음도 평온해질 테니, 사람들을 위한 일도 차분히 더 잘 할 수 있을 것 같습니다."

철학자: "물론이지. 순서가 뭐가 중요하겠나? 하지만 자네가 말한 대로 만일 목표를 달성한 후의 '평온함'을 바라는 것이라면 그렇게 오래 뒤로 미루지 않아도 된다네."

학생: "네?"

철학자: "<u>평온을 위해 필요한 것은, 하지 않는 것이 아니라, 서두르지 않는 것이라네.</u>[284] 서두르지 않으면 평온은 사람 눈앞에서 기다리고 있지."

학생: "목표를 이루지 않아도 평온할 수 있다는 거군요."

철학자: "죽음을 앞둔 거의 대부분 사람에게 물으면 백이면 백, 목표를 이룬 적이 없다고 말할 걸세. 목표를 이룬 후 평온해지겠다는 생각은 일찌감치 버리는 것이 좋네."

학생: "대부분이 실패한다는 말인가요? 세상이 재미없어지는군요."

철학자: "성공해야 재미있다고 생각하나?"

학생: "실패했는데 무엇이 기쁘겠습니까? 변명거리 찾기 바쁘겠죠."

철학자: "실패, 좌절과 함께하는 삶도 나름대로 이야기의 주인공이 될 수 있다네. 소설에서는 보통 그런 삶이 재미와 감동을 주지.[285]"

학생: "실패하는 주인공 속 재미와 감동, 궤변 아닌가요?"

철학자: "목표를 모두 이루어 '난 더 이상 이룰 게 없다'라고 말하는 사람을 나는 한 번도 본 적이 없네. 돈이 많아도 사랑에 목마를 수 있고, 권력이 있어도 건강이 문제일 수 있고, 친구가 많아도 가난할 수 있고, 능력이 있어도 기회를 얻지 못할 수 있고, 이처럼 우리 인생은 대부분 실패 아닌가?"

학생: "음, 그런 것도 같고, 아닌 것도 같고, 그렇습니다."

철학자: "아름다움은 꼭 옆에 둘 필요 없네. 조금 떨어져 있을 때 더욱 아름답기 때문이지. '소유하지 않음'의 역설은 행복에도 그대로 적용된다네.[286]"

학생: "음, 그렇군요. 사람이 삶의 목표나 무언가에 실패하면 보통 슬픔과 절망에 빠지지 않습니까? 이는 행복에 치명적일 텐데요.

과 슬픔과 절망은 어떻게 극복해야죠?"

철학자: "사랑하는 가족의 죽음, 엄청난 사고나 재난, 사람이 이런 일들을 어떻게 쉽게 극복하겠나?"

학생: "그래도 지혜로운 방법이 있겠지요."

철학자: "무너지지 않는 것이네."

학생: "어떻게요."

철학자: "<u>슬픔이 자신을 무너뜨린다고 변명하지 말게. 정말 나를 무너뜨리는 것은 '슬픔'이 아닌, 슬픔과 관계없는 존재 '나'이기 때문이지. 절망 속에서도 행복은 굳건히 생존한다네.[287]</u>"

학생: "슬픔에도 절망에도 무너지지 않는 그런 '나'를 만들라는 거군요. 지난 수업 때 말씀하신 밝음 속 슬픔과 절망, 행복의 바닷속 슬픔과 절망과 일맥상통하는군요."

철학자: "존재 '나'에는 슬픔과 절망, 기쁨과 환희, 사랑과 미움, 이런 것들과 관계하는 존재 '나'가 있고, 그런 것들과 관계없는 존재 '나'가 있네. 깊이 생각해 보도록 하게."

학생: "선생님, 결국 서두르지 않음도 행복의 조건일 가능성이 충분하군요. 천천히 여유 있게 살라는 것 같은데, 그런 삶이 왜 행복에 좋은 거죠?"

철학자: "서두르지 않고 천천히 여유 있게 살면 자네는 뭐가 좋다고 생각하나?"

학생: "글쎄요. 시간이 많아져서 하고 싶은 걸 할 수 있게 될 테니 스트레스가 좀 줄겠죠. 하지만 그만큼 이루는 것도 줄어들기 때문

에 전체적으로 뭐가 더 좋은지는 잘 모르겠습니다. 사람에 따라 다르겠죠."

철학자: "서두르지 않아 좋은 점은 지치지 않는다는 것이네. 지치지 않으면 머리가 맑아지지. 머리가 맑아지면 최선의 선택을 할 가능성이 커진다네."

학생: "네?"

철학자: "<u>중요한 결정은 너무 지쳐 있을 때 하지 않는 것이 좋네. 자기의 가장 보통 상태에서 결정하는 것이 후회가 적지. 충분히 잔 날 정오쯤이 좋을 걸세. 행복은 너무 지친 자에게는 잘 오지 않는다네.</u>[288]"

학생: "무슨 말이죠?"

철학자: "갑자기 자네 집에 불이 났다고 해보세. 빨리 집을 빠져 나와야 하는데 무엇을 가지고 나오겠나?"

학생: "가족들이 있는지 확인하고 휴대전화, 현금, 보석, 중요 서류, 이런 것들이겠죠."

철학자: "어느 정도 여유가 있다면 그럴지 모르지. 하지만, 정말 급한 상황이라면 가족은 챙기더라도 다른 것들은 그냥 눈에 띄는 대로 집어 나오지 않겠나?"

학생: "정말 급한데 그렇겠지요."

철학자: "나중에 불이 꺼지고 보면 집에서 가지고 나온 것이 젓가락 같은 아무 쓸모 없는 것일 수도 있겠지?"

학생: "그렇겠지요."

철학자: "우리 인생도 서두르면 불 난 집에서 젓가락 들고나오듯, 불 난 세상에서 정작 중요한 것을 갖고 나오지 못한다네."

학생: "서두르지 않아야 행복한 이유군요."

철학자: "그렇네. 키르케고르도 같은 생각이지."

학생: "선생님, 이처럼 삶에서 만나는 슬픔, 절망, 실패, 재난 같은 행복에 큰 영향을 미치는 것들에 어떤 태도를 가져야 하나요?"

철학자: "빗방울이 작은 돌 위에 떨어지는 것 이상으로, 우리 삶은 우연의 연속이네. 한 가지 슬픔은 열 가지 우연의 결과이고, 어느새 행복을 위한 또 다른 우연은 준비될 테니, 슬픔에 너무 흔들릴 것 없네.[289]"

학생: "슬픔을 빗방울이 작은 돌 위에 떨어지는 듯한 우연으로 생각하란 말이군요."

철학자: "누구나 지금도 걷다가 개미를 밟아 죽이지 않나! 어찌할 수 없는 것은 어찌할 수 없는 거지."

학생: "그것이 가능한 행복에 힘을 미치지 못하도록 하면서요."

철학자: "그렇네."

학생: "어떻게 힘을 미치지 못하게 할지가 문제군요."

철학자: "어둠 속에도 조금 더 어두운 곳과 조금 더 밝은 곳이 있네. 마찬가지로, 슬픔 속에도 조금 더 어두운 슬픔과 조금 더 밝은 슬픔이 있음을 잊지 말게.[290]"

† 10. 행복은 왕의 마음을 갖는 것이다 †

이때, 깡마르고 키 큰 학생이 이렇게 물었다.

학생: "선생님, 저는 후회가 많습니다. 그래서 그런지 행복하지도 않고요."

철학자: "무슨 후회인가?"

학생: "공부를 조금 더 열심히 하지 못한 걸 후회하고, 친한 친구와 말다툼으로 멀어진 걸 후회하고, 지난여름 제주 여행을 가지 않은 걸 후회하고, 제가 공부하고 있는 것에 대해 후회하고, 공무원 시험 준비를 하지 않은 걸 후회하고, 뭐 그냥 제 인생은 후회 자체입니다."

철학자: "다 후회할 만한 것들인데 뭘 그러나?"

학생: "네?"

철학자: "자네만큼 나도 후회하면서 산다네."

학생: "정말이신가요? 후회 속에 살아도 행복할 수 있단 말이죠?"

철학자: "후회 없이 사는 사람이 있으면 내게 데리고 와보게."

학생: "그런가요! 어떻게 후회 속에서도 행복할 수 있죠?"

철학자: "<u>아쉬움과 회한은 게임을 다 마친 자의 이야기네. 아직 행복을 찾고 있는 자에게 그런 것은 없는 걸세. 아직 게임이 끝나지 않았네.</u>[291]"

학생: "죽기 전까지만 행복하면 된다는 말인가요?"

철학자: "사후 세계가 없다면 그렇겠지."

학생: "사후 세계가 있나요?"

철학자: "그걸 내가 어찌 아나! 둘 중 하나 고른 거지. 이왕이면 있는 걸로 고르는 게 좋겠지. 지옥에 안 가려면 착하게 살아야 하고, 남을 도와 줘야 하고 하니 말일세. 사실, 악당들이 믿어야 하는데 말이네. 그러다가 혹시 사후 세계가 있기라도 하면, 그때부터 행복하지 않겠나! 행복 관점에서는 사후 세계를 믿어야지. 믿어 손해 볼 것 없으니 말이야."

학생: "그럴 수 있겠군요. 게임이 아직 안 끝났다는 말은 후회와 아픔을 인정하고 그것을 치유하면서 산다는 것인데, 그럼 그걸 어떻게 치유하죠?"

철학자: "회복은 상처 주변 먼 곳에서부터 시작한다네. 슬픔도, 아픔도, 후회도 그렇지.292"

학생: "네? 먼 곳이라면 그걸 어떻게 알죠?"

철학자: "생명체라면 그 정도 직관은 있지. 그걸 자꾸 무시하지만 않는다면 말일세. 인지되지 않는 변화가 훨씬 많다네. 보이지 않는다고 초조할 것 없지. 이것을 알지 못해 일이 틀어지기도 하는 걸세. 그래서 중요한 일일수록 마지막 하루의 무심(無心)이 필요하다네.293"

학생: "상처란 먼 곳에서 알지 못하는 사이 서서히 치유되는 것이니, 걱정 말고 천천히 자기 일하면서 기다리라는 말이군요."

철학자: "그렇네. 걱정이 오히려 상처를 키우지."

학생: "선생님, 사람은 누구나 슬픔에 빠질 수밖에 없는 약자 아

닌가요?"

철학자: "당연한 것 아닌가?"

학생: "그럼, 상처에 대처하는 방법처럼, 슬픔에 대처하는 방법은 없을까요? 행복을 위해서라면 알아두는 것이 좋을 것 같아서요."

철학자: "자네는 어떻게 하면 된다고 생각하나?"

학생: "음, 잘 안 떠오르는군요."

철학자: "그럼, 슬픔이란 무엇이지?"

학생: "음, 자신이 원하는 것, 사랑하는 것을 잃어버렸을 때, 느끼는 상실감인 것 같습니다."

철학자: "그렇네. 비참, 비애, 비탄, 비통, 설움, 애통, 참담 같은 감정이겠지. <u>슬픔도 준비해야 조금은 견딜 만해진다네. 갑작스러운 슬픔이 힘든 이유지.</u>[294]"

학생: "어떤 준비죠?"

철학자: "슬픔에 대한 연습이네."

학생: "네? 일어나지도 않은 일을 예상해서 슬퍼하라고요?"

철학자: "하하. 그런 일이 가능하겠는가?"

학생: "그럼요?"

철학자: "세상 그리고 삶의 원리를 인식하라는 것이네. 사람은 죽게 되어 있고, 경쟁 속에서 누군가는 탈락하게 되어 있고, 가난한 사람은 부자에게 돈으로 무시당하게 되어 있고, 세상은 내 생각이 아니라 힘 있는 자의 의도대로 결정되는 것이고…. 이처럼 지극히

당연한 삶의 원리를 아무렇지도 않게 받아들이게 연습하라는 것일세."

학생: "음, 그런 것이야 철들면 알 수 있는 것 아닌가요?"

철학자: "맞네. 그럴 수 있지. 그런데 아는 것만으론 소용없는 일이네. 장자는 부인이 죽었을 때 춤을 추었고, 수행에 정진한 스님들은 부모가 죽어도 눈 하나 깜짝하지 않지. 삶의 원리에 대한 인식과 연습이 되었기 때문이네."

학생: "보통 사람이 장자나 수도승처럼 될 수는 없지 않습니까?"

철학자: "그렇겠지. 하지만, 비슷하게는 될 수는 있지. 그러면 되네. 어떻게 그들과 똑같이 되겠나?"

학생: "그렇긴 합니다."

철학자: "연습하면 비참, 비애, 비탄, 비통, 설움, 애통, 참담 같은 슬픔도 즐길 수 있다네."

학생: "네?"

철학자: "왜, 못 믿겠나?"

학생: "그걸 어떻게 믿습니까?"

철학자: "어떤 왕이 있었다고 하세. 왕은 밤에 평민으로 변장하고 호위 무사와 함께 백성들 민생을 직접 확인하러 나갔네. 거기서 백성들과 시비가 붙어 그들에게 곤욕을 치르고 억울하게 머리를 조아려 용서를 빌지 않으면 안 되는 상황까지 가버렸다고 치세."

학생: "네, 아주 드문 일이겠지만요."

철학자: "보통 사람이라면 그 억울한 상황에 화가 나고 슬프겠지

만, 왕에게 그 상황이 슬픈 일이겠나, 아무렇지도 않은 일, 어쩌면 즐거운 일이겠나?"

학생: "후자 쪽이겠지만, 우리가 왕은 아니지 않습니까?"

철학자: "왕이 되도록 연습하라는 말일세."

학생: "음, 이해는 했지만 …. 세상을 충분히 인식하고 연습하면 '왕의 마음'을 가질 수 있다는 말인가요?"

철학자: "<u>약자는 비굴함을 참지 못하지. 하지만, 강자는 때때로 비굴함을 즐긴다네.</u>295 슬픔도 마찬가지지."

학생: "그런 '왕의 마음'을 어떻게 가질 수 있죠?"

철학자: "그건 자네 몫이네."

학생: "작은 단서라도 없나요?"

철학자: "왕의 마음은 자기 마음속에 있는 것이니 사람들과 함께 있으면 그곳으로 가기가 어렵겠지."

학생: "자신을 향한 혼자만의 시간이 필요하다는 말이군요."

철학자: "꼭 그런 건 아니지만, 그런 셈이지."

학생: "사람들은 혼자 있는 시간, 고독을 좋아하지 않습니다. 고립된 느낌, 소외된 느낌, 초라한 느낌이 있으니까요."

철학자: "자기 속 마음을 들여다봐야 하니, 뭐 어쩔 수 없네! <u>고독도 가끔은 즐길 만하다네. 그것만이 줄 수 있는 것이 있기 때문이지. 고독은 삶을 재건하는 중요한 과정이네. 그것을 통해 다시 태어날 자격과 힘을 갖는 걸세.</u>296"

학생: "네? 고독이 그런 대단한 일을 한다고요?"

철학자: "인류의 위대한 사람은 모두 고독 속에서 자신을 단련한 사람이네."

학생: "음, 정말 그런가요? 그럼, 슬픔이 아니라, 기쁨은 어떻습니까? 슬픔을 연습하듯이 기쁨도 연습하면 더 행복에 가까워질까요?"

철학자: "왜 그런 생각을 했나?"

학생: "기쁜 일이 있으면 이상할 정도로 꼭 무언가 허무한 느낌이 들어서 그럽니다."

철학자: "예를 들면?"

학생: "크리스마스 파티로 신나게 놀고 나면, 기쁨 뒤에 숨어 있던 악마가 기쁨을 다 흡입해 가는 것처럼, 기쁜 감정이 다 사라져 갑니다."

철학자: "그게 기쁨의 본성 아닌가?"

학생: "네?"

철학자: "자신의 기분 좋은 상태, 희열, 희락, 환희, 쾌락, 즐거움 등을 외부로 분출하는 과정이 기쁨이지 않은가? 그러니 기쁨의 과정이 지나면 자신의 열락 상태에서 미끄러져 나오는 것이지."

학생: "아, 원래 그런 거군요."

철학자: "그렇네."

학생: "조금이라도 더 오랫동안 기쁨의 상태를 유지하는 방법은

없을까요?"

철학자: "목표가 '기쁨'이 아니라, '즐거움'이면 조금 더 오래 행복하겠지.[297]"

학생: "기쁨을 즐거움으로 바꾸는 거군요. 그런데 어떻게 바꾸죠?"

철학자: "기쁨은 감정을 분출하는 것이고 즐거움은 그것을 조용히 느끼는 것이지. 어떻게 바꾸는지는 알겠지?"

학생: "과다한 감정의 분출을 억제하고, 조용히 그것을 느끼는 훈련을 하라는 말이죠?"

철학자: "그렇네."

학생: "그럼, 좀 따분하지 않을까요?"

철학자: "그래서, 그건 사람마다 알아서 결정해야 할 일이네. 정말 재미없게 느낀다면 적절히 조정해야겠지."

학생: "기쁨을 즐거움으로 바꾸는 것은 결국 내적 만족에 더 우선을 두라는 것인데, 이는 사람들과의 소통에 문제가 생기는 것은 아닌가요?"

철학자: "오히려 그 반대네. 기쁨 같은 과다한 감정과 말의 노출은 사람 관계를 좋게도 하지만 나쁘게도 하지. 사람은 아주 미묘해서 타인이 기뻐하는 것을 진심으로 같이 공감해주는 것이 쉽지 않은 일이니 말일세."

학생: "시기와 질투 같은 것이군요."

철학자: "그럴 수도 있지."

학생: "결국, 감정과 말의 과도한 노출인가, 절제된 침묵인가의 문제네요."

철학자: "그렇지. <u>말을 하면 주위는 친구와 적으로 나뉜다네. 이것이 침묵의 효용일세.</u>[298] 물론, 평상시의 과도한 침묵은 묵언 수행이 아닌 한, 부작용이 더 크겠지."

학생: "절제된 침묵을 한다면 소통은 조금 손해 보더라도 최소한 적은 만들지 않을 수 있겠군요. 어쩌면 이편이 행복을 위해 도움이 될 수 있다는 생각이 듭니다."

철학자: "그렇다고 절제된 침묵을 행복을 위한 방법이라고 생각하진 말게. 기쁨을 즐거움으로 변화시키려는 방편으로써일 뿐이니 말일세."

학생: "그렇군요. 그런데 선생님, 무언가 행복을 위한 가능한 일들을 하려면 용기도 있고 대범해야 할 것 같은데, 사람 중에는 소심해서 무언가 새로운 것을 하는 것을 꺼리는 사람도 상당수 있지 않나요?"

철학자: "그렇겠지."

학생: "그런 소심한 사람들이 약간 도전적이라고 할 수 있는 행복을 위한 작은 행동들을 실행에 옮길 수 있을까요?"

철학자: "소심한 사람들은 어떤 사람들이라 생각하나?"

학생: "이미 말씀드린 대로 새로운 도전을 꺼리는 사람 아닌가요?"

철학자: "그런데 왜 꺼린다고 생각하나?"

학생: "음, 실수할까, 실패할까 떨리고 두려워서 그런 것 아닐까요? 성격 문제도 있겠지만요."

철학자: "떨림과 두근거림은 소심함이 아니라 설렘이기도 하네. 그러니 신대륙을 향한 원대한 꿈과 튼튼한 배를 준비해야지.299"

학생: "철저한 계획과 준비만 있다면 소심함은 발붙일 곳이 없다는 말인가요?"

철학자: "그렇네. 소심함은 성격 문제가 아니라, 준비와 노력의 문제네."

학생: "그것이 소심하다고, 용기가 부족하다고 생각하는 사람들이 행복을 위해 할 일이란 말이죠?"

철학자: "그렇네. 감당할 수 있으면 힘들어도 즐거울 수 있는 걸세. 따라서 힘을 키우면 많은 부분 행복할 수 있지. 신이 사람에게 준 가장 큰 선물은 자신을 제어하고 향상시키는 힘이라네.300 이처럼 우리는 그 누구라도 행복할 수 있는 힘이 있지."

† 11. 조용히 숨을 거두는 순간까지 자신을 최대로 하라 †

이때, 또 다른 학생이 손을 들고 이렇게 물었다.

학생: "선생님, 행복에 대해 인생의 중간 지점 정도에서 알기 시작하면 된다고 하셨는데, 행복의 정도나 크기는 언제 최대가 되는 걸까요?"

철학자: "자네 생각은 어떤가?"

학생: "누군가를 사랑하고 결혼하는 패기 있는 청년 시기가 최대일 것 같기도 하고, 돈도 좀 모으고 생활이 안정되어 편안한 시간을 즐길 수 있는 중장년 시기가 최고일 것 같기도 합니다. 너무 어리면 힘이나 능력이 없고, 너무 나이가 많아도 어려울 것 같습니다."

철학자: "행복을 인식하기 시작하는 나이가 40살 정도라면 중장년 시기밖에 없군."

학생: "저도 그렇게 생각합니다."

철학자: "그럼, 그렇게 살면 되지 않나? 왜 이런저런 생각을 하나?"

학생: "인생의 황금기가 너무 가까운 곳에 있는 것이 아니냐는 생각이 들어 그렇습니다. 대학 졸업하고, 군대 갔다 오고, 조금 있으면 30대인데, 그 후 10년 남짓이면 인생의 황금기가 지나가 버린다면 말이죠."

철학자: "조금 허무할 수도 있겠네."

학생: "어떻게 하죠?"

철학자: "<u>조용히 숨을 거두는 순간까지 자신을 최대로 하게.</u>[301]"

학생: "네? 행복을 죽는 순간에 최대로 하라는 말인가요?"

철학자: "아니네. 삶에 행복만 있는 건 아닐세."

학생: "아! 행복 말고 다른 중요한 가치들도 있다고 하셨죠. 그런 모든 가치의 총합을 말하는군요. 행복은 조금 줄어들더라도요."

철학자: "그렇네."

학생: "그런데, 다른 가치들은 구체적으로 뭐죠?"

철학자: "뭐겠나?"

학생: "행복의 일부분이거나, 행복에 포함되는 그런 가치는 아니겠죠."

철학자: "그렇지. 행복과 대등한 그런 가치겠지."

학생: "음. 진리, 믿음, 성실, 배려, 희생, 평등, 자유, 이런 중요한 인간의 이성적 정신 가치겠네요."

철학자: "그것을 위해 목숨을 바칠 수 있는 것, 그런 가치면 되네. 목숨을 내놓는다는 것은 억지 논리가 아닌 한, 행복과는 거리가 있으니 말이야."

학생: "음, 그렇다면 조금 줄여서, 진리, 믿음, 희생, 평등, 자유 같은 것이겠네요. 목숨을 걸 정도라면요."

철학자: "그렇다고 봐야지. 물론, 그건 사람에 따라 아주 다르다네. 평등을 목숨보다 중요시하는 사람도 있지만, 그것을 무시하는 사람도 있을 테니 말일세."

학생: "그럼, 행복과 필적하는 가치란 사람이 갖는 가치, 철학 같은 거라고 보면 되겠군요."

철학자: "그렇네."

학생: "그럼, 나이가 많이 들어 정신과 기력이 쇠해도 그만큼 자신의 가치를 키워가면 죽음의 순간 최대가 될 수 있는 거네요."

철학자: "그렇네."

학생: "아! 그런데, 모든 사람이 그런 목숨을 걸 정도의 가치를

갖고 사는 건 아니니까, 행복이 최고의 가치처럼 보이고 또 그렇게 느껴지는 거군요."

철학자: "명석하군. 하지만, 행복과 진리를 그렇게 이분법으로 나눌 수 있는 건 아니겠지."

학생: "네, 무슨 말인지 알 것 같습니다. 아무튼, 행복이 세상 모든 것은 아니고, 행복이 좀 준다고 허무할 것도 없다는 것은 틀림없군요."

철학자: "<u>허무함은 기대에 비례한다네. 노력만큼만 기대하면 허무함은 거의 없지. 삶은 그것만큼은 예외 없이 돌려주기 때문일세.</u>[302] 행복도 중장년이 아니라, 죽을 때까지도 계속 커질 수 있네. 그것을 위해 노력한다면 말일세."

학생: "그럼, 행복에 버금가는 가치와 진리 추구 유무에 따라 사람의 가치가 조금 달라질 수도 있겠네요."

철학자: "그렇겠지. 사람의 기준이라면 말일세."

학생: "네? 다른 기준이 있나요?"

철학자: "<u>우주 전체 기준의 가치와 사람 기준의 가치는 다르다네. 이는 자기가 다른 보통 사람보다 좀 더 가치 있다고 생각하는 오만한 자를 위한 사소한 진실이지.</u>[303]"

학생: "아! 사람이 잘나 봐야 거기서 거기란 말이군요. 우주에서 바라보면 보이지도 않는 티끌 같은 존재니까요."

철학자: "데카르트가 좋아할 만한 다른 설명이 필요 없는 명백한 사실이지."

학생: "그런데, 어떨 때 보면, 정말 대단해 보이는 사람이 있는 건 왜 그렇죠?"

철학자: "물론, 사람은 무언가 대단해 보이기도 하고, 초라해 보이기도 하네. 실체가 잘 보이지 않는 것은 배경과 겹쳐 있기 때문이지. 분리해서 보면 다 비슷하다네.[304]"

학생: "배경이라면요?"

철학자: "그가 가진 재력, 능력, 외형 같은 것이지. 그런 것들이 사람을 구분하고 분별하려는 마음의 배경이네. 신의 관점, 우주의 관점에서 보면 우습겠지만 말일세."

학생: "우주의 관점이라면 무언들 티끌 아니겠습니까! 하지만 우리는 이 세상에서 살고 또 죽으니, 세상의 배경을 무시하고서 어떻게 행복하겠나요?"

철학자: "행복을 위한 비상을 위해서는 가벼운 것이 좋네. 무거운 것은 중력을 이겨내지 못하기 때문이지. 커다란 명예, 풍부한 지식, 다양한 관계, 상당한 재화, 하나라면 혹시 모를까, 둘만 합해져도 너무 무겁네.[305]"

학생: "그런 것들을 위해 살다 보면 인생이 힘들고 고달파진다는 말이군요."

철학자: "틀림없는 사실이지."

학생: "하지만, 명예에만 만족하고, 풍부한 지식에만 기뻐하고, 관계에만 몰두하고, 재화에만 신경 쓰는 그런 사람이 어디 있겠습니까? 명예를 가지면 재화도 갖고 싶고, 지식이 있으면 그것으로 명예도 갖고 싶고, 끝이 없겠지요."

철학자: "왜 그렇게 된다고 생각하나?"

학생: "초라함 때문입니다. 무언가 상대보다 뛰어나지 않으면 결국 상대보다 못한 것이니까요. 어쩌겠습니까? 초라해지는 것이 죽기보다 싫을 수도 있지 않습니까?"

철학자: "음, 그럴 수도 있지. 모두가 집단 무의식 속 피해자가 돼버렸다면 말일세."

학생: "집단 무의식이요?"

철학자: "대학에 가야 하고, 제사를 지내야 하고, 아이는 둘 이상 낳아야 하고, 좋은 직장을 가져야 하고, 좋은 집에서 살아야 하고, 가끔 해외여행도 가야 하고, 이런 것들이겠지."

학생: "하르트만의 '그들'이군요."

철학자: "비슷하다고 볼 수 있지."

학생: "왜 그런 집단 무의식이 생겨났지요?"

철학자: "문화적, 역사적 배경의 복합적 원인이겠지. 거기에 자본주의적 타락한 가치가 더욱 불을 붙인다네."

학생: "타락한 가치요?"

철학자: "자본주의에서 <u>교활한 장사꾼들은 자기 물건을 갖지 못하면 사람들이 초라함을 느끼게 하는 데 혈안이 되어 있다네. 사람들은 초라해도 욕심 없는 나른함이 그리운데 말일세.</u>[306]"

학생: "사람이 행복하지 못하도록 방해하는 것이 정말 많군요. 그런 것들을 헤쳐 나갈 능력이 없는 사람은 무력감에 빠질 수밖에 없겠습니다. 저를 포함해서요."

철학자: "그럴 수도 있겠지. 하지만, 공연히 상심하지는 말게. 아무렇지도 않게 여길 일은 그렇게 하는 것이 건강에 좋다네.[307]"

학생: "아무렇지도 않게 여길 일이라면 어떤 거죠?"

철학자: "보이지 않아도 구름 뒤 편에 태양이 존재한다는 것은 잘 알고 있지 않나! 슬픔도 기쁨도 괴로움도 즐거움도 그렇네.[308]"

학생: "네? 그건 세상 대부분의 일이지 않습니까?"

철학자: "바로 그렇네."

학생: "음. 세상 대부분의 일이 중요하지 않다고 말씀하시면."

철학자: "중요한 일이란 아주 상대적이지. 죽기 직전의 사람은 숨 한번 쉬는 게 억만금보다 중요하고, 사막 한가운데서 길을 잃은 사람에게는 독재자에 대항해 목숨을 걸고 쟁취한 자유는 물 한 모금의 값어치도 없는 걸세. 언뜻 보면 중요한 것 같지만, 잘 생각해보면 아무렇지도 않게 여길 수도 있는 거지."

학생: "이해는 했습니다만, 막상 그 일이 내 일이라면, 그런 마음을 가질 수 있을지는 잘 모르겠습니다."

철학자: "그런 무심의 마음을 완전히 가진 사람이 누가 있겠나. 삶을 위해 시도하고 노력하는 거지."

학생: "노력은 해 볼 수 있겠지요."

철학자: "같은 사람, 사랑하는 사람에 대한 감정도 아침저녁 다르다네. 그러므로 그 감정의 근원은 '나'에게 있지. 그를 아름답게 또 추하게 만드는 것도 '나'이듯이, 나를 아름답게 그리고 추하게 만드는 것도 당연히 '나'라네.[309]"

학생: "내 마음이 모든 걸 결정한다는 혜능 스님이나 원효 선사의 말 같은 거군요."

철학자: "그렇네."

학생: "이성적 논리로는 이해하지만, 아직도 시간이 많이 필요할 것 같습니다."

철학자: "걱정 말게. 겨울이 오면 태양은 드디어 그 따뜻함을 드러내니 말일세.310"

† 12. 신은 누구의 편도 들지 않는다 †

이때, 또 다른 학생이 손을 들고 이렇게 물었다.

학생: "선생님, 사람은 살면서 큰 실수나 잘못을 할 수도 있지 않습니까? 예를 들면 교통사고를 낸다든지 하면요. 그런데 이 한 번의 실수가 인생 전체를 불행에 빠뜨릴 수도 있을 텐데, 이럴 때는 행복을 어떻게 찾아야 하는 거죠?"

철학자: "잘못을 했으면 대가를 치러야지. 행복은 무슨 행복인가?"

학생: "한 번 실수나 잘못으로 평생 불행하다면 조금 가혹한 것 아닌가요?"

철학자: "잘못의 경중에 따라 달라지겠지만, 중하다면 죽을 때까

지 불행하게 사는 게 당연할 수도 있네."

학생: "음. 영원히 행복해질 수 없는 그런 실수나 잘못도 있을 수 있다는 말이군요."

철학자: "실수나 잘못 같은 어려움이 형편없는 이기심에서 기인했을 수 있지. 운명을 원망하면 길이 없고, 회한(悔恨)하면 그래도 아직 길은 보인다네.³¹¹"

학생: "운명을 원망하는 것이 아니라, 끝까지 반성하면 언젠가는 행복할 기회가 온다는 말이죠?"

철학자: "누구나 아는 사실 아닌가?"

학생: "인생에서 큰 실수나 잘못이 없도록 신중하고 사려 깊은 행동을 하는 것도 행복을 위해 꼭 생각해야 할 것이군요."

철학자: "당연한 일이고 잊지 말아야지."

학생: "선생님, 그런데 회사에서 큰 실수나 잘못으로 잘리면, 본인에게는 엄청난 불행이지만, 그와 진급을 경쟁하고 있던 동료에게는 행복일 수 있지 않습니까?"

철학자: "그렇겠지. 겉으로 내색하지 않겠지만 말일세."

학생: "참 인생이란 아이러니하군요."

철학자: "어쩌겠나. 그런 모순 속에서 행복을 찾아야지."

학생: "같이 일하던 동료의 불행을 딛고 올라서서 행복할까요?"

철학자: "그 사람 행복은 그 사람 것, 내 행복은 내 것일 뿐이지. 어차피 죽음은 모든 엉킨 운명을 잘라버린다네. 그것을 증명하지."

학생: "네?"

철학자: "서로 관계없단 말일세. 내가 기쁠 때 타인이 슬프면 그것은 기쁜 일이겠나, 아니면 내가 슬플 때 타인이 기쁘면 그것은 슬픈 일이겠나? 그래서 신은 누구의 편도 들지 않는다네.[312]"

학생: "그렇긴 할 것 같습니다. 내 운명, 내 행복은 다른 사람의 것과 완전히 분리되고 각자의 길을 가는 것이니, 내 운명, 내 행복을 위한 길은 나 혼자만 가는 길이 되겠군요. 그러다 보면 길을 잃고 헤맬 수도 있고요."

철학자: "좀 헤매도 괜찮네."

학생: "네?"

철학자: "길을 잃으면 가지 않은 길을 갈 수 있네. 간혹 위험하긴 하겠지만, 새롭고 가슴 뛰지 않는가! 가끔 삶에서 길을 잃는 것도 아주 나쁘지만은 않네.[313]"

학생: "너무 낭만적이지 않나요. 길을 잃으면 많은 것을 잃을 수도 있는데요. 현실적으로는 절대 즐길 수 없는 힘들고 두려운 일이죠."

철학자: "내가 말하는 것은 이미 길을 잃었을 때의 태도와 생각 방법이네. 물론, 길을 잃지 않는 것이 좋겠지. 하지만 살다 보면 삶이 내 맘대로 되겠나. 미로에 빠지기도 하고, 길을 잃기도 하는 거지."

학생: "피하지 못할 상황일 때 대처법 같은 거군요."

철학자: "그렇네."

학생: "그래도 빨리 길을 찾고, 빠져나와야지요?"

철학자: "계절은 알게 모르게 천천히 다가오네. 모든 것에는 때가 있는 법이지. 과일이 익는 것 같이, 아픔과 슬픔도 천천히 치유되는 것 같이 말일세. 서둘러 잊으려 하는 것 그리고 서둘러 찾으려 하는 것은 추운 겨울을 입김으로 덥히려는 것과 같다네.[314]"

학생: "길을 잃었을 때 서두르지 말라는 말이죠?"

철학자: "그렇네. 길을 잃어 헤맬 때, 당황해 서두르면 되돌릴 수 없는 부상을 당해, 영원히 빠져나올 수 없을 수도 있기 때문이지."

학생: "지리산에서 길을 잃었을 때, 비슷한 느낌을 받았습니다. 그때 당황해 우왕좌왕했다면 심각해질 수도 있었을 겁니다."

철학자: "인생의 경우도 크게 다르지 않네."

학생: "정말 각자의 인생은 한 편의 영화처럼, 행복이라는 숨겨진 보물을 찾아가면서, 이런저런 일들, 사건들을 겪는 다양한 등장인물로 구성된 장편 시리즈 같다는 생각이 듭니다."

철학자: "틀리지 않은 표현인 것 같네."

학생: "그 영화 속에서 다양하고 수많은 등장인물과의 관계가 영화를 재미있게도 재미없게도 할 것 같고요. 그들과 모두 잘 지내는 것은 어렵겠지요?"

철학자: "빛은 모여야 투명해지지. 사람들 생각을 모두 수용할 수 있다면 삶도 투명해질 것이네. 투명하면 세상이 변형 없이 있는 그대로 보이지 않겠나![315]"

학생: "음. 사람들을 배척하지 말고 모두 수용, 통합하라는 말이군요. 그런데 어떻게 그렇게 다양한 사람들을 모두 받아들일 수 있

겠습니까? 그건 불가능합니다. 선생님도 그럴 필요는 없다고 말씀하셨던 것 같은데요."

철학자: "그들을 모두 받아들여 친구로 할 필요는 없지. 하지만 자신과 다르다고 해서 그들 생각 자체마저 거부할 필요는 없네. 생각은 사람과 관계없는 생각일 뿐이니 말일세."

학생: "아, 사람을 받아들이라는 것이 아니라, 생각을 받아들이라는 거군요. 생각은 받아들여 얼마든지 비판하고 내 마음대로 변형시킬 수 있으니까요."

철학자: "생각 속 세상은 내 맘이니까 말일세."

학생: "생각, 마음속 세상은 어떤 세상인가요? 그곳에 행복이 있나요?"

철학자: "그럴 수도 있지. 거기는 밝고 가볍고 마음대로 날아다닐 수 있네."

학생: "네?"

철학자: "하지만, <u>행복이 사는 '밝음 속 자유 공간'에 도착하면 어지러움에 힘들지 모르네. 비행을 위한 균형 연습이 필요하지.</u>[316]"

학생: "행복의 공간에서 어지러울 수도 있단 말이군요."

철학자: "그렇네. 균형을 이루지 못하면 자꾸 추락하지."

학생: "우리가 수업에서 배우는 여러 가지 가능한 것들이 자유 공간에서의 균형을 위해 필요한 것일지도 모르겠네요."

철학자: "아마도 그렇겠지."

학생: "수업을 열심히 들으면 되나요?"

철학자: "아쉽게도, 위대한 깨달음도 생각의 먼지 속에 쌓이면 하룻저녁을 넘기기 어렵네.[317]"

학생: "네? 수업도 공부도 소용없단 말인가요?"

철학자: "행복에 대한 지식, 지혜 같은 생각은 별로 소용없다는 말일세. 금방 잊어버리지. 잊지 않으려면 실제로 그런 삶을 살아야 하네."

학생: "행복이 실제로 자기 삶에서 묻어나지 않는 한, 행복에 대한 지식은 하룻저녁에 잊힐 수 있다는 말이군요."

철학자: "그렇네."

학생: "알아봐야 소용없고, 공부해 봐야 소용없지만, 그래도 알아야 그런 삶을 살 수 있겠죠?"

철학자: "소용없을 것 같은 조각을 만들어가는 예술가 같다고나 할까!"

학생: "네?"

철학자: "감나무는 어느 해 열매가 적으면, 다음 해 더 많은 열매를 맺지. 누군가를 기다려주면 그는 반드시 보답한다네.[318]"

학생: "인내의 시간 속에서 하나하나 조각상을 세상에 내놓아야 그것들이 모여 행복한 세상이 만들어진단 말인가요?"

철학자: "그렇네."

학생: "하지만 그 조각상이 항상 잘 만들어지란 보장은 없지 않습니까?"

철학자: "그렇겠지."

학생: "망친 조각상들로 행복한 삶이 만들어지겠나요?"

철학자: "한두 개 정도는 봐 줄 수 있지 않겠나!"

학생: "음, 한두 개 정도라면... 좀 개운하지는 않겠지만요."

철학자: "너무 아쉬워할 것 없네. 잘못된 선택이라도 시간이 지나면 결국 조금 늦어질 뿐, 결과는 비슷할 수 있는 걸세. 같은 아쉬움의 반복만 피하면 되지. 그런데 문제는 또다른 선택의 순간, 숨어 있던 이기심이 다시 얼굴을 내민다네.[319] 또다시 실패가 재연될 수 있지. 반복된 실수는 치명적이네."

학생: "맞습니다. 실제로 반복된 실수를 하는 경우도 적지 않고요. 삶이 망친 조각상들로 쌓여 간다면 절망적 않겠습니까?"

철학자: "하지만, 너무 걱정 말게. 실제로 반복해서 조각상을 망치는 경우는 그렇게 많지는 않으니 말일세."

학생: "한 번 데면, 불을 조심하듯 말이죠."

철학자: "나락에 떨어진 듯한 아득함을 느끼더라도 그건 기분일 뿐이지. 사실, 아무 일도 아니네. 그곳에서 다시 천천히 기어 올라오면 되는 걸세. 아무렇지도 않은 척하고 있지만, 모두 그렇게 살고 있다네.[320]"

† 13. 목마른 사람에게 포도주는 필요 없다 †

이때, 또 다른 학생이 이렇게 물었다.

학생: "모두 나락에 떨어지고 또 기어오르면서 산다는 말을 들으니 조금 위안이 되고 안심이 됩니다. 실패해 수렁에 빠져도 다시 기어오르면 될 테니까요."

철학자: "다행이네."

학생: "하지만, 과거에 대한 그리움과 슬픔이 사람을 병들게 하지는 않나요? 요즘 우울증이 증가하는 것도 그렇고요."

철학자: "<u>그리움은 여유로움의 증거이고, 슬픔을 느낀다면 희망적이지.321</u>"

학생: "네? 굉장히 긍정적이시군요."

철학자: "전쟁으로 폭탄이 쏟아지는데 누구를 그리워하겠나? 죽음을 앞두고 숨이 넘어가는데 과거에 대한 후회로 슬퍼하겠나?"

학생: "네?"

철학자: "그리움이나 슬픔 같은 것은 아직 여유나 희망이 있을 때의 이야기라네. 걱정할 것 없네."

학생: "음, 아무것도 생각할 수 없는 절체절명의 순간에 몰린 것은 아니란 말이군요."

철학자: "아직 무언가 할 수 있다는 얘기지."

학생: "희망적이긴 하지만 처음부터 슬픔 같은 것 없이 살 수는

없을까요?"

철학자: "삶에는 슬픔도 필요하네. 사람은 기쁨을 위해 살아가고 슬픔을 피하려고 노력하기 때문이지. 유용성으로 보면 슬픔이 더 중요할지도 모르네.[322]"

학생: "네? 슬픔이 유용하다고요?"

철학자: "원시 수렵 시대 사냥꾼에게는 어디에 가면 사냥감이 많다는 지식도 중요하지만, 어디에 가면 안 된다는 지식이 더 중요한 법이지. 잘못하면 자신이 사냥감이 되기 때문이네."

학생: "기쁨을 위한 방법보다 슬픔을 피하기 위한 방법이 더 중요하단 말이군요."

철학자: "그렇네. 유용성 측면에서 말일세."

학생: "이번 수업에서 행복에 가까이 갈 수 있는 가능한 방법에 대해 공부하는데, 좀 다가간 것 같기도 하고, 아닌 것 같기도 조금 혼란스럽습니다."

철학자: "그런가? 행복이란 기억처럼 즐거이 뛰노는 사슴 같네. 멀리서 지켜보는 것이 좋지."

학생: "무슨 말이죠?"

철학자: "너무 가깝고 요란스러우면 달아난다는 말일세.[323]"

학생: "행복을 손에 쥘 필요는 없다는 말인가요? 음, 이유를 들어도 잘 납득이 안 되네요. 논리적으로 왜 그렇죠?"

철학자: "행복은 그 가짓수가 너무 많아 하나를 손에 쥐면 다른 행복을 잡을 수 없네. 행복은 여러 개의 것을 언제든 잡을 수 있는 상

태로만 해놓고, 필요할 때 그것에 적합한 행복을 손에 집어 들어야 한다네."

학생: "예를 들면요?"

철학자: "해외 여행을 간다고 해보세. 그런 자유를 손에 넣어 항상 밖으로 여행만 한다면 삶이 온전하겠나? 한국에서 친구들과 맛있는 삼겹살을 먹는 것 같은 다른 자유는 다 잃어버리는 것이지. 갈 수 있는 가능성만 준비해 두고, 몇 년에 한 번씩 어쩌다 가야 하지 않겠나!"

학생: "그런 말이군요. 그런데 선생님, 행복이란 평등의 상태와 아주 밀접한 관계가 있다고 말씀하시지 않았습니까?"

철학자: "그렇지."

학생: "해외 여행을 예로 들으셨는데 해외 여행은커녕 동네 뒷산도 갈 시간과 여유가 없는 사람들도 있지 않습니까?"

철학자: "당연히 있지 않겠나!"

학생: "그럼, 행복은 벌써 시작부터 평등하지 않은 것 아닙니까?"

철학자: "예를 해외 여행으로 들긴 했지만, 해외 여행이 그렇게 삶에서 중요하다고 생각하나?"

학생: "뭐, 딱히 그런 건 아니지만, 그래도 도저히 갈 엄두도 못 내는 사람들이 있는 건 사실이지 않습니까?"

철학자: "<u>시간은 평등하네. 공기도 평등하지. 태양도 평등하고 계절도 평등하네. 밤낮도 평등하고 바람도 평등하지 않나! 이 정도면 사람이 평등하다는 것은 진리라 할 수 있네.</u>[324]"

학생: "그렇긴 한데 그건 본인과 관련 없는 우주와 자연의 일 아닙니까?"

철학자: "바로 그것으로 사람의 생명이 유지되는 것이지. 그것보다 더 중요하고 큰 영향을 미치는 것은 결코 없다고 말할 수 있네."

학생: "이미 우리는 충분히 평등의 혜택을 누리고 있다는 말이군요. 해외 여행 같은 것은 작고 지엽적인 것이고요."

철학자: "그렇네. 살아 있다는 것, 자신이 존재한다는 것보다 더 큰 평등은 없는 걸세."

학생: "존재한다는 것의 평등이라. 거리의 걸인이나 재벌 회장이나 가장 중요한 면에서는 평등하다는 것이고, 행복도 그에 상응할 수 있다는 것이죠?"

철학자: "<u>항상은 아니지만, 무더운 여름비를 흠뻑 맞으면 행복할 때가 있다네. 자기가 느껴지기 때문이지. 작지만 가장 큰 행복일 수도 있네.</u>[325]"

학생: "무언가 반론을 제기하고 싶은데, 합리적 다른 논리가 잘 서지 않는군요."

철학자: "자네 생각은 그런 누구나 누리는 혜택이 평등과 행복의 가장 중요한 부분을 차지한다는 것은 논리적으로는 맞는 것 같지만, 실제로는 사람에 따라 평등과 행복의 정도가 너무도 다르다고 말하고 싶은 거 아닌가?"

학생: "맞습니다. 선생님의 논리대로라면 사람마다 약간의 차이만 있을 뿐, 모두가 비슷하게 행복해야 하는데, 실제와는 너무 다르지 않습니까?"

철학자: "자네 생각을 모르는 것은 아니지만, 평등과 행복 관점에서 다른 것은 우주와 자연의 혜택, 존재함의 동일성을 제외하면, 결국 사람들이 자주 말하는 재권명(재력, 권력, 명예)의 차이 아닌가?"

학생: "그렇다고 할 수 있죠."

철학자: "그건 마치 목마른 사람이 샘물에서 물을 마시는데, 이런저런 향이 부족하다고 투덜대는 것과 배고픈 사람이 밥을 먹는데 잡곡밥에 나물과 야채밖에 없다고 고기반찬 먹는 사람을 부러워하는 것과 비슷하지 않은가!"

학생: "뭐, 그렇긴 하지만요. 사람은 욕심이란 것이 있지 않습니까! 무언가를 가진 사람의 약자에 대한 암묵적 무시도 있고요."

철학자: "<u>평등하지 않은 진리는 돌아볼 것도 없네. 자기를 뛰어나다고 생각하는 자는 진리를 알지 못하는 멍청이지. 멍청이에게서 초라함을 느끼지 말게.[326]</u>"

학생: "원칙적으로 저도 동의는 합니다."

철학자: "내가 하는 말은 재권명에서의 약자가 강자가 되려는 노력도 하지 말라는 것은 아닐세. 그런 노력은 해야지. 하지만 그런 면에서 약자라고 해서 자기가 진짜 본질적 약자, 태생적으로 부족한 사람이라는 오해는 하지 말라는 것일세. 예를 들어 80퍼센트는 동일하고 나머지 20퍼센트에서만 그 차이가 있는 것이니, 자존감 잃지 말고 세상 살아가라는 행복 관점에서 용기의 말인 셈이네."

학생: "음, 그렇군요."

철학자: "세상은 평등하지도 모두 행복하지도 않네. 앞으로도 그

럴 걸세. 그래서 지금 수업을 듣는 것 아닌가! 수업을 통해 모두가 행복해지는 것이 목표가 아닐세. 진짜 목적은 행복의 분포 비율은 비슷해도 전체적인 행복 수준을 올려 행복의 격차가 줄어들게 하는 것이지. 이 수업을 들어도 이미 충분히 행복한 사람은 별 효과가 없을 테니 말일세."

학생: "세상 속 행복의 격차를 줄이자는 말이군요."

철학자: "그런 셈이지. <u>사실 행복을 위해 필요한 것은 그리 특별한 것은 아니네. 대단할 것 같은 기대와 착각만 있을 뿐. 아무리 다시 성찰하고 숙고해봐도, 행복하기 위해 소박하고 단정하게 지내는 것 이상은 별 필요 없다네.</u>[327]"

학생: "음, 동의합니다. 하지만, 행복에 있어 가난한 사람이 겪는 고통도 생각해야 하는 것 아닌가요?"

철학자: "물론이네. 세상은 부자보다 가난한 사람이 대부분이니까. 가난한 사람은 그 가난이 행복을 방해하지 않도록 열심히 살아야지. 성공, 실패를 떠나, 그 노력도 하지 않는다면 행복을 논할 자격이 없는 거라네."

학생: "가난한 사람의 노력! 그들은 열심히 노력하지만, 분명 삶을 걱정스럽게 대면하고 또 바라보고 있을 겁니다."

철학자: "그렇겠지. 하지만, 나는 항상 이렇게 말한다네. '<u>가난한 영혼이여, 걱정 말라. 욕망에 빠져 더러움을 구분하지 못하는 자보다 가난하지만 정결한 당신이 아름답다</u>'[328]라고 말일세."

학생: "가난한 사람에게 위로와 위안이 되는 말이군요."

철학자: "빈천하지 않은 청빈한 삶, 이는 자랑스러워할 만한 것

이네."

학생: "청빈과 빈천은 큰 차이군요."

철학자: "하늘과 땅 차이, 행복과 불행의 차이지."

학생: "음, 그렇군요. 행복 그리고 이런 것들에 대해 배울 기회도 가르침을 주는 사람도 별로 없습니다."

철학자: "사람을 가르치려면 오랜 준비가 필요하지. 그렇지 않으면 그의 입에서 악취가 날 것이네.329"

학생: "사람들이 잘 배울 수 없는 이유가 그 악취 때문이었군요. 그런 것 같은 생각도 듭니다. 뭔가 배우고 싶은 생각이 들지 않는 느낌이랄까요!"

철학자: "진정한 교육자가 눈에 잘 띄지 않는 것은 사실이지."

학생: "혹시, 무엇을 보고 행복과 진리를 가르칠 수 있는 진정한 교육자라고 생각할 수 있나요?"

철학자: "그런 훌륭한 교육자의 특징은 크게 변하지 않는다는 것이지. 물론, 꼭 그런 것은 아니지만 말일세. 변하지 않으려면 변해야 하지. 모두 고집스러운 이 세상에서 변하려 하는 부드러운 모습만으로도 그 사람은 이미 충분히 고귀한 걸세.330"

학생: "행복을 위해 작지만 가능한 것 중 하나는 우리 영혼을 이끌어 주는 진정한 교육자를 찾아 나서는 일인지도 모르겠군요."

철학자: "영혼 중독자가 마약 중독자보다 위험한 것은 자신이 병들었다는 생각도, 그 증거도 없기 때문이네. 그 증상은 진정한 행복을 의욕 하지도, 의지(意志)하지도 않는 것이지. 영혼 중독 세상 속 지

금 우리에게 필요한 것은 의사보다도 진정한 교육자라네.[331]"

세 번째 수업을 마치고 다음 마지막 수업이 예고되었다. 다음 강의에서는 학생들 각자가 행복에 가장 중요하다고 생각하는 것에 대해 사례 별로 실제로 최소 행복에 도달하는 방법을 생각해보는 수업을 진행할 것이라고 한다. 학생들은 이 예고를 듣고 자신이 중요하다고 생각하는 것을 숙고하면서 좀 더 구체적이고 실제적인 행복에 도달하는 방법을 기대하는 것 같았다.

네 번째 수업

최소 행복에 도달하는 방법

행복 따위 필요 없다

철학자: "사랑은 비밀투성이여야 하네."

학생: "사랑은 두 사람이 하나가 되어 한 곳을 향해 같이 가는 것이라고 수도 없이 말하지 않습니까? 둘이 비슷해져야 하는 것 아닌가요?"

철학자: "사랑은 비슷하게 되는 과정이 아니라, 다름을 '멋지게' 인정하는 과정이네. 그와 영혼까지 공유하려 착각 말아야지."

"행복이 인생에서 사라지면
진짜 자기 삶이 비로소 그 모습을 드러낸다네.
행복을 위해 살지 말고 자기 목표와 가치 같은 무언가 실체를 위해 살게.
실체 없는 유령 같은 행복은 삶도 그렇게 만들 것이네."

네 번째 수업

† 1. 다름을 '멋지게' 인정하라 †

　이번 수업은 학생들 각자가 행복에 중요하다고 생각하는 것에 대해 사례 별로 실제 행복에 도달하는 방법을 수업할 예정이라, 학생들은 구체적이고 실제적인 행복법을 기대하면서 평소 관심 있는 주제에 대해 질문을 준비해 온 듯하다.

　철학자: "잘들 지냈는가? 행복하려면 무엇을 위해 살아야 하는지, 행복을 위해 어떻게 살아야 하는지, 행복을 위해 작지만 가능한 것들에 대해 생각해봤겠지? 오늘 마지막 수업은 예고한 대로 사례별로 최소 행복에 도달하는 구체적 방법에 대해 생각해보세."

　이때, 바로 한 학생이 손을 들고 이렇게 물었다.

　학생: "선생님, 행복하면 사랑이 제일 먼저 떠오르지 않습니까! 그런데 사랑을 통해 행복할 수 있는 방법이 있기는 한 건가요?"

　철학자: "왜 그런가?"

　학생: "사랑이 정말 행복을 주는 것인지 의심스러워 그렇습니다."

　철학자: "사람이 가장 행복할 때가 바로 '사랑할 때'라고 하지 않는가?"

　학생: "하지만, 사랑 때문에 마음 아프고, 고민하고, 때로는 불행해지기까지 하지 않습니까? 분명히 행복해야 하는데 말이죠. 왜 그렇죠?"

철학자: "너무 사랑에 대해 기대가 커서 그렇네."

학생: "네?"

철학자: "사랑은 저녁놀 화려한 하늘이 아니라, 아무렇지도 않은 보통 하늘이네. 아름답고 화려한 사랑은 희생할 것이 너무 많지. 사람의 인생이 오랫동안 그렇게 한가할 수는 없는 걸세. 사랑을 통한 행복의 조건이네.[332]"

학생: "사랑을 아무렇지도 않게 생각하는 것이 사랑 속에서 행복하기 위한 방법이란 말이죠?"

철학자: "사랑을 아름답고 화려한 장미꽃처럼 생각하는 한, 그 사랑은 오래 지속하기 어렵네. 생각해보면 당연하지 않겠나!"

학생: "무언가 기대 속에서 실망이 탄생한다는 말이군요."

철학자: "그렇네."

학생: "하지만, 그런 기대도 없이 어떻게 사랑의 설렘을 유지하죠? 설렘이 없으면 더 이상 사랑이 아니지 않나요?"

철학자: "사랑의 시작은 설렘이겠지만, 사랑을 지키는 것은 설렘이 아니네."

학생: "그럼 뭐죠?"

철학자: "사랑은 아침 안개처럼 차분해야 하네. 지킬 것이 많기 때문이지. 사랑은 의외로 침착해야 하는 걸세.[333]"

학생: "음, 사랑을 하는 것과 사랑을 지키는 것은 다르다는 말이군요."

철학자: "그렇네."

학생: "선생님, 그럼 사랑을 지키려면 침착하고 냉철하게 뭘 해야 하는 건가요?"

철학자: "사랑의 묘약은 운명적 만남 같은 극적 사건이 아니라, 자기를 조금 더 가꾸는 것이네. 사랑은 찾아오는 것일세. 행복도 마찬가지지.334"

학생: "사랑을 억지로 만들려 하지 말라는 말이군요."

철학자: "부자연스러움 속에서 사랑은 고사해 버리네."

학생: "사랑의 묘약, 자신을 가꾼다는 것은 무슨 말이죠?"

철학자: "자신만의 비밀을 만들라는 말일세."

학생: "네? 사랑하는 사람끼리 비밀을 만들라고요?"

철학자: "사랑은 비밀투성이여야 하네. 현혹하고 유혹해야 하기 때문이지. 비밀을 끝까지 깨지 말 것이며 자기만의 비밀을 더욱 만들어야 하네. 사랑의 시작은 호기심에서, 그 유지는 비밀에서라네.335"

학생: "하지만, 사랑은 두 사람이 하나가 되어 한 곳을 향해 같이 가는 것이라고 수도 없이 말하지 않습니까? 둘이 비슷해져야 하는 것 아닌가요?"

철학자: "그건 언뜻 보기에 그럴 뿐이지."

학생: "네?"

철학자: "사랑은 비슷하게 되는 과정이 아니라, 다름을 '멋지게' 인정하는 과정이네. 그와 영혼까지 공유하려 착각 말아야지.336"

학생: "그냥 인정하는 것이 아니라, '멋지게' 인정해야 하는군요.

아무리 사랑해도 영혼은 분리돼야 하고요."

철학자: "사랑 속에서 변치 않는 행복을 찾으려면 말일세."

학생: "변하지 않는 행복이라면 결국 변하지 않는 사랑이 필수 아닌가요? 그게 가능하겠습니까? 사람의 마음만큼 변하기 쉬운 것도 없는 것 같은데요."

철학자: "얼마든지 가능하네."

학생: "네? 어떻게요?"

철학자: "진정한 <u>사랑의 대상은 변하지 않은 것들이네. 순수, 열정, 선함, 감성, 정다움 같은 것이지. 외형적 사랑은 젊은 시절 몫일세. 그때는 그것밖에 없으니 할 수 없지 않나! 사실, 이것은 행복의 비밀이지</u>.[337]"

학생: "음. 변하지 않는 것을 사랑한다면야 그럴 수도 있긴 하겠지만 …."

철학자: "왜? 무언가 마음에 걸리나?"

학생: "네, 순수, 열정, 선함, 감성, 정다움 같은 훌륭한 모습들도 과연 변하지 않는 것인지 좀 의구심이 들어서 그렇습니다."

철학자: "그렇게 생각할 수도 있겠군. 어떻게 조금도 변하지 않을 수 있겠나!"

학생: "네? 얼마든지 가능하다고 하지 않았습니까?"

철학자: "맞네. 가능하다고 했지, 변하지 않는다고 하지는 않지 않았나. 조금은 괜찮네. 그 정도는 이해해야지."

학생: "그렇긴 합니다만."

철학자: "사랑의 기술은 상대가 희생을 아까워하지 않을 정도로 자기를 매력적으로 만들어 가는 것이네. 사람은 받는 것을 좋아하지만, 의외로 주는 것도 꽤 좋아해서, 줄 만한 상대를 계속 찾는다네.[338]"

학생: "가능하다는 의미가 자신을 매력적으로 유지하기 위해 노력하면 가능하다는 말이군요."

철학자: "사랑을 얻는데, 그 정도 노력도 하지 않으면 사랑할 자격이 없지."

학생: "그런데 사랑이란 그런 노력을 하지 않아도 무조건 좋아하고 편들어야 하는 것 아닌가요? 소설이나 영화 속에서 항상 그렇듯 말입니다."

철학자: "사랑은 백 가지 조건이 필요하고 그것을 지키는 과정이네. 작은 물건 하나 사는데도 거래 조건이 필요하지 않나! 사랑은 인생 최대의 거래지. 조건 없는 사랑은 소설에서나 찾게. 그런 사랑과 행복은 사흘을 넘기기 어렵다네.[339]"

학생: "조건 없는 사랑이 속임수, 사기란 말입니까? 사랑을 위해 죽기도 하지 않습니까?"

철학자: "그건 사랑의 마법에 빠진 몇 달 동안의 이야기지."

학생: "하지만, 짧은 시간 동안이라도 그때 사랑은 조건이 없지 않습니까?"

철학자: "그런 열정적 사랑의 가치를 폄하하는 것은 아니네. 하지만, 우리가 다루는 것은 사랑을 통해 인생 전체에서 행복을 이루는 방법에 대한 것일세."

학생: "음, 행복의 대상이 짧은 기간 동안의 열정적 사랑에 대한

다름을 '멋지게' 인정하라

것이 아니라, 인생 전체 행복의 총합이란 말이지요?"

철학자: "그렇네."

학생: "사랑에 조건이 필요하다는 말도 잠깐 동안의 열정적 사랑이 아닌, 50년 이상의 긴 세월 동안, 사랑을 통해 오랫동안 행복하기 위한 방법이란 것이고요."

철학자: "이해한 것 같군."

학생: "그럼, 그 거래의 조건이란 게 뭔가요?"

철학자: "예를 들면 즐거움이지."

학생: "네?"

철학자: "<u>사랑의 대상은 아름다운 자가 아니라, 즐거움을 주는 자가 좋네. 아름다움은 오래가지 않아서 거래에 있어 자격 상실이지. 행복의 친구는 아름다움이 아니라 즐거움이네.</u>[340]"

학생: "즐거움을 주는 자라면 행복한 사랑을 위한 가치 있는 거래 대상이 된다는 말인가요?"

철학자: "그렇네."

학생: "음, 즐거움은 어떤 것들인가요?"

철학자: "편안함을 느끼게 하거나, 맛있는 음식을 만들거나, 밝은 분위기를 빚어내거나, 같은 취미를 가지거나, 멋진 외모를 꾸미려 노력하거나, 사람 관계가 좋아 항상 활기가 넘치거나, 뭐 이런 거 아니겠나!"

학생: "아주 어려운 건 아니군요."

철학자: "그렇네."

학생: "이런 즐거움을 받으면 상대도 무언가를 주어야 하는 거 아닌가요? 거래는 주고받는 거니까."

철학자: "하하, 그렇게 되나? 상업적 거래는 주고받아야겠지만 사랑의 거래는 각자 자신이 그런 사람이 되는 것이 주는 것이네. 거래지만 주고받는 것은 없지."

학생: "알 듯, 말 듯 합니다."

철학자: "<u>사랑은 소나무 향 같은 것이네. 너무 주려, 받으려 하지 말게. 주어도 불편하고 받아도 불편하지. 주면 받고 싶고, 받으면 돌려주어야 문제없으니 말일세.</u>[341]"

학생: "자신의 매력만 키워가라는 말이군요."

철학자: "그렇다고 할 수 있지."

학생: "나이는 들어가고 젊음은 지나가는데, 매력을 유지하고 키워가는 게 가능할까요?"

철학자: "그렇게 어렵지 않네. 세월에 맞는 매력을 지니면 되는 거니까. 억지로 아름다워지려고, 젊어지려고 할 필요 없지."

학생: "그래도 매력이라면 톡 쏘는 듯한, 코를 자극하는 향수처럼, 눈길이 가는 어떤 것이 있어야 하지 않나요?"

철학자: "재미있는 TV를 보거나 맛있는 삼겹살을 먹는데 그런 건 필요 없네."

학생: "네? 그럼요?"

철학자: "<u>사랑은 편하고 순수한 무향이네. 향기가 지속되면 두통</u>

<u>을 일으킬 것이야. 행복한 사랑은 그것을 느끼지 못할 정도로 순한 것이지.</u>³⁴²"

학생: "무향이면서 눈길을 끄는 매력이 무엇인가요?"

철학자: "그런 게 뭐가 있겠나?"

학생: "음, 글쎄요."

철학자: "우리 인생은 항상 냄새와 향기로 가득하다네. 고등어를 구워 먹으면 환기를 시켜야 하지. 삼겹살도, 소고기도 마찬가지 아닌가! 진한 향수 향기도 잘 때는 잠을 방해할 걸세. 무향은 아무런 자극이 없는 것이네. 그것으로 충분히 눈길을 끌 만한 매력인 거지. 사람들은 항상 자신의 향기를 내뿜네. 자기주장, 자기 생각, 자기 논리로 가득하지. 그런 향기가 나지 않는 것, 그것만으로도 충분한 매력이네."

학생: "동의할 만합니다. 하지만, 사람이 그런 매력을 누구나 가질 수 있는 건 아니지 않나요?"

철학자: "물론이네. 어떻게 그런 매력을 누구나 다 가지겠나?"

학생: "그럼, 그런 매력이 없거나 부족한 사람에게는 소용없는 방법이지 않습니까?"

철학자: "사랑은 하루하루 매력을 만들어 가는 것이네. 죽음의 순간까지 말일세. 부지런하면 무엇이든 조금은 가질 수 있네. <u>사랑도 마찬가지, 행복도 마찬가지일세.</u>³⁴³"

학생: "노력한다면 그렇겠지요."

철학자: "그렇네. 노력하는 모습은 항상 매력적이니까."

학생: "선생님, 그런데 매력을 만들어가고, 매력적 무향을 추구하고, 사랑으로 거래를 하고, 이런 것들은 감성적인 건가요, 이성적인 건가요? 사랑은 기본적으로 감성적인 것 아닌가요?"

철학자: "<u>사랑은 감성적인 만큼이나 이성적인 면도 크네. 감성만이면 사랑은 어느새 도망가버리지. 우리는 감성으로 사랑에 흥분하고, 이성으로 사랑에 전념한다네.</u>[344]"

학생: "감성 반, 이성 반이란 말이군요."

철학자: "그렇지. 사랑을 시작할 땐 감성적인 부분이 더 크고, 사랑을 유지하려면 이성적인 부분이 더 중요하다네."

학생: "이성적, 논리적으로 생각하면, 좀 계산적으로 들리겠지만 결국 사랑도 나에게 이익이나 도움이 돼야 유지되는 것일 수도 있겠습니다."

철학자: "그렇지 않은 게 세상 어디 있겠나."

학생: "그러니 사랑도 거래란 말을 들을 만하군요."

철학자: "그렇지. 하지만, 사랑에는 특별한 것이 있지."

학생: "무엇이죠?"

철학자: "사랑의 기쁨은 내가 아닌 그의 즐거움이지. 내 것은 얕은 우물이고, 그의 것은 깊은 바다라네. 행복한 사랑의 조건이지.[345]"

학생: "논리적으로는 설명이 잘 안되네요."

철학자: "상대방이 즐거워하는데 왜 내가 기쁘겠나?"

학생: "글쎄요. 논리적으로는 일심동체라서 그런가요? 일심동체

가 더 논리적이지 않군요."

철학자: "사랑하는 상대가 즐거우면 그가 기분이 좋아지고 그렇다면 그의 사랑은 더 깊어질 것 아닌가! 그의 사랑이 깊어지면 자신에게 더욱 헌신할 테니, 그가 즐거우면 기뻐할 만하지 않나! 게다가 나를 즐겁게 하는 것보다 그를 즐겁게 하는 것이 훨씬 더 쉬우니, 그렇게 하지 않을 이유가 있겠나!"

학생: "음, 그럴 수 있겠군요. 상대의 즐거움을 우선하는 것이 중요하군요. 그런데 상대에게 즐거움을 주는 것 중 최고는 무엇일까요? 그것을 알면 상대를 쉽게 만족시킬 수 있을 테니까요."

철학자: "상대를 즐겁게 하기 위한 <u>사랑의 규칙은 '그가 처음 사랑했던 나'를 가능한 유지하는 것이네. 행복한 그는 저절로 나를 행복하게 할 걸세.[346]</u>"

학생: "아, 그렇군요. 사랑이 식어가는 이유는 반대로 '그가 처음 사랑했던 나'를 유지하지 못하기 때문이겠군요."

철학자: "그렇겠지."

학생: "하지만, 그게 쉽지만은 않을 것 같습니다."

철학자: "<u>사랑은 불편한 일이라네. 사람의 마음을 사로잡는 것이 그리 쉬운 일은 아니지. 편안하다면 이미 사랑은 지나간 것일세. 불편한 것을 감수하는 인내와 노력이 사랑을 유지한다네.[347]</u>"

학생: "사랑하는 사람에게 편안함을 느낀다는 것은 아주 이기적이거나 사랑하지 않는 것이란 말이네요."

철학자: "감내와 노력이 없다면 더 이상 사랑이 아니지."

학생: "그 감내와 노력의 대가가 결국 사랑이란 말인가요?"

철학자: "물론이네."

학생: "음, 결국 사랑은 거래군요."

철학자: "<u>사랑은 주는 것만큼만 받을 수 있다네. 누구든 성인(聖人)이 아니라 사람이지. 그 이상을 요구하면 화를 내는 법이네. 이는 행복한 사랑을 위한 확실한 법칙이지.</u>348"

† 2. 자유로울 수밖에 없는 필연을 만들라 †

이때, 다른 학생이 손을 들고 이렇게 물었다.

학생: "선생님, 자유로우면 행복한가요?"

철학자: "그럼, 자유로운데 당연히 행복하겠지. 왜 그런가?"

학생: "자유롭지 않은 사람들이 주위에 너무 많은데, 그럼 그들 모두 행복할 수 없는 건가요?"

철학자: "그건 자유의 구속이나 제한 상태가 어느 정도 인지에 따라 다르겠지. 예를 들면 어떤 상태인가?"

학생: "해야 할 것들로 넘쳐납니다. 수업, 과제, 시험, 취업 준비, 스펙 쌓기, 공부, 사람 관계 유지, SNS, 독서, 취미 만들기, 어떤 것 하나 소홀히 할 수 없습니다."

철학자: "할 일이 많군."

학생: "자유가 행복의 조건이라면 영원히 행복할 수 없을 것 같습니다."

철학자: "자유, 별것 아니라네. 하고 싶은 대로 한다고 그리 대단할 것도 없지. 단지, 일과 사역으로부터의 도피가 목적이라면 말일세. 일에서 도망가는 만큼 행복도 도망갈 것이네.[349]"

학생: "네? 자유가 별것 아니라고요?"

철학자: "그렇네."

학생: "자유로우면 일하지 않고 놀고먹을 수 있고, 마음대로 쉬고 싶을 때 쉴 수도 있고, 먹고 싶은 것을 마음대로 먹을 수 있고, 어디든 가고 싶은 데는 다 갈 수 있고, 좋은 옷을 입고 마음껏 멋을 낼 수도 있고, 이 정도면 별것 아니라고 할 수는 없지 않습니까?"

철학자: "그게 단가?"

학생: "네?"

철학자: "그건 약간의 힘과 돈만 있으면 되는 일 아닌가? 자유를 원하는 것이 아니라, 권력과 재력을 갈망하는 것 아닌가? 그것으로 하는 것은 결국 놀고먹는 것인데, 놀고먹는 것이 삶의 목적인가?"

학생: "음, 하지만, 대부분 사람이 원하는 삶입니다."

철학자: "그들 중 극히 일부만 가능한 일이겠지."

학생: "그렇겠지요."

철학자: "그럼, 대부분 사람은 스스로 자유롭지 못하다고 생각할 것 아닌가?"

학생: "그건, 그렇지요."

철학자: "자유가 행복의 주요 조건이라면, 대부분 행복할 수 없지 않겠나?"

학생: "행복 관점에서는 그렇겠습니다."

철학자: "그럼 둘 중 하나네. 우선은 자유가 행복의 조건이 아니거나, 둘째로, 자유가 행복의 조건이라면, 자네가 말한 힘과 돈으로 할 수 있는 놀고먹는 것이 진짜 자유가 아닌 거지. 둘 중 하나라면 어느 것이겠나?"

학생: "답은 정해져 있네요."

철학자: "진짜 자유로워지려면 힘과 돈에서 멀어져야 하네."

학생: "하지만, 힘 있고 돈 있는 자들이 사람들을 계속 자극하지 않습니까?"

철학자: "<u>권력가와 재력가의 가장 껄끄러운 상대는 그들의 것에 무관심한 자네. 그가 자신보다 행복해 보이기 때문이지.</u>350"

학생: "그럼, 힘과 돈 말고 무엇이 우릴 자유롭게 하고 행복하게 하죠?"

철학자: "무엇이겠나?"

학생: "음, 힘과 돈이 없어도 할 수 있는 것들이 있기는 하군요. 물론, 조금은 여유가 있어야 하겠지만요."

철학자: "무엇인가?"

학생: "산으로 등산을 간다든지, 시간이 나는 대로 글을 쓴다든지, 친구들과 시원한 곳에서 대화를 나눈다든지, 아이들과 여름날 소나기를 맞으며 신나게 도망 놀이를 하든지, 집에서 가족들과 김치

전을 부쳐 먹든지, 조용히 그늘에 누워 낮잠을 잔다든지, 늦은 밤 책에 빠져 정신없이 독서에 몰두한다든지, 얘기하다 보니 끝이 없군요."

철학자: "자네 말대로 약간의 여유는 있어야 하겠지만, 힘과 돈의 저편에도 자유와 행복은 있는 걸세."

학생: "힘과 돈이 자유와 행복의 필수 조건은 아니란 말이네요. 그 말은 자유와 행복을 위해 힘과 돈을 추구하지 않아도 된다는 것이고요."

철학자: "그렇네. 최소 행복으로 충분하지."

학생: "그렇다면, 조금 안심이 됩니다."

철학자: "다행이네."

학생: "그런데 선생님, 자유를 얻으려면 다른 사람의 자유가 희생되어야 하는 거 아닌가요?"

철학자: "왜 그런가?"

학생: "밥을 먹고 설거지를 안 하고 자유로운 시간을 가지려면 누군가 그걸 해야 하는데, 그건 결국 그의 자유가 희생된 것 아닌가 해서요?"

철학자: "자네 말 대로네."

학생: "그럼 자유는 약탈적 속성이 있군요. 타인의 자유와 행복을 빼앗으니까요."

철학자: "자유는 경쟁적 자유와 비경쟁적 자유로 나뉘지. 자네의 예는 경쟁적 자유의 경우이고, 이때 타인과 경쟁하면서 정해진 자유

를 놓고 다투게 된다네. 반면, 비경쟁적 자유는 타인과 무관한 자유이고, 스스로 창조하는 자유지."

학생: "자기 스스로 만들어내는 창조적 자유에는 경쟁이 없다는 건가요?"

철학자: "그렇지. 하지만, 경쟁적 자유에도 대안은 있네. 예를 들면 젊은 시절에 돌아가면서 군대에 간다든지, 연금을 젊을 때 일정 기간만 낸다든지, 설거지를 돌아가면서 한다든지 말일세."

학생: "서로 나누는 것이네요."

철학자: "그렇네. 자유는 타인에게서 뺏는 것이 아니라, 그들과 함께 나누는 것이지. 행복처럼 말일세.355"

학생: "선생님, 자유가 커지면 행복도 커지나요? 아니, 자유를 노력해서 키우면 행복도 키울 수 있나요? 만일 그렇다면 행복의 비밀 열쇠는 자유인가요?"

철학자: "행복은 무한히 확장하네. 우리가 행복의 최고 표면에 도달할 수 없는 이유지. 그런데 사실 그렇게 멀리 갈 필요도, 이유도 없네. 행복은 공처럼 생겨서 한쪽으로 치우쳐 가면 다른 쪽에서 멀어지기 때문이지.352"

학생: "행복이 공의 표면에 모두 모여 있다고요?"

철학자: "그렇네."

학생: "그럼 한 쪽이 행복하면 그만큼 다른 쪽은 오히려 불행할 수 있다는 말인가요?"

철학자: "그렇네."

자유로울 수밖에 없는 필연을 만들라

학생: "음, 예를 들면요?"

철학자: "누군가 학창 시절 쉼 없이 공부해서 훌륭한 판사가 됐다고 해보세. 그는 좋은 직업을 가지게 된 것에 행복하겠지만, 어린 학창 시절 가족, 친구들과 즐거운 추억들을 쌓지 못한 것을 항상 마음속에 회한으로 둘 걸세. 또 그 반대의 경우도 성립하지."

학생: "사람은 모든 면에서 행복할 순 없다는 말이군요."

철학자: "그렇네. 얻는 게 있으면 반드시 잃는 것도 있고, 잃는 게 있으면 반드시 얻는 것도 있는 법이지."

학생: "그럼 자유도 많이 너무 가지려고 노력할 필요 없겠네요. 같은 이유로요."

철학자: "그렇네. <u>자유의 목적도 역시 행복이지. 내 주위 열 사람만 자유롭다면 그들과 함께 행복할 것이네.</u>[353] 그것으로 충분하지."

학생: "내 주위 열 사람이면 되나요? 열 사람이면 부모, 형제, 친척, 친구 몇 명이면 되는데요."

철학자: "그것이면 충분하네."

학생: "자유나 행복이 너무 협소해지는 것 아닌가요?"

철학자: "열 사람이면 자신이 사랑하고 좋아하는 사람들이겠지. 그것도 결코 쉬운 일이 아닐세."

학생: "음, 그런 것 같기도 하고 아닌 것 같기도 하고 그렇습니다."

철학자: "천천히 생각해도 되네."

학생: "선생님, 그런데 자유는 얼마나 그리고 어떻게 준비해야

하는 거죠?"

철학자: "별로 준비할 필요 없네."

학생: "네? 준비 없이 어떻게 자유롭고, 행복할 수 있겠나요. 선생님도 준비된 자만 행복할 수 있다고 하지 않았습니까?"

철학자: "그랬었지. 하지만, 자네처럼 뭘 준비해야 하는지를 묻는 친구에게는 항상 그렇게 말한다네."

학생: "왜죠?"

철학자: "우리 삶이 꼭 자유와 그를 통한 행복을 위해서 사는 것만은 아니기 때문이네. 또한 그 준비가 삶을 혼란스럽게 할 수도 있기 때문일세."

학생: "네?"

철학자: "모든 일에는 준비가 필요하긴 하네. 하지만, 자유를 위한 준비에만 시간을 너무 끌면, 결국 죽음을 위한 준비가 될 걸세. 준비 잘하려다 젊음이 다 가는 거지. 절망과 슬픔 속에서도 우리는 충분히 자유롭다네.[354]"

학생: "자유도 삶의 일부분일 뿐이라는 거군요. 자유만을 위해 살다가는 삶이 무너질 수도 있고요."

철학자: "그렇네."

학생: "하지만, 특별한 상황도 있지 않나요? 자유를 억압하는 독재에 저항하는 경우처럼 말입니다."

철학자: "물론이네. 그런 경우는 자유를 통한 행복이 삶의 전체, 절대 행복이 될 수도 있지."

학생: "자유만을 위해 살 수도 있다는 말이죠?"

철학자: "그렇네."

학생: "조금 전, 삶은 자유를 통한 행복만 있는 것이 아니라고 하지 않았나요?"

철학자: "그렇네. 하지만, 독재에 의한 자유의 억압은 삶 전체에 모두 영향을 주는 것 아닌가! 이 경우는 인생을 걸고 저항해야지. 억압 상태에서는 삶 전체가 절대 행복할 수 없기 때문이네."

학생: "자유가 별것 아닌 것은 억압이 없을 때만 그런 거군요."

철학자: "그렇네."

학생: "억압의 경우는 어떻게 자유를 다시 찾죠?"

철학자: "<u>자유에 대한 억압에 대항하는 자는 치열히 그리고 냉철히 준비해서, 억압의 싹이 다시 트지 못하도록 철저히 파괴, 응징해야 하네. 억압에 대한 단순 자기방어적 저항은 희생을 더욱 키울 뿐이지. 억압에 '적당히' 대응하는 것은 불행의 조건이네.</u>[351]"

학생: "억압 같은 특별한 경우에는 목숨을 걸어야 하는군요."

철학자: "자유와 그를 통한 행복을 원한다면 말일세."

학생: "자유는 목숨을 걸어야 하는 경우도 있지만, 자기 방에서 빈둥빈둥 노는 것도 자유 아닌가요? 그래서 목숨 걸고 얻는 행복도 있지만, 자기 방 침대 속에서 얻는 행복도 있고요. 두 행복은 어떻게 다른 거죠?"

철학자: "어떻게 다르겠나?"

학생: "음. 하나는 모험과 투쟁 속에서 얻는 자유와 행복이고, 다

른 하나는 침대 속 편안함에서 얻는 자유와 행복이겠네요."

철학자: "모험과 투쟁 속 자유는 삶 전반에 영향을 주고 또 다른 자유로 계속 이어지지만, 침대 속 자유는 단지 그곳에서 시작하고 그곳에서 끝난다네."

학생: "대단한 노력으로 무언가 성취했을 때의 행복과 침대 속 편안함에서 느끼는 행복의 차이군요."

철학자: "자유에 편안함을 연결하는 것은 스무 살 시절 잠깐으로 충분하다네. 자유는 모험과 투쟁 상태지. 편안함을 원한다면 작은 방에서 조용히 그것을 만끽하면 될 것이야. 자유는 정신적 상태네. 육체적 자유는 나태일 뿐이지. 집을 나섬은 행복의 조건이네.[356]"

학생: "선생님, 그런데 자유는 행복 말고 현실적으로는 무엇을 주는 거죠?"

철학자: "자유는 아무것도 해주지 않네. 자유로워도 아무것도 얻을 수 없지. 그래서 자유와 먹을 것을 바꾸는 것이네. 자유가 무엇이든 해줄 것이라는 오해가 사람을 자유롭지 못한 것으로 오인케 하지. 모든 진리는 행복을 주지만 가난한 법일세.[357]"

학생: "그래도 무언가 유용한 것이 있지 않나요? 사람들이 그렇게 자유를 찾는 것을 보면요."

철학자: "자유는 가능성을 제공하지. 그 가치는 그것으로 충분하네."

학생: "가능성이군요. 실질적으로 아무것도 주지는 않지만요."

철학자: "가능성이 말 그대로 무한하기 때문이지."

학생: "그럼, 선생님, 자유가 가능성이라면 자유는 현재적 특성 아닌가요? 과거의 가능성은 이미 별 의미가 없고, 미래의 가능성은 아직 불확실하니까요."

철학자: "잘 보았네. 자유는 현재지. 그런데 삶 대부분은 과거와 미래지 않나! 현재는 너무 짧다네. 우리가 자유롭기 어려운 이유지. 복잡하게 생각하지 말게. 그냥 지금 자유로워야 자유로운 것이네.[358]"

학생: "짧은 현재의 가능성을 직감하는 것, 그것이 자유군요."

철학자: "자유가 주는 또 하나의 것은 '존재의 깨어 있음'이네. 그것 또한 아무것도 주지 않지만, 많은 것을 주기도 하네. 모든 것을 다 잃어도, 잔혹한 세상에서도, 그것은 자기 세상을 유지시키는 핵심일세. 사랑은 먹을 것을 주지 않지. 자유도 똑같다네. 아무것도 주지 않지만, 우리 생을 결정하지. '존재의 깨어 있음'이라는 행복을 주기 때문이네.[359]"

학생: "자유가 나를 인식시키는군요."

철학자: "바로 그것이지."

학생: "행복에 자유가 중요하다고 할 만한 것 같습니다."

철학자: "그렇지. 하지만, 자유는 단지 억압에 대항할 수 있는 상태일 뿐이네. '자기 마음대로'라는 생각은 착각이지. 진리는 자유로 인도하지만, 자유는 진리로 인도하지 않네. 진리와 자유, 둘을 동급으로 생각하면 곤란하지. 공평과 평등이 기웃거리기 때문이네. 이처럼 행복은 약간의 부자유 상태지.[360]"

학생: "네, 그럴 것 같기는 합니다. 이런 중요한 자유를 우리는 왜 잘 사용하지 못하는 걸까요? 주위에서 자신이 자유롭다고 하는 사

람을 별로 본 적이 없습니다."

철학자: "사람들이 궁금한 것은 자유를 어떻게 써야 하는 지인데, 이른바 지식인들은 자유롭기 위한 편법만을 가르치기 때문일세.[361]"

학생: "자유를 쓰는 법을 제대로 가르치는 사람이 없다는 말이군요."

철학자: "그렇네."

학생: "그런데, 자유를 쓰는 법이 뭐죠?"

철학자: "자유의 사용 설명서 같은 것이지."

학생: "새로운 전자기기를 처음 쓸 때, 귀찮고 어렵지만, 대충이라도 꼭 보고 익혀야 하는 것처럼, 자유도 사용 설명서를 보고 사용법을 몸에 익혀야 한다는 말인가요?"

철학자: "그렇네."

학생: "자유 사용 설명서 내용이 뭐죠?"

철학자: "지금 최소행복수업에서 공부하고 있는 것이 그것이라 할 수 있지. 다는 아니지만 말일세. 잘 정리해두게."

학생: "그렇군요. 사람들은 모두 자유를 원하는데, 실제로 자유로운 사람은 별로 눈에 띄지 않습니다. 왜 그럴까요? 모두 자유를 선택하면 될 일 아닙니까?"

철학자: "그렇게 쉬운 일이 아니지. 자유는 세심하게 준비한 자에게만 주어지는 선물이네. 우리가 쉽게 자유롭지 못한 이유일세. 어느 날 아침 눈을 떴을 때, 자유로울 수는 없는 일이네.[362]"

학생: "꼭 그렇게 세심하게 준비해야 하나요?"

철학자: "자유는 신체의 자유, 이성의 자유, 감정의 자유, 욕구의 자유, 물질의 자유, 관계의 자유 등 수 많은 자유로 구성되어 있고, 그중 하나라도 부족하면 자신이 자유롭다고 느끼지 못하기 때문이네."

학생: "역시 쉽지 않군요."

철학자: "<u>자유는 시골 노인의 소박하고 주름진 얼굴과 도시 골목 너머 소년의 가슴까지 모두가 가지는 '생각의 힘'으로 완성되는 것이네. 압제자 몇 사람 제거되었다고 자유롭다 착각하면 곤란하지. 독재를 벗어나면 가난이 드러나기 때문이네. 자유는 비슷해졌는데, 가진 것이 다르기 때문이지.[363]</u>"

학생: "그럼 어떻게 하죠?"

철학자: "준비해야지. <u>자유를 찾아 집을 떠나면 고생이지 않나! 좀 덜 고생하려면, 물론 과하면 안 되겠지만 철저히 준비해야 하네. 고생하느라 경치 볼 시간이 없기 때문이지. 두려움은 대부분 준비 부족에 기인하는 걸세. 새로운 곳을 항해하려면 어느 정도 인고의 준비가 필요하네.[364]</u>"

학생: "준비란 자유로울 수 있는 자신의 역량, 능력, 태도, 성격, 사람 관계, 뭐 이런 것들인 거죠?"

철학자: "그런 것들도 필요하지."

학생: "그렇게 자유를 얻으면 드디어 행복해지는 건가요?"

철학자: "자신의 자유로 <u>얼마나 행복을 누릴 만한지는 타인을 얼마나 행복하게 해주는지로 결정된다네.[365]</u>"

학생: "네? 그렇게 힘들게 얻은 자유를 남의 행복을 위해 쓰라고

요?"

철학자: "당연하지 않나! 자유를 통해 행복하려면 그 방법이 최선 그리고 최고의 방법이지."

학생: "어떻게 보면 자신의 가장 소중한 것을 다른 사람을 위해 쓰는 것인데, 보통 사람들에게 그게 가능하겠습니까?"

철학자: "사람들과 교제에 능숙해지려면 그들의 생각과 행복에 맞추어야 하네. 조금 뛰어난 자에게는 곤란한 일이지만, 탁월한 자에게는 즐거운 일이지.[366]"

† 3. 연습과 노력으로 따뜻한 마음을 만들라 †

이때, 다른 학생이 손을 들고 이렇게 말했다.

학생: "선생님, 저는 정의와 도덕이 행복을 위해 제일 중요하다고 생각합니다."

철학자: "왜 그렇나?"

학생: "정의와 도덕은 올바르다고 생각되는 것들을 스스로 자발적으로 하는 것 아닙니까?"

철학자: "그렇다고 할 수 있지."

학생: "법률처럼 강제적 집행으로 어쩔 수 없이 따르는 것이 아닌, 스스로 결정에 따라 세상을 올바르게 만들어가는 것이니, 자유

의지적 요소도 충분하고요."

철학자: "그래서?"

학생: "나, 타인, 세상이 올바르다면, 행복하려고 크게 노력하지 않아도 저절로 모두가 행복해지겠지요."

철학자: "그렇긴 하겠군."

학생: "그럼, 정의로운 삶, 도덕적 삶을 사는 것이 행복을 이루는 열쇠가 될 수 있을까요?"

철학자: "그렇게만 되면 얼마나 좋겠나!"

학생: "아니란 말이군요."

철학자: "사람이 정의를 말하는 것은 어울리지 않네. 신이 들으면 웃을 일이지. 깊이 주의하지 않으면 오히려 정의는 행복의 적이네.[367]"

학생: "네? 무슨 말이죠?"

철학자: "정의와 도덕! 책에 있는 대로 사람이 그렇게만 살 수 있다면 자네 말이 맞겠지만, 사람은 그렇게 훌륭하지 않지."

학생: "그걸 이루려 노력하면 되지 않습니까!"

철학자: "수천 년 동안, 정의는 사람을 행복하게 하는 데 실패했네. 의지가 정의와 다른 영역에 있기 때문이지. 이는 지식이 '삶에 무력한' 이유와 동일하네. 모든 가치가 의미를 가지려면 사람 마음속 '의지의 문'을 통과해야 하는 걸세.[368]"

학생: "사람은 정의로울 수 없다는 말이군요. 왜 그렇지요?"

철학자: "정의가 사람의 욕구, 욕심에 무릎 꿇기 때문이지."

학생: "예를 들면요?"

철학자: "사람 많은 도심에서 친구와 함께 길을 가다 1억 원이 든 현금 가방을 주웠다고 하세. 그는 분명 그 돈을 잃어버린 사람의 곤란함을 상상하면서 주변 파출소를 찾을 걸세."

학생: "그렇겠죠."

철학자: "하지만, 그가 등산하다 아무도 없는 한적한 곳에서 그것을 주웠다면 어떻게 할 것 같나?"

학생: "일단 가방을 들고 내려와 신고하겠죠."

철학자: "돈에 여유 있는 사람이라면 그럴지도 모르지. 하지만, 돈이 없어서 곤란을 당하는 사람이라면 이렇게 생각할 걸세. '이건 신이 내려주신 선물이야. 내가 착하게 살아온 보답이지. 우선 내가 쓰고 나중에 여유가 생기면 수소문해서 찾아 주도록 하자.'고 말일세."

학생: "그럴 수도 있겠지요."

철학자: "그럴 수 있는 정도가 아니라, 거의 대다수가 그렇게 할 걸세."

학생: "정의가 사람의 욕심을 절대 이길 수 없다는 말인가요?"

철학자: "물론, 절대까지는 아니겠지만 말일세."

학생: "그래도 어릴 때부터 교육하면 되지 않을까요? 아닙니다. 말하면서 저도 인간의 욕심을 이길 것은 없을 것 같다는 생각이 듭니다. 플라톤 '기게스의 반지' 이야기처럼요."

철학자: "정의에 대해서는 다소 모른 척해야 하네. 너무 아는 척하면 다수가 반발하지.[369]"

학생: "대다수가 정의롭지 않기 때문이군요."

철학자: "그렇지."

학생: "번번이 인간의 욕심과 이기심에 져버린다면, 그러면 도대체 정의의 역할은 뭐죠?"

철학자: "정의는 자기를 정의롭게 하는 데 사용되는 것이 아니라, 주로, 남이 정의로운지 감시하는 데 사용된다네. 누군가 한번 정의롭게 행동했다고 정의로운 것은 아니지. 그때 남이 보고 있었을지 모른다네. 정의로운 척한 거지. 우리 시대 정의의 목적은 행복이 아닐세. 정의가 진리에서 멀어진 이유네.[370]"

학생: "심각하군요. 그래도 주위를 보면 정의를 주장하고 또 실제로 정의로운 사람이 눈에 띄지 않습니까!"

철학자: "두 가지 경우네. 하나는 좀 전에 말한 대로 누군가 보고 있어서지."

학생: "또 다른 하나는요."

철학자: "그가 약자이기 때문이네. 정의가 자기에게 이익이 되는 거지."

학생: "네?"

철학자: "정의의 유효 기간은 그리 길지 않네. 보통 자기가 약자로 있을 때로 제한되지. 강자가 되면 이야기가 달라지네. 사람들이 행복하지 않은 이유지.[371]"

학생: "왜 정의가 그렇게 자기 본래의 힘, '올바름'에의 의지를 잃어버렸지요?"

철학자: "정의는 원래 선이었는데, 선을 위해 악을 행하다 악이 되어 버렸네.[372]"

학생: "정의가 악이 돼버렸다고요? 그건 너무 심한 말 아닌가요?"

철학자: "독재자들의 제1 구호가 뭔지 아나?"

학생: "뭐죠?"

철학자: "정의로운 사회 구현이네. 멀리 갈 것도 없고 얼마 전 우리 일, 우리 역사네."

학생: "정의가 여기저기서 이용만 당하는군요."

철학자: "그런 셈이지."

학생: "그래도 다행히 세상은 아직은 정의로움으로 규제, 통제받고 있지 않나요?"

철학자: "헌법은 정의를 보장하네. 그 외 법은 아니지. 우리가 실제 부딪히는 법은 헌법이 아닐세.[373]"

학생: "네? 무슨 말이죠?"

철학자: "기본적, 원칙적으로는 정의를 보장하지만, 실제적 모든 하위 법은 자기 집단의 이익을 위해 만들어지네. 거기에 무슨 정의가 있겠나!"

학생: "이를 어떻게 하죠?"

철학자: "정의는 힘 있는 자 편에서 약자를 비웃고 있네. 이제 남

은 것은 '냉철한 분노'밖에 없지. 싸우지 않는 것은 최선일 때도 있지만 최악일 때도 있네.[374]"

학생: "행복을 위해, 정의를 위해 나서 맞서야 한다는 말이군요."

철학자: "그렇네. 불한당도 용서받으려면 한참이 걸리지 않는가! 잘못된 정의는 말할 것도 없지. 극형이 최선이네. 불의는 행복을 무너뜨리기 때문일세.[375]"

학생: "그래도 싸우고 투쟁하는 것보다는 이성적으로 도덕적으로, 키케로의 말대로 '선한 마음으로' 방법과 대안을 찾아야 하는 거 아닌가요?"

철학자: "그건 안 될 말이네. 악한 자에게 있어 착하고 고분고분한 사람은 여러모로 중요하고 쓸모가 있지. 이용만 당할 걸세.[376]"

학생: "현재의 정의는 구제 불능이군요."

철학자: "자네들이 해야 할 일, 회복시켜야 할 일이지."

학생: "그럼, 도덕은 어떨까요. 정의와 비슷하긴 하지만 악한 자들이 도덕을 쉽게 이용할 수는 없지 않습니까?"

철학자: "그럴까? 왜 그렇게 생각하나?"

학생: "바다를 예로 들면, 정의는 바다 표면이라 폭풍으로 파도가 치고 흔들리기도 하겠지만, 도덕은 바다 밑 기저 상태라 언제나 거의 변함 없다고 생각합니다."

철학자: "좋은 비유 같네."

학생: "그래서 이런저런 조건이나 이익, 욕심 등에 휘둘리지 않을 수 있을 거란 생각이 듭니다."

철학자: "도덕이 흔들리지 않을 거란 말이지? 도덕은 선한 마음이지?"

학생: "네. 그렇지요."

철학자: "자네도 어릴 적, 형제나 친구들하고 잘 지냈나?"

학생: "뭐, 그런 편입니다."

철학자: "항상 잘 지냈나?"

학생: "그럴 수야 없죠. 때때로는 싸우기도 하면서 지냈지요."

철학자: "그때, 형제나 친구들에 대한 마음이 어땠나?"

학생: "음, 뭘 말하려는지 알겠습니다."

철학자: "선한 마음 또한 상황에 따라 얼마든지 바뀐다네. 오히려 정의보다 더 변덕스러울 수도 있지. 도덕은 이익과 욕심뿐 아니라 개인적인 감정이나 분노에 의해서도 완전히 달라질 수 있네."

학생: "음, 그럴 수도 있겠네요."

철학자: "범죄의 발생도 원래부터 의도된 것도 있지만, 순간적 도덕 감정의 무너짐으로 발생하는 것이 더 많지."

학생: "그건 그렇지요."

철학자: "바다 속이 언뜻 보기에는 고요하고 변함없는 것 같지만 바닷속 난류와 한류의 끊임없는 만남으로, 항상 보이지 않는 변화로 요동치네."

학생: "보이지 않는 변화군요."

철학자: "게다가 도덕은 힘 있는 자들에게 항상 이용당해 왔지."

학생: "네? 어떻게요?"

철학자: "<u>악용된 도덕의 역할은 사람을 겁쟁이로 만드는 것이라네. 겁쟁이 도덕주의자는 행복하기 어렵지.</u>377 항상 고개 숙이고 살아야 하는데 어찌 행복하겠나!"

학생: "예를 들면요?"

철학자: "우리나라를 수천 년 지배하고 있는 유교 사상, 철학이네."

학생: "유교가 악용된 도덕이라고요?"

철학자: "인과 예가 무엇이겠나! 바로 백성들을 순한 양으로 만들어 그들을 이용하기 위한 수단 아닌가. 왕권 시대였으니 그게 필요했겠지."

학생: "군신유의, 장유유서, 부부유별 같은 것이군요."

철학자: "그렇네."

학생: "도덕도 정의의 모습과 비슷하네요. 어떻게 해야죠?"

철학자: "<u>멋진 갑옷만으로는 싸움에서 이길 수 없지 않겠나! 칼과 창도 있어야 하네.</u>378"

학생: "네?"

철학자: "전쟁에서 이겨 행복하려면 공격도 해야 한다는 것일세. 도덕 타령만 하다간 항상 당하기만 하지. 절대 행복할 수 없네."

학생: "정의나 도덕이 행복을 위한 가장 확실한 방법이라고 생각했는데, 전혀 아니군요. 잘 만 지켜지면 모두 행복할 것 같았는데요."

철학자: "물론, 도덕의 시작과 명분은 '모두를 위해서'네. 훌륭하지. 그런데 실제로 그런 일은 별로 없네. 자신이 탁월해지면 도덕에서 빠져나가려 하기 때문이지.[379]"

학생: "그런데, 정의와 도덕은 왜 그렇게 근거와 힘이 약할까요?"

철학자: "배워서 얻는 가치와 진리라서 그렇네."

학생: "네?"

철학자: "정의와 도덕이 삶에서 오랫동안 이어져 내려온 것이라면 강력할 수 있지. 하지만 정의와 도덕을 책에서 배운 사람은 삶에 적용될 때 이익과 욕심에 흔들리는 거지."

학생: "쉽게 얻은 진리군요."

철학자: "하루아침에 얻은 깨달음의 특징은 그것이 하룻밤에 가지 않는다는 것이네. 오랜 철학자가 겉보기에도 다른 이유기도 하지. 삶 속 진리 상태는 얼굴과 몸짓에 나타난다네. 이처럼 진리는 오랜 흔적이지. 행복도 마찬가지이고.[380]"

학생: "머리가 뛰어난 사람은 어떤가요? 그들은 좀 더 도덕적일 수 있지 않나요? 무엇이 행복에 도달하는 방법인지를 생각하면 도덕에서 벗어났을 때의 문제를 알 수 있을 것이고, 결국 도덕을 지키려고 애쓰지 않을까요?"

철학자: "그런 사람도 있긴 하겠지. 하지만, 머리가 비상한 논리적인 사람은 보통, 타인의 이익보다 자신의 이익이 행복에 도움이 된다고 생각하네. 현실적으로는 타인의 이익이 자기 행복이 되는 일은 별로 없으니 말일세. 그들은 도덕을 별로 좋아하지 않을 걸세."

학생: "음, 그렇긴 하겠군요."

철학자: "머리가 뛰어나고 일찍 성공한 자는 도덕을 배울 필요도, 시간도 부족했던 도덕적 풋내기인 경우가 많네. 스스로도 경계하고 조심할 일이지. 그래서 선인(善人)들은 지능과 기억력으로만 평가되지 않는 공평한 세상을 기다린다네.381"

학생: "결국 정의, 도덕 이런 것보다 세상 모두가 근본적으로 선해지는 수밖에 없군요."

철학자: "그렇다고 할 수 있지."

학생: "그럼, 우리는 어떻게 하면 선해지죠?"

철학자: "선함은 연습과 노력으로 탄생하는 것이네. 따뜻한 마음은 어린 시절 많은 부분 결정되지.382"

학생: "어떻게 공부해야죠? 결국, 도덕과 철학을 가르치는 옛 사상가의 고전인가요?"

철학자: "고전으로 된다면 얼마나 편하겠나!"

학생: "그럼요? 어떤 책이 필요하죠?"

철학자: "옛 고전을 이해하고 해석해서 현대 사회에 적용할 수 있는 새로운 도덕과 철학을 만드는 우리 시대의 책이네."

학생: "고전이 아니라, 고전을 우리 시대에 맞게 재해석한 우리 시대의 철학이군요."

철학자: "그렇네. 행복과 진리를 주는 비밀의 책도 오래 묵으면 퀴퀴한 냄새가 나네. 매일 닦아 주어야지.383"

학생: "학교 교육은 어떤가요? 그래도 학생들이 가장 많은 시간을 보내는 곳이니까요."

철학자: "그렇긴 하지만, 별로 효과 없을 걸세. <u>도덕을 가르치라 했더니 암기력만 가르치지. 시험이 끝나면 곧 잊힐 거네.</u>[384]"

학생: "결국, 학교 교육 과정이나 선생님들의 준비 상태가 문제가 되겠네요."

철학자: "<u>교육자는 성공하는 법을 가르치는 자가 아니라, 행복을 가르치는 자여야지. 성공했다고 남들은 축하해 주는데, 정작 본인은 무언가 석연찮다네. 행복을 배운 적이 없기 때문이지.</u>[385]"

학생: "점수로 평가를 할 수밖에 없는, 기억력으로 능력을 판단할 수밖에 없는, 다수를 대상으로 하는 학교 교육의 맹점이군요."

철학자: "그렇다네. 무언가 근본적으로 바뀌어야지. <u>기억력은 며칠을 넘기기 어렵네. 깨달음도 행복도 마찬가지지.</u>[386]"

† 4. 특별한 자가 되려 하지 말라 †

이때, 다른 학생이 손을 들고 이렇게 말했다.

학생: "선생님, 저는 국가가 우리 행복의 시작이라고 생각합니다. 그리고 선생님은 아니라고 했지만, 아무리 생각해도 재권명 즉, 재력, 권력, 명예가 행복의 근간이란 생각을 아직 버릴 수가 없습니다."

철학자: "이해하네. 그래, 우선, 국가가 왜 행복의 시작이지?"

학생: "생각해 보십시오. 우리가 하루에 한 끼도 먹기 힘든 아프

리카 어느 나라에서 태어났다고 하면, 지금 우리가 느끼는 것과 그 행복의 질은 비교할 수 없을 정도로 떨어질 겁니다."

철학자: "그렇군. 설득력 있네. 그런데 뭔가 이상하지 않나?"

학생: "네?"

철학자: "우리는 지금 여기서 행복하기 위한 방법을 찾고 있지 않나!"

학생: "그렇지요."

철학자: "그럼 우리가 찾는 행복을 위한 방법 중 하나가 더 좋은 다른 나라로 편입되는 것인가? 우리보다 잘 사는 미국이나 유럽 국가로 말일세."

학생: "네? 그건 아닙니다."

철학자: "거기에다 미국이나 유럽이 과연 우리가 살고 있는 이 나라보다 훨씬 더 행복하다고 생각하나?"

학생: "꼭 그런 것은 아닌 것 같습니다."

철학자: "국가를 생각한다면 '행복을 위해' 현재 우리 국가 권력을 어떻게 변화시켜야 하는지를 고민해야 하는 걸세."

학생: "그렇긴 하지만. 예를 들면요?"

철학자: "<u>국가 권력은 평등을 가장하여 평등을 해치는 공인기관이네. 그에 합당하게 대우하는 것이 좋을 걸세. 잘못하면 행복을 국가에 빼앗기네.</u>[387]"

학생: "네? 그게 무슨 말이죠?"

343

철학자: "국가는 평등을 추구하는 듯하지만, 국가 속 소수 이익 집단의 특권을 유지하기 위한 수단으로도 활용되네. 합법적으로 말일세. 평범한 시민들은 손 놓고 당할 수밖에 없지."

학생: "그래서 행복을 빼앗길 수도 있다고 했군요."

철학자: "의사의 이익, 교사의 이익, 검사의 이익, 노동자의 이익, 그 이익 집단 속에 들지 않으면 손해를 볼 수밖에 없지."

학생: "그런 국가를 개조하고 혁신하면 되지 않나요?"

철학자: "그게 잘 안 되네. 개조하고 혁신하면 손해 보는 사람들이 반대하기 때문이지."

학생: "어렵군요."

철학자: "이처럼 각 개인이 공평을 행하지 않는데, 국가가 그럴리 없네. 남 탓할 것 없지. 행복한 세상은 국가와 무관하네.[388]"

학생: "국가가 개인의 행복을 위해 해줄 게 별로 없다는 말이군요."

철학자: "그렇네."

학생: "음, 세상도 마음도 답답하군요. 그래도 뭔가 해야 할 것 같은데요."

철학자: "무언가 해야 한다면, 국가 권력에 기생하는 파렴치한 기득권층을 몰아내는 것이 국가를 통한 행복한 세상을 만드는 첫걸음이네.[389]"

학생: "그들의 저항도 만만치 않겠지요?"

철학자: "물론이지. 별로 성공한 적이 없으니 말일세."

학생: "음, 결국은 선거를 통해 문제를 해결해야 하나요?"

철학자: "그것도 별 소용 없네. 표를 벌기 위해 시민의 행복에 등을 돌리는 일은 이미 상식이 되었기 때문이지."

학생: "방법이 없단 말인가요?"

철학자: "주인과 하인은 실질적 힘으로 결정되네. 행복하려면 형편없는 자에게 힘을 주어서는 안 되는 걸세.[390] 그건 선거를 통해서 일 수도, 선거와 관계없을 수도 있네."

학생: "선거 말고 라면 시민운동, 언론을 통한 감시, 책을 통한 비판 정신 고양, 이런 것들인가요?"

철학자: "그렇겠지. 모든 권력은 절대 믿지 말게. 그들은 자네들의 행복에 전혀 관심 없네. 의심하고 감시하여 이용당하지 않도록 항상 조심하게.[391]"

학생: "무슨 말인지 알겠습니다."

철학자: "국가 권력은 평등을 제공하는 듯하지만, 교묘히 불평등을 정당화시키지. 이기적이고 욕심 많은 형편 없는 사람이 그 일을 하기 때문이네. 자신의 충성과 희생이 '파렴치한 자'에게 득이 돼선 곤란하지 않은가![392]"

학생: "국가가 사람을 행복하게 해주는 건 무리가 있군요. 그런데 선생님, 그래도 사람이 힘 또는 권력을 가지면 행복하지 않을까요?"

철학자: "왜 그렇게 생각하나?"

학생: "힘과 권력이 있으면 다른 사람을 내 생각대로 움직일 수

있으니까요."

철학자: "정말 그럴까? 어떻게 마음대로 움직이나?"

학생: "그것이 돈이 됐든, 지위가 됐든 그것을 이용해서 사람에게 무언가 이익을 제공하거나 손해를 줄 수 있음을 위협하면, 그들은 고개 숙이고 따를 수밖에 없지 않습니까?"

철학자: "예를 들면?"

학생: "남의 손으로 하기 싫은 일을 할 수 있고, 남의 성취를 내 성과로 할 수 있고, 남의 지식을 내 지혜처럼 쓸 수 있고, 남의 용기를 내 기백으로 미화할 수 있고, 남의 노력을 내 명예에 보탤 수 있으니 얼마나 즐겁습니까?"

철학자: "그럴듯하네. 그런데 그렇게 해서 얻는 게 뭔가? 다시 힘을 얻는 것 아닌가?"

학생: "그렇겠지요."

철학자: "힘으로 다시 힘을 얻으니 뭐 그렇게 큰 이득 같아 보이진 않는군."

학생: "그건 힘없는 사람들의 넋두리 아닌가요? 이솝 우화 속 '포도와 여우'처럼 말이죠."

철학자: "하하, 하지만 반대로, 힘 있는 자들의 착각일 수도 있다네."

학생: "그걸 누가 알겠습니까?"

철학자: "지금 우리는 성공이나 성취, 그런 것을 위한 수업이 아니라 행복을 위한 수업을 하고 있네. 그 관점에서 하는 말이지."

학생: "네, 알고 있습니다."

철학자: "옛날, 어떤 남자와 여자가 있다고 하세. 남자는 힘이 있고 여자를 좋아하지. 여자는 가난하고 힘이 없고 다른 남자를 좋아한다고 해보세. 그리고 그 힘 있는 남자가 억지로 부모의 허락을 얻어내 결혼했다고 치세. 그 남자는 자신이 하고 싶은 일을 했고 얻고 싶은 걸 다 얻은 셈이지 않나?"

학생: "남자 입장에서는 그렇겠지요."

철학자: "이 이야기는 힘으로 자신이 원하는 것을 하는 모든 일에 해당하네. 그 남자는 행복하겠나?"

학생: "그 경우라면 행복하기는 어렵겠지요."

철학자: "남의 손, 성과, 지식, 용기, 노력을 내 것으로 해서 무언가 얻는 것과 같은가, 다른가?"

학생: "그렇게 물으시니 비슷한 면이 있긴 합니다."

철학자: "행복은 자기 혼자 아무리 많은 것을 얻어도 찾아오는 것이 아니네. 함께 즐거워야 곁으로 다가오는 걸세."

학생: "음, 알 듯 말 듯 합니다."

철학자: "힘 있는 자를 부러워할 것 없네. 자리 유지하기 급급한 모습은 별로 다를 바 없지. 힘의 크기는 자리의 높이와 비례하네. 그런데 너무 높아지면 행복은 그곳에 오를 수 없지.393"

학생: "그래도 힘 있는 사람들의 화려하고 풍족한 삶이 부럽긴 합니다."

철학자: "겉보기만 그런 거지. 그들은 오히려 우울하다네."

학생: "네?"

철학자: "성공의 자리 근처에는 음울함이 먼저 눈에 들어오네. 혼자의 것이어야 하기 때문이지. 외롭지 않겠나! 우울의 원인은 욕심이네.[394]"

학생: "외로울 수는 있겠지만, 그렇다고 우울하기까지야 하겠습니까?"

철학자: "남보다 큰 힘을 가지려는 생각이 벌써 사람을 망가뜨리네.[395]"

학생: "힘 있는 사람은 스스로 다른 사람에게서 멀어지려 한다는 말인가요? 자신을 특별하게 생각해서요."

철학자: "그런 셈이지. 힘은 주는 만큼 반드시 그대로 **빼앗아 가**네. 행복이 힘과 무관한 이유일세.[396]"

학생: "무언가 알 듯도 합니다."

철학자: "즐거움은 같이 해 줄 사람이 있어야 가능한 법이지. 친구는 항상 어디에나 있네. 어두운 방에 불을 켜면 안 보이던 것이 보이듯 말일세.[397]"

학생: "다른 사람에게 자신의 힘을 사용하면 마치 방에 불을 끄는 것처럼 사람들이 보이지 않게 된다는 말이군요."

철학자: "그렇네."

학생: "음, 그럼, 반대로 약자들 입장에서는 힘 있는 강자에게 어떻게 대응해야 하죠? 어떻게 보면 사람은 대부분 약자이기 때문에 행복을 위해 더 필요한 지식인지도 모르겠습니다."

철학자: "힘 있는 세력가가 억압을 가능하게 하는 것은 단지 사람의 두려움이네. 두려워하지만 않으면 대부분 꼬리를 내리지.[398]"

학생: "정말 그럴까요?"

철학자: "권위와 힘이 사기라는 것은 너무 유명해서 모두 다 알고 있지. 그런데 자기가 그것을 가지게 되면 일부러 모르는 척 최면을 건다네.[399] 모두 사기네."

학생: "힘 있는 자는 그래도 특별히 능력 있는 자 아닌가요?"

철학자: "특별한 자는 특별히 나쁜 자와 같은 말이네. 자기를 특별한 자로 여기지 말아야지.[400]"

학생: "음, 특별한 자가 되려 해서는 안 된단 말인가요?"

철학자: "타인보다 우위에 서려는 생각은 보통, 어릴 때는 갖지 않지. 어른들이 모든 것을 망쳐 놓는다네.[401]"

학생: "역시 힘이나 권력으로 행복을 살 수는 없는 거군요. 그럼 '부'는 어떤가요? 아무리 아니라고 해도 돈이 주는 혜택은 끝없이 많지 않습니까?"

철학자: "내가 언제 부가 나쁘다고 했나? 부자면 좋지. 이것저것 돈 벌기 위해 큰 힘 들이지 않아도 되고 말일세."

학생: "그렇지요! 역시 부는 행복의 조건이겠죠?"

철학자: "그건 아니네. 부자면 좋을 뿐이지 무조건 행복한 건 아니네. 행복의 조건은 아니란 말이지."

학생: "이유가 뭐죠?"

철학자: "뭐겠나? 자네가 먼저 생각해보게."

학생: "돈으로 할 수 없는 게 없으니, 별로 없는 것 같습니다."

철학자: "그건 자네 시선이 좋은 점에만 쏠려 있어 그런 것이네. 그럼, 돈으로 할 수 없는 것부터 말해 보게."

학생: "음, 우선, 돈으로 죽음을 막을 순 없겠지요. 돈으로 젊음을 살 수는 없을 테고, 돈으로 아름다움을 살 수도 없겠죠. 돈으로 인간적 신뢰를 살 수는 없을 거고, 돈으로 마음에서 우러나는 정다운 눈길과 미소를 얻어내진 못할 겁니다. 돈으로 존경심을 살 수는 없을 것이고, 돈으로 물론 사랑을 살 순 없을 겁니다. 돈으로는 명예를 얻을 수 없을 테고, 돈으로 진리에 대한 깨달음을 얻지도 못하겠죠."

철학자: "돈으로 할 수 있는 것도 많지만, 돈으로 할 수 없는 일도 꽤 있지 않은가?"

학생: "음, 그렇긴 하지만, 돈이 있으면 이런저런 일을 많이 할 수 있고, 그것으로 삶에서 자신감과 자존감은 있겠지요."

철학자: "자존감은 적은 것도 문제지만 많은 것도 문제네. 화를 낼 일이 많아지기 때문이지. 행복이 제일 먼저 도망간다네.[402]"

학생: "음, 자존감에 그런 문제가 있군요. 다른 건 몰라도 행복 관점에서는 자존감이 꼭 득이라고 할 수는 없겠습니다."

철학자: "그렇네. 쓸데없는 경우가 많지."

학생: "부자가 되어도 뭐 별거는 없군요."

철학자: "과도한 부는 태생상, 윤리적일 수 없네. 선한 자라면 그가 부를 가능한 공유해야 하는 이유지. 이는 행복의 조건이네.[403]"

학생: "그 말은 과도한 부에는 무언가 다른 사람의 희생이 포함

된다는 말이죠?"

철학자: "부는 자기가 누리는 것으로 충분하다네. 그 이상은 욕심이지. 득보다 실이 많기 때문이네.[404]"

학생: "깊이 생각해 볼 문제인 것 같습니다."

철학자: "행복을 위해 부자가 되려는 노력은 어느 정도까지는 선이 악을 앞서네. 하지만, 그 이상이면 반대지.[405] 부 자체가 나쁜 건 아니지만, 그것이 삶이 목적이 되면 곤란하네."

학생: "그럼, 선생님, 명예는 어떻습니까? 명예는 말 그대로 명예니, 행복의 조건이 될 수 있지 않을까요?"

철학자: "명예가 뭐라고 생각하나?"

학생: "우선 다수가 나를 알아볼 정도로 유명해지고, 내 성취, 역량, 행동을 다수가 인정하고 칭찬하고, 존경하는 것이겠죠."

철학자: "그것만으론 부족하지. 명예는 자기 것을 아무 대가 없이 제공해야 얻을 수 있다네. 인기와 명예를 혼동 말게.[406]"

학생: "네?"

철학자: "운동선수가 엄청난 연봉을 받고 활동한다고 그가 명예로운 건 아니네. 자기 돈 벌기 위해 열심히 한 건데 부럽긴 하겠지만 그 이상은 아니지. 엄청난 인기의 가수도 마찬가지네. 인기가 있는 거지, 명예로는 건 아닐세."

학생: "아무나 명예로울 수는 없는 거군요."

철학자: "그렇네. 하지만 누구라도 명예로울 수도 있지."

학생: "네?"

철학자: "명예는 업적과 전혀 무관하네. 오랫동안 성실하게, 정직하게, 용기 있게 살았다면, 누가 그것을 알아보지 못해도 명예롭게 눈을 감아도 되는 걸세.[407]"

학생: "누구라도요! 가난해도, 능력이 없어도, 대학을 못 나와도, 말단 자리에서 평생을 살아도, 자랑할 만한 직업이 아니어도, 집이 작고 초라해도, 시골에서 작게 농사를 지어도, 하루 벌어 하루 살아도 말이죠"

철학자: "그렇네. 성실하게, 정직하게, 용기 있게 산다면야."

학생: "저도 명예로울 수 있겠군요."

철학자: "그렇지. 하지만, 명예는 어느 날 아침 갑자기 결코 얻을 수 없으니 착각 말게. 명예로울 기회를 놓친다네.[408]"

학생: "아, 시간이 걸리는군요."

철학자: "평생 동안의 시간이지."

학생: "쉬운 듯하지만, 아주 어려울 수도 있겠네요."

철학자: "명예를 위해 살지 말고, 명예롭게 살게. 명예를 위해 살면 사람들에게 인정받을 것이고, 명예롭게 살면 자신에게 인정받을 것이네.[409]"

† 5. 행복한 내가 아니라 행복한 세상을 만들라 †

이때, 또 다른 학생이 이렇게 물었다.

학생: "선생님, 행복은 신이 내려주는 은총 아닌가요?"

철학자: "왜 그런가?"

학생: "내가 아무리 열심히 노력해도 교통사고로 하루 아침에 불구가 돼 불행해질 수도 있지 않습니까?"

철학자: "그렇겠지."

학생: "그러니, 신이 보호하지 않으면 사람은 혼자서는 절대 행복할 수 없는 거죠."

철학자: "그렇겠네."

학생: "그렇다면 행복을 찾으려 노력할 필요도 없는 거네요? 신이 알아서 다 해주니 말이죠."

철학자: "신이 해주지 않는 것도 있네."

학생: "뭐죠?"

철학자: "신은 날씬해지고 싶은 사람의 살을 빼주지 않네. 신은 가고 싶은 대학에 보내주지도 않고, 신은 누군가를 좋아한다고 그와 결혼하게 해주지도 않네. 신은 부자가 되게 해주지도 않고. 신은 아무리 노력해도 그것으로 명예를 얻도록 해주지도 않지. 신은 누구나 10초 안에 100미터를 달리도록 해주지도 않고, 신은 병에 걸리지 않고 건강하게 살도록 해주지도 않네."

학생: "신이 별로 해주는 게 없군요."

철학자: "신은 우리 의지로 할 수 있는 만큼만 돕는다네. 그 외는 그도 어쩔 수 없지. 결국, 우리 의지가 신이며 행복의 열쇠라네.[410]"

학생: "네? 사람의 의지가 신이라고요? 행복의 열쇠라고요?"

철학자: "신의 일은 신이 해야 하고, 사람의 일은 사람이 해야 하네. 작은 일로 신을 너무 바쁘게 하지 말아야지. 각자의 행복은 그 사람의 일이네.[411]"

학생: "만일 그렇다면, 인류의 반 이상이 신을 믿는데, 그에 비해 신이 하는 일이 별로 없군요. 신은 그럼 무슨 일을 하는 건가요?"

철학자: "신은 실망시키지 않네. 우리에게 비겁하지 않게 무엇이든지 하려는 용기를 주었기 때문이지. 이것이면 우리는 이미 행복할 자격을 갖는다네.[412]"

학생: "그것으로 신의 일이 다라고요?"

철학자: "사람은 불완전하고 실수투성이지. 이는 스스로 고치거나 신의 은총을 구하면 되네. 그런데 신은 이미 많은 것을 주어서, 우리가 이를 기억해 낸다면, 신에게 더는 손을 내밀지 않을 것이야. 염치가 없기 때문이지. 몇 번이고 말하지만, 행복은 사람의 일이지 신의 일이 아니네.[413]"

학생: "하지만, 여러 종교 사제들, 신부님, 스님, 목사님은 그렇게 말하지 않습니다."

철학자: "어떻게 말하나?"

학생: "아시지 않습니까? 당연히 신이 모든 걸 해준다고 하죠!"

철학자: "사람의 자유의지도 신의 의도일지 모르지. 자꾸 신에게 맡기고 의지(依支)하라 함은 그가 한 말이 아니라, 사제들이 실수로 한 말이네.414"

학생: "실수요? 절대 실수는 아닙니다. 실수를 매주 설교 때마다 할 리는 없지 않습니까?"

철학자: "자신이 실수하는 것인지를 모르는 거지."

학생: "신은 그럼 우리에게 뭘 해주는 거죠?"

철학자: "신의 관심은 우주 전체의 행복이지. 인간의 행복은 그의 그렇게 큰 관심사는 아니네.415"

학생: "네? 인간의 신이 아니란 말인가요?"

철학자: "그건 성경, 경전, 사제들이 모두 직접 한 말 아닌가! 천지 창조, 우주의 운용, 전지전능한 신 아닌가? 사람들만 돌볼 리가 없지 않나!"

학생: "그렇기야 하지만요."

철학자: "사람을 모두 돌보려면, 그 수만큼 신이 필요할 것이네. 사람의 행복이 너무 많아 어쩌면 실제로 그럴지도 모르지.416"

학생: "그럴 리가 있겠습니까!"

철학자: "뭐, 꼭 아니란 법도 없지 않나! 불교 부처 사상도 그렇고 하니 말일세."

학생: "도대체 신은 우리에게 뭘 원하는 걸까요?"

철학자: "그걸 내가 어찌 알겠나! 내가 신도 아닌데."

학생: "그래도 그냥 선생님으로서 우리에게 해줄 말은 있지 않나요?"

철학자: "선생으로서 말한다면, 신이 원하는 것은 우리가 소박하고 단정하게 편안히 살다가 죽는 것이네. 그것뿐이지. 그러니 너무 애쓸 것 없다네.[417]"

학생: "신이 우리에게 원하는 것은, 부모가 아이들에게 원하는 것처럼, 건강하고 즐겁게 편안하게 살아가는 것이란 말이죠?"

철학자: "신의 입장에서 보면, 우주 속 보이지도 않는 티끌 같은 존재가 무언가 해보려고 너무 애쓰는 모습을 보고 싶겠는가? 아니면 그냥 편안히 즐겁게 사는 정도면 됐다고 생각하겠는가?"

학생: "그렇겠군요. 그렇다면 신도 사람들이 행복하기를 바라는 것은 틀림없군요."

철학자: "신이라면 당연하지 않은가!"

학생: "그래도 믿을 만한 건, 신밖에 없지 않나요? 그렇게 미약하고 미미한 인간을 믿을 순 없지 않습니까?"

철학자: "그렇네. 종교와 신은 우리를 편안하게 해주니 말일세. 하지만 사람이 항상 신을 꼭 따르는 것만은 아니네."

학생: "네? 무슨 말이죠?"

철학자: "사람은 앞에서 신을 찾고 뒤에서 배신하네. 오래전부터 익숙한 장면이지. 아마, 신도 그렇게 행복하진 않을 걸세.[418]"

학생: "음, 그렇긴 하군요. 종교적 신을 믿는 사람이 항상 선한 것은 아니니까요."

철학자: "그것뿐이겠나! 참회와 용서라는 걸 얼마나 악용하는가! 그런 자들은 결국 지옥에 갈 거겠지만 말일세."

학생: "하지만, 선생님, 신도 그렇게 공평하지는 않은 것 같습니다. 부자와 빈자, 강자와 약자, 기쁜 자와 슬픈 자, 능력자와 무능력자, 이렇듯 세상을 나누어 버리니 말입니다."

철학자: "그렇게 생각하나?"

학생: "세상을 보시면 알 수 있지 않습니까? 세상이 얼마나 불공평한지 말입니다."

철학자: "그럴까? 태어남, 늙음, 병듦, 죽음, 하늘, 땅, 산, 물, 공기, 바다, 별, 달, 우주, 봄, 가을, 눈, 귀, 코, 혀, 심장, 손, 발, 사랑, 우정, 용기, 자유, 의지, 선함, 이런 것들 모두가 신이 준 공평한 것이네. 이 정도면 충분하지 않나![419]"

학생: "네?"

철학자: "지금도 그런지는 모르겠으나, 처음 창조물을 만들었을 때 신은 사람을 사랑했었음은 틀림없네. 행복할 자격을 주었기 때문이지.[420]"

학생: "행복할 자격은 공평하다는 것이군요. 나머지는 사람의 의지와 용기 몫이고요."

철학자: "그렇네."

학생: "선생님, 한 가지 더 의아한 점이 있습니다. 신이 있는데 왜 악이 세상에 존재하는 거죠? 신이 그렇게 전지전능하다면 악이나 악한 사람들을 다 쓸어버리면 되지 않나요?"

철학자: "그러게나 말일세. 왜 그렇겠나?"

학생: "선한 자 반, 악한 자 반이니 만일 그렇게 하면 피조물의 반을 없애버려야 하는데, 그건 차마 못하겠다는 걸까요? 악한 자들이 소수라면 가능했을 텐데요."

철학자: "하하, 그럴 수도 있겠네. 그런데 자넨 선한가, 아니면 악한가?"

학생: "글쎄요. 악하지는 않다고 생각합니다."

철학자: "선하다고 생각하는 거네."

학생: "꼭 선택해야 한다면 그렇습니다."

철학자: "다른 사람들은 어떨까?"

학생: "네? 자기가 스스로 자신을 평가한다면 극히 소수를 제외하고 자신을 악하다고 생각하진 않겠죠. 어떻게 하다 보니 악한 일에 빠진 거라고 하겠죠."

철학자: "특히 그 사람을 낳은 엄마의 눈으로 봤을 때 자기 자식이 선하다고 생각하겠나 악하다고 생각하겠나? 친구 잘못 만나, 악의 유혹에 빠져서, 어쩌다 실수로, 이렇게 다들 말하지 않겠는가?"

학생: "부모 입장에서는 당연히 그렇겠지요."

철학자: "본인 입장에서나 부모 생각에서는 악한 사람이 있겠나?"

학생: "없겠네요."

철학자: "그게 바로 신의 생각이네. 세상 모든 사람은 모두 선하

다네. 그 경중만 있을 뿐이지."

학생: "네? 선악이 없다고요?"

철학자: "그건 인간이 제멋대로 만든 엉터리 기준이네. 선한 사람도 악한 면이 있고, 악한 사람도 선한 면이 있는 건 모두 알고 있지 않은가! 2,500년 전 맹자도 경험했듯이 말이네."

학생: "모든 사람이 20점, 40점, 60점, 80점짜리 선인이란 말이군요. 100점짜리 선인은 없을 테니 말이죠."

철학자: "그렇겠지."

학생: "신이 지옥으로 보내버릴 악한 사람이 없다는 거네요."

철학자: "선악은 신의 일이 아니라, 그것을 구분한 인간의 일이 돼버린 거지."

학생: "그렇군요."

철학자: "<u>악은 선한 자의 비겁에 기인하네.</u>[421]"

학생: "네?"

철학자: "말 그대로네. 선한 자들이 나서지 않고 눈을 돌리고 등을 돌리기 때문에 신이 버젓이 보고 있는데도 악이 활동을 시작하는 거지."

학생: "신은 관여하지 않을 텐데, 선한 인간마저 무관심하다면 악이 무서울 게 없겠군요."

철학자: "<u>신은 원래 선악을 모르게 하려고 했네. 선악은 인간이 선택한 인간의 일이지. 그래서 악한 자를 벌주는 것도 인간의 일이</u>

네.[422]"

학생: "악한 자를 벌주는 것은 인간의 일인데, 왜 잘못을 범한 자, 죄를 지은 자가 신에게 용서를 구하죠?"

철학자: "다들 착각이나 연극을 하고 있는 거지. 악을 벌주는 것도, 용서하는 것도 모두, 신이 아니라 사람의 일인데 말일세. 만일 악한 자가 신에게 용서를 구해 마음 편해진다면, 신은 악마와 다를 바 없지 않은가![423]"

학생: "그렇군요. 악마가 하는 일과 똑같군요."

철학자: "이처럼, 선과 악이 인간의 일이듯, 행복과 불행도 인간의 일이네."

학생: "무언가 알 것 같습니다. 선과 악은 없고 선의 정도 차이만 있듯이, 행복과 불행도 없고 행복의 정도 차이만 있다는 말이죠?"

철학자: "선의 정도 차이를 결정하는 것은 인간의 자유 의지이듯, 행복의 정도 차이를 결정하는 것도 인간의 자유 의지네."

학생: "그래도 신은 자기 일은 아니더라도, 인간을 돕기는 하는 거죠?"

철학자: "물론이네. 신은 강자도 약자도 아닌, 강해지려 의지하는 자를 돕네.[424]"

학생: "선해지려고, 행복해지려고 의지한다면 신이 외면하진 않을 거란 말이군요."

철학자: "그렇네."

학생: "그럼, 불행이나 슬픔 같은 아주 낮은 행복 상태에 있을 때

도 자기 의지로 스스로 벗어나야 한다는 말인데, 이런 때 정도는 신이 조금 도와줄 수 있는 것 아닌가요?"

철학자: "왜 도와줘야 한다고 생각하나?

학생: "신이니까요. 신이 그 정도는 해야 신을 믿고 따를 것 아닙니까!"

철학자: "우리는 이웃의 불행이나 슬픔에 무관심하면서, 신에게만 우리 슬픔에 관심을 가져달라는 것은 참으로 염치없는 일이라고 생각하지 않나![425]"

학생: "네?"

철학자: "인간이 스스로 할 수 있는 일을 신은 들어주지 않네."

학생: "슬픔의 극복, 행복으로 한 걸음씩의 전진, 모두 알아서 하라는 건가요?

철학자 : "신은 사람을 창조했고 사람도 신을 마음대로 창조했네. 이미 반신반인(半神半人)이지. 신의 검으로도 나누어지지 않는다네. 모두가 혼돈 속에서 신과 인간을 연극하고 있는 걸세. 그를 신으로 돌려놓아야 하고, 우리는 인간으로 돌아와야 한다네. 사람은 사람의 행복으로 충분하니 말이야.[426]"

학생: "사람의 행복은 너무 불완전한 것 아닌가요?"

철학자: "행복을 완전한 것으로 생각하는 한, 절대 행복할 수 없네. 불완전한 채로 행복해야지. 만일 신이 완전했다면 사람을 이렇게 불완전하게 창조하지는 않았을 것이네. 우리가 불완전해도 행복할 수 있는 이유지. 신도 불완전하니 말일세.[427]"

학생: "불완전한 행복이 무엇이죠? 즐거움이나 기쁨까지 바라지 않는 평온하고 편안한 상태, 뭐 이런 건가요?"

철학자: "그게 오히려 완전한 행복 상태일지도 모르네."

학생: "네?"

철학자: "<u>신의 평정은 태생적이고 사람의 평정은 노력으로 이루는 것이니, 만일 그것이 가능하다면 사람이 신보다 뛰어난 것이겠지.[428]</u>"

학생: "인간은 평정을 유지할 수는 없다는 말이군요. 결국, 신은 인간을 행복하게 할 수 없단 말이죠. 실망입니다."

철학자: "실망할 것 없네. <u>신은 피조물 모두를 위한 세상을 원했고, 그것을 사람이 스스로 해결하도록 설계했네. 세상을 구원하는 것은 신이 아니라 우리 인간이지.[429]</u>"

† 6. 붉은 고깃덩어리가 행복해서 무엇 하겠는가 †

이때, 또 다른 학생이 이렇게 물었다.

학생: "선생님, 사랑도, 자유도, 정의도, 도덕도, 국가도, 권력도, 부도, 명예도, 신조차도 행복을 보장해 주는 것이 아니라면, 그것은 자신의 존재가 스스로 찾고 얻어야 하는 것인가 보군요."

철학자: "그럴 수 있겠지. 존재가 행복을 준다! 왜 그런 생각을

했나?"

학생: "네, 지금까지 수업에서 나왔던 방법들이 모두 자신이 아닌 어떤 것에 의존해 행복을 얻으려는 것이었는데, 결국 행복을 얻는 최고의 방법은 아니었습니다. 그렇다면 행복의 비밀 열쇠는 자기 자신의 존재에 있을 것이라는 생각입니다."

철학자: "그럴듯하네. 그런데 그 존재를 파악하는 것이 쉽지 않네. 자네는 존재가 뭐라고 생각하나?"

학생: "저는 선생님이 말씀하신 니체 생각에 동의합니다."

철학자: "그게 뭐였지?"

학생: "자기 존재의 본질을 찾기 위해 490개 껍질을 까고 들어가 존재를 찾으려는 사람이 있는데, 그렇게 해서는 존재를 찾지 못한다고 한 말입니다."

철학자: "그래서?"

학생: "자신의 필체, 좋아하는 책, 관심 분야, 친구 관계, 싫어하는 사람, 기억하고 있는 것, 망각한 것, 새롭게 시작하는 것, 매혹한 것, 사랑한 것, 즐거워했던 일, 이런 자신이 드러난 모든 것이 자기 존재라는 거였죠. 자기 존재는 힘들게 찾는 것이 아니라, 이미 다 드러난 것, 이미 다 알고 있는 것, 이런 것들의 총합이 바로 자신의 존재라는 겁니다. 존재를 따로 찾을 필요 없다는 것이죠."

철학자: "훌륭한 생각 아닌가! 자네 생각도 그렇다는 말이지?"

학생: "그렇습니다."

철학자: "그럼, 그런 존재로 어떻게 행복을 찾아 나서겠나?"

학생: "그렇게 드러난 나 자신을 내 존재로 생각하고 그 존재가 원하는 것, 즐거워하는 것을 위해 살아가는 것, 이것이 행복을 찾아 나서는 길 아닌가 생각합니다."

철학자: "그럼, 자기가 원하는 대로 살겠다는 것 아닌가? 세상이 그걸 그대로 허락할까?"

학생: "네?"

철학자: "존재가 원하는 대로 즐거워하는 대로 사는 건 존재에겐 좋겠지만, 그것으로 삶을 위한 수단인, 돈, 힘, 명예 같은 걸 얻을 수 있다는 보장은 없지 않겠나!"

학생: "그렇긴 합니다."

철학자: "철학적 존재와 실제적 삶에는 괴리가 있는 법이지. 그 연결 고리를 찾아야 하네. 잘못하면 길을 잃고 헤맬 걸세."

학생: "네?"

철학자: "<u>숲속에서 길을 잃지 않기 위해서는 두려워하지 말고 숲에 익숙해지고 친밀해져야 하네. 그러면 숲이 스스로 길을 안내할 걸세. 멈추어 천천히 보아야지.</u>[430]"

학생: "자신의 존재가 삶에서 헤매지 않도록 우선 멈추어 세상을 잘 관찰해야 한다는 말이군요."

철학자: "실제 현재 존재에서 행복을 찾으려면 말일세."

학생: "그런데 삶은 과거, 현재, 미래가 얽혀 있어 그 실타래를 풀기가 어려운 것 아닌가요? 현재를 바꾸려 해도 과거가 발목을 잡고, 미래를 바꾸려 해도 현재의 늪에 빠지지 않습니까?"

철학자: "그렇긴 하지만, 어제의 우리도, 내일 있을 우리도, 오늘 우리의 의지가 결정한다네.[431]"

학생: "실타래를 풀 실마리가 '현재의 의지'라는 말인가요? 지난 수업에서 과거를 창조한다고 했듯이 말입니다."

철학자: "그렇네."

학생: "그럼 모든 행복이 현재에서 시작한다고 보면 될 텐데, 항상 현재는 실제 살아가야 하는 시기이고, 그렇다면 힘들고 투쟁해야 하니, 어떻게 보면 오히려 현재는 불행을 느끼는 시기 아닌가요?"

철학자: "물에 그림자가 빠져도 옷은 젖지 않네. 하루하루는 모두 바람 속에 저장되었다가 어느 봄날 오후 그대로 돌려줄 걸세. 투덜대는 하루하루가 모인 것이 행복이네.[432]"

학생: "네?"

철학자: "물에 빠지는 듯한 힘든 시간이 하나하나 모여 행복이 되는 거지."

학생: "투덜대지만 그게 행복이라는 건가요? 힘들지만 다른 사람들보다 앞서가야 행복에 먼저 다다를 수 있을 테니까요. 행복이 노력하는 소수에게만 돌아가는 경우도 있을 테니 말이죠."

철학자: "꼭 그런 건 아니네."

학생: "네?"

철학자: "자신이 너무 앞서 있으면 걸음을 멈추어야 하네. 너무 앞서가면 길을 잃고 헤매다 추락할 것이기 때문이지.[433]"

학생: "하지만, 뒤처지면 막막하고, 앞서면 자랑스럽지 않습니

까?"

철학자: "초라함, 슬픔 그리고 즐거움, 명예로움, 모두 때때로의 일이네. 열등한 것도 탁월한 것도 없는 걸세.[434]"

학생: "조금 뒤처져도 상관없다는 말인가요?"

철학자: "너무 뒤처지지도, 너무 앞서가지도 말아야지 행복할 수 있네. 자기 존재를 너무 드러내지도 말고, 그렇다고 너무 초라하게 만들지도 말게."

학생: "하지만, 선생님, 그렇게 아무것도 드러내지 않고 살면, 어떤 것도 확실히 손에 쥘 수 없을 텐데, 그렇게 해서 과연 행복을 얻을 수 있을까요?"

철학자: "달을 물속에서 아무리 건져도 소용없고, 거울을 손으로 아무리 더듬어도 소용없고, 행복을 밖에서 아무리 헤매고 찾아도 소용없네.[435]"

학생: "네? 무슨 말이죠?"

철학자: "지나치게 결과에, 성취에, 아름다움에, 좋은 집에, 친구관계에, 높은 자리에, 출세에, 이런 것들에 목매지 말라는 말이네. 자기 존재가 고단해지고, 고달파지니 말일세."

학생: "조금 알 것 같기는 합니다. 존재가 행복한 게 중요하지, 성취와 결과가 중요한 게 아니란 말이지요? 어차피 죽을 운명이니까요."

철학자: "그런 셈이지."

학생: "그래도 사람의 위대함을 판단하는 기준은 그가 만든 성취

와 결과지 않습니까? 그런 성취는 행복을 주는 힘일 테니까요."

철학자: "위대함이 행복을 준다고 생각하나? 위대함은 다른 사람이 보면 그렇겠지만, 그것을 이룬 사람에게는 자기 노력의 산물일 뿐이네. 그 노력이 자기 존재를 지치고 피폐하게 하면 사람들이 열광하는 위대함도 존재의 행복과는 아무 상관 없는 거지."

학생: "하지만, 보통 사람과 다른 뛰어난 자신을 드러내는 것은 그것만으로도 행복할 것 같은 생각이 들기도 합니다."

철학자: "사람에 우열은 없다네. 있다면 두 그루 소나무 차이 같은 것이지.[436]"

학생: "행복한 삶 속에서 성과물을 내야지 자기 존재를 지치게 하면서 낸 성과물은 그것이 아무리 위대해도 정작 본인은 행복한 게 아니라는 말인가요?"

철학자: "그렇네."

학생: "그런데, 왜 관계가 없죠?"

철학자: "중력이 작용하지 않으면 무게는 의미를 잃지. 행복 또한 무엇에도 얽매이지 않는 무중력 상태 같은 것이라서, 가진 것은 그 의미를 잃는다네.[437]"

학생: "음, 가진 것, 결과물, 위대함, 어쨌든 이런 모든 성취물은 행복과 연결 고리가 별로 없다는 말이군요."

철학자: "뭐, 전혀 없지는 않겠지만 말일세. 그런 것이 있으면 좋겠지만, 없다고 행복할 수 없는 것은 결코 아니지."

학생: "용기를 주는 말이기도 하지만, 동시에 사람을 무력하고

태만하게 할 수도 있겠습니다."

철학자: "그런가? 나태와 안일은 불행의 시작이지. 행복을 위해 가장 주의해야 할 것들이네. 어떤 경우에도 피해야지."

학생: "너무 성취에 매달리지 않지만, 그렇다고 나태하지도 말라, 이런 말이네요."

철학자: "자신의 색이 뚜렷하면 평정 속에서 자유롭기 어렵다네. 자신이 너무 드러나기 때문이지.[438]"

학생: "음, 그건 알겠습니다. 행복을 위해 성취를 구하지 않으면 그럼 무엇을 추구해야죠?"

철학자: "무엇을 추구하면 되겠나?"

학생: "음, 생각해봐도 잘 모르겠습니다. 무언가를 추구하면 존재를 희생하게 되어 행복할 수 없다고 하시니까요."

철학자: "오래된 바람이 기억하는 것은 그가 강자인지 약자인지가 아니라, 그의 선한 미소라네.[439]"

학생: "아! 그런 건가요?"

철학자: "그렇네."

학생: "행복을 주는 것은 성취가 아니라, 선한 미소군요. 정말 그런지 무언가 한 번 시도해봐야겠습니다. 오늘, 아니, 지금이라도 가능하니까요."

철학자: "행복이 모습을 드러내는 것은 용기를 내어 무언가 시도할 때네.[440]"

학생: "그런데 물론, 선한 척하는 미소는 아닐 테니, 마음에서 우

러나는 선한 미소가 필요할 텐데, 그것도 그렇게 간단하고 쉬운 일은 아니군요."

철학자: "행복이 쉽지 않다는 건 잘 알고 있지 않나!"

학생: "선한 미소라는 것은 선한 마음을 드러내는 것이니, 어떻게 선한 마음을 가질 수 있을 것인가의 문제군요."

철학자: "그렇겠지."

학생: "어떻게 해야 선해지죠?"

철학자: "모든 것을 수용하는 행복은 항상 밝다네. 햇빛을 가릴 것이 더는 없기 때문이지.441 저절로 선해진다네."

학생: "네? 타인을 인정하고 받아들이는 것이 왜 선해지는 방법이죠?"

철학자: "자네는 누군가 자네 말을 잘 들어주고, 잘 동의해주면, 그 사람을 어떤 사람이라고 생각하겠나?"

학생: "그런 의미군요."

철학자: "물론, 이것도 겉으로만 잘 들어주고, 겉으로만 동의해준다면 상대는 금방 그 본심을 알아차리네. 속이려 해도 소용없지. 하지만 누군가를 받아들이려는 태도와 행동을 자꾸 하다 보면 자연스럽게 자신이 그런 사람이 되어 있을 걸세."

학생: "선한 사람이 되는 방법이네요. 그런데 선생님, 지금 존재를 통해 행복에 도달하는 방법을 수업하고 있는데, 존재가 있다면 존재가 없는 상태도 있을 텐데, 존재가 없다는 것은 무얼 말하나요?"

철학자: "그런데, 왜 그런 생각을 했지?"

학생: "존재가 행복을 주는 것이라면 존재가 없는 상태는 행복과 멀어지게 할 것이기 때문입니다. 따라서 그걸 피할 필요가 있을 거로 생각했습니다."

철학자: "논리적 생각이군."

학생: "존재가 없는 상태가 가능한가요? 죽음 그런 거 말고요."

철학자: "존재가 분명히 있는데도 존재가 없는 상태를 말하는 건가?"

학생: "역설 같지만, 그렇습니다."

철학자: "그렇다면 존재가 없다는 것은 육체가 없다는 것이 아니라, 정신적 면에서 무언가 공백이 생기는 것 아니겠나!"

학생: "그럴 것 같습니다."

철학자: "존재 없음은 생각하지 않고, 사유하지 않고, 관조하지 않고, 의지하지 않고, 인식하지 않고, 성찰하지 않고, 고민하지 않고, 슬퍼하지 않고, 불안해하지 않고, 상심하지 않고, 기뻐하지 않고, 즐거워하지 않고, 미워하지 않고, 좋아하지 않고, 이런 것들 아니겠나!"

학생: "그런 정신적 공백 상태에서 행복을 느낄 수 있을까요?"

철학자: "자네 생각은 어떤가?"

학생: "언뜻 보기에는 행복과 전혀 관계없을 것 같았는데, 몇 번이고 생각할수록 무언가 무심의 상태, 그를 넘어 평온의 상태로 이끌어 줄 것 같은 생각이 들기도 합니다. 그 평온이 행복과 어떻게 연결될지는 잘 모르겠지만요."

철학자: "아무것도 생각하지 않으면 좋을 것도 없지만, 나쁠 것

도 없지. 행복을 불행하지 않은 상태라고 한다면, 행복과 조금은 관련이 있을 것이네."

학생: "그럼, 이 '존재 없음'도 일종의 존재인가요?"

철학자: "존재 없음은 존재 있음의 대립체가 아니라 존재 있음이 그 좌표축의 기점, 출발점 상태로 줄어드는 것을 말하네."

학생: "그렇겠군요. 반대편 대립 존재가 아니라, 아무것도 없는 상태니까요."

철학자: "이는 무(無)의 상태라고 말할 수도 있겠지. <u>무(無)는 있음의 대립체가 아니라, 있음과 없음에 무심할 때 나타나는 새로운 중간체네. 무심에서 탄생하는 행복의 한 조건이지.</u>442"

학생: "단지 한 가지 조건일 뿐이군요."

철학자: "행복으로 가는 길을 무수하니까 말일세."

학생: "선생님, 존재가 그래도 행복으로 가는 길을 조금은 안내하는 것 같습니다."

철학자: "그렇지 않겠나! 자기 자신의 본질을 통한 행복이니 말일세."

학생: "존재의 또 다른 특성은 원인에 따라 결과가 나타나는 것이라고 생각합니다. 추워지면 물이 얼고, 뜨거워지면 물이 끓고, 나트륨과 염소가 만나면 소금이 되고, 표면 장력을 올리면 물이 뭉쳐 구르는 것처럼 말입니다."

철학자: "잘 보았네. 우리 존재는 철저히 인과(因果)에 따라 움직이지. 우주의 원리라고 할 수 있네."

학생: "그렇다면 그 인과가 행복과 어떤 관계가 있죠?"

철학자: "사람이 원인과 결과의 끝없는 쳇바퀴를 볼 수 있으면 초조함에서 벗어나 조금은 행복할 수 있지 않겠나?443"

학생: "왜 그렇지요?"

철학자: "꽤 어려운 국가시험을 본다고 해보세. 그 시험에서 붙으려면 끝없이 준비해야 하니, 공부하는 과정도 힘들고, 시험을 보고 결과를 기다리는 초조함도 힘들지. 게다가 시험에 붙으면 다행이지만, 떨어지면 얼마나 낙심하겠나!"

학생: "모든 시간이 초조함의 연속이겠지요."

철학자: "그런데 시험의 평가 방법이 수험생이 앉아 공부하는 의자와 머리에 전자 장치를 부착해서 일정 시간 이상 집중해 공부한 사람이면 모두 합격시켜 준다고 치세. 그럼 어떻겠나."

학생: "일정 시간 이란 기준이 문제겠지만, 초조라거나 무리한 준비는 하지 않겠지요. 시험 과정이 조금은 즐거울지도 모릅니다. 모든 것이 한 것만큼으로 이미 결정되니까요. 아! 그래서 인과를 통해 조금은 행복하다는 말이군요."

철학자: "그렇네."

학생: "현실에서는 항상 인과의 법칙대로 움직이지는 않지 않습니까? 열심히 공부했는데 시험에 떨어질 수도 있고, 누군가와의 우정을 위해 열심히 노력했는데 결국 관계가 좋아지지 않는 경우도 있고 말입니다."

철학자: "그런데 사실은 인과의 법칙대로 안 되는 경우는 숨겨진

다른 원인이 작용해서 그런 건지도 모르네. 그 숨겨진 원인까지 파악해서 준비해야 인과의 법칙이 성공하는데 말일세."

학생: "예를 들면요?"

철학자: "물은 섭씨 0도에서 얼어야 하지?"

학생: "그렇지요."

철학자: "그런데 섭씨 0도에서 얼지 않았다고 하세. 그럼 인과론에서 벗어나지 않았나?"

학생: "그렇겠지요."

철학자: "그런데 그 물에 소금이 녹아 있었던 거지. 소금의 영향으로 어는점 내림 현상이 일어나, 섭씨 0도에서 얼지 않았던 거네."

학생: "그게 숨겨진 원인이란 말씀이군요."

철학자: "이처럼 세상의 인과 현상을 꿰뚫으면 마음 편해질 수 있다네."

학생: "하지만, 사람이 그 모든 숨겨진 원인까지 어떻게 알 수 있겠습니까?"

철학자: "해답을 찾아야지."

학생: "어떻게요?"

철학자: "<u>해답을 찾기 위한 첫걸음은 틀림을 찾아 인정하고 그것을 제외하는 것이지. 그러면 어디선가 답이 보인다네.[444]</u>"

학생: "그렇게 말씀하셔도 어떤 사람이 과연 자기 잘못을 인정하고 다시 원인을 찾는 일을 할지는 의문입니다. 사람은 자기 잘못을

인정하려고 하지 않을뿐더러, 자신이 잘못했다는 것 자체도 모르는 경우가 많으니까요."

철학자: "벌써 여러 번 말하지만, 그래서 행복을 손에 넣기가 어려운 것 아닌가!"

학생: "그렇지요. 그런데 사람들은 그렇게 똑똑한 척은 하면서 왜 그렇게 잘못된 생각과 판단을 할까요?"

철학자: "쓸데없는 생각을 많이 해서 그러네."

학생: "네?"

철학자: "'산은 산이고 물은 물이다'란 말처럼 세상을 있는 그대로 보지 않으면, 장님이 생각하는 붉은 장미처럼 진실에서 벗어날 것이네. 쓸데없는 상상은 하지 말아야지. 이것도 행복의 한 조건이네.[445]"

학생: "그렇군요. 그런데, 선생님, 세상을 있는 그대로, 산은 산으로, 물은 물로 보는 방법이 있나요?"

철학자: "왜 없겠나!"

학생: "그게 뭐죠?"

철학자: "세상과 사람을 따뜻한 눈으로 보는 거네."

학생: "그게 왜 그렇죠?"

철학자: "세상과 사람을 따뜻한 마음으로 본다는 것은 세상과 다른 사람을 다 포용하려는 마음을 갖는 거지. 있는 그대로 보지 못하고 여러 생각을 하는 것은 자기도 모르게 의심하고, 싫어하고, 미워하기 때문이네."

학생: "음, 그렇겠군요."

철학자: "진실은 따뜻하네. 누군가의 말이 차갑다면 그것은 진실이 아니지. 따뜻한 정다움은 행복을 줄 걸세.[446]"

학생: "따뜻한 정다움이 최소 행복에 도달하는 방법이군요."

철학자: "그렇다고 해도 크게 틀리지 않을 걸세."

학생: "하지만, 누군가 그 따뜻한 정다움을 있는 그대로 받아주고, 같이 정다움을 나누는 경우도 있겠지만, 어떤 사람은 그를 이용하고 그를 업신여기려고 하는 사람도 분명히 있을 겁니다. 저보다 더 잘 아시겠지만요."

철학자: "깨끗한 그릇은 그것을 씻기 위한 더러움을 각오해야 하며, 고귀하고 안락한 모습은 비천하고 힘에 겨운 자신을 각오해야 하네.[447]"

학생: "역시 쉬운 일은 아니군요."

철학자: "세상에 쉬운 일은 없다는 것은 변함없는 진리지."

학생: "선생님이 수업 내용은 지금까지의 다른 행복을 위한 생각이나 철학과 조금 다른 것 같습니다."

철학자: "내 생각도 계속 바뀌는데, 다른 사람 생각과 내 생각은 당연히 조금씩 다르지 않겠나!"

학생: "이처럼 진리의 말이 서로 다를 때 누구 말을 믿어야 하나요? 그 결정이 행복을 좌우할지도 모르지 않습니까? 진리 판단 기준 같은 건 없나요?"

철학자: "자네 자신을 믿고 결정하면 되네. 좀 잘못되면 어떤가!

행복 점수를 조금 낮게 받으면 되지."

학생: "진리 판단을 위한 기준 같은 건 없군요."

철학자: "그런 건 없네. 감정도 의견도 철학마저 변한다네. 같은 생각을 고집하는 자는 곧 독선적 바보가 될 것일세. 어제의 진리는 오늘과 상관없네.448 진리도 그러할 진데, 그 판단 기준이야 말할 것도 없지 않겠는가!"

학생: "존재가 행복을 위해 중요한 단서라는 것을 안 것만으로도 무언가 다른 세상이 보이는 듯합니다."

철학자: "잘 됐군. 하지만 말일세, 자기는 대지 위에서 자유롭게 거닐고 있다고 생각하지만, 바로 그 대지가 그를 가두고 있을지도 모른다네.449"

학생: "네?"

철학자: "존재를 이차원 평면의 대지로 생각하면 그 속에 갇힐 수도 있다는 말일세."

학생: "행복을 존재에 가둬 버릴 수도 있다는 말이군요."

철학자: "그렇네. 행복은 존재에도 있을 뿐이네."

학생: "선생님, 존재를 통해 얻을 수 있는 행복 중에서 무엇이 가장 중요할까요?"

철학자: "사람마다 다른 행복을 내가 어찌 알겠나?"

학생: "그래도 무언가 '존재를 통한 행복'하면 떠올릴 만한 것이 있지 않을까요?"

철학자: "있기야 하지."

학생: "그게 뭐죠?"

철학자: "존재의 창조네."

학생: "네?"

철학자: "다정한 친구, 존경스러운 스승, 고마운 부모, 사랑스러운 아이, 정다운 사람, 선한 이웃, 설렘의 찻잔, 부드러운 비, 즐거운 바람. 이처럼 수식어가 붙은 존재는 자네가 직접 만드는 것이네. 자네 또한 누군가에 의해 새롭게 만들어질 걸세. 삶은 놀라운 존재 창조의 연속이지. 이는 신적 행복이네.[450]"

학생: "존재를 창조한다고요?"

철학자: "뿐만 아니라, 자네 자신의 존재도 매일 창조하지."

학생: "네?"

철학자: "우리는 본래 붉은 고깃덩어리네. 그 고깃덩어리가 보고 듣고 말하고 생각하고 행동한다면, 무엇 하나 더 바랄 것 없는 경이로운 일이지 않나. 나머지 차이는 별것 아니지. 죽음을 앞둔 자는 그 행복을 잘 알고 있네.[451]"

학생: "무언가 알 듯, 말 듯 합니다."

철학자: "붉은 고깃덩어리 주제에 우리 일 대부분은 '그럴듯한 나'를 위한 것이지. 어처구니없지 않나! 그냥 '소박한 나'를 원한다면 그렇게 힘들지 않을 텐데 말일세.[452]"

† 7. 행복한 세상은 신이 아니라 내가 만든다 †

이때, 또 다른 학생이 자신 있는 목소리로 이렇게 물었다.

학생: "선생님, 진리를 통해야만 비로소 행복할 수 있다는 것은 당연한 일 아닌가요?"

철학자: "왜 그렇게 자신 있나?"

학생: "진리가 무엇이 옳은지를 알려줄 것 아닙니까?"

철학자: "그렇겠지."

학생: "잘못된 일을 하면 행복하겠습니까?"

철학자: "그럴 리가 있겠나!"

학생: "그러니 당연히 행복하려면 진리를 통해야 하는 것이죠."

철학자: "그렇겠네."

학생: "문제는 진리를 어떻게 아느냐의 문제만 남는 거죠. 그러니 행복을 위해선 진리가 무엇인지, 그것을 어떻게 이루는지, 찾으면 될 것입니다."

철학자: "그런데 그걸 어떻게 찾을 텐가?"

학생: "이제부터의 과제겠죠?"

철학자: "하하, 간단하군. 그런데 진리를 찾는 게 아마도 행복을 찾는 거보다 훨씬 복잡하고 어렵고 또 시간도 오래 걸릴 걸세."

학생: "네? 그래도 진리는 지금까지 많은 문학가, 시인, 철학자들

이 찾으려고 수없이 시도하지 않았나요? 그걸 참고하면 될 것 같은데요."

철학자: "자네 말대로 수없이 시도했지. 그런데 결국 '이것이 진리다'라고 할 만한 것이 있나?"

학생: "음, 몇 가지 경구나 잠언을 제외하면 별로 없긴 하군요."

철학자: "수천 년 동안 수많은 철학자가 아직 결론 내리지 못한 일을 지금 우리 수업 시간에 알 수 있겠나?"

학생: "음, 그럼 방향을 틀어, 진리를 찾아 행복을 이루는 것이 아니라, 행복하기 위한 진리가 무엇인지 생각해야겠군요."

철학자: "그게 올바른 방법이네. 물론, 그것도 어려운 일이지."

학생: "그런가요?"

철학자: "행복을 위한 진리는 하루아침 깨달음으로 얻어지는 것이 아니라, 하나씩 행함에 의해 눈사람처럼 쌓아가는 것이네. 눈사람이 커질수록 더 많은 행복을 수용할 수 있게 되지.[453]"

학생: "행복을 위한 진리들이 그렇게 많은 건가요?"

철학자: "만일 자네가 여름 산을 겨우 아는 자에게 하얀 눈꽃을 머금은 설산을 이야기하면, 그는 자네를 비웃을 걸세.[454]"

학생: "그렇겠지요. 하지만, 그런 것들을 알아도 유익할 것은 없을 것 같지만 말이죠. 사실, 행복은 유익한 것들을 알아야 도움이 되는 것 아닌가요?"

철학자: "행복은 비록 하나도 유익하지 않아도, 함께하면 즐거운 친구 같은 거라네.[455]"

학생: "행복이 친구 같은 거라고요?"

철학자: "친구가 꼭 유익할 필요는 없지 않은가!"

학생: "하지만, 친구란 무언가 공통적인 것이 있어 친구가 된 것 아닌가요? 그것에 서로 도움이 되고요."

철학자: "그런 친구도 있겠지. 하지만 아주 어릴 적 친구를 생각해 보게. 친구는 그냥 같이 있고, 같이 노는 것만으로 충분하지. 다른 아무것도 필요 없다네."

학생: "아! 그래서 행복은 친구 같다고 했군요. 행복은 아무 이유가 없는 것이라서요."

철학자: "내게 옳아도 그에게는 아니고, 내게 아름다워도 그에게는 아니지. 행복은 아무 이유 없는 개별 세상이네.[456]"

학생: "그런 것 같기도 합니다. 그렇게 행복이 개별 세상이라면 행복한 사람은 조금 독특해 보일까요?"

철학자: "그 반대네. 행복에 접근한 자의 특징은 특별한 것이 없다는 것이지. 이로써 자기 행복 상태를 판단할 수도 있네.[457]"

학생: "네? 행복은 개별적이라고 하지 않았나요?"

철학적: "개별적이지, 개성적인 것은 아니지. 행복한 사람은 그것을 드러내지 않는다네. 행복을 드러낸다면 그건 행복이 아직 불완전하고 불안한 것일세."

학생: "행복은 자기만의 세계이기 때문에, 누군가에게 드러낼 필요도, 이유도 없다는 말 같군요."

철학자: "바로 그렇네."

학생: "그런데, 행복이 자기만의 세계로 작아진 것도 처음에 말씀하신 최소 행복 이론에 근거한 건가요?"

철학자: "그렇다고 할 수 있지. 내가 먹은 사과 맛이 시큼하다고 모든 사과 맛이 그렇다고 하는 것은 웃을 일이지 않나! 그런데 자기 생각에 대해서는 모두 그렇게 한다네. 사람 사이에서 쉽게 행복할 수 없는 이유지.[458] 행복하려면 행복을 줄여야 한다네."

학생: "그런데, 선생님, 일단 행복해지면 오랫동안 계속 행복을 유지할 수 있나요?"

철학자: "아쉽게도 그럴 수 없네. 누구나 어쩌다 한두 번 행복에 도달할 수는 있지. 그러나 그곳에 머물기는 힘들다네. 사람의 오만 때문이지.[459]"

학생: "행복은 시간적으로도 저절로 최소화되는군요."

철학자: "사람의 속성상 어쩔 수 없는 일이지."

학생: "음, 무언가 행복하기 위해 준비할 것은 없나요? 철학책을 100권 읽는다든지, 뭐 그런 거 말입니다."

철학자: "행복에 도달하는 유일한 길은 내가 선택하는 '나만의 길'뿐이네. 너무 많은 지식과 철학은 오히려 미로에 빠뜨리니, 그것이 지식으로 느껴지면 읽던 책도 덮는 것이 좋네.[460]"

학생: "책을 많이 읽고 공부를 많이 한다고 좋을 것도 없군요. 그럼, 뭐가 필요하죠?"

철학자: "공부보다는 용기가 필요할 수 있지."

학생: "용기요? 용기는 누구나 낼 수 있는 거 아닌가요? 특별히

준비할 것도 없고요."

철학자: "한 번의 용기는 누구나 가능하지. 그러나 열 번의 용기는 머리 숙일 만하네.[461]"

학생: "그런데, 행복에 왜 용기가 필요하죠?"

철학자: "다 부수어야 하기 때문이네."

학생: "네? 무엇을요?"

철학자: "모든 것을 부수어야 행복을 찾을 수 있지. 위대한 철학도 부수고 또 부수어야 하네. 그리고 자신의 철학도 부수지. 진리의 힘으로 말일세. 행복의 철학이네.[462]"

학생: "드디어 행복에 진리가 필요한 순간이군요."

철학자: "행복은 '정신의 편안함'이네. 행복은 옳음, 선함, 아름다움을 갖추었기 때문이지. 바로 진리일세. 게으름 같은 육체적 거짓 편안함을 행복으로 착각하면 곤란하네.[463]"

학생: "행복한 사람은 진리를 깨달은 사람과 크게 다르지 않을 것 같군요."

철학자: "중복되는 부분이 있기는 하지."

학생: "행복한 사람은 자기 상태나 생각을 다른 사람에게 가르칠 수 있는 것 아닌가요? 행복을 경험했으니까요."

철학자: "그건 착각이네. 자기 행복은 자신에게만 해당하니까 말일세. 깨달음에 도달한 느낌이 들면 그때가 가장 위험하지. 자신 있게 '거짓'을 말하고 다니기 때문이네. 절제된 침묵이 언제나 중요한 이유지.[464]"

학생: "선생님, 그런데 진리가 있는 건 확실한데 왜 세상이 바뀌지 않죠. 진리가 세상을 바꾸어 세상 사람 모두를 행복하게 해줄 수는 없는 건가요?"

철학자: "그야말로 진리가 사람을 행복하게 해주는 것이군. 하지만 그럴 일은 없을 걸세."

학생: "왜 그렇죠?"

철학자: "진리는 세상의 행복과 관련 없기 때문이지. 진리가 세상을 파멸시킬 수도 있네."

학생: "네? 진리가 세상을 파멸시킨다고요?"

철학자: "물리학적 진리, 만유인력을 한번 생각해보세. 지구가 태양 주위를 일정 궤도로 공전하는 것은 행성 간의 만유인력이 균형을 이루었기 때문이지. 그런데 이 균형을 무너뜨릴 만한 혜성이 지구 근처까지 온다고 가정해보세. 그럼, 지금까지 세상을 지켜 왔던 만유인력은 바로 세상을 모두 파멸시킬 걸세."

학생: "그렇군요."

철학자: "우주의 진리는 올바르지도, 선하지도, 아름답지도 않다네."

학생: "진리가 냉혹할 수도 있군요."

철학자: "그래서 사람이 필요한 것이네."

학생: "네?"

철학자: "진리는 세상을 직접 변화시키지는 않네. 진리는 사람을 변화시키고, 사람이 세상을 변화시키지. 그래서 '나'를 바꾸지 않으

면, 세상은 절대 변하지 않는 것일세. 이처럼 진리를 전부 알아봐야 사람이 중간에 나서 행하지 않으면 행복에 별 소용없는 것이지.⁴⁶⁵"

학생: "진리를 통한 행복도 결국 사람을 통할 수밖에 없으니, 진리와 행복은 직접적 연관이 없다는 거군요."

철학자: "그렇네. 행복을 찾아주는 것은 결국 진리가 아니라, 사람의 행동과 용기지."

학생: "음, 그렇군요. 그럼, 그런 내가 행복을 찾으려면 무엇을 향해 가야죠? 어떤 곳을 바라보며 가야죠?"

철학자: "행복은 '경쾌함과 밝음'이네. 주인 없는 황금으로 가득한 어두운 동굴에서 정체 모를 그림자와 다투다 보면, 동굴 밖 연녹색 세상에 눈 돌릴 틈이 없을 걸세.⁴⁶⁶"

학생: "'경쾌함과 밝음'을 찾아가는 것! 사람마다 그곳에 도착하는 때가 다르겠지요? 물론, 동굴을 벗어나지 못할 수도 있겠고요. 어떻게 하면 빨리 어둠을 벗어나 그곳에 도착하죠?"

철학자: "별 상관없네. 행복에 먼저 도달하여 행복하게 사나, 행복을 추구하다가 마지막에 행복하나, 결국 마찬가지지.⁴⁶⁷"

학생: "네? 왜 그렇지요?"

철학자: "행복한 상태나 행복을 찾아가는 상태나 마음만 편안히 먹고 서두르지 않는다면 별로 다르지 않기 때문이네. 최소 행복으로 만족하며 산다면 말일세."

학생: "최소행복이론이 적용되는군요. 선생님, 행복은 필연성을 그 기원으로 하나요, 우연성을 그 근원으로 하나요? 진리의 속성을

생각한다면 필연성 아닌가요?"

철학자: "행복은 당연히 우연성도 있지만, 그 기본은 필연성이지. 하지만 삶은 다르네. <u>인생은 우연성을 기초로 하지. 그래서 모두의 삶이 감동스러운 소설이 되는 것이네. 그것이 신이 원하는 바이기도 하지.</u>468"

학생: "행복 관점에서는 필연적으로 노력해서 돈을 모아야 하겠지만, 실제 삶에서는 복권으로 돈을 크게 얻을 수도 있단 말인 거죠? 그래서 복권으로 얻은 부가 행복으로 연결될지는 아무도 모르는 거고요. 행복과 인생은 필연과 우연으로 서로 따로따로 움직이니까요."

철학자: "바로 그렇네."

학생: "복권에 당첨되어도 불행해지는 사람들은 왜 그렇지요? 그것을 알면 행복의 필연성과 삶의 우연성 사이의 연결고리를 찾을 수 있지 않을까요?"

철학자: "그 이유는 진리를 따르지 않아서 그렇네."

학생: "네? 진리가 그 연결고린가요? 그런데 진리가 무엇인데 그렇지요?"

철학자: "진리? 간단하네. 사람이 만드는 올바른 것, 선한 것, 멋지고 아름다운 것의 복합체지. 진리는 주로 자유와 평등으로 그 길을 만들어간다네. 진리의 목적은 행복, 철학적 가치들, 편안함, 평온함, 생명의 유지, 이처럼 끝이 없지."

학생: "그렇다면 복권이란 엄청난 행운을 얻고도 행복하지 않은 이유는 올바르지 않거나, 선하지 않거나, 멋지지 않은 삶을 살아서 행복이 달아난 거군요."

철학자: "그런 셈이지. 행복에 도달하는 법은 아주 시시하다네. 하루하루 모두 다 알고 있는 선함을 행하다 보면 어느새 그곳에 도착해 있지.[469]"

학생: "행복은 진리와 다르지만 서로 연결되어 있는 것은 분명하군요."

철학자: "당연하지 않겠나! 진리적 가치 없이 어떻게 행복하겠나! 진리를 통한 행복이 그렇게 어려운 것도 아닐세. 백척간두에서 발을 내딛는 것 같은 어려운 관문을 내걸고 진리와 지혜를 가늠한다면, 위대한 선인(先人)은 웃음을 참지 못할 걸세. 진리에 도달한 자, 지혜로운 자를 신통술 부리는 도인쯤으로 생각하는 것은 흥에 겨운 술꾼의 뒷이야기일 뿐이지. 진리를 향한 관문이나 시험 따위는 없네. 한 걸음 한 걸음으로 세상을 진동시키고, 그 걸음으로 세상이 행복하도록 진중하게 나아갈 뿐이지. 진리와 지혜에 도달하기 위해 용기도 필요하지만, 더 필요한 것은 백척간두까지 오르는 수고스러운 걸음이네.[470]"

학생: "그 수고가 쉽지는 않겠지만요."

철학자: "그렇겠지. 하지만, 아무리 어려워도 그 일이 자유로운가를 생각하지 말고, 그 일이 나에게 자유를 주는가를 숙고해야지.[471]"

† 8. 복종시키는 것, 복종하는 것, 모두 신을 거역하는 일이다 †

이때, 또 다른 학생이 조용히 이렇게 물었다.

학생: "선생님, 사람을 행복하게 해주는 다른 훌륭한 가치들이 있겠지만, 평등만큼 직접적이고 그 효과가 바로 나타나는 그런 가치가 과연 있을까요?"

철학자: "왜 그렇게 생각하나?"

학생: "사람이 행복하지 않은 이유가 많겠지만, 가장 많은 경우가 다른 사람과 비교당하는 것 아니겠습니까? 그 비교만 없으면 행복하지 않을 이유도 없지 않나요? 산속 수행자 불행을 못 느끼는 것처럼 말입니다."

철학자: "불행을 못 느끼니 행복하단 말이군."

학생: "두 번째 수업에서 말씀하셨듯이요."

철학자: "문제는 평등으로 오히려 손해 보는 사람들이 있다는 거네. 그들이 그것을 쉽게 허락하지 않지. 평등은 당장 누군가에는 손해일 수 있지만 한 세대만 지나면 모두에게 이익인데 말일세.[472]"

학생: "한 세대라 하면 왜죠?"

철학자: "지금 자신이 손해 보는 것 같지만 자기 자식들은 그 혜택을 볼 거란 말이네."

학생: "어떤 혜택이죠?"

철학자: "예를 들면 평등세가 있어 상속의 경우 95퍼센트를 상

속세로 낸다고 해보세. 어떤 부자가 100억을 상속해도 자식들은 5억 밖에 상속받지 못하는 거지."

학생: "자식들이 엄청 불만이겠군요."

철학자: "하지만, 그렇게 부가 분배되어 구성원들에게 나누어진다면 그 자식들도 여러 사회 복지 혜택으로 그렇게 어렵지 않게 살아갈 수 있겠지."

학생: "하지만, 원래 상속받을 몫에 비하면 비교도 안 되겠지요."

철학자: "만일 한 세대 30년이 지나면 또 다른 부자가 엄청난 부를 평등세로 구성원에게 나누지 않겠는가? 그럼 이번에는 자신들이 부의 분배에서 혜택을 볼 걸세."

학생: "그렇기는 하겠지요. 재산을 이미 거의 사회에 환원해서 평범한 부를 가진 사람이 됐을 테니까요."

철학자: "그때부터는 혜택을 보면서 계속 살 수 있는 거네. 다시 부자가 되기까지는 말일세."

학생: "보통 때는 혜택을 보고 부자가 됐을 때만 손해를 보는 거군요. 극단적 세금은 아니더라도 어느 정도의 부의 분배는 행복에 도움이 되겠습니다."

철학자: "그렇겠지. 그런데 사실, 그런 물질적, 분배적 평등이 행복에 미치는 영향은 그리 크지 않네."

학생: "네? 그럼요?"

철학자: "행복하려면 같이 즐거워해 줄 사람이 필요하네. 이것이 평등이 행복의 조건인 이유지.[473]"

복종시키는 것, 복종하는 것, 모두 신을 거역하는 일이다

학생: "서로 비슷해야 함께 즐거워하는 관계가 된단 말이군요."

철학자: "그렇네. 게다가 행복을 사람 중심으로만 생각하는 것도 문제네."

학생: "네? 무슨 말이죠?"

철학자: "행복을 사람으로 제한하면 그것은 신과 관계없는 사람의 일이 돼버리지.474"

학생: "아! 그렇군요. 신의 입장에서 보면, 사람이나 개미나 느티나무나 같은 피조물이란 말이죠?"

철학자: "그렇네. 생각이 바뀌지 않으면, 오래지 않아 사람 중심의 불평등한 행복이 반드시 세상을 파괴할 걸세."

학생: "선생님, 그런데 우리 행복에 미치는 불평등은 어느 정도까지 허용되는 거죠. 그렇다고 이론적 공산주의처럼 완전한 평등을 말하는 건 아니지 않겠습니까?"

철학자: "작은 차이를 인정하면 불평등을 인정하는 셈이네. 저항이 있어도 양보는 안 되지. 모두가 행복하기 위한 길이네. 힘 있는 자의 선심 쓰는 듯한 평등은 필요 없네.475"

학생: "너무 엄격하지 않습니까?"

철학자: "그래서 평등과 공평의 기준이 있지 않은가!"

학생: "네? 그게 어떤 차이죠?"

철학자: "3명의 직원을 하루 8시간 노동에 10만 원 임금으로 고용했다고 하세. 그런데 한 직원은 4시간만 일하고, 다른 직원은 8시간, 또 다른 직원은 12시간을 일했다고 치세. 이때 평등은 계약대로

모두 10만 원씩을 주는 것이고, 공평은 일한 시간에 맞춰 각각 5만 원, 10만 원, 15만 원을 주는 거지."

학생: "생각할 것도 없이 공평의 기준을 적용해야겠죠."

철학자: "물론, 공평의 기준이 더 공정하겠지. 하지만 꼭 그런 것만은 아니네."

학생: "네?"

철학자: "4시간밖에 일하지 않은 직원은 사실 그 전날 가족의 죽음으로 실의에 빠져 일을 잘하지 못했을 수도 있네. 이런 것들을 고려해 평등하게 임금을 지급한다면 누구라도 편안한 마음으로 직장을 다니게 되겠지. 평등적 분배가 공정하지 않아 보여도 행복한 삶을 위해선 필요할 때도 있는 것이네. 물론, 악의적으로 이용하는 직원은 해고해야겠지."

학생: "그렇군요."

철학자: "하지만, 이 경우는 특별한 예외적 경우이고, 기본적으로는 더 열심히 일한 자가 더 많이 가져야 공평하고 행복하겠지. 이것마저 부정되면 세상은 후퇴하네. 만일 그렇지 않다면 모두가 나서야지.[476]"

학생: "공평이 조금 더 공정하겠지만, 평등도 고려해야 한단 말이죠?"

철학자: "그렇네. 물은 독사가 먹으면 독이 되고, 소가 먹으면 우유가 되네. 평등을 독으로 해석하는지 우유로 해석하는지는 그 사람의 정체를 드러내지. 평등은 자유에 이어 제2의 진리 조건이네. 그것을 폄하해 봐야 자기 무지만 드러낼 뿐이네.[477]"

복종시키는 것, 복종하는 것, 모두 신을 거역하는 일이다

학생: "조금 손해 보더라도 평등을 통한 작은 행복을 포기해서는 안 되겠군요."

철학자: "평등은 분명, 약자의 허영이지만, 불평등 또한 분명, 강자의 허영이지. 행복을 위해 강자가 허영을 버리는 것이 조금 더 인간적이지 않겠나![478]"

학생: "그런데 선생님, 세상에는 돈이 많다거나 조금 힘이 있다거나 하면, 자신들이 무슨 다른 계층의 사람처럼 생각하는 부류의 인간이 있지 않나요? 그들이 다른 사람에게 불행을 주거나, 그것을 느끼게 하는 것 같고요."

철학자: "허영심 때문이지. 허영심은 자네 말대로 원래 있지도 않은 상류 계층을 만드네. 그것을 이용한 장사가 잘되는 이유이기도 하지. 하지만 허세는 행복과 거리가 머네. 스스로 부끄럽기 때문이지.[479]"

학생: "그렇게 허세를 부리지 않아도 존경할 만한 사람은 사람들이 분명 알아봐 줄 텐데요."

철학자: "물론이네. 존경할 만한 이는 자신의 권리를 먼저 양보한 사람이고, 이를 간파한 사람은 그에게 자기 권리를 스스로 양보하지. 그것이 존경의 표시로 나타난다네. 존경할 만한 이가 많을수록 행복한 세상에 가까운 걸세.[480]"

학생: "자발적으로 평등을 양보한 거군요."

철학자: "그런 셈이지."

학생: "평등이 분명히 다수 사람에게 행복을 주는 분명한 철학적 가치라면 어릴 때부터 아이들을 세뇌하듯이 교육하면 효과가 있지

않을까요?"

철학자: "사람들은 그런 교육은 원치 않을 걸세. 오히려 그 반대지."

학생: "네? 왜 그렇지요?"

철학자: "아이들은 모든 것을 공평하게 보고 생각하는데, 어른이 교육하는 것은 불평등을 일으키는 이기심뿐이네. 아이들이 어른이 되면서 행복하지 않은 이유지.[481]"

학생: "하긴, 아주 어린 아이들은 누구에게나 완전한 평등적 태도를 보이는 것 같긴 합니다. 커가면서 점점 바뀌지만요. 어른들이 문제군요."

철학자: "아이들은 어른의 영향을 받고 자라면서, 불평등적 사고의 악순환이 이어지지."

학생: "사람들은, 아니 어른들은 왜 평등에서 눈을 돌릴까요?"

철학자: "나이가 들면서 자기 신념이 생기기 때문이지."

학생: "그게 무슨 말이죠? 신념이 왜요?"

철학자: "강한 신념을 가진 자는 타인을 무시하고 그들의 생각을 잘 수용하지 않기 때문이네. 그런데 보통, 그 신념이 타인을 위한 것이라고 억지 주장하지. 평등을 무시하면서 그것을 목표로 하는 셈이네. 우스운 이야기 아닌가! 이것은 신념이 강한 자가 행복하지 않은 이유기도 하네.[482]"

학생: "그렇군요. 뭔가 대안이 필요할 것 같은데, 플라톤이 말한 공동 육아와 철학자의 양성, 이런 것들을 고려해야 하나요?"

철학자: "공동 육아도 문제지만 40년이나 걸리는 플라톤식 철학자 양성을 어떻게 기다리겠나! 오늘 저녁 잔칫상을 위해 점심을 거를 수는 있네. 하지만 언제 있을지 모르는 잔칫상을 위해 계속 굶을 수는 없는 일이지. 행복을 위한 꿈은 그것이 너무 멀리 있으면 악마의 꿈이라네.[483]"

학생: "네? 행복이 너무 오래 걸리면 악마의 꿈이라고요?"

철학자: "그렇네."

학생: "오랫동안 노력해서 큰 성과를 얻는 일도 많을 텐데, 그걸 악마의 꿈이라고 할 순 없지 않나요?"

철학자: "물론 그런 면이 없는 것은 아니지만, 너무 오랫동안 삶을 힘들게 하기 때문이네. 행복 관점에서는 분명 악마의 꿈이지."

학생: "그럼, 누구도 위대한 일을 할 수 없는 것 아닙니까?"

철학자: "오랫동안 꼭 그 일을 해야 한다면, 그 사람은 행복을 포기하거나 다른 방법으로 행복을 추구해야겠지. 중요한 것은 '행복을 위해 행복을 포기'해서는 안 된다는 것일세."

학생: "그런 의미군요. 어쨌든 자유가 어려운 만큼, 평등도 쉽게 행복을 주는 것은 아니군요."

철학자: "행복이 원래 그런 것 아닌가! 하지만, 자유보다는 평등을 통한 행복이 조금은 쉬운 편이지."

학생: "반대 아닌가요? 자유는 나만의 문제이고 평등은 다른 사람들과 함께 풀어야 할 문제니까요."

철학자: "그 생각이야말로 반대이네. 자유는 키르케고르의 말처

럼 다른 사람의 자유가 침해되지 않도록 주의 깊게 채찍을 휘둘러야 하지만, 평등은 내가 주도적으로 내 권리를 양보하거나, 양도하거나, 포기하면 가능한 일이지."

학생: "그럴 수도 있긴 하겠군요."

철학자: "자유의 실현은 힘난하다네. 세상이 내 마음대로 되는 것이 아니지. 하지만, 평등의 실현은 평탄하네. 누구나 마음먹으면 당장 가능하지. 행복이 평등으로 더 쉽게 다가서는 이유라네.[484]"

학생: "그렇지만 선생님, 세상은 이미 강자와 약자가 있어 그 벽을 깨뜨리기가 어렵지 않습니까? 특히 강자들의 자존감은 약자들과의 평등을 허락하지 않을 텐데요."

철학자: "자유보다 쉬울 뿐이지, 자네 말대로 평등도 절대 쉽게 이루어지는 것은 아닐세."

학생: "역시 그렇지요?"

철학자: "그리고 자존감 문제인데, 강자도 약자도 자존감은 동일하네. 이 사실은 약자, 강자 모두를 위한 일이지. 다투지 않기 위한 상식이라네. 자존감을 따지기 시작하면 갈등이 발생하고, 누구도 행복하지 않은 법이지.[485]"

학생: "선생님, 평등을 완전히 같은 상태로 정의할 수는 없지 않나요? 무언가 적당한 타협점은 있을 것 같은데요."

철학자: "행복을 위한 평등은 '과도한 차이 없이 비슷하게'이지. 하지만, 길 가던 세 사람이 우연히 황금을 발견하면 모두 행복하기는 어렵네. 비슷하게 나누는 것을 누군가는 원하지 않기 때문이지.[486]"

학생: "타협점은 있겠지만, 사람의 욕심이 그것을 허락하지 않는

다는 말이군요."

철학자: "특히, 강자의 욕심이 문제일세."

학생: "어찌 보면 약자가 일방적으로 당할 수밖에 없기는 하네요. 힘이 없으니까요."

철학자: "그럴 수밖에 없지. 하지만, 신은 사람의 행복을 위해 평등은 아니지만, '평등할 자격'은 주었네. 신의 선물을 썩은 상자에 묵혀둘 필요는 없지 않겠나. 행복을 위해서는 불구덩이도 헤쳐갈 만하니 말일세.[487]"

학생: "강자의 동정심을 기대하는 건 어떤가요?"

철학자: "평등과 동정은 적대 관계네. 동정심은 자신의 우위를 전제로 하기 때문이지. 행복을 위한 평등에 필요한 것은 동정심이 아니라 동질감이네.[488]"

학생: "동정심이라면 모를까, 강자들이 동질감을 가지려 할 리가 없을 텐데요."

철학자: "그렇겠지. 특히 강자에게 당하기만 하던 약자도 자신이 강자가 되면 절대 동질감이나 평등을 원하지 않을 걸세. 사람은 기회만 되면 평등에 등을 돌릴 준비가 되어 있지. 그것도 마치 복수심에 불타는 것처럼. 타인의 행복 따위는 안중에도 없다네. 그러다 결국 그 이유도 알지 못한 채 자신도 불행해지지만 말일세. 그래서 행복은 배우고 익히는 자의 것이라네.[489]"

학생: "음, 약자가 강자에게 대항하려면 우선은 용기가 필요할 텐데, 어떻게 그런 용기를 가질 수 있을까요?"

철학자: "용기? 쉽지 않은 일이지. 용기를 가지려면 두려워하지

말아야 하고, 두려워하지 않기 위해서는 분노해야 하며, 분노하여 고귀한 결과를 얻으려면 냉철해야 한다네.[490]"

학생: "분노를 통한 냉철한 용기군요. 구체적으로는 어떻게 해야 하죠?"

철학자: "냉철하려면 먼저 구체적으로 무엇을 어떻게 행동할 것인가를 생각해야 하네. 그다음, 현존하는 규정으로, 침착하고 치밀한 계획을 세워야 하지. 법을 어기거나 대충 계획을 세우면 안 되네. 그다음은 최대 다수와 연대하고, 실천적인 대책을 하나하나 견실히 실행하는 것일세."

학생: "행복하기란 정말 어렵군요. 이렇게 평등해지기 어려운 근본적 이유가 뭘까요?'

철학자: "남과 달라지고 싶어 하기 때문이지. 서로 달라지려 하면 득실을 따지기 시작한다네. 내 것과 타인 것이 구분되기 때문이지. 서로 비슷해지려 하면 득실은 더는 의미가 없어질 텐데 말일세. 이처럼 고통과 다툼의 근원은 내가 남과 다르다고 생각하는 것이네.[491]"

학생: "억지로라도, 법의 힘에 의해서라도 서로 같아지도록 만들면 안 되나요?"

철학자: "그렇게는 평등해질 수 없는 일일세. 겉으로만 평등을 가장하기 때문이지. 서로 같음은 가장되어서는 안 되네. 위선은 삶을 절망케 하니 말이야. 거짓 같음에 만족하고 인내해서는 안 되네. 어느새 행복도 가장하기 때문이지.[492]"

학생: "억지로는 안 되는 거군요. 그렇게 혼자 다르고, 혼자 자유로운 것이 행복하다고 느껴서 그럴까요?"

철학자: "그럴 리가 있겠는가! 자유를 찾아 너무 혼자 나아가지 말아야 하네. 혼자 자유로운 건 행복은커녕 오히려 슬픈 일이네.493"

학생: "왜 그렇죠?"

철학자: "같이 즐거워해 줄 사람이 옆에 없기 때문이지. 절대 행복할 수 없네."

학생: "그렇군요. 그래도 뛰어난 그리고 다른 사람들과 다른, 혼자이긴 하지만, 앞서 나아가는 사람이 세상을 이끌어가는 것 아닌가요?"

철학자: "뛰어난 자가 세상을 이끈다고 생각하나?"

학생: "아닌가요? 그럼, 누가 이끄나요?"

철학자: "세상을 이끄는 것은 오히려 평범해 전혀 드러나지 않는 사람이네. 아무것도 바라지 않고 선함의 불빛을 발하는 자가 지금도, 아무도 모르게, 실제 세상을 다스리고 있네.494"

학생: "네?"

철학자: "사람을 각성하게 하는 건 위대한 철학자, 세상에 이름을 날린 성공한 사람, 뛰어난 사람이 아니라, 자기 주변 평범한 선한 사람의 삶, 그들이 지나가면서 아무렇지도 않게 하는 말이지. 잘 눈치채지 못하지만 말일세."

학생: "음, 그런 것도 같습니다."

철학자: "세상을 이끌기 위해서라면 뛰어날 필요 없네."

학생: "그렇다면, 뛰어난 사람에게 자기의 평등한 권리를 양보할 필요도 없겠군요."

철학자: "물론이네. 누군가에 평등을 맡기느니 신에게 목숨을 맡기게. 절대 양보할 수 없는 것도 있는 법이지.495"

학생: "선생님, 이건 좀 다른 이야기긴 한데, 사람들과의 관계 속에서 누군가를 미워한다든지, 원망한다든지, 싫어한다든지 같은 감정적 적대감이 있을 수 있지 않습니까? 이런 적대감 속에는 이미 평등이 깨져있는 것 아닌가요?"

철학자: "잘 파악했네. 평등적 관계는 진리와 정의 관점도 있지만 감정적 관점도 상당 부분 차지하지."

학생: "감정적 적대감 속에서 누가 위, 아래인지도 모를 만큼 망가지고 파괴돼 혼란스러운 평등은 어떻게 회복시켜야 하죠?"

철학자: "어려운 일이지. 우선, 용서해야 하네. 미움과 한(恨)이 있는 한, 그들에게 상좌(上座)를 내주는 것이니 말일세. 미움과 한(恨)은 눈물로 사람을 미약하게 하고 침착함을 방해하니, 냉철히 용서하여 마음속에 자리 잡고 있는 그들의 상좌를 깨뜨려야 하네.496"

학생: "무언가 알 듯 말 듯 합니다. 이런 감정적 극복도 행복하기 위해서는 필요할 거라는 생각이 들기는 합니다."

철학자: "행복은 그것을 필연으로 만드는 자에게만 허락되는 것이네. 행복할 수밖에 없는 필연을 매일 조금씩 준비해야지.497 어려워도 말일세."

학생: "그런데, 그렇게 평등을 위해 노력하다 보면 다른 문제는 없을까요?"

철학자: "예를 들면?"

학생: "평등은 자유와 마치 한 쌍처럼 움직이지 않습니까! 평등

복종시키는 것, 복종하는 것, 모두 신을 거역하는 일이다

을 너무 강조하다 보면, 자유가 심각하게 줄어드는 건 아닌가요? 사실, 원리상으로는 자기 자유를 나누는 것이 평등이니까요."

철학자: "자유가 줄어드는 건 걱정할 것 없네."

학생: "네? 무슨 말이죠?"

철학자: "행복한 자는 자유롭지 않은 자이니, 자신의 자유를 남을 위해 희생하기 때문이지. 그는 아무 바람(願) 없이 자기 삶을 타인을 위해 지향한다네.[498]"

학생: "대표적인 예가 부모님이 되겠군요."

철학자: "그렇네."

학생: "그럼, 이런저런 것 생각 말고, 자신의 평등과 자유를 남에게 희생하면 행복하다는 건가요?"

철학자: "거기에 자유 의지가 개입하네. 자유 의지로 그렇게 한다면 자네 말이 틀리지 않을 수 있지. 하지만 그렇지 않다면 완전히 다른 이야기가 되네. 타의에 의해 평등과 자유가 손상되어서는 절대 안 되지. 자기 혼자만의 문제도 아니네. 자기 혼자 손해 보고 말겠다는 '점잖은 무관심'이 모두의 행복을 무너뜨리네.[499]"

학생: "결국, 그건 누군가에게 복종하는 것이란 말이죠?"

철학자: "타인을 복종시키는 것, 타인에게 복종하는 것, 모두 신을 거역하는 일이네.[500] 신은 어떤 것도 허락하지 않았지."

학생: "그렇군요. 평등도 어려운데 그것으로 행복까지 연결하려니 더 힘든 일이 돼버렸네요."

철학자: "자신 속에 감춰져 있는 '행복의 씨'를 뿌리고, 쓰러져 죽

을 때까지 열심히 경작해야지.⁵⁰¹"

학생: "죽을 때까지요! 행복하려면 평생 바쁘겠군요."

철학자: "하하, 그렇지. 부자유를 선택하는 자유, 이것이 사람의 실질적 자유이니, 자유는 항상 수고로운 현재를 선사한다네. 행복한 자가 한가롭지 않은 이유지.⁵⁰²"

학생: "그런데, '행복의 씨'란 무엇이죠?"

철학자: "성실, 융화, 근면, 냉정, 검소, 절제, 솔직 같은 것이지."

학생: "중학교 때 교훈 같군요."

철학자: "고리타분하다는 말이지? 아우렐리우스의 덕목일세."

학생: "곰팡이 냄새가 나는 것 같습니다."

철학자: "그런데, 한 가지 간과하고 있는 게 있다네."

학생: "그게 뭐죠?"

철학자: "위 일곱 가지 덕목의 특징은 머리가 좋든 나쁘든, 부자든 가난하든, 힘이 있든 없든, 누구나 가능하다는 것이네. 머리가 좋거나, 부자거나, 힘이 있으면 고리타분하다고 생각해도 되겠지만, 그렇지 않다면 이 덕목들은 행복하기 위한 황금의 열쇠라네."

학생: "음, 세상에는 뛰어나지 않은 사람들이 더 많고, 그들은 어떻게 행복해질 수 있는지 막막해하는데, 그 해결책이 되겠군요."

철학자: "그렇네."

학생: "그런 덕목들을 갖고 뭘 목표로 살죠?"

철학자: "다시 첫 번째 수업으로 돌아왔군. 원래 그렇다네. 사실,

복종시키는 것, 복종하는 것, 모두 신을 거역하는 일이다

삶의 목표, 방법, 행동 이런 것들에 무슨 구분이 있겠나!"

학생: "네, 그렇겠지요."

철학자: "<u>행복한 삶을 위한 목표는 재력·권력·명예 처럼 타인과 경쟁하는 '차갑고 무거운 것'이 아니라, 평등·자유·정의·사랑·평화·탐구·탐험·나눔 같이 스스로 만드는 '따뜻하고 가벼운 것'이어야 하네.</u>[503]"

학생: "가치를 위한 꿈이군요."

철학자: "누구라도 가능하고 지금 당장 가능한 것들이지. 직업 같은 것은 별 상관없네. 직업은 가치를 이루기 위한 수단일 뿐이지."

학생: "그런 자신만의 가치를 갖는다는 것이 그렇게 쉬운 일이 아니지 않습니까?"

철학자: "물론이지. 하지만, <u>염려와 불안 속에 퇴락하지 않으려면, 상식과 잡담으로 지배받지 않으려면, 자신의 두 발로 대지 위에 우뚝 서야 한다네.</u>[504]"

학생: "무슨 말인지 알 것도 같습니다."

철학자: "잘됐네."

학생: "자신만의 가치를 가진 사람은 행복과 자긍심 같은 것이 있겠군요."

철학자: "<u>대자연 속 정원을 거니는 자에게 대부장자의 정원은 초라한 법이라네.</u>[505]"

학생: "이런 가치를 위한 꿈을 가진 사람은 그 누구와도 대등하고 평등한 관계를 가질 수 있을 것 같습니다."

철학자: "한 가지 예외가 있지."

학생: "그게 뭐죠?"

철학자: "다수의 힘이네. 가치가 무력화될 수도 있지. '다수'라는 이름의 폭력은 자기 자신을 검열하게 하고, 도덕적 용기조차 희생시킨다네. 우매한 다수가 행복을 망치지 않도록 경계해야지.506"

학생: "어떻게 대응하고 경계해야죠?"

철학자: "많은 사람 생각이라거나, 대다수 국민 생각이라거나, 내 생각이 아니라 모두의 생각이라거나 하면서 공격하는 사람들이 적지 않지."

학생: "정치가들 단골 메뉴죠."

철학자: "그런데 사실은 자기 생각에 동조하는 몇 사람의 말을 근거로 터무니없는 확대해석을 하는 경우가 대부분이네."

학생: "그래도 때때로 여론 조사를 근거로 말할 때도 있지 않습니까?"

철학자: "여론 조사는 사용하는 단어, 조사, 의도된 배경 설명으로 얼마든지 상당 부분 조종할 수 있네. 여론 조사에 응하는 사람들이 그런 것까지 생각하고 답하지 않기 때문이지."

학생: "여론 조사도 크게 믿을 건 아니란 말이군요."

철학자: "물론, 공정하게 진행한다면야 믿겠지만 말일세. 어쨌든 다수의 힘에 무너지지 않으려면, 그 의견이 정말 다수의 의견인지를 정확히 확인해야 하네. 그런데, 그런 경우는 거의 없네. 대부분 다수를 가장하고 있을 뿐이지."

복종시키는 것, 복종하는 것, 모두 신을 거역하는 일이다

학생: "그럴 수도 있겠군요."

철학자: "물론, 정말 다수의 의견이라면 자신도 생각을 바꿔야지. 고집불통이 되지 않으려면 말일세."

학생: "선생님, 조금 전, 가치를 위한 꿈이 누구라도 가능하고 지금 당장 가능한 것이라고 했고, 그 내용이 평등·자유·정의·사랑·평화·탐구·탐험·나눔 같은 것이라면 너무 대단한 것 아닌가요?"

철학자: "그렇게 생각할 수도 있겠네. 평등, 자유, 정의 같은 것들은 말일세."

학생: "그렇죠."

철학자: "하지만, 평등의 예를 들면 자네도 당장 가능하네. 집에 가서 설거지, 집안 청소를 돕는 것도 자네 어머니와의 평등을 위한 것이고, 아르바이트해서 용돈이나 학비를 버는 것도 자네 아버지와의 평등을 위한 것이지. 친구의 말을 잘 들어주는 것도, 약속 시간을 잘 지켜 친구의 시간을 존중해주는 것도 모두, 평등을 위한 작은 일이네."

학생: "철학적 평등이 아니라 생활 속 평등이군요."

철학자: "가치를 위한 꿈을 포함해 행복을 주는 목표는 지금 바로 가능한 것일수록 좋네. 이때, 과시하지 않아도 빛나는 작은 탁월함 하나가 행복을 더욱 빛내줄 걸세.[507]"

학생: "빛나는 작은 탁월함, 내게 그런 게 무엇이 있는지 잘 생각해봐야겠습니다."

철학자: "작은 탁월함은 반드시 누구나 있네. 열심히 찾고 힘쓰

지 않아서 잘 못 찾을 뿐이지."

학생: "그렇군요. 그런데, 선생님, 평등을 통해 행복해지기 위해서는 가치를 위한 꿈, 작은 탁월함 같은 것도 필요하지만, 우선은 선해져야겠네요. 내가 작은 평등 속 진리를 그렇게 생활 속에서 실현하려면 말입니다."

철학자: "분명 선한 마음이 기본이겠지. 하지만 항상 염두에 두어야 할 것은 있네."

학생: "그게 뭐죠?"

철학자: "<u>선하지만, 진리를 알지 못하면 그것이 다름 아닌 어리석음이지. 어리석으면 행복도 어리석어진다네.</u>[508]"

학생: "음, 착하기만 해서는 안 되는군요."

철학자: "선하기만 하면 보통 유약해진다네."

학생: "그런 것 같습니다."

철학자: "<u>유약한 사람은 타락한 세상이 알려준 삶의 목표를 바라보면서, 은밀한 욕망을 키우고 몸부림치며 또 좌절할 것이네.</u>[509]"

학생: "선한 마음만 가지면 남에게 이용당하고, 모두를 위한 올바른 길을 선택하지 못하고, 그 결과에 대해 누굴 탓하지도 못해 혼자 괴로워할 수 있다는 말이지요?"

철학자: "세상 모든 사람이 선하지는 않기 때문이네. <u>좋아하되 그 사람의 악함을 알며, 싫어하되 그 사람의 선함을 알아야 할 걸세.</u>[510]"

학생: "결국, 선해서만은 안 되고 올바름을 제대로 아는 현명함, 지혜로움도 있어야 하겠군요."

복종시키는 것, 복종하는 것, 모두 신을 거역하는 일이다

철학자: "그렇네. 몇 번이고 말하지만, 행복은 배우고 익히는 자의 것일세."

학생: "평등을 통한 행복을 위해서는 진리를 공부해야 한다는 거군요."

철학자: "올바르지 않은 평등이 의미가 있겠나! 그건 이미 평등이 아니지."

학생: "부모님을 위해 집안일을 돕는 것이 평등을 위해서가 아니라, 자기 이익을 얻기 위한 얄팍한 수단으로 쓰일 수도 있다는 말이죠?"

철학자: "그렇지. <u>마음이 올바르지 않으면 아무리 배워도 올바르지 않다네. 올바른 마음과 올바른 목표를 가지면 시키지 않아도 스스로 올바른 인생을 위한 노력을 시작할 것일세. 이것이 무엇보다 먼저 해야 하는 행복 교육이지.</u>[511]"

학생: "그럼, 그런 교육을 어떻게 시작하죠?"

철학자: "지금부터 시작하게. 자네가 이제부터 교육자가 되어 올바름을 전파하게. 다른 사람, 다른 철학자, 다른 위대한 성인이 해주길 바라지 말고, 자네가 그런 세상을 만드는 주인공이 되게."

학생: "제가요? 음, 무슨 말인지는 알겠지만."

철학자: "<u>주인을 따르는 개는 행복을 요구할 수 없네.</u>[512]"

학생: "네?"

철학자: "다른 사람에 의지하지 말고 꼭 해야 하는 일, 올바른 일이라면 스스로 주인이 되어 세상을 이끌라는 말일세. 행복을 위한

비밀의 열쇠네."

학생: "정신 똑바로 차리고 살아야겠군요."

철학자: "물론이네. 술에 취해 비틀거리는 무력한 '사치 사회'를 단호히 거부해야 하네. 술에 취하면 행복도 비틀거리지.[513]"

학생: "하지만, 내가 아무리 정신 똑바로 차리고 살아도, 거대한 부나 국가 권력이 모든 걸 빼앗아 갈 수도 있지 않습니까! 이것이 불안하긴 합니다."

철학자: "국가의 역할은 힘의 균형을 맞추는 것이지. 국가가 나를 보호해 주기를 바라지 말고, 그렇게 하지 않을 수 없도록 국가를 강제해야 하네. 국가는 힘 있는 자의 편이기 때문이지. 행복을 위해 국가를 최대로 이용하고 활용하게.[514]"

학생: "그게 쉽지는 않겠지만, 무슨 말인지는 알겠습니다. 그 방향성은 기억해야겠습니다."

철학자: "정신 차리고 살아야 하는 이유가 또 있네."

학생: "뭐죠?"

철학자: "마치, 세상 달관한 듯 '세상 뭐 있나'라며 멍청히 살아서는 안 된다네. 정말로 멍청해지기 때문이지.[515]"

학생: "달관한 듯 그냥 생각 없이 살아서는 행복해질 수 없다는 말이군요."

철학자: "수업한 내용 생각해보면 당연하지 않겠나!"

학생: "그렇죠. 그건 행복은커녕 세상에서 성공하려는 생각도 없는 거죠. 행복의 첫 번째 계단도 못 오르겠죠."

철학자: "그렇겠지. 성공이 꼭 행복의 첫 단계는 아니지만 말일세."

학생: "네?"

철학자: "성공하려고 노력하는 이유가 불평등적 특권을 얻기 위함은 아닌가 생각해봐야 하네. 자신은 대단하다고 생각하겠지만, 사람들은 우습다고 생각하지. 성공해도 행복할 수 없을 거네.[516]"

학생: "그 불평등적 특권을 올바르게 평등을 위해 쓰면 되지 않나요? 어차피 누군가 다른 사람이 그 자리에 올라 사람들을 힘들게 하는 것보다 내가 그 자리에 올라 사람들에게 도움과 행복을 나눠 줄 수도 있지 않습니까?"

철학자: "자신 있나 보군. 사람은 교만해지기 위해 삶의 모든 것을 바쳐 노력하지. 고독히 비참해지기 위해.[517] 자네가 그런 생각을 끝까지 가질 수 있다면, 내 생각이 틀리고 자네 생각이 맞는 걸세."

학생: "무슨 말인지 알겠습니다. 부자가 되었을 때도 제 생각을 잃지 않는다면 제 말이 맞는 거란 말이죠!"

철학자: "물론이지. 부자는 돈이 많다는 것, 그것뿐이라네.[518] 이 말을 잊지 않으면 되는 걸세."

학생: "그럼, 높은 지위에 올라도 높은 지위에 있다는 것뿐이고, 명예를 얻어도 명예가 있다는 것뿐이고, 이처럼 그것만으로 만족하면 된다는 말이군요. 다른 곳까지 힘쓰려 하지 말고요."

철학자: "바로 그렇네."

학생: "부와 지위는 힘도 함께 생기지만, 명예는 그런 것은 아니

니, 쉽게 교만해져 고독히 비참해지지는 않겠네요."

철학자: "그렇기는 하네만, 요즘은 명예가 부와 힘으로 연결되니 조심해야지. 명예는 '삶의 방향'을 제시하는 것이네. 모방하지 말고 자신만의 명예를 만들게. 방향만 제대로 결정하면 평범한 삶도 명예로움으로 가득할 수 있네. 자기 삶의 궤적을 두려움 없이 자긍심으로 선택하는 것, 이것이 행복으로 가는 소탈한 길이겠지.519"

† 9. 죽음의 순간에 기억할 추억을 지금 만들라 †

이때, 또 다른 학생이 조용히 이렇게 물었다.

학생: "선생님, 저는 죽음이 행복에 미치는 영향이 제일 크다고 생각합니다."

철학자: "왜 그렇게 생각하지? 누구나 죽음이 두렵기는 하지만 말일세."

학생: "바로 그 두려움 때문입니다. 사람들이 돈을 모으려 하는 것도, 성공하려고 하는 것도, 사람들과 잘 지내려 하는 것도, 공부하는 것도, 진리를 깨닫는 것도, 건강을 위해 노력하는 것도, 힘 있는 사람에게 쩔쩔매는 것도, 여행을 가거나 친구를 만나 스트레스를 풀려고 하는 것도, 모두 죽음을 조금이라도 연장하거나 피하기 위해서인 것 같습니다. 이 정도면 우리 삶 거의 모든 곳에, 우리 행복 거의 모든 곳에 영향을 미친다고 봐야겠죠."

철학자: "그럴듯하네. 이번 수업, '삶 속 중요한 것을 통해 행복을 어떻게 달성할 수 있는지'에 대한 주제와도 잘 부합하니, 같이 생각해보도록 하세. 그래, 자네는 죽음을 통해 사람이 어떻게 행복해질 수 있을 것 같나?"

학생: "죽음이 행복에 큰 영향을 준다는 생각까지는 했지만, 죽음으로 어떻게 행복할 수 있을지까지는 알 수 없었습니다. 오히려 생각하면 생각할수록 죽음을 통해 행복해지는 방법이 떠오르기는커녕 불행 속으로 빠져들어 가는 느낌이 더 강했습니다. 제 생각은 죽음이 행복에 영향을 미치기는 하지만, 자유를 통해, 평등을 통해 행복해지는 것처럼 죽음을 통해 행복해질 수는 없다고 생각합니다."

철학자: "자네 말에 전적으로 동의하네."

학생: "역시 죽음은 중요하긴 하지만, 인간의 힘으로는 어쩔 수 없는 거군요."

철학자: "그렇지. 일개 생명체일 뿐인 인간이 무얼 하겠나! 사람이 할 수 있는 것은 기껏해야 그 두려움을 최소화하는 거지."

학생: "네? 두려움을 줄일 수 있다고요? 어떻게요?"

철학자: "너무 기대는 하지 말게. 내 말대로 해도 모두 효과가 있는 건 아니니까."

학생: "그건 알겠습니다."

철학자: "우선은 <u>죽음이 나를 결정하는 것이 아니라, 내가 죽음을 결정하도록 차분히 준비하는 것이 좋네. 마지막 행복을 위해.[520]</u>"

학생: "네? 그게 무슨 말이죠? 안락사를 선택하라는 말인가요?"

철학자: "하하, 안락사도 괜찮지. 하지만 그보다는 내가 스스로 마음속에서 '그래, 이 정도면 잘 살았다. 죽는 게 두렵고 아쉽지만, 지금 죽어도 큰 아쉬움은 없다'란 생각이 들도록 죽음을 준비해 가라는 말이네."

학생: "그런 생각이 들려면 건강하게 살면서 이런저런 작은 성취도 하고 작은 행복도 많이 느끼면서 살아야겠군요."

철학자: "어렵겠나?"

학생: "네, 어려울 것 같습니다."

철학자: "죽음은 누구에게나 어려운 일이지. 그런데 죽음 이후는 모르겠지만, 죽음까지는 우리 삶이라네. 삶이 행복하면 죽음도 행복하지 않겠나! 죽음도 삶이니까 말일세. 친구도 못 만나고, 밥도 못 먹고, 잠도 안 자고 세상을 얻으려 하지만, 죽을 때 남는 것은 아무것도 없지. 그러니 죽음을 위해 삶을 더욱 행복하게 살 수밖에 없는 일일세.[521]"

학생: "알 듯, 말 듯 합니다. 인생 전체를 행복하게 살다 보면 죽음도 삶의 일부니 죽을 때도 그럭저럭 견딜 수 있다는 말인가요?"

철학자: "그럴 수 있겠지."

학생: "그런데 선생님, 죽으면 아무것도 없는 거죠?"

철학자: "그걸 내가 어찌 알겠나! 죽었다 살아난 것도 아닌데 말이네. 죽음은 자기를 떠올리지 못하는 상태지. 죽음의 준비는 '자기를 떠올리지 않는 연습'이네. 잘 만 연습하면, 의외로 편안하고 행복할 수도 있을 거 같지 않나?[522]"

학생: "아니요. 아직 모르겠습니다. 자신을 떠올리지 않는 연습

이 과연 죽음의 두려움을 줄여줄지도 모르겠고 말입니다. 그렇게 말씀하시는데 무슨 근거가 있나요? 논리적 행복 방법만 수업하신다고 하지 않았습니까?"

철학자: "그렇지. 하지만, 죽음만은 예외일세. 알 수도 없고 경험할 수도 없는 것을 어떻게 논증하겠나!"

학생: "그렇군요, 사실 논리적 방법이 있을 수 없겠지요."

철학자: "행복한 죽음을 맞는 한 가지 논리적 해석이 있긴 하네."

학생: "그게 뭐죠?"

철학자: "인간도 생명체 아닌가!"

학생: "그렇죠."

철학자: "그럼 생명체니 죽음은 피할 수 없겠지?"

학생: "그렇겠죠."

철학자: "죽을 때는 고통스럽겠지? 사슴이 사자에게 잡아먹힐 때처럼 말일세. 그때는 빨리 죽는 게 낫겠지."

학생: "물론이죠."

철학자: "그렇다면 <u>죽음은 두려운 악마가 아니라, 우리를 구원하는 천사 아니겠나! 오히려 두려워해야 할 것은 죽지 않고 살아 있는 동안의 격렬한 고통과 허무지. 죽음이 있어 다행이지 않나!</u>[523] 이처럼 삶의 일부로서 죽음이 있으니, 삶을 너무 두려워할 것 없다네."

학생: "논리적이긴 한데, 죽음을 다행으로 생각할 수 있을지는 아직 모르겠습니다."

철학자: "누가 그걸 확신하겠나! 두렵고 불행한 상태를 조금 벗어나면 되지."

학생: "여기서도 최소행복이론이 적용되는군요. 죽음을 통해 행복해지는 것이 아니라, 죽음을 통해 불행하지만 않으면 되는군요."

철학자: "그렇네. 반행복적 최소행복이 가장 필요한 영역이네."

학생: "그럼 죽음 속에서 불행하지 않을 방법이 무엇인지를 생각하면 되겠군요. 그렇다면 조금은 방법이 있을 것 같은 느낌이, 불가능하지는 않을 것 같다는 희망이 생기는군요. 아주 약간이지만요."

철학자: "죽음에 대해 그 정도면 충분하지 않나!"

학생: "그렇긴 합니다. 그 관점으로 생각하니 죽을 때 괴롭고 두려운 시간이지만, 머릿속에 떠오르는 기억들은 희미하게 존재할 것 같습니다."

철학자: "훌륭하네. 기억을 기억하면 삶이고 그렇지 못하면 죽음이네. 육체를 내어주더라도, 기억을 가지고 저 멀리 달려가면 죽음이 쫓아올 수 없을지 모를 걸세. 죽음에 떳떳이 맞설 수 있는 뚜렷한 기억을 갖도록 생을 만들게. 죽을 때 무엇을 기억하겠는가! 나이만큼의 장면은 기억하겠는가! 죽음의 순간에도 행복할 기억을 지금 만들게.[524]"

학생: "아! 죽음의 순간에도 행복할 만한 기억! 돈이나 지위보다는 중요해 보이는군요."

철학자: "죽음이 오히려 삶을 행복하도록 바꾸어주지 않나!"

학생: "네? 그렇군요! 우리가 그렇게만 한다면요."

철학자: "죽음은 항상 삶을 위축시키고 불행하게 한다고 생각하지만, 이처럼 반대로 삶에 행복한 영향을 줄 수도 있는 걸세."

학생: "그렇군요."

철학자: "그래서 죽음을 위해 삶에 더 집중해야 하네. <u>죽음을 두려워하기 시작하면 이미 죽음 상태지. 우리 불안의 기원은 대부분 죽음이라네. 죽음의 순간까지 평정심을 잃지 않도록 연습이 필요하지. 그 연습은 결국, 삶에 집중하는 것이네. 죽는 날, 죽기 직전까지 삶에 집중하면 되는 걸세. 밭을 일구다가, 밥을 짓다가, 글을 쓰다가 그렇게 죽음을 맞도록 삶을 준비해야 하네. 죽기 직전까지 그 두려움이 삶에 파고들지 못하도록. 죽을 때까지 행복하도록 말일세.</u>[525]"

학생: "죽기 직전까지 끝까지 일하란 말이군요."

철학자: "그게 죽음까지 극복하는 진정으로 행복한 인간의 모습이겠지."

학생: "죽음이 아주 조금은 삶의 일부로 느껴집니다."

철학자: "잘됐네."

학생: "그래도 두려운 건 어쩔 수 없지만요."

철학자: "한 번, 그래 한 번 해보자! 하고 죽음의 순간, 한 번 힘을 쓸 각오는 해야지. <u>삶 같은 죽음을 맞을지, 죽음 같은 삶을 살지는 마음 한번 먹기에 달렸다네. 어차피 죽는데, 마지막 용기를 내야지.</u>[526]"

학생: "죽음을 맞을 용기군요."

철학자: "그게 있으면 삶도 행복해지네. 죽음이 행복에 미치는 두 번째 긍정적 영향이지. 그 영향은 대단할 수도 있네."

학생: "아! 죽음이 또 행복에 영향을 미치는군요. 선생님, 그런데 죽음은 자신에게도 두렵고 힘들지만, 남아 있는 가족처럼 자신을 사랑하는 사람에게도 두렵고 힘든 일이잖아요!"

철학자: "그렇지."

학생: "남아 있는 그들을 위해 무언가 할 일은 없나요?"

철학자: "없네."

학생: "네? 그렇게 정말 아무것도 없나요."

철학자: "자기 죽기 바쁜데 가족 생각할 겨를이 있겠나! 그들은 스스로 알아서 슬픔을 딛고 살아가야지."

학생: "죽음은 인생에서 정말 냉혹한 일이군요."

철학자: "냉혹한 일 같지만, 사실 사흘만 지나면 무슨 일이 있었는지도 모르게 시간은 무심히 흘러간다네."

학생: "그런 것도 같습니다. 물론, 계속 슬픔은 남아있겠지만요."

철학자: "이처럼 <u>죽어도 아무것도 달라지는 것이 없다는 것은 절망케 할 수도 있네. 허무한 거지. 하지만 그 반대일 수도 있네. 자신이 죽어도 사랑하는 사람은 조금 지나면 아무렇지도 않게 살아갈 수 있다는 것이 말일세. 죽음이 사랑하는 이의 행복을 깨뜨리지 않도록 인생 마지막 행복의 여정, 죽음을 준비해야 하네.</u>[527]"

학생: "마지막 일, 마지막 사랑이군요."

철학자: "마지막 날이 오기 전에 가능한 많은 일을 해두어야지."

학생: "어떤 일이죠?"

철학자: "죽음이 두려워 정신없이 도망치다 다치기도 하지만, 사실, 어둠 속 죽은 나무처럼 죽음은 아무것도 하지 않네. 생각보다 그렇게 대단한 것은 아니지. 그러니 너무 죽음에 관심 두지 말게."

학생: "우선, 죽음에 대해 너무 과대평가하지 말라는 것이지요? 죽음이 삶을 압도하지 않도록 말이죠."

철학자: "그런 다음, 잘 생각해보고, 만일 죽음의 두려움이 사랑하는 사람과 나누는 즐거움의 단절이라면, 해야 할 일은 조금이라도 더 즐거움을 만들고, 그것을 죽음과 함께 가지고 가는 것 아니겠나! 삶 근처에 죽음이 맴돌지 못하게 하게. 죽음의 순간까지 행복해야지.[528]"

학생: "무슨 말인지는 알겠습니다. 죽음이 또 삶을 행복하게 살라고 자꾸 알려주네요."

철학자: "죽음은 삶을 파괴하는 것이 아니라, 삶을 시간 내 완성토록 도와준다네. 뜨거운 일상, 생의 한가운데에서 죽음으로 아무것도 잃지 않도록 삶을 마무리해야지.[529]"

학생: "마지막 숙제군요."

철학자: "그렇네. '우리, 슬플 때도 있었지만, 그래도 조금은 행복하지 않았는가!'[530] 죽음을 앞두고 이 말을 할 수 있으면 충분하다네."

"잘 생각해보면 행복해야 할 아무런 이유도 없지.
우리 삶에 행복 따위 필요 없네."

이렇게 최고행복이론수업 네 번째 마지막 수업도 끝이 났다. 수업을 마치고 과제가 주어졌다. 반행복적 최소행복이론을 적용해 자신만의 '행복을 위한 황금의 열쇠'를 만들어 제출하라는 것이었다. 과제의 내용, 길이, 형식 등 모든 것은 제한 없이 자유였다. 학생들은 가방을 싸고 선생님과 간단히 인사한 후, 조용히 강의실을 하나둘씩 빠져나갔다. 내 머릿속에는 '그래도 조금은 행복하지 않은가'란 말이 맴돌고 있다. 한참을 생각하며 걷다가 건널목을 건너려 발을 내딛는 순간, 행복의 쇠사슬에 묶여 꼼짝 못 하고 있는 나 자신을 발견했다. 눈을 돌려 오래된 연녹색 담장을 가만히 보니, 수업 중 이해되지 않았던 말들이 조금씩 안개가 걷히는 듯 살짝 선명하게 눈앞을 스친다.

행복을 위해 살지 말라

행복을 갈망하고 추구하지 않는다면 오히려 최소한 불행하지는 않다. 행복하지 않다고 불행한 것은 아니기 때문이다. 삶은 행복을 위해 사는 것이 아니라, 그냥 자신의 목표와 가치를 위해 하루하루 살아가면 될 일이다. 우리 인생에서 행복은 지워버려라. 누구도 도달할 수 없는 망상 속 행복이 인생을 망치기 전에 말이다. 행복이 인생에서 사라지면 진짜 자기 삶이 비로소 그 모습을 드러낸다. 행복을 위해 살지 말라. 차라리 풍요로운 삶을 위해 살든지, 정직을 위해 살든지, 사랑을 위해 살든지, 친구를 위해 살든지, 가족을 위해 살든지, 새로운 곳으로의 여행을 위해 살든지, 가난한 사람을 위해 살든지, 즐거움을 위해 살든지, 무언가 실체를 위해 살라. 실체 없는 유령 같은 행복은 삶도 그렇게 만들 것이다. 최소 행복, 반행복적 삶이 우리에게 진짜 삶을 되돌려줄 것이다.

† 행복을 위해 살지 말라
† 불행하지만 않다면 행복한 것이다
† 행복에 잡아먹히지 말라
† 행복 따위 필요 없다

Appendix

1. 무엇을 위해 살아야 하는가

1. 명예를 위해 살지 말고 명예롭게 살라.
2. 별을 쳐다보는 순수한 자의 맑은 눈동자가 그립다. 아이들이 그렇듯이 순수는 행복의 조건이다.
3. 단 하나뿐인 것은 아름답지도 추하지도 않다.
4. 어둠 속에서 어둠을 피할 수는 없다. 어둠을 피하는 가장 어려운 방법은 태양을 쫓는 것이다. 그런데 대부분 그 방법을 택하고 결국 지쳐 쓰러진다. 행복을 서둘러 쫓으면 비슷한 운명이 된다.
5. 진리를 가르치는 것, 그것은 사람의 일이 아니다. 스스로 깨우치지 않은 진리로는 절대 행복할 수 없다.
6. 태양이 떠오르면 밤사이 생각한 것만큼 그렇게 감출 수 있는 것이 많지 않다. 아무것도 속이지 말라.
7. 다른 사람 옷은 그것이 아무리 좋아도 빌려 입지 않는 것이 좋다. 크기와 색이 나에게 맞지 않아 어색하다.
8. 우아한 연기를 하는 배우를 우아하다고 생각하지는 않는다.
9. 우리는 어제 목표로 정한 것을 이루기 위해 오늘을 살아간다. 행복하지 않아도 어제의 일이다.
10. 어지럽지 않으려면 흔들리지 않는 대지가 필요하다. 바다 위에서는 아무리 배의 바닥을 견고히 해도 소용없다. 행복은 천천히 튼튼하게 만들어가야 한다.
11. 인문학은 인간에 대한 학문이고 철학은 인간을 위한 학문이다. 아무리 미천해도 사람을 위한 일을 하면 그는 이미 위대한 철학자이다.
12. 죽음의 순간에 도움이 되는 것을 삶의 목표로 우선하는 것이 좋다. 지금 비참하고 미천하다 해도 오래지 않아 모두 같아진다. 행복이 죽음의 순간, 최대가 되도록 목표하라.
13. 생각이 모여 삶이 되는 것이 아니라 행동이 모여 삶이 되는 것이다. 행복도 마찬가지.
14. 인간의 역사가 지속되려면 태초에 신이 창조했던 것과 크게 다르지 않은 창조가 지속되어야 한다. 행복의 조건은 자기 창조이다.
15. 억압과 다툼을 '권력과 민중' 사이의 문제라고 생각하면 오산이다. 그 근원은 '힘 있는 자와 힘없는 자' 사이의 문제이다. 문제의 근원이 자존감으로 무장한 '나'일 수 있다. 자존감이 거만함이 되지 않도록 주의하라.

1. 무엇을 위해 살아야 하는가

16. 현시대에는 말을 하지 않는 것도 중요하지만 귀를 막고 다니는 것도 중요한 일이다. 행복은 돌아다니는 지식과는 전혀 무관하다.

17. 다른 사람을 다 속여도 나 자신을 속일 수는 없다. 보통 그것을 알아채는 "나"는 조금 늦게 등장한다. 물론 의도적이다. 행복해 보이려 하지 말라. 행복한 것과는 다른 이야기다.

18. 미래를 창조하는가, 현재를 창조하는가, 행복한 자는 과거를 창조한다. 보잘것없던 과거도 현재에 의해 재탄생한다.

19. 우리 삶 속 예정된 극본은 보통 엉터리이고 삼류 작가가 써 놓은 대본이 대부분이다. 더욱이, 극본을 따르는 배우는 감독과 관객이 원하는 대로 하지 않을 수 없다. 행복하려면 이제 무대를 내려와라.

20. 자기 생각이 다수로부터 지지를 받지 못한다면 진리로부터 멀어져 있다고 보면 된다. 행복은 일정 부분 다른 사람의 인정이 필요하다.

21. 신이 세상을 창조했던 것과 똑같이 우리는 매일 아침 자신의 세계를 창조한다. 자기만의 세상을 만들어 가는 것, 그것이 행복이다.

22. 진리는 창조하는 것이 아니라 발견하는 것이다. 내가 진리를 만든 것도 아닌데 그것을 찾았다고 너무 자랑할 것 없다. 자신의 자랑스러운 지혜도 타인에게는 별 쓸모가 없다.

23. 과다한 지식은 겸손을 갉아먹어 진리의 길에 울타리를 높게 세운다. 겸손치 않으면 지나가는 가을바람도 그를 외면할 것이다. 겸손하면 최소한 불행하지는 않다.

24. 학자인 척하는 자에게 존경할만한 것은 그의 기억력뿐이다. 지식만으로는 도저히 행복할 수 없다.

25. 교제술에 능숙하려면 자신에게 나태해지지 않을 수 없다. 사람과의 관계는 중요하다. 하지만 그것을 너무 중시하면 얻는 것보다 잃는 것이 더 많아진다. 주객이 전도되지 않도록 주의하라. 행복은 내가 만드는 것이고 타인은 단지 도울 뿐이다.

26. 삶에 편안함이 깃들게 하지 말라. 편안함은 마음으로 충분하다.

27. 누군가를 교육하려면 그들을 압도하는 뛰어남이 필요하다. 사람들은 이들을 좋아하지 않는다. 주위에 교육자가 적은 이유이다. 탁월한 교육자가 줄어들면 행복도 줄어든다.

28. 군중 속 자아 상실자는 겉으로는 누군가의 다름을 인정하지만 속으로는 그들을 어떻게 동화시킬지를 궁리한다. 그의 특징은 다수를 따르는 자신에 대하여 의외로 자존심이 강하다는 것이다. 다수에 속하는 것이 행복의 조건은 절대 아니다.

1. 무엇을 위해 살아야 하는가

29. 고정된 자기주장은 만들지 않는 것이 좋다. 세상이 모두 적군뿐이고 상대하여 항복시켜야 하기 때문이다.
30. 암기하려면 철학은 공부하지 말라. 우스운 생각의 소유자가 될 뿐이다. 잘못된 자기철학은 행복을 차버린다.
31. 향나무로 만든 사자와 여우는 그 향이 다르지 않다. 행복은 향과 같다. 모습은 상관없다.
32. 올바른 독서는 그의 책이 아니라 그의 행복을 읽는 것이다.
33. 제3의 탄생을 위하여 나아가라. 그대, 거칠고 험한 바람 부는 곳으로. 내가 있어야 행복하든 말든 할 것 아닌가!
34. 억새는 느슨하게 잡으면 손을 베인다. '확실히'는 행복의 조건, '적당히'는 불행의 조건이다.
35. 다른 사람들에 대한 자신의 우월감이 오랫동안 지속되면 자신을 아직 어리다고 생각하면 된다. 우월함은 오래갈 수 없어 행복의 조건은 아니다.
36. 아름다움을 찾아 사람들이 자신의 시간을 잃어버릴 때 그들은 자신 속 흙과 바람으로 아름다움을 형상화한다.
37. 많은 사람이 읽는다고 따라 읽을 필요는 없다. 단, 30년이 지나도 사람들이 읽고 있는 책은 정독하는 것이 좋다. 책의 가치는 행복을 주는 기간에 비례한다.
38. 운율, 정서, 호흡과 자연스럽게 동화되지 않는 고상한 단어의 조합이 시로 둔갑하면 그 시는 거짓말을 하고 있는 것이다. 행복도 마찬가지.
39. 지금 혹시 푸줏간 앞, 개 신세는 아닌가? 고기와 뼛조각은 먹고 싶지만 주인의 매 때문에 접근할 수 없으니. 두려움에 참고 있는 것은 행복에 최악이다.
40. 단정하게 입고 소박하게 먹고 편안히 쉴 작은 공간이 있다면 그것으로 충분하다.
41. 풍요에 겨운 '게으르고 살찐 부자'를 꿈꾸지 말라. 정말 그렇게 될 것이다. 세상 몇 가지 중요한 유익 중 하나가 가난이다.
42. 하루에 하나씩 진리를 깨달아도 깨달음엔 끝이 없다. 사람은 아침마다 다시 어리석어진다.
43. 5년 후를 꿈꿀 때, 그 꿈은 저 산 너머였고 10년 후 꿈에 젖었을 때, 그 꿈은 저 하늘 너머였다. 그런데 30년 후를 꿈꾸면, 여기 있는 이 모습 아닌가?
44. 쾌활함은 나를 드러나게 하고 명랑함은 나를 가라앉힌다. 쾌활함을 타인을, 명랑함은 나를 먼저 고려한다.

1. 무엇을 위해 살아야 하는가

45. 모든 생명체의 젊음에는 미래를 책임지는 고유한 의무가 있다. 자신, 가족, 민족, 인류를 책임지려는 자만이 '젊은 자'이다. 행복은 '젊은 자'의 특권이다.
46. 손해 보지 않는 듯한 평등은 없다. 평등적 자유가 아니면 그곳에는 악취가 난다. 나만 행복한 세상은 절대 없다.
47. 자유는 '소극적 자유'와 '적극적 자유'가 있다. 소극적 자유는 일로부터의 자유를 적극적 자유는 세상으로부터의 자유를 요구한다. 그 선택에 따라 노예도 왕도 될 수 있다.
48. 투쟁과 행동 없는 자유는 12살 소년도 불가함을 이미 알고 있다. 행복은 타인이 보증하지 않는다.
49. 나를 가라앉혀야 타인이 보이고 타인이 보여야 세상이 보이며 세상이 보여야 행복이 보인다.
50. 개에게 먹이를 던지면 먹이를 쫓고 사자에게 먹이를 던지면 그자를 덮친다. 개는 조롱거리이고 사자는 굶어 죽는다. 행복은 비굴함도 용맹스러움도 아닌 냉철함이다.
51. 사람을 자기편으로 하려면 약함을 보여서는 안 된다. 그들이 따르는 자는 모두를 지켜 줄 강자이다.
52. 강함과 수용력은 비례한다. 타인을 수용하려면 충분한 공간이 있어야 비로소 가능하다. 자신을 더 키우라.
53. 지나치게 사람의 호감을 사려는 모습이나 행동은 호감을 얻는 대신 신뢰를 잃는다.
54. 누군가 하얀 머리카락이 보이기 전에 자기 생각을 자신 있게 가르친다면 그것은 대부분 거짓이다. 그때쯤 비로소 행복을 알게 되기 때문이다.
55. 행복을 위한 진리를 찾으려는 자는 사람들과 이야기할 시간이 그렇게 많지 않다. 위대한 정신의 '고독과 침묵'의 이유이다. 행복은 도무지 없는 곳이 없다.
56. 자기는 열심히 말하고 있다고 생각하지만 상대가 듣고 싶은 말을 하지 않으면 그에게는 대부분 소음일 뿐이다. 자기보다는 상대를 행복하게 해주기 쉬우니 서로 그러하면 세상은 행복해질 것이다. 행복의 조건이다.
57. 지혜로운 자는 뜨거운 일상, 생의 한가운데서 죽음으로 아무것도 잃지 않도록 오늘을 준비한다.
58. 씨 뿌리는 자의 마음이 평화로운 것은 해야 할 일이 결정되었기 때문이다.
59. 저편 호숫가에서 걷고 있는 인간의 아름다움으로 우리는 사람의 행복을 목적하지 않을 수 없다.
60. 초라하지 않으려면 누군가에게 간파당하지 않아야 한다. 그러려면 자신을 끊임없이 변화시키지 않으면 안 된다. 따분한 책에서 가르치는 일관성의 미덕은 쓰레기통에 나 버려라.

2. 어떻게 살아야 하는가

61. 내 생각이 틀리지 않다고 너무 믿는 것은 어리석음 아니면 오만함 둘 중 하나이다. 어느 쪽이든 행복하기는 어렵다.

62. 함께 휴식할 수 있는 자를 만나는 것은 굉장한 행운이다. 함께 휴식할 수 있는 책을 만나는 것도 못지않은 행운이다. 휴식은 행복의 조건이다.

63. 우리가 즐겁고 여유로운 것은 아직 추억을 만들 시간이 있기 때문이다. 우리가 모아야 할 것은 돈이 아니라 시간이다.

64. 옳고 그름의 판단은 신의 영역이지 인간의 영역이 아니다. 자기가 옳다고 너무 주장하면 신이 화를 낸다.

65. 거의 예외 없이 '내가 열망했던 것이 겨우 그것인가'라고 한숨짓는 것을 수없이 보아왔다. 사람은 기억력이 좋지 않은 것이 틀림없다. 자신이 행복을 향해 가고 있는지 자꾸 돌아보라.

66. 내가 생각하는 것이 틀릴 확률은 맞을 확률보다 훨씬 높다. 나와 수많은 타인의 생각이 모두 다르기 때문이다. 자기 생각이 맞을 확률이 더 높다고 자꾸 생각한다면 아직 공부가 부족한 증거이다. 타인의 생각이 대부분 괜찮아 보이면 행복에 가까운 증거이다.

67. 가장 어리석은 일 중 하나는 자기가 만든 원칙에 스스로 구속되는 것이다. 이는 이유 없이 땅에 금을 그어 놓고 거기를 넘지 않겠다고 하는 것과 다를 바 없다.

68. 산은 산이고 물은 물이다. 바람은 바람이고 비는 비이다. 공연히 심오한 의미를 찾으려 애쓸 것 없다. 행복의 조건이다.

69. 도서관 서고 속 책에는 사람들이 발견한 보물로 가득하다. 그런데 책을 너무 많이 읽으면 보물이 너무 많아 보관해둘 곳이 마땅치 않다. 작더라도 정연히 정리된 창고가 생활에 더 유용하다.

70. 평온한 죽음을 목표로 하는가? 평온한 삶을 목표로 하라. 죽음도 아직 삶이다.

71. 즐거운 여름밤 서늘한 바람이 알려주는 것들도 적지 않다. 바람이 고요해도 때가 되면 꽃잎은 떨어지리니. 기다림은 행복의 조건이다.

72. 삶은 억압을 만들어내는 자와 그것을 해방하는 자의 투쟁의 역사이다. 행복은 항상 해방자의 편이다.

73. 조용히 시원하고 향기로운 공기를 느낄 수 있는 '고독'과 태양이 그를 불태우는듯 한 '열망'은 사람을 또 다른 존재로 탄생시킨다.

74. 부조리한 억압에 대항하기 위한 냉철한 투쟁은 내가 약자라면 강하게 만들고 강자라면 고귀하게 만들 것이다. 행복의 조건이다.

2. 어떻게 살아야 하는가

75. 이 모든 일이 타인을 위한 것인 줄 알았는데 사실 나를 위한 것이었다. 그런데 그것도 오해였다. 누군가를 위한 일이라는 그 생각마저 없는 것. 행복의 조건이다.
76. 큰 바위는 거의 변하지 않는다. 사람의 마음도 그에 못지않다. 타인의 마음을 움직이려면 감동적인 노력이 필요하다. 행복은 감동과 친구이다.
77. 자신을 성장시키는 방법은 다른 사람의 생각을 나와 다른 것이 아니라 내 생각의 일부로 느끼는 것이다. 자연스럽게 다른 사람을 존중하게 된다.
78. 다른 사람의 생각을 수용하기 시작하면 지혜는 급격히 증가한다. 그런데 지혜의 숲속에서 길을 잃지 않기란 쉽지 않다. 너무 많은 독서는 좋지 않다. 지혜는 양이 아니라 질이 훨씬 중요하다.
79. 나를 위해서 나를 찾으면 나를 찾으나 찾지 못하나 별 차이 없다.
80. 생각은 나를 만드는 나무를 준비하는 것이고 행위는 나를 조각하는 것이다. 조각되기 전에는 무엇인지 알 수 없다.
81. 산속 시냇물 소리는 편안한 데 사람과 있으면 그렇지 않다. 시냇물에는 아무것도 바라지 않지만 사람에게는 그럴 수 없다. 행복의 조건이다.
82. 살아서 변함없는 내가 있다면 죽어서도 변함없을 것이다. 나는 그것을 위해 살겠다.
83. 모두가 자존감으로 무장되어 자기만 위해 달라 아우성이다. 자존감 작은 선인(善人)이 양보하니 선인일수록 가난해진다. 하지만 행복은 그의 것이다. 행복의 조건은 타인의 자존에 대한 인정이다.
84. 어느 여름에서 가을까지 숲과 하늘, 구름, 땅, 바람 그리고 노을의 운율 속에서 한 대상이 창조된다. 행복의 조건과 아주 닮았다.
85. 진리는 최대 다수에게 최대 자유를 부여한다. 철학을 몰라도 그런 삶을 산다면 그는 이미 위대한 철학자이다. 진리를 알고 행하나 모르고 행하나 결과는 그렇게 다르지 않다. 행복을 위해 살면 고달프고 행복하게 살면 행복하다.
86. 행복을 나누라고 하지만 지금 나도 행복하기 어렵지 않은가? 그럼에도 나누려는 마음이 생기지 않으면 행복하기는 더 어렵다. 행복의 엄격한 조건이다.
87. 명랑해도 된다. 무더운 여름밤 어깨를 스치는 서늘한 바람을 느낄 수 있으면. 두려워하지 않아도 된다. 지금 숨 쉴 수 있으면. 행복이 불가능한 때란 없다.
88. 고독한가, 암울한가? 나를 바꾸겠는가, 세상을 바꾸겠는가? 세상을 바꾸는 것은 의외로 간단해서 내 주위 열 사람으로 충분하다.
89. 그는 토요일 해가 드는 오후, 문득 한가함이 느껴지면 잠시 나를 찾아온다. 그는 나와 이야기하고 싶어 하는데 나는 항상 다른 친구를 찾는다.

2. 어떻게 살아야 하는가

90. 현명해지려 그리고 현명함을 드러내려 너무 애쓸 것 없다. 내가 없어도 물은 흐르고 꽃은 핀다. 현명함도 어리석음도 개인의 취향일 뿐이다.
91. '현명치 않은 삶의 자유로움'이 눈물 나도록 그리울 때가 그리 멀지 않다.
92. 너무 향기로운 물은 향수로밖에 쓸 일이 없다.
93. 그림 아무리 봐도 소용없다. 산속을 거닐어야 산을 느낄 수 있다.
94. 지혜의 정원에 가고 싶은가? 고개 숙여 '겸손의 문'을 지나는 수고를 하면 연녹색의 눈부신 정원이 펼쳐져 있을 것이다. 그 문을 지나는 사람이 별로 없긴 하지만.
95. 바다는 바람이 일어도 걱정하지 않는다.
96. 아주 특별한 경우를 제외하고는 우리가 그들을 악하게 한 것이며 우리가 그들을 선하게 한 것이다.
97. 생각은 잊혀지고 행동은 영원하다. 생각은 머뭇거리고 행동은 결정한다. 생각은 나를 움직이고 행동은 사람을 움직인다.
98. 내가 나를 보지 못하는 이유는 다른 이들을 보느라 나를 볼 시간이 없기 때문이다.
99. 내가 나를 보지 못 하는 이유는 다른 이들에게 잘 보이려 나를 너무 치장하기 때문이다. 화장이 너무 두껍다.
100. 다툼은 상대에 기인하는 것이 아니다. 모르는 척할 뿐이지 알고 있지 않은가?
101. 자신이 사람들보다 우월해 보이면 행복과 멀어진 것이다. 행복은 가장 낮은 곳에 있기 때문이다.
102. 내가 변해 놓고 상대가 변했다고 불평한다. 변하지 않을 수 있다면 시간마저 멈출 것이다. 우리는 항상 변화한다. 마치 저 산처럼.
103. 너그러운 자는 만나기 어렵다. 혹시 그런 이를 만나면 놓치지 말 일이다. 너그러워지면 오래지 않아 숨어 있던 행복이 나타난다.
104. 내 주위 열 사람만 자유로우면 이 세상 모두가 자유롭다. 행복이 그들 뒤에 살짝 숨어 있다.
105. 연못을 비추는 달을 잡으려고 뛰어들지는 말라. 달은 보는 것이지 손에 쥐는 것이 아니다. 행복의 기술이다.
106. 자신을 강하다고 생각하는가? 악(惡)해지지는 말라.
107. 누군가 끝까지 인도해 주기를 바라는 것은 눈을 감고 있겠다는 것이다. 눈을 감고서는 자유로울 수 없다.
108. 신에 의지하지 말고 신이 당신을 따르도록 하라. 그것이 신이 바라는 바이다.

2. 어떻게 살아야 하는가

109. 물은 끊임없이 낮은 곳을 향한다. 그렇다고 바다가 목적지라고 생각하면 곤란하다. 눈앞의 목적은 행복을 망가뜨린다.
110. 세상을 바꾸는 것은 불가능하다. 그런데 나를 바꾸면 세상은 새벽 아침과 함께 어느새 바꾸어 있다.
111. 행복을 찾아 나에게 좋은 것을 염두에 둔다면 빨리 그만두는 것이 좋다. 점점 더 멀어질 것이다.
112. 행복은 매우 개별적이다. 그것은 사람 수 만큼 존재하는데 사람으로부터 출발하기 때문이다.
113. 소박한 곡식이 창고 가득 있는데 맛있는 것을 찾아 나선다. 기름진 것을 찾아 헤매다 결국 소박한 음식을 다시 찾는다. 행복은 소박함이다.
114. 당신이 찾는 행복과 내가 찾는 행복이 다르지 않다는 것을 알 수 있다면 절대 서로 다투지 않을 것이다.
115. 황폐함과 충만함은 자신과 타인을 얼마나 구분하는지에 달려 있다. 구분하면 서로 가시요 아니면 함께 열매이다.
116. 아무 일도 하지 않는 것은 휴식이 아니라 죽음이다. 굳이 죽음을 목표로 할 건 없다. 일은 행복의 조건이다.
117. 진리는 약자 편이지만 먼저 교육받아야 할 자들은 강자이다. 항상 그들이 문제를 일으키기 때문이다. 행복의 방해꾼은 의외로 탁월한 자가 많다.
118. 행동은 다른 이들뿐 아니라 나 자신도 설득한다. 행동까지 이어지지 않으면 그것은 내가 정말 원하는 것은 아니다.
119. 태양이 비추고 있는 늦가을 따뜻한 햇볕 아래 오후 시간의 한가로움은 모든 것을 회복시킨다.
120. 흉내 내는 자로부터는 기분 나쁜 음울함이 느껴진다. 함부로 흉내 내어서는 안 된다.
121. 행복이 머무는 곳으로 이성과 감성 중 한 곳만 선택해야 한다면 감성을 선택하는 것이 좋다. 행복은 변화와 우연을 특성으로 하기 때문이다.
122. 행복은 산과 같아서 정의되어 기술되는 순간 부분적이고 제한적 사실로 전락한다. 아무리 위대한 정신도 그것을 알려줄 수 없는 이유이다.
123. 매일 같은 길을 걸어도 같은 것은 하나도 없다. 어제의 행복은 아무 쓸모 없다.
124. 일견 멋있어 보여도 모방은 결국 아류이고 촌스럽다. 못 알아볼 거라는 기대는 하지 말라.

2. 어떻게 살아야 하는가

125. 배가 고프면 먹어야 한다. 보기만 해서는 소용없다. 행복을 찾아가려면 한 걸음 한 걸음 걸어야 한다. 생각만으로는 도저히 도달할 수 없다.

126. 여름 뜨거운 태양과 겨울 차가운 바람에 당신과 나는 별로 다르지 않다. 당신이 나를 아무리 하찮게 보더라도.

127. 한 선구적 삶이 고요한 침묵 속에서 세상 모든 행동을 바꾼다. 그리고 그것이 세상을 유지케 한다.

128. 오늘, 주위 사람을 행복하게 하라. 내일, 그들이 나를 행복하게 해줄 것이다.

129. 어둠 속에서 어둠을 피해 달아날 수 없다. 침착히 그리고 조용히 아침을 기다리는 것이 좋다.

130. 행복을 찾는다는 것은 태양이 떠오르는 것과 같다. 어둠 속의 것이 드디어 드러난다. 이때, 어둠 속에 없던 것이 새로 생기는 것은 아니다. 그렇다면 아직 어둠 속에 있다 해도 걱정할 것 없지 않은가?

131. 진리와 행복을 찾으려 하면 모든 것이 도와줄 것이다. 그런데도 찾지 못하는 이유는 사실은 찾으려 하지 않기 때문이다.

132. 숭고한 자를 모방하는 것과 숭고한 자가 되는 것은 다른 일이다. 모방하지 말라. 그것이 신이라 하더라도.

133. 행복에 가까울수록 동요와 의심은 커진다. 태양에 가까울수록 뜨거워지는 것과 같다. 고난의 시기가 다가오면 행복이 가깝다.

134. 아주 어리석지만 않다면 추운 겨울을 견딘 자는 계절의 변화를 이해한다.

135. 한가로움과 여유로움과 나태함, 이것을 구분할 수 있으면 나태함은 별문제 될 것 없다. 한가로움은 할 일이 적어서, 여유로움은 할 일을 다 하고, 나태함은 할 일이 있는데도 편안히 지내는 것이다. 나태를 변명 말라. 해야 할 것은 해야 한다.

136. 행복을 향해 가려는데 그로부터 도망가고 있다. 반대로 가면서 투덜거린다. 그것이 어디 있는지 잘 모르기 때문이다. 무조건 가는 것은 현명하지 않다. 깊은 독서와 교육이 필요한 이유이다.

137. 사람들이 혼란스러운 이유는 무지한 자들이 자꾸 삶을 이끌어가기 때문이다.

138. 더 풍요롭고 편리한 세상을 위한 전진은 이제 멈추는 것이 좋다. 행복은 그것을 원하지 않는다. 그것을 원하는 자는 어리석은 자본가뿐이다.

139. 있는 것을 우선 보고 그 다음, 없는 것을 본다. 이 순서만 지켜도 세상은 꽤 살 만하다.

140. 서두르지만 않는다면 조금 부족한 삶도 나쁘지만은 않다. 눈앞의 광경이 따분하지 않기 때문이다. 어차피 목적지는 예외 없이 동일하다.

2. 어떻게 살아야 하는가

141. 우리는 가장하지 않는 것이 좋다. 처음은 사람들의 호감을 얻을 수 있으나 두 번째는 조롱거리로 전락한다.
142. 가짜 진리로는 행복에 다가서지 못한다. 위장된 진리를 구분하는 방법은 단지 세 사람의 동의를 구해 보면 된다,
143. 행복을 가지기 위한 첫 번째 단계는 자신이 가지지 못한 것에 대한 솔직하고 담대한 인정이다. 그럼 자기가 가진 것들이 모습을 드러낸다.
144. 자전거를 타기 위해서도 시간과 노력이 필요하고 아름다운 피아노곡을 연주하기 위해서도 마찬가지이다. 행복은 말할 것도 없다.
145. 신이 인간을 포함한 모든 것을 창조한 것은 틀림없다. 그러나 그 후 아무것도 하지 않았다. 사람을 믿기 때문이다. 행복쯤 문제없다.
146. 우리는 아무것도 요구하지 않는 자만 신뢰할 수 있다. 신도 예외는 아니다.
147. 신은 두 번 죽었다. 첫 번째는 악한 자 소수에 의해였고 두 번째는 선한 자 다수에 의해였다. 사람은 너무 많은 것을 바란다.
148. 바람이 동쪽으로 불거나 서쪽으로 불거나 우리는 별로 불만이 없다. 작은 것을 웃어넘기면 행복이 바로 눈앞이다.
149. 꿈속에서는 아무리 먹어도 배부르지 않고 요리책은 아무리 보아도 배부르지 않다.
150. 지식 자랑은 스무 살 청년 시절로 충분하다. 그 후 자랑할 것은 아무것도 없다. 행복과 오만은 먼 친척도 아니다.
151. 진리를 안다고 달라질 것은 아무것도 없다. 삶을 두려워하지 않는 것으로 그 가치는 충분하다. 진리를 몰라도 행복하면 두렵지 않다. 행복을 죽음보다 강렬하게 하라.
152. 계절을 모르는 자가 겨울을 절망으로 보낼 때 그것을 아는 자는 봄을 준비한다.
153. 물은 계속 흘러가는데 산속 계곡은 그대로이다. 진리와 행복도 계곡을 많이 닮았다.
154. 알고 있어도 행하지 않음은 모르는 것과 다르지 않으니 하지도 않으면서 안다고 하는 것은 스스로 거짓말쟁이임을 실토하는 것이다.
155. 마침내 행복을 발견한 자가 마음 편해지는 것이 아니라, 마음 편해지려 노력하는 자가 행복에 다가서는 것이다.
156. 행복을 찾기 위해 행복을 잃어버리지는 않는가. 얻는 것과 잃는 것이 비슷하면 찾지 않는 것이 현명한 일이다.
157. 사람들이 원하는 '세상의 것'도 구하고 행복도 찾으려 하는 것은 지나친 욕심이다.
158. 우리가 알아야 할 것은 사람들보다 뛰어나게 되는 법이 아니라, 사람들과 함께 즐거워하는 법이다.

2. 어떻게 살아야 하는가

159. 알지 못하는 것은 알지 못한다는 것을 알지 못하기 때문이다.

160. 우리가 걱정하는 것 대부분은 다른 이들에게 보이는 자신에 대한 것이다. 자기를 별로 걱정해 주지 않는 사람들을 위해서 우리는 항상 걱정이다. 자신을 걱정하는 사람을 우선 걱정하라.

161. 행복한 진리를 향하는 자는 다른 이들을 그렇게 오랫동안 볼 시간이 없어 그들과 다투지 않는다. 이것만으로도 세상 문제는 대부분 해결된다.

162. 아무것도 필요 없는 곳, 무욕의 땅, 우리는 이것을 원하는 데, 욕심 많은 자들이 내버려 두지 않는다.

163. 외로움은 외롭지 않게 해줄 시간을 제공한다. 자신을 향상시키는 것은 보통, 혼자 있을 때이다.

164. 보통 사람은 이미 즐거운 삶의 진리를 어느 정도 알고 있다. 정작 그 진리를 교육받아야 할 사람은 스스로 탁월하다고 생각하는 욕심 많고 어리석은 뛰어난 소수이다. 탁월한 자가 행복하기 어려운 것은 자기가 모든 곳에서 탁월하다고 오해하기 때문이다.

165. 목마름이 행복한 진리를 알려 주는 것과 두꺼운 책 속 철학이 알려주는 것은 다르지 않다. 가난한 농부와 저명한 학자의 삶이 크게 다르지 않은 이유이다. 목마를 때는 고급 프랑스 와인이 아니라 무미의 시원한 물로써 충분하다. 행복은 꼭 필요한 것들만 들어있는 여행 가방이다.

166. 죽음을 선고받은 자의 첫 번째 생각은 '나'에 대한 연민이다. 그때부터 그는 전과 다른 것을 원하기 시작한다. 행복의 비밀 열쇠이다.

167. 우리는 이미 죽음을 선고받았다. 위대한 철학자는 항상 그 이야기를 하는데 사람들은 별 반응이 없다. 죽음의 선고 면에서는 의사가 철학자보다 권위가 있어 보인다. 죽기 며칠 전 바라는 것은 보잘것없는 것이 대부분이다. 하지만 그것이 행복의 실체이다.

168. 배움을 위한 준비에만도 많은 시간이 필요하다. 행복을 위한 진리를 쉽게 얻지 못하는 이유이다.

169. 미숙한 사람의 두 가지 특징은 다른 사람을 쉽게 비판한다는 것과 중요한 것과 그렇지 않은 것을 구분하지 못하고 비판한다는 것이다.

170. 위대한 정신은 진리에 대한 질문에 답해주는 자가 아니라, 진리에 대한 질문을 떠올리게 하는 자이다.

171. 위대한 철학자나 그의 책이 자신의 질문에 답하지 않는다면 그것은 자신이 아직 그 답을 받을 만한 준비가 되지 않았다고 생각하면 된다.

172. 봄은 꽃에만 있는 것은 아니다. 봄은 세상 어디에나 있다. 행복도 거기에만 있는 것이 아니다.

2. 어떻게 살아야 하는가

173. 언제 행복한지도 잘 모를 지경이다. 짧은 행복을 위한 긴 여정이 너무 고단하다. 더욱이 우리가 즐거워하는 것이 과연 행복인지도 잘 모르겠다. 행복을 향해 가는 길이 너무 오랫동안 고난의 연속이라면 그것은 행복이 아니다.

174. 과거는 이미 없고 미래는 아직 없다. 과거를 만들어 괴로워하고 미래를 상상해 두려워한다. 이것은 쓸모없는 오래된 습관일 뿐이다.

175. 호랑이를 탄 사람은 사람들로부터는 선망의 대상이지만 본인은 편치 않다. '나' 아닌 그 누구도 그 무엇도 나를 편안히 해주지 않는다.

176. 도대체 내가 무엇 하나 제대로 알고 있기는 한 것인가? 이 말을 하기까지 보통 30년 공부가 필요하다. 행복은 겸손해져서 세상을 받아들이는 것이다.

177. 어느 하루 저녁 생각한 것 이상 우리 삶에서 더 알 것이 없을 수도 있다.

178. 우리는 대부분 선택받으려 산다. 죽는 순간까지도 신에게 선택받으려 기도하니 그러면 도대체 우리 삶을 언제 선택하는가!

179. 음습한 부자유의 거미줄에 걸리지 않으려면 가난한 사람이 유리하다. 그런데 보통 그 음습함을 목표로 한다.

180. 다른 사람이 나를 이해하는 것은 원래 불가능하다. 나를 생각하는 시간이 짧기도 하고 생각한다 하더라도 겉만 보기 때문이다. 타인에게 이해받으려 애쓸 것 없다. 자신의 상처를 이해받기란 그리 쉬운 일이 아니다. 행복은 이해받음이 아니라 타인이 나를 이해할 수 없음을 이해함에 있다.

181. 아니다. 아니다. 아니다. 아무리 위대한 정신도 세 번만 '아니다'를 하면 사람들은 그가 시기하는 것으로 의심한다. '아니다'를 말해주는 선생이나 책을 만나는 것이 얼마나 소중한지는 젊은 시절이 다 지나야 알 수 있다.

182. 선택하는 삶을 위해서는 힘이 있어야 한다고 생각하지만 그런 경우는 별로 쓸모없는 일뿐이다. 따뜻한 봄날 오후, 한적하게 혼자 산에 오르는 것은 재력가, 권력가일수록 어렵다.

183. 타인은 나를 이해하려는 자가 아니라 나에게서 이득을 얻으려는 자이다. 사람들과 잘 지내는 방법은 단 하나, 그들에게 이익을 주거나 그 기대를 주는 것이다. 하지만 타인은 같이 생존을 위해 살아가는 정다운 사람이다. 삶을 위한 이기심도 서로 정겹게 보기를.

184. 행복하기 위해 죽음도 이루게 하지 못할 정도로 어려운 일이 있는데 그것은 타인을 인정하는 일이다.

185. 생각을 멈추다. 슬픔, 고통, 어려움에 빠진 이들이 잊지 말아야 할 것은 그 고난의 모든 것이 생각에서 기원한다는 것이다. 생각을 멈추어도 지옥 불에 떨어지지 않는다.

2. 어떻게 살아야 하는가

186. 타인을 비판할 때는 조심해야 한다. 사실은 그가 나를 시험하고 있을지 모르기 때문이다. 작은 일은 비판하지 않는 것이 좋다. 그러면 행복은 오랫동안 근처에 머물 것이다.

187. 우리가 열심히 이룩한 것은 대부분 의도하지는 않았지만 허무하게도 결국 '타인의 이익'을 위한 것이다. 어차피 그렇게 될 바에야 처음부터 그것을 꿈으로 하면 매일매일 즐거울 것이다.

188. 실패란 없다. 그러므로 그 이유도 없다. 죽는 순간까지 목표를 향해 쉬지 않고 가면 부족할 수는 있지만 실패란 없다.

189. 행복을 찾으러 가는 길은 사람의 자존심이 의외로 강해 대부분 혼자 가는 길을 택한다.

190. 타인이 자기와 생각이 다른 것은 얼굴이 다른 것과 같은 유전자적 현상이다. 타인의 얼굴은 자신과 같도록 요구하지 않으면서 타인의 생각은 자기와 같기를 바란다.

191. 문제는 생각의 다름이 아니라 생각이 다를 때 사람의 마음가짐이다. 어린 시절 교육이 중요한 이유이다.

192. 책을 보고 있다면 그것을 실제로 행해 볼 일이다. 쓰여 있는 대로가 아니면 그것은 십중팔구 거짓이다. 삶의 평온함은 생각이 주는 것이 아니라 행함이 주는 것이다.

193. 타인으로부터 이익을 얻으려는 것은 모든 생명체의 본능이다. 인류 역사상 그렇지 않은 몇 사람이 있고 그들은 성인(聖人)이다. 이를 이해함이 행복의 조건이다.

194. 우리 각자 모두 하나의 산과 같다. 아무리 작은 산이라도 도저히 이야기를 마무리할 수 없다.

195. 풍요로운 자는 가끔 멈추어 자신의 풍요로움이 다른 사람과 크게 다르지 않음을 확인해야 한다. 그렇지 않으면 그들과 적이 된다.

196. 행복을 위한 길은 어느 순간 우리에게 다가와 그것을 깨닫게 한다. 그런데 문제는 우리 기억력이 보통 이틀을 넘기기 어렵다는 사실이다.

197. 행복은 '세상을 감각하는 나' '타인과 관계하는 나' '스스로 존재하는 나'로 만들어진 세 개의 수레바퀴가 끄는 삼륜 마차이다. 수많은 바큇살 중 한두 개 부러져도 마차는 큰 상관 없다.

198. 행복을 위한 길을 찾기 시작하면 오늘 찾지 못해도 내일 찾을 것이라는 기대가 있다. 시작하지 않으면 알 수 없는 즐거움이다.

199. 진리와 행복을 향한 열정이 바로 '젊음'이다. 죽음의 순간까지 그것을 유지하기도 하고 젊은 시절 이미 그것을 잃기도 한다.

2. 어떻게 살아야 하는가

200. 나 자신을 공부하기 시작하면 타인을 대상으로 하는 심리학자만큼 타인에 대하여 잘 알게 된다. 오랫동안 혼자 수행한 수도승이 세상을 잘 아는 이유이다.

201. 사람들이 나를 덜 찾게 되면 보통, 내가 그들에게 줄 것이 적어졌다고 생각하면 된다. 하지만, 돈주머니가 얇아도 생각 주머니만 두둑하면 걱정 없다.

202. 행복은 하루아침에 발견하는 것이 아니라 매일 만들어 가는 것이다. 한순간 발견한 행복은 그 작은 시작점일 뿐이다. 계속 모아 가지 않으면 어느새 공기 중으로 흩어진다.

3. 행복을 위해 작지만 가능한 것들

203. 우리가 진정으로 즐거운 것은 소리 내어 웃을 때보다 소리 없이 미소 지을 때이다.
204. 꿈은 세 가지이다. 첫 번째는 일을 위한 꿈이고 두 번째는 가치를 위한 꿈이며 세 번째는 행복을 위한 꿈이다. 첫 번째 꿈은 하루 만에도 찾을 수 있지만, 두 번째 꿈을 알기 위해서는 1년이 걸릴 수 있고 세 번째 꿈은 10년, 아니 죽기 전에 발견 못 할 수도 있다. 성공해도 행복하지 못한 이유이다.
205. 사람의 가치는 그가 가진 것이 아니라 그가 행하는 것으로 결정된다, 가지지 못했음을 한탄할 것 없다.
206. 아름답게 되는 것보다 아름다움을 느끼는 것이 훨씬 쉽다. 혹시 둘 중 하나를 택하라면 나는 후자를 택하겠다. 그것이 우리를 훨씬 행복하게 한다.
207. 아름다움을 가지지 못해 슬퍼할 것 없다. 몇 년 후에는 완전히 다른 관점에서 그것을 볼 것이다. 그것을 준비하면 된다.
208. 설렘은 의지이다. 의지를 잃지 않는 한 그의 소맷자락은 즐거운 바람을 몰고 다닐 것이다. 가슴 뜀의 기원이다. 설렘을 놓치면 젊음도 놓친다.
209. 삶을 불평하는 자의 특징은 즐거움이 아니라 더 큰 즐거움을 원한다는 것이다. 매일 태양의 떠오름과 함께 삶을 새롭게 시작하는 연습이 필요하다.
210. 한순간 행복을 잃을 수 있다. 그것은 이성적 능력 부족이 아니라 제어되지 않은 감정 때문이다. 삶이 흔들리지 않으려면 이성 연습보다 감성 연습이 더 필요하다. 바이올린 선율이 아름다워지기 위해 하는 것만큼.
211. 오랫동안 행복하려면 목적지를 바르게 잡을 필요가 있다. 수많은 위대한 철학자들이 반복하는 천 년의 진리이다. 목적지에 잘못 도착하면 사람은 교만해진다.
212. 진정한 강자는 감동시키는 자이다. 그만이 세상을 변화시킨다.
213. 태양의 황금비를 담는 것은 그릇 크기에 비례한다. 올바른 교육은 그릇 크기를 키우는 일이다.
214. 밝은 감성을 가지려는 연습, 이것이 실제로 삶을 밝게 만든다. 이 면에서는 감성이 이성을 압도한다.
215. 권력자, 아니 신을 대할 때나 지나가는 걸인을 대할 때나 조금도 변함없어야 한다. 자기모순이 없는 것은 행복의 조건이다.
216. 보통 약자는 어려움에 부딪혔을 때 자신의 의지를 변화시킨다. 그러나 마음 편한 시기가 지나면 삶을 변화시키려 한 자를 부러워할 것이다.
217. 분노와 격정을 표출하는 방식은 그 '대상'에 표출하는 방식과 그 '원인'에 표출하는 방식이 있다. 분노를 제어하지 못하는 시대에 잊지 말 일이다. 분노는 원인에 표출해야 행복에 가깝다.

3. 행복을 위해 작지만 가능한 것들

218. 어린아이의 특징은 자신의 의지 대부분을 쉽게 성취할 수 있는 일로 한다는 것이다. 그러므로 휴식할 때만큼은 그렇게 하는 것이 좋다. 그렇게 삶이 순수해진다.
219. 작은 일에 관대한 것은 강자의 특징이다. 그렇지 못하다면 강자가 아닌 증거이다. 그런데 의도하지는 않았어도 작은 일에 관대하다 보면 자연스럽게 강자가 되어 있다.
220. 과거 '그것'의 가치가 사라져 보일 때 잊지 말아야 할 것은 '그것'이 아니었더라면 어디로 가야 할지 몰랐으리라는 것이다. 과거의 보잘것없는 '그것'은 내 안내자이고 시금석이다.
221. 가지지 않은 것에 너무 애쓸 것 없다. 이미 가진 아름다움을 지키는 것도 중요하기 때문이다. 미는 청결히 유지되지 않으면 곧 더럽혀진다. 하나를 얻으려다 열을 잃는다.
222. 약자는 보통 유혹에 약하다. 그만큼 사람들을 믿고 좋아하기 때문이다. 강자는 유혹에 빠지지 않는 '삶의 지식'으로 무장해 있다. 나는 행복한 약자가 되겠다.
223. 즐거움은 중독되지 않을 정도로 드물게만 가지는 것이 좋다. 그것에 중독되면 즐거움이 아니라 고된 사역의 원인이 된다.
224. 자기를 표현하는 일은 어려운 일이다. '표정, 몸짓, 말투, 목소리, 지식' 오랜 연습이 필요하다. 이를 통해 자기 일을 겨우 설득할 수 있다. 그런데 자기표현보다 더 설득력 있는 것은 상대에 대한 존중이다.
225. 더 큰 외로움을 느끼는 것은 혼자 있을 때가 아니라 사람들과 함께 있을 때이다. 함께 할 때 그들과의 괴리감. 그런데 그것을 나만 느낀다고 생각하는 것은 다행스러운 오해이다.
226. 강자는 외롭다고 한다. 자기를 이해하는 사람이 적다고. 커다란 오해이다. 그는 거짓 강자이다. 타인을 이해하고 또 이해시킬 힘이 없음에 대한 반증이기 때문이다. 이는 자신을 약자로 오인하는 자도 주의할 일이다. 행복은 타인을 이해하는 그리고 이해시키는 정도이다.
227. 단지 세 마디 말에 의해 대부분 자신을 노출한다. 감추려 노력해도 소용없다. 있는 그대로 보여주는 방법밖에 없다.
228. 위장술이 뛰어날수록 사기꾼이 되기 쉽다. 타인을 속여 쉽게 호의를 얻을 수 있기 때문이다. 그러나 같은 사람이 두 번 당하지는 않는다. 위장술이 뛰어난 자가 친구가 없는 이유이다.
229. 말이 많아지거나 시끄러워지면 더는 가진 것이 없다는 증거이다. 자신에 실망하지 않기 위해서는 이제 무언가 자기를 위해 시작해야 할 때임을 자각해야 한다. 여자가 시끄럽다고 생각하는 것은 오래된 오해이다. 행복하면 보통 조용해진다. 남자가 좀 더 시끄러운 이유이다.

3. 행복을 위해 작지만 가능한 것들

230. 변심이란 원래 없다. 달라진 것은 당신을 포함한 세상 모든 것이다. 이것을 인정하지 않으면 외로운 고집불통이 되는 것은 하루아침이다. 변화하지 않는 행복이란 없다.
231. 화를 내는 이유는 '무시와 손해' 외 다른 것은 없다. '존중과 이익'을 원했던 당신도 사실, 타인에게 '무시와 손해'를 주려 했으면서. 대부분, 누구도 화낼 자격이 거의 없다.
232. 자기 잘못은 '약한 감정' 탓으로 돌리고 자신은 '고귀한 의지'를 가진 숭고한 자라고 생각하는 것은 비겁함의 극치이다. 술에 취해 파렴치한 행동을 한 자의 변명처럼.
233. 삶에 방향성이 없으면 전진도 없다. 이때 '감성 나침반'이 유용하다. 즐거움을 향할지, 흥미로움을 향할지 자랑스러움을 향할지, 설렘을 향할지. 자유, 평등, 정의 같은 '이성 나침반' 보다 이편이 훨씬 간편하고 정확하다.
234. 진리가 우리를 자유롭게 하듯이 감성이 우리를 평등하게 할 것이다.
235. 우리를 상심케 하는 것은 허영심과 욕구를 자극하여 갖고 있지 않으면 무력감이 들도록 하는 비열한 상술이다. 이익을 위한 것이니 크게 탓할 바는 아니지만, 이를 조소할 수는 있어야 한다.
236. 우리는 약자로 사육되고 있다. '불안의 시대' 불안을 조장하여 모두를 겁쟁이로 만들고 사기꾼은 이를 이용해서 돈을 번다.
237. '감정'은 의지 영역 밖의 것이고 '감성'은 의지 영역 안의 것이다. 공부를 지속할수록 감정 영역은 줄어들고 감성 영역은 늘어난다.
238. 행복하지 않은 이유는 자신에 대한 경시에 기인한다. 자신보다 꿈을, 지식을, 명예를, 도덕을, 타인을, 국가를. 그것들보다는 자신을 더 존중하는 것이 행복의 조건이다.
239. 안타깝게도 진정한 스승을 만나는 일은 매우 어렵다. 이는 자신을 인도할 만한 스승이 드문 탓도 있지만, 대부분 그의 가르침을 수용하는 인내심 부족 때문이다. 행복의 조건은 수용이다.
240. 인내심만 있으면 이미 반쯤 행복하다. 인내심은 타고나는 것이 아니라, 배움과 익힘을 통하여 조금씩 향상되는 것이다. 인내심이 부족한 이들은 이를 잘 모르고 자신의 타고난 기질이라 생각한다.
241. 과거도 미래도 아니다. 행복은 현재가 결정한다, 자기를 현재로 되돌려주는 것은 감성이다. 우리 모두 '감성을 위한 노트'를 준비해야 한다.
242. 최고의 정치가, 권력가, 재력가는 어느 정도 치료를 요하는 정신병적 요소를 가진다. 천 년에 한 번 나타나는 성자만이 가능한 일을 자신이 할 수 있다고 착각하기 때문이다. 오히려 그들은 사람의 행복을 망친다. 부처도 사람을 쉽게 행복하게 해주지 못한다. 보통 사람은 열 사람이면 충분하다.

3. 행복을 위해 작지만 가능한 것들

243. 정말로 욕망에서 벗어나기 어렵다면 '자신답게 그리고 인간답게' 행해야 한다. 그렇게 할 수 없는 것에는 과감히 철퇴를 내려라.
244. 자신다울 수 있으면 그것으로 충분하다. 항상 자신다움을 잃지 않는 일관성. 조금 부족하고 조금 마음에 들지 않지만 자신다움을 유지한다면 그런대로 사람들과 같이 사이 좋게 살아갈 수 있다.
245. 타인에게 이해받고자 하는 자는 자기 생각을 너무 뚜렷이 나타내면 안 된다. 대부분 사람은 생각이 조금 불분명하기 때문에 명확한 주장은 자기 생각과 다르다고 단정 짓기 때문이다. 그러므로 대중의 호평을 받지 못한다고 실망할 것 없다.
246. 누구나 자신과 다른 생각에 반감을 보일 수 밖에 없다. 자기 생각이 의미를 잃을 수 있기 때문이다. 만일 그럼에도 그것을 수용하는 자가 눈에 띄면 놓치지 말고 친구로 삼기를 권한다.
247. 사람이 편안한 것은 자연과 조화로운 모습을 보일 때가 아니라, 사람과 조화로운 모습을 보일 때이다. 사람의 본성은 사람을 향한다.
248. 화는 자신의 약점과 아픈 곳이 드러날까 봐 그것을 감추기 위한 위장 전술이다. 그러니 화를 자주 낸다면 그만큼 자신이 부족하다는 것을 자각해야 한다. 그런데 자신 이외에 누구도 자기감정을 바꿀 수 없기 때문에 자기 약점과 아픈 곳의 극복을 위해 한 걸음 한 걸음 노력하는 방법밖에 다른 길이 없다. 깊은 독서가 필요한 이유이다.
249. 감성은 저절로 지속하는 것이 아니라 의도적으로 유지되는 것이다. 깊은 사랑도 절망적 슬픔도 예외는 아니다. 행복도 마찬가지.
250. 어느 한 번의 감성은 두 번 다시 재현될 수 없다. 16살 풋내기 소년이나 죽음을 앞둔 지혜로운 자나 오늘 아침 감성의 경이로움은 똑같다. 행복도 마찬가지.
251. 자신이 감정의 격류 속에 있을 때 거울을 보는 것은 매우 유익하다. 그때도 분노에 찬 악마의 모습이 아니라 평상시 모습 그대로이다.
252. 평생 변하지 않는 자기만의 경험을 하나쯤 가지는 것은 유용하다. 이를테면 '5월 버찌를 따 먹으며 느끼는 설렘' 같은 것. 행복은 반복되어도 절대 줄어들지 않는다.
253. 사람은 자기를 보아주는 자가 있어야 치장한다. 타인을 조금 기만하려는 것이다. 그런데 그것으로 모두 행복해진다면 그 정(正)이 부(否)보다 크다.
254. 누군가 그리운 것은 그가 그리운 것보다 그와 함께 한 즐거운 시간에 대한 기억이다. 그리움으로 남을 만큼 행복한 시간을 지금 만들라.
255. 누군가 자기를 좋아할 때 자신의 극히 일부분만 좋아하는 것이다. 그 이상 욕심내거나 기대하지 말 일이다.

3. 행복을 위해 작지만 가능한 것들

256. 각자 살기 편한 곳에서 사는 것이 좋다. 그렇지 않으면 약자의 운명을 벗어나기 어렵다. 따뜻한 곳에서 사는 식물이 추운 곳에서 싹트면 살기 어렵다. 행복은 자기 주변을 멀리 벗어나지 않는다.

257. 사람은 자기 생각에 대한 타인의 반대를 반박하기 위해 더욱 고집스럽게 주장하는 경우도 적지 않다. 그러므로 그를 설득하려면 반론을 제기하기보다는 허점 있는 긍정을 하는 것이 좀 더 유익하다. 행복은 싸워서는 절대 얻을 수 없다.

258. 내일의 추억을 위해 오늘을 준비하는 자는 훌륭한 과거를 가지겠지만 오늘은 항상 보잘것없다.

259. 타인의 성공에 대해 존경을 표하는 것은 자기가 할 수 없는 것만 해당한다. 자기도 할 수 있는 것으로 생각되면 곧 시기와 질투가 시작된다. 행복이 어려운 이유 중 하나이다.

260. 우아하게 되는 것이 생각보다 쉬워졌다. 흉내 내면 되기 때문이다. 그들에게는 어디서 본 듯한 표정, 들은 듯한 말투, 맡은 듯한 향기가 난다. 그런데 진짜 우아한 자는 항상 독특하고 처음 보는 듯한 모습을 보인다. 비슷한 행복을 가진 사람들은 사실은 행복하지 않다.

261. 휴식이 주는 최대 장점은 감성을 부드럽게 한다는 것이다. 공격적인 사람은 대부분 잠이 부족한 자이다. 육체의 병이 휴식을 통해 치유되듯 정신의 병 또한 휴식을 통해 치유된다.

262. 명망 있는 이들도 거짓일 수 있다는 것을 알면서도 '거짓 진리'를 말하고 다닌다. 정신적 사기꾼이다. 이를 바로 잡지 않으면 '참과 거짓의 미로' 속에서 헤어나오지 못할 것이다. 행복하기가 쉽지 않은 이유이다.

263. 사람은 자기가 변한 만큼만 타인도 변했을 것으로 생각한다. 이솝 우화를 읽을 시절에 이미 깨우쳤어야 하는 오류이다. 사람은 과거와 무관하게 어느 순간 존경할 만한 자가 되어 있기도 하고 경멸의 대상이 되어 있기도 하다.

264. 사람은 타인이 자기를 위해 조금 희생해도 된다고 생각한다. 자기도 어느 정도 희생을 감수한다고 생각하기 때문이다. 그런데, 문제는 그 요구가 항상 더 크다는 것이다. 물론 본인은 반대로 생각하지만. 보통, 거절한 자가 이기적이라고 생각하지만, 거절할 정도로 무리한 요구를 한 자가 이기적인 경우도 적지 않다.

265. 누군가의 오류를 설득하지 못하는 것은 자기 생각이 틀렸거나 그것을 이해시킬 능력 부족 때문이다. 다른 사람 탓할 것 없다.

266. 성공한 자는 역경을 극복하고 그 속에서 밝게 빛난다. 하지만 사람들은 이것을 아이들 교육용으로만 사용할 뿐 마음속으로는 그의 행운만을 부러워한다. 그렇게 생각하지 않으면 쉽게 잠들 수 없기 때문이다.

3. 행복을 위해 작지만 가능한 것들

267. 누군가를 비방함으로써 얻는 최대 이점은 자기는 그 대상이 아니라는 것을 상대에게 공표하는 것이다. 이 쾌감은 의외로 커서 비방 거리를 찾는데 모두 열심이다. 그런데 상대가 그렇게 생각할 것으로 단정하는 것은 위험한 착각이다.

268. 슬픔의 반대는 기쁨이 아니라 '슬프지 않음'이고 가난의 반대는 풍요가 아니라 '가난하지 않음'이다. 원점을 기준으로 살면 괴로움은 반으로 준다.

269. 자기 생각을 너무 열심히 이야기할 필요 없다. 그럴수록 보통 상대방은 더욱 무관심해진다. 그가 원하는 것을 던져놓는 것으로 충분하다. 이는 사람 사이 관계에서도 다르지 않다.

270. 진정으로 행복한 자는 그것을 나누어 주는 자이다. 아직 젊은 자는 그것을 나누어 주지 못하는데 그것을 아는 데 시간이 걸리기 때문이다. 젊은 시절 가장 우선해서 해야 할 일은 선인(先人)에게 그의 업적이 아니라 그의 행복을 배우는 것이다.

271. 20대 젊은이도 자신을 가꾸는데 열중일 때 비로소 아름답다. 아름다움은 가꾸는 자의 것이다.

272. 사람 사이 관계의 시작은 최면의 결과인 경우가 많다. 최면은 곧 깨지지만 이때야말로 진짜 친밀감을 만들 기회이다. 물론, 사람은 의외로 까다로워서 신조차 만족시킬 수 없지만 그에게 '편안함'을 준다면 이야기가 다르다.

273. 사람의 감성은 아침저녁 다르다. 이는 우리를 혼란스럽고 화나게 한다. 하지만 그 변덕스러움이 삶을 가슴 뛰고 풍요롭게 한다.

274. 함께 놀 수 있는 자를 만나는 것은 행운이고, 함께 일할 수 있는 자를 만나는 것은 커다란 행운이며, 함께 휴식할 수 있는 자를 만나는 것은 굉장한 행운이다.

275. 모두와의 좋은 관계는 바라지 않는 것이 건강에 좋다. 같은 미소를 띠는데 어떤 사람은 비웃는 것으로 생각하기 때문이다.

276. 불평하는 자 중에는 나태를 감추고 있는 자도 있기 때문에 그의 말을 그대로 받아들여서는 안 된다.

277. 삶은 몇 가지만 제외하면 불평을 받을 만큼 그렇게 불공평하지 않다.

278. 사람들이 있는 곳은 정다움이 있다. 삶이 혼란스러워도 그것이 우리를 즐겁게 한다.

279. 우울을 치료하는 것은 웃음이 아니라 휴식이다. 휴식은 생각을 멈추는 것이고 생각을 멈추는 것은 목표를 멈추는 것이다.

280. 서늘한 바람은 무더움을 전제로 한다. 행복도 마찬가지.

281. 눈 깜짝할 사이에 운명이 바뀔 정도로 삶은 역동적이다. 내일 다른 삶을 살 수 있다. 지금 과거를 준비하라.

3. 행복을 위해 작지만 가능한 것들

282. 몇 가지 더 가졌다고 자랑할 것 없다. 우리에게 필요한 사람은 가진 자가 아니라 나누는 자이다. 자기를 명석하다고 생각하는 자는 받을 일이 별로 없어 잘 나누지 않기 때문에 사람들에게 곧 무시당한다.

283. 백 가지 우연과 행운이 비로소 나를 숨 쉬게 한다.

284. 평온을 위해 필요한 것은 하지 않는 것이 아니라 서두르지 않는 것이다.

285. 실패, 좌절과 함께하는 삶도 나름대로 이야기의 주인공이 될 수 있다. 소설에서는 보통 그런 삶이 재미와 감동을 준다.

286. 아름다움은 꼭 옆에 둘 필요는 없다. 조금 떨어져 있을 때 더욱 아름답기 때문이다. '소유하지 않음'의 역설은 행복에도 적용된다.

287. 슬픔이 자신을 무너뜨린다고 변명하지 않는 것이 좋다. 정말 나를 무너뜨리는 것은 '슬픔'이 아닌 슬픔과 관계없는 존재 '나'이다. 절망 속에서도 행복은 실존으로 생존한다.

288. 중요한 결정은 너무 지쳐 있을 때 하지 않는 것이 좋다. 자기의 가장 보통 상태에서 하는 것이 후회가 적은데 대부분 충분히 잔 날 정오가 좋다. 행복은 너무 지친 자에게는 오지 않는다.

289. 빗방울이 작은 돌 위에 떨어지는 것 이상으로 우리 삶은 우연의 연속이다. 슬픔도 열 가지 우연의 결과이고 어느새 즐거움을 위한 또 다른 우연은 준비된다. 슬픔에 너무 흔들리지 말라.

290. 어둠 속에도 조금 더 어두운 곳과 조금 더 밝은 곳이 있다. 슬픔 속에도 조금 더 어두운 슬픔과 조금 더 밝은 슬픔이 있다.

291. 아쉬움과 회한은 게임을 마친 자의 이야기다. 아직 행복을 찾고 있는 자에게 그런 것은 없다. 아직 끝나지 않았다.

292. 회복은 상처 주변 먼 곳에서부터 시작한다. 슬픔도 그렇다.

293. 인지되지 않는 변화가 훨씬 많다. 보이지 않는다고 초조할 것 없다. 이것을 알지 못해 일이 틀어지기도 한다. 중요한 일일수록 마지막 하루의 무심(無心)이 필요하다.

294. 슬픔도 준비해야 조금은 견딜 만해진다. 갑작스러운 슬픔이 힘든 이유이다.

295. 약자는 비굴함을 참지 못한다. 강자는 때때로 비굴함을 즐긴다.

296. 고독도 가끔은 즐길 만하다. 그것만이 줄 수 있는 것이 있기 때문이다. 고독은 삶을 재건하는 과정이다. 그것을 통해 다시 태어날 자격을 가진다.

297. 목표가 '기쁨'이 아니라 '즐거움'이면 삶은 조금 더 평온해진다.

298. 말을 하면 주위는 친구와 적으로 나뉜다. 침묵의 효용이다.

3. 행복을 위해 작지만 가능한 것들

299. 두근거림은 소심함이 아니라 설렘이다. 신대륙을 향한 원대한 꿈과 튼튼한 배를 준비하라.

300. 감당할 수 있으면 힘들어도 즐거울 수 있다. 그러므로 힘을 키우면 많은 부분 행복할 수 있다. 신이 사람에게 준 가장 큰 선물은 자신을 제어하는 힘이다.

301. 조용히 숨을 거두는 순간까지 자신을 최대로 하라.

302. 허무함은 기대에 비례한다. 노력만큼만 기대하면 허무함은 거의 없다. 그것만큼은 예외 없이 돌려주기 때문이다.

303. 우주 기준의 가치와 사람 기준의 가치는 다르다. 자기가 좀 더 가치 있다고 생각하는 오만한 이들을 위한 사소한 진실이다.

304. 무언가 대단해 보이기도 하고 초라해 보이기도 한다. 잘 보이지 않는 것은 배경과 겹쳐 있기 때문이다. 분리해서 보면 다 비슷하다.

305. 비상을 위해서는 가벼운 것이 좋다. 무거운 것은 중력을 이겨내지 못하기 때문이다. 커다란 명예, 풍부한 지식, 다양한 관계, 상당한 재화. 두 개만 합해져도 무겁다.

306. 교활한 장사꾼은 가지지 못하면 초라함을 느끼게 하는 데 혈안이 되어 있다. 초라해도 욕심 없는 나른함이 그립다.

307. 공연히 상심하지 말라. 아무렇지도 않게 여길 일은 그렇게 하는 것이 건강에 좋다.

308. 보이지 않아도 태양이 존재한다는 것은 잘 알고 있다. 슬픔도 기쁨도 괴로움도 즐거움도 그렇다.

309. 같은 사람에 대한 감정도 아침저녁 다르다. 그러므로 감정의 근원은 '나'에게 있다. 그를 아름답게 그리고 추하게 만드는 것도 '나'이니 나를 아름답게 그리고 추하게 만드는 것도 당연히 '나'다.

310. 겨울이 되면 태양은 드디어 그 따뜻함을 드러낸다.

311. 어려움이 형편없는 이기심에 기인했을 수 있다. 운명을 원망하면 길이 없고 회한(悔恨)하면 그래도 아직 길은 보인다.

312. 내가 기쁠 때 타인이 슬프면 그것은 기쁜 일인가? 내가 슬플 때 타인이 기쁘면 그것은 슬픈 일인가? 서로 이기려 경쟁하면 신은 누구의 편도 들지 않는다.

313. 길을 잃으면 가지 않은 길을 갈 수 있다. 간혹 위험하긴 하지만 새롭고 가슴 뛴다. 가끔 삶에서 길을 잃는 것도 아주 나쁘지만은 않다.

314. 계절은 알게 모르게 천천히 다가온다. 모든 것에는 때가 있다. 과실이 익는 것 같이. 슬픔도 천천히 치유된다. 서둘러 잊으려 하는 것은 겨울을 입김으로 덥히려는 것과 같다.

3. 행복을 위해 작지만 가능한 것들

315. 빛은 모여야 투명해진다. 사람들 생각을 모두 수용할 수 있다면 투명해질 것이다. 투명하면 변형 없이 있는 그대로 보인다.
316. 행복이 사는 밝음 속 자유 공간에 도착하면 어지러움에 힘들지 모른다. 비행을 위한 균형 연습이 필요하다.
317. 위대한 깨달음도 생각의 먼지 속에 쌓이면 하루 저녁을 넘기기 어렵다.
318. 감나무는 어느 해 열매가 적으면 다음 해 더 많은 열매를 맺는다. 누군가를 기다려주면 그는 반드시 보답한다.
319. 너무 아쉬워할 것 없다. 잘못된 선택이라도 시간이 지나면 결국 조금 늦어질 뿐, 결과는 비슷할 수 있다. 같은 아쉬움의 반복만 피하면 된다. 그런데 선택의 순간, 숨어 있던 이기심이 다시 얼굴을 내민다.
320. 나락에 떨어진 듯한 아득함. 기분일 뿐이다. 아무 일도 아니다. 그곳에서 다시 천천히 올라오면 된다. 아무렇지도 않은 척하고 있지만 모두 그렇게 살고 있다.
321. 그리움은 여유로움의 증거이다. 슬픔을 느낀다면 희망적이다.
322. 사람은 기쁨을 위해 살아가고 슬픔을 피하려고 노력한다. 유용성으로 보면 슬픔이 더 중요하다.
323. 기억이란 즐거이 뛰어노는 사슴과 같다. 멀리서 조용히 지켜보는 것이 좋다. 행복도 그렇다. 요란스러우면 달아난다.
324. 시간은 평등하다. 공기도 평등하다. 태양도 평등하다. 계절도 평등하다. 밤낮도 평등하다. 바람도 평등하다. 이 정도면 사람이 평등하다는 것은 진리라 할 수 있다.
325. 항상은 아니지만 무더운 여름비를 흠뻑 맞으면 행복할 때가 있다. 자기가 느껴지기 때문이다. 작지만 가장 큰 행복일 수도 있다.
326. 평등하지 않은 진리는 돌아볼 것도 없다. 자기를 뛰어나다고 생각하는 자는 진리를 알지 못하는 멍청이다. 멍청이에게 초라함을 느끼지 말라.
327. 사실 필요한 것은 그리 특별한 것은 아니다. 대단할 것 같은 기대와 착각만 있을 뿐. 아무리 다시 보아도 소박하고 단정하게 지내는 것 이상은 필요 없다.
328. 가난한 영혼이여, 걱정 말라. 욕망에 빠져 더러움을 구분하지 못하는 자보다 가난하지만 정결한 당신이 훨씬 아름답다.
329. 사람을 가르치려면 오랜 준비가 필요하다. 그렇지 않으면 그의 입에서 악취가 날 것이다.
330. 모두 고집스러운 이 세상에서 변하려 하는 부드러운 모습만으로도 당신은 이미 충분히 고귀하다.

3. 행복을 위해 작지만 가능한 것들

331. 영혼 중독자가 마약 중독자보다 위험한 것은 자신이 병들었다는 생각도, 그 증거도 없기 때문이다. 그 증상은 행복을 꿈꾸지 않는 것. 지금 우리에게 더 필요한 것은 의사가 아니라 교육자다.

4. 최소 행복에 도달하는 방법

332. 사랑은 저녁놀 화려한 하늘이 아니라 아무렇지도 않은 보통 하늘이다. 아름답고 화려한 사랑은 희생할 것이 너무 많다. 오랫동안 그렇게 한가할 수는 없다. 행복의 조건이다.

333. 사랑은 아침 안개처럼 차분해야 한다. 지킬 것이 많기 때문이다. 사랑은 의외로 침착해야 한다.

334. 사랑의 묘약은 운명적 만남이 아니라 자기를 조금 더 가꾸는 것이다. 사랑은 찾아오는 것. 행복도 마찬가지.

335. 사랑은 비밀투성이여야 한다. 현혹해야 하기 때문이다. 비밀을 끝까지 깨지 말 것이며 자기만의 비밀을 더욱 만들라. 사랑의 시작은 호기심, 유지는 비밀에서이다.

336. 사랑은 비슷하게 되는 과정이 아니라 다름을 '멋지게' 인정하는 과정이다. 그와 영혼까지 공유하려 착각 말라.

337. 사랑의 대상은 변하지 않은 것들이다. 순수, 열정, 선함, 감성, 정다움. 외형적 사랑은 젊은 시절 몫이다. 그때는 그것밖에 없으니 할 수 없다. 사실, 이것은 행복의 비밀이다.

338. 사랑의 기술은 상대가 희생을 아까워하지 않을 정도로 자기를 매력적으로 만들어가는 것이다. 사람은 받는 것을 좋아하지만 의외로 주는 것도 꽤 좋아해서 줄 만한 상대를 계속 찾는다.

339. 사랑은 백 가지 조건이 필요하고 그것을 지키는 과정이다. 작은 물건 하나 사는데도 거래 조건이 필요하다. 사랑은 인생 최대의 거래이다. 조건 없는 사랑은 소설에서나 찾아라. 그 행복은 사흘을 넘기기 어렵다.

340. 사랑의 대상은 아름다운 자가 아니라, 즐거움을 주는 자가 좋다. 아름다움은 오래가지 않아서 자격 상실이다. 행복의 친구는 아름다움이 아니라 즐거움이다.

341. 사랑은 소나무 향 같은 것이다. 너무 주려, 받으려 하지 말라. 주어도 불편하고 받아도 불편하다. 주면 받고 싶고, 받으면 돌려주어야 문제없다.

342. 사랑은 편하고 순수한 무향이다. 향기가 지속되면 두통을 일으킬 것이다. 행복한 사랑은 보이지 않을 정도로 순한 것이다.

343. 사랑은 하루하루 매력을 만들어 가는 것이다. 죽음의 순간까지. 부지런하면 무엇이든 조금은 쉽게 가질 수 있다. 사랑도 마찬가지. 행복도 마찬가지.

344. 사랑은 감성만큼 이성적이다. 감성만이면 어느새 도망간다. 감성으로 사랑에 반하고 이성으로 사랑에 전념한다.

345. 사랑의 기쁨은 내가 아닌 그의 즐거움이다. 내 것은 얕은 우물이고 그의 것은 깊은 바다이다. 행복한 사랑의 조건이다.

4. 최소 행복에 도달하는 방법

346. 사랑의 규칙은 그가 처음 사랑했던 나를 가능한 유지하는 것이다. 행복한 그는 저절로 나를 행복하게 한다.

347. 사랑은 불편한 일이다. 마음을 사로잡는 것이 그리 쉬운 일은 아니다. 편안하다면 이미 사랑이 지나간 것. 불편한 것을 감수하는 인내와 노력이 사랑을 유지한다.

348. 사랑은 주는 것만큼만 받을 수 있다. 누구든 성인(聖人)이 아니라 사람이다. 받은 것 이상을 요구하면 화를 내는 법이다. 행복한 사랑의 법칙이다.

349. 자유, 별 것 아니다. 하고 싶은 대로 한다고 그리 대단할 것도 없다. 단지, 사역으로부터의 도피가 목적이라면. 당신이 도망가는 만큼 행복도 도망갈 것이다.

350. 권력가와 재력가의 가장 껄끄러운 상대는 그들의 것에 무관심한 자이다. 그가 자신보다 행복해 보이기 때문이다.

351. 자유에 대한 억압에 대항하는 자는 치열히 그리고 냉철히 준비하여 억압의 싹이 다시 트지 못하도록 철저히 파괴, 응징해야 한다. 억압에 대한 단순 자기방어적 저항은 희생을 키울 뿐이다. '적당히'는 불행의 조건이다.

352. 행복은 무한히 확장한다. 표면에 도달할 수 없는 이유이다. 그런데 사실 그렇게 멀리 갈 필요도 없다. 행복은 공처럼 생겨서 한 쪽으로 가면 다른 쪽에서 멀어지기 때문이다.

353. 자유의 목적도 역시 행복이다. 내 주위 열 사람만 자유롭다면 그들과 함께 행복할 것이다.

354. 모든 일에는 준비가 필요하다. 하지만, 자유를 위한 준비에 시간을 너무 과도하게 끌면 결국 죽음을 위한 준비가 될 것이다. 준비 잘 하려다 젊음이 다 간다. 절망과 슬픔 속에도 우리는 충분히 자유롭다.

355. 자유는 타인에게서 뺏는 것이 아니라 그들과 함께 나누는 것이다. 행복처럼.

356. 자유에 편안함을 연결하는 것은 스무 살 시절 잠깐으로 충분하다. 자유는 모험과 투쟁 상태이다. 편안함을 원한다면 작은 방에서 조용히 그것을 만끽하면 될 것이다. 자유는 정신적 상태이다. 육체적 자유는 나태일 뿐이다. 자유는 가슴 뜀을 위해 불편함과 노동을 일부러 선택하는 것이다. 집을 나섬은 행복의 조건이다.

357. 자유는 아무것도 해주지 않는다. 자유로워도 아무것도 얻을 수 없다. 그래서 자유와 먹을 것을 바꾸는 것이다. 자유가 무엇이든 해줄 것이라는 오해가 사람을 자유롭지 못한 것으로 오인케 한다. 진리는 행복하지만 가난한 법이다.

358. 삶 대부분은 과거와 미래이다. 현재는 너무 짧다. 자유롭지 못한 이유이다. 복잡하게 생각하지 말라. 그냥 지금 자유로우면 자유로운 것이다.

4. 최소 행복에 도달하는 방법

359. 자유가 주는 것은 '존재의 깨어 있음'이다. 그것은 아무것도 주지 않지만, 의지가 가미되면 마법이 시작된다. 모든 것을 다 잃어도, 잔혹한 세상에서도 그것은 세상을 유지시킨다. 사랑은 먹을 것을 주지 않는다. 자유도 마찬가지. 아무것도 주지 않지만, 우리 생을 결정한다. 행복을 주기 때문이다.

360. 자유는 단지 억압에 대항할 수 있는 상태일 뿐이다. '자기 마음대로'라는 생각은 착각이다. 진리는 자유로 인도하지만 자유는 진리로 인도하지 않는다. 둘을 동급으로 생각하면 곤란하다. 공평이 기웃거리기 때문이다. 행복은 약간의 부자유 상태이다.

361. 궁금한 것은 자유를 어떻게 써야 하는지 인데 지식인들은 자꾸 자유롭기 위한 편법만 가르친다.

362. 자유는 세심하게 준비한 자에게만 주어지는 선물이다. 쉽게 자유롭지 못한 이유이다. 어느 날 아침 눈을 떴을 때 자유로울 수는 없는 일이다.

363. 자유는 시골 노인의 소박하고 주름진 얼굴과 도시 골목 너머 소년의 가슴까지 모두가 가지는 '생각의 힘'으로 완성되는 것이다. 압제자 몇 사람 제거되었다고 자유롭다 착각하면 곤란하다. 독재를 벗어나면 가난이 드러난다. 자유는 비슷해졌는데 가진 것이 다르기 때문이다.

364. 집 떠나면 고생이다. 좀 덜 고생하려면 과하면 안 되겠지만 조금은 준비해야 한다. 고생하느라 경치 볼 시간이 없기 때문이다. 두려움은 대부분 준비 부족에 기인한다. 새로운 곳을 항해하려면 어느 정도 인고의 준비가 필요하다.

365. 얼마나 행복을 누릴 만한지는 타인을 얼마나 행복하게 해주는지로 결정된다.

366. 사람들과 교제에 능숙해지려면 그들의 생각에 맞추어야 한다. 조금 뛰어난 자에게는 곤란한 일이지만, 탁월한 자에게는 즐거운 일이다.

367. 사람이 정의를 말하는 것은 어울리지 않는다. 신이 들으면 웃을 일이다. 주의하지 않으면 정의는 행복의 적이다.

368. 정의는 사람을 행복하게 하는 데 실패했다. 의지가 다른 영역에 있기 때문이다. 이는 지식이 '삶에 무력한' 이유와 같다. 모든 가치가 의미를 가지려면 '의지의 문'을 통과해야 한다.

369. 정의에 대해서는 다소 모른 척해야 한다. 너무 아는 척하면 다수가 반발한다.

370. 정의는 자기를 정의롭게 하는 데 사용되는 것이 아니라, 주로 남이 정의로운지 감시하는 데 사용된다. 한 번 정의롭게 행동했다고 정의로운 것은 아니다. 남이 보고 있었을지 모른다. 우리 시대 정의의 목적은 행복이 아니다. 정의가 진리에서 멀어진 이유이다.

4. 최소 행복에 도달하는 방법

371. 정의의 유효 기간은 그리 길지 않다. 보통 자기가 약자로 있을 때로 제한된다. 강자가 되면 행복하지 않은 이유이다.
372. 정의는 원래 선이었는데 선을 위해 악을 행하다 악이 되어 버렸다.
373. 헌법은 정의를 보장한다. 그 외는 아니다. 경계는 행복의 조건이다.
374. 정의는 힘 있는 자 옆에서 약자를 비웃고 있다. 어느 철학자의 예지처럼 이제 남은 것은 '냉철한 분노'밖에 없다. 싸우지 않는 것은 최선일 때도 있지만 최악일 때도 있다.
375. 불한당도 용서받으려면 한참이 걸린다. 잘못된 정의는 말할 것도 없다. 극형이 최선이다. 불의의 행복을 무너뜨린다.
376. 악한 자에게 착하고 고분고분한 사람은 여러모로 중요하고 쓸모가 있다.
377. 악용된 도덕의 역할은 사람들을 겁쟁이로 만드는 것이다. 겁쟁이 도덕주의자는 행복하기 어렵다.
378. 멋진 갑옷만으로는 싸움에서 이길 수 없다. 칼과 창도 있어야 한다.
379. 도덕의 명분은 '모두를 위해서'이다. 그런데 실제로 그런 일은 별로 없다. 힘을 가지면 도덕에서 빠져나가려 하기 때문이다.
380. 하루아침에 깨달은 자의 특징은 그것이 하루밖에 가지 않는다는 것이다. 오랜 철학자가 겉보기에도 다른 이유이다. 얼굴과 몸짓에 나타난다. 행복은 오랜 흔적이다.
381. 머리가 뛰어나고 일찍 성공한 자는 도덕을 배울 필요도 시간도 부족했던 도덕적 풋내기인 경우가 많다. 스스로 경계하고 조심할 일이다. 지능과 기억력으로만 평가되지 않는 공평한 세상을 기다린다.
382. 선함은 연습과 노력으로 탄생한다. 따뜻한 마음은 어린 시절 많은 부분 결정된다.
383. 행복을 주는 비밀의 책도 오래 묵으면 퀴퀴한 냄새가 난다. 매일 닦아 주어야 한다.
384. 도덕을 가르치라 했더니 암기력만 가르친다. 시험이 끝나면 잊힐 것이다.
385. 교육자는 성공하는 법을 가르치는 자가 아니라, 행복을 가르치는 자여야 한다. 성공했다 남들은 축하해 주는데 무언가 석연찮다. 행복을 배운 적이 없기 때문이다.
386. 기억력은 며칠을 넘기기 어렵다. 깨달음도 행복도 마찬가지.
387. 국가 권력은 평등을 가장하여 평등을 해치는 공인기관이다. 그에 합당하게 대우하는 것이 좋다. 잘못하면 행복을 빼앗긴다.
388. 각 개인이 공평을 행하지 않는데 국가가 그럴 리 없다. 남 탓할 것 없다. 행복한 세상은 국가와 무관하다.
389. 국가 권력에 기생하는 파렴치한 기득권층을 몰아내는 것이 행복한 세상을 위한 중요한 걸음이다.

4. 최소 행복에 도달하는 방법

390. 주인과 하인은 실질적 힘으로 결정된다. 사람도 별수 없다. 행복하려면 형편없는 자들에게 힘을 주어서는 안 된다.

391. 모든 권력을 믿지 말라. 의심하고 감시하여 이용당하지 않도록 항상 조심하라.

392. 국가 권력은 평등을 제공하는 듯하지만 교묘히 불평등을 정당화시킨다. 사람이 그 일을 하기 때문이다. 충성과 희생이 파렴치한 자에게 득이 돼선 곤란하다.

393. 힘있는 자를 부러워할 것 없다. 자리 유지하기 급급한 모습은 별로 다를 바 없다. 힘의 크기는 자리의 높이와 비례한다. 너무 높아지면 행복은 오를 수 없다.

394. 성공의 자리 근처에는 음울함이 먼저 눈에 들어온다. 혼자의 것이어야 하기 때문이다. 나누면 성공에 실패하겠지만 행복해진다. 우울의 원인은 욕심이다.

395. 남보다 큰 힘을 가지려는 생각이 벌써 사람을 망가뜨린다.

396. 힘은 주는 만큼 그대로 빼앗아 간다. 행복이 힘과 무관한 이유이다.

397. 즐거움은 같이 해 줄 사람이 있어야 가능하다. 어두운 방에 불을 켜면 안 보이던 것이 보이듯 친구는 항상 어디에나 있다.

398. 억압을 가능하게 하는 것은 단지 사람들의 두려움이다. 두려워하지만 않으면 대부분 꼬리를 내린다.

399. 권위와 힘이 사기라는 것은 너무 유명해서 모두 다 알고 있다. 그런데 자기가 그것을 갖게 되면 일부러 모르는 척 최면을 건다.

400. 특별한 자는 특별히 나쁜 자와 같은 말이다. 자기를 특별한 자로 여기지 말라.

401. 타인보다 우위에 서려는 생각은 보통, 어릴 때는 갖지 않는다. 어른들이 모든 것을 망쳐 놓는다.

402. 자존감은 적어도 문제지만 많은 것도 문제이다. 화를 낼 일이 많아지기 때문이다. 행복이 제일 먼저 도망간다.

403. 과도한 부는 태생 상, 윤리적일 수 없다. 선한 자가 부를 공유하는 이유이다. 행복의 조건이다.

404. 부는 자기가 누리는 것으로 충분하다. 그 이상은 욕심이다. 득보다 실이 많기 때문이다.

405. 행복을 위해 부자가 되려는 노력은 어느 정도까지는 선이 악을 앞선다. 그 이상이면 반대다.

406. 명예는 자기 것을 아무 대가 없이 제공해야 얻을 수 있다. 인기와 명예를 혼동 말라. 행복의 조건이다.

407. 명예는 업적과 무관하다. 오랫동안 성실하게 용기 있게 살았다면 누가 그것을 알아보지 못해도 명예롭게 눈을 감아라.

4. 최소 행복에 도달하는 방법

408. 명예는 어느 날 아침 갑자기 결코 얻을 수 없으니 착각 말라. 명예로울 기회를 놓친다.

409. 명예를 위해 살지 말고 명예롭게 살라. 명예를 위해 살면 사람들에게 인정받을 것이고 명예롭게 살면 자신에게 인정받을 것이다.

410. 신은 우리 의지로 할 수 있는 만큼만 돕는다. 그 외는 그도 어쩔 수 없다. 결국, 의지가 신이며 행복의 열쇠이다.

411. 신의 일은 신이 해야 하고 사람의 일은 사람이 해야 한다. 작은 일로 신을 너무 바쁘게 하지 말라. 행복은 사람의 일이다.

412. 신은 실망시키지 않았다. 비겁하지 않게 무엇이든 하려는 용기를 주었기 때문이다. 이것으로 우리는 이미 행복할 자격을 가졌다.

413. 사람은 불완전하고 실수투성이이다. 스스로 고치거나 신의 은총을 구하면 된다. 그런데 신은 이미 많은 것을 주어서 기억해 낸다면 신에게 손을 내밀지 않을 것이다. 행복은 신의 일이 아니다.

414. 사람의 자유의지도 신의 의도이다. 자꾸 그에게 맡기고 의지(依支)하라 함은 그가 한 말이 아니라 사제들이 실수로 한 말일 것이다.

415. 신의 관심은 우주 전체의 행복이다. 인간의 행복은 그의 그렇게 큰 관심사는 아니다.

416. 사람을 모두 돌보려면 그 수 만큼 신이 필요할 것이다. 사람의 행복이 너무 많아 어쩌면 실제로 그럴지도 모른다.

417. 신이 원하는 것은 우리가 소박하고 단정하게 살다가 죽는 것이다. 그것뿐이다. 너무 애쓸 것 없다.

418. 사람은 앞에서 신을 찾고 뒤에서 배신한다. 오래전부터 익숙한 장면이다. 신도 그렇게 행복하지는 않을 것이다.

419. 태어남, 늙음, 병듦, 죽음, 하늘, 땅, 산, 물, 공기, 바다, 별, 달, 우주, 봄, 가을, 눈, 귀, 코, 혀, 심장, 손, 발, 사랑, 우정, 용기, 자유, 의지, 선함. 신이 공평한 곳들이다. 이 정도면 충분하지 않은가?

420. 지금도 그런지는 모르겠으나 처음 만들었을 때 신은 인간을 사랑했었음은 틀림없다. 행복할 자격을 주었기 때문이다.

421. 악은 선한 자의 비겁에 기인한다.

422. 신은 선악을 모르게 하려고 했다. 선악은 인간의 일이다. 그래서 악한 자를 벌주는 것도 인간의 일이다.

4. 최소 행복에 도달하는 방법

423. 악을 용서하는 것은 신이 아니라 사람이다. 만일 악한 자가 신에게 용서를 구해 마음 편해진다면 신은 악마와 다를 바 없다.

424. 신은 강자도 약자도 아닌 강해지려 의지하는 자를 돕는다. 행복의 조건이다.

425. 우리는 이웃의 슬픔에 무관심하면서 신에게만 우리 슬픔에 관심을 가져달라는 것은 참으로 염치없는 일이다.

426. 신은 사람을 창조했고 사람도 신을 마음대로 창조했다. 이미 반신반인(半神半人)이다. 신의 겁으로도 나누어지지 않는다. 모두가 혼돈 속에서 신과 인간을 연극한다. 그를 신으로 돌려놓아야 하고 우리는 인간으로 돌아와야 한다. 사람은 사람의 행복으로 충분하다.

427. 만일 신이 완전했다면 사람을 이렇게 불완전하게 창조하지는 않았을 것이다. 불완전해도 행복할 수 있는 이유이다.

428. 신의 평정은 태생적이고 사람의 평정은 노력으로 이루는 것이니 만일 그것이 가능하다면 우리는 신보다 뛰어난 것이다.

429. 신은 피조물 모두를 위한 세상을 원했고 그것을 사람이 만들도록 설계했다. 세상을 구원하는 것은 신이 아니라 인간이다.

430. 숲속에서 길을 잃지 않기 위해서는 두려워하지 말고 숲에 익숙해지고 친밀해져야 한다. 그러면 숲이 스스로 길을 안내할 것이다. 멈추어 천천히 보라.

431. 어제의 우리도 내일 있을 우리도 오늘 우리의 의지가 결정한다.

432. 물에 그림자가 빠져도 옷은 젖지 않는다. 하루하루는 모두 바람 속에 저장되었다가 어느 봄날 오후 그대로 돌려줄 것이다. 투덜대는 하루하루가 모인 것이 행복이다.

433. 자신이 앞서 있으면 걸음을 멈추라. 너무 앞서가면 길을 잃고 헤매다 추락할 것이다.

434. 초라함, 슬픔 그리고 즐거움, 명예로움. 모두 때때로의 일이다. 열등한 것도 탁월한 것도 없다.

435. 달을 물 속에서 아무리 건져도 소용 없고 거울을 손으로 아무리 더듬어도 소용 없으며 행복을 밖에서 아무리 찾아도 소용 없다.

436. 사람에 우열은 없다. 있다면 두 그루 소나무 차이 같은 것이다.

437. 중력이 작용하지 않으면 무게는 의미를 잃는다. 행복 또한 무엇에도 얽매이지 않는 것이라서 가진 것은 그 의미를 잃는다.

438. 자신의 색이 뚜렷하면 평정 속에서 자유롭기 어렵다. 자신이 너무 드러나기 때문이다.

4. 최소 행복에 도달하는 방법

439. 오래된 바람이 기억하는 것은 그가 강자인지 약자인지가 아니라, 그의 선한 미소이다.
440. 행복이 모습을 드러내는 것은 용기를 내어 무언가 시도할 때이다.
441. 모든 것을 수용하는 행복은 항상 밝다. 햇빛을 가릴 것이 더는 없기 때문이다.
442. 무(無)는 있음(有)의 대립체가 아니라 있음과 없음에 무심할 때 나타나는 새로운 중간체이다. 행복의 조건이다.
443. 원인과 결과의 끝없는 쳇바퀴를 볼 수 있으면 초조함에서 벗어나 조금 행복할 수 있다.
444. 해답을 찾기 위한 첫걸음은 틀림을 인정하고 그것을 제외하는 것이다. 그러면 어디선가 답이 보인다.
445. '산은 산이고 물은 물이다.' 있는 그대로 보지 않으면 장님의 '붉은 장미'처럼 진실에서 벗어날 것이다. 쓸모없는 상상은 하지 말라. 행복의 조건이다.
446. 진실은 따뜻하다. 누군가의 말이 차갑다면 그것은 진실이 아니다. 정다움이 행복을 준다.
447. 깨끗한 그릇은 그것을 씻기 위한 더러움을 각오해야 하며 고귀하고 안락한 모습은 비천하고 힘에 겨운 자신을 각오해야 한다.
448. 감정도 의견도 철학도 변한다. 같은 생각을 고집하는 자는 곧 독선적 바보가 될 것이다. 어제의 행복은 오늘과 상관없다.
449. 대지 위에서 자유롭게 거닐고 있다고 생각하지만 바로 그 대지가 그대를 가두고 있다.
450. 다정한 친구, 존경스런 스승, 고마운 부모, 사랑스런 아이, 정다운 사람, 선한 이웃, 설렘의 찻잔, 부드러운 비, 즐거운 바람. 수식이 붙은 존재는 당신이 직접 만든 것이다. 당신 또한 누군가에 의해 새롭게 만들어 질 것이다. 삶은 놀라운 창조의 연속이다. 신이 가진 행복이다.
451. 우리는 본래 붉은 고깃덩어리이다. 보고 듣고 말하고 생각하고 행동한다면 무엇 하나 더 바랄 것 없는 경이로운 일이다. 나머지 차이는 별것 아니다. 죽음을 앞둔 사람은 그 행복을 잘 알고 있다.
452. 우리 일 대부분은 '그럴듯한 나'를 위한 것이다. 그냥 '소박한 나'를 원한다면 세상은 그렇게 힘들지 않을 것이다.
453. 행복을 위한 진리는 하루아침 깨달음으로 얻어지는 것이 아니라, 하나씩 행함에 의해 눈사람처럼 쌓아가는 것이다. 눈사람이 커질수록 더 많은 것을 수용할 수 있게 된다.

4. 최소 행복에 도달하는 방법

454. 여름 산을 겨우 아는 자에게 하얀 눈꽃을 머금은 설산을 이야기하면 당신을 비웃을 것이다.

455. 행복은 비록 하나도 유익하지 않아도 함께하면 즐거운 친구 같다.

456. 내게 옳아도 그에게는 아니고 내게 아름다워도 그에게는 아니다. 행복은 개별 세상이다.

457. 행복에 접근한 자의 특징은 특별한 것이 없다는 것이다, 이로써 자신의 행복 상태를 가늠할 수 있다.

458. 내가 먹은 사과 맛이 시큼하다고 모든 사과 맛이 그렇다고 하는 것은 웃을 일이다. 그런데 자기 생각에 대해서는 그렇게 한다. 사람이 행복하지 않은 이유이다.

459. 행복에 도달할 수는 있다. 그러나 그곳에 머물기는 힘들다. 오만 때문이다.

460. 행복에 도달하는 유일한 길은 내가 선택하는 '나만의 길'뿐이다. 너무 많은 남의 지식과 철학은 미로에 빠뜨리니 그것이 지식으로 느껴지면 읽던 책은 덮는 것이 좋다.

461. 한 번의 용기는 누구나 가능하다. 그러나 열 번의 용기는 머리 숙이게 한다.

462. 위대한 철학을 부수고 또 부순다. 그리고 자신의 철학도 부순다. 행복의 철학이다.

463. 행복은 정신의 편안함이다. 옳음, 선함, 아름다움을 갖추었기 때문이다. 게으름의 육체적 거짓 편안함을 행복으로 착각하면 곤란하다.

464. 깨달음에 도달한 느낌이 들면 이때가 가장 위험하다. 자신 있게 '거짓'을 말하고 다니기 때문이다. 절제된 침묵은 언제나 중요하다.

465. 진리가 세상을 직접 변화시키지는 않는다. 진리는 사람을 변화시키고 사람이 세상을 변화시킨다. 나를 바꾸지 않으면 세상은 절대 변하지 않는다. 진리를 아무리 알아봐야 행복에 별 소용없다.

466. 행복은 경쾌함과 밝음이다. 주인 없는 황금으로 가득한 어두운 동굴에서 정체 모를 그림자와 다투다 보면 동굴 밖 연녹색 세상에 눈 돌릴 틈이 없다.

467. 행복에 먼저 도달하여 행복하게 사나 행복을 추구하여 마지막에 행복하나 결국 마찬가지이다.

468. 인생은 우연성을 기초로 한다. 그러므로 모두의 삶은 감동스러운 소설이 된다. 신이 바라는 바이다.

469. 행복에 도달하는 법은 아주 시시하다. 하루하루 모두 다 알고 있는 선함을 행하면 어느새 그곳에 도착해 있다.

4. 최소 행복에 도달하는 방법

470. 백척간두에서 발을 내딛는 것 같이 어려운 관문을 내걸고 지혜를 가늠한다면 위대한 선인(先人)은 웃음을 참지 못할 것이다. 지혜로운 자를 신통술 부리는 도인쯤으로 생각하는 것은 흥에 겨운 술꾼의 뒷이야기일 뿐이다. 지혜를 향한 관문이나 시험 따위는 없다. 한 걸음 한 걸음으로 세상을 진동시키고 그 걸음으로 세상이 행복하도록 진중하게 나아갈 뿐이다. 지혜에 도달하기 위해 용기도 필요하지만 더 필요한 것은 백척간두까지 오르는 걸음이다.

471. 그 일이 자유로운가를 생각하지 말고 그 일이 나에게 자유를 주는가를 숙고하라.

472. 평등은 당장 누군가에는 손해일 수 있지만 한 세대만 지나면 모두에게 이익이다.

473. 행복하려면 같이 즐거워해 줄 사람이 필요하다. 평등이 행복의 조건인 이유이다.

474. 행복을 사람으로 제한하면 그것은 신과 관계없는 사람의 일이 된다.

475. 작은 차이를 인정하면 불평등을 인정하는 셈이다. 저항이 있어도 양보는 안 된다. 모두가 행복하기 위한 길이다. 힘 있는 자의 선심 쓰는 듯한 평등은 필요 없다.

476. 더 열심히 일한 자가 더 많이 가져야 공평하고 행복하다. 이것마저 부정되면 세상은 후퇴한다. 그렇지 않다면 모두 나서라.

477. 물은 독사가 먹으면 독이 되고 소가 먹으면 우유가 된다. 평등을 독으로 해석하는지 우유로 해석하는지는 그 사람의 정체를 드러낸다. 평등은 자유에 이어 제2의 행복 조건이다. 그것을 폄하해 봐야 자신의 무지만 드러낼 뿐이다.

478. 평등은 분명, 약자의 허영이지만, 불평등 또한 분명, 강자의 허영이다. 행복을 위해 강자가 허영을 버리는 것이 조금 더 인간적이다.

479. 허영심은 원래 있지도 않은 상류 계층을 만든다. 그것을 이용한 장사가 잘 되는 이유이다. 하지만 허세는 행복과 거리가 멀다. 스스로 부끄럽기 때문이다.

480. 존경할 만한 이는 자신의 권리를 먼저 양보한 사람이고 이를 간파한 사람들은 그에게 자기 권리를 양보한다. 존경할 만한 이가 많을수록 행복한 세상에 가깝다.

481. 아이들은 모든 것을 공평하게 보고 생각하는데 어른이 교육하는 것은 불평등을 야기하는 이기심뿐이다. 아이들이 어른이 되면서 행복하지 않은 이유이다.

482. 강한 신념을 가진 자는 타인의 생각을 잘 수용하지 못한다. 그런데 그 신념이 타인을 위한 것이라면 우스운 이야기다. 너무 신념이 강한 자가 행복하지 않은 이유이다.

483. 오늘 저녁 잔칫상을 위해 점심을 거를 수는 있다. 하지만 언제 있을지 모르는 잔칫상을 위해 계속 굶을 수는 없는 일이다. 행복을 위한 꿈은 그것이 너무 멀리 있으면 악마의 꿈이다.

4. 최소 행복에 도달하는 방법

484. 자유의 실현은 험난하다. 내 마음대로 되는 것이 아니다. 평등의 실현은 평탄하다.. 누구나 마음먹으면 당장 가능하다. 행복이 평등으로 더 쉽게 다가서는 이유이다.

485. 강자도 약자도 자존감은 동일하다. 이 사실은 약자, 강자 모두를 위한 일이다. 다투지 않기 위한 일반 상식이다. 그런데 자존감을 따지기 시작하면 누구도 행복하지 않다.

486. 행복을 위한 공평은 '과도한 차이 없이 비슷하게'이다. 길 가던 세 사람이 우연히 황금을 발견하면 모두 행복하기는 어렵다. 비슷하게 나누는 것을 누군가는 불평하기 때문이다.

487. 신은 사람의 행복을 위해 평등은 아니지만 '평등할 자격'은 주었다. 신의 선물을 썩은 상자에 묵혀둘 필요 없다. 그것을 위해서는 불구덩이도 헤쳐갈 만하다.

488. 평등과 동정은 적대 관계이다. 동정심은 자신의 우위를 전제로 하기 때문이다. 행복을 위한 평등은 동질감이다.

489. 사람은 기회만 되면 공평에 등을 돌릴 준비가 되어 있다. 그것도 마치 복수심에 불타는 것처럼. 타인의 행복 따위는 안중에도 없다. 그러다 결국 자신도 불행해진다. 그 이유도 알지 못한 채. 행복은 배우고 익히는 자의 것이다.

490. 용기를 가지려면 두려워하지 말아야 하고 두려워하지 않기 위해서는 분노해야 하며 분노하여 고귀한 결과를 얻으려면 냉철해야 한다.

491. 서로 달라지려 하면 득실을 따지기 시작한다. 서로 비슷해지려 하면 득실은 더는 의미가 없어진다. 고통과 다툼의 근원은 내가 남과 다르다고 생각하는 것이다.

492. 서로 같음은 가장되어서는 안 된다. 위선은 삶을 절망케 하리니 거짓 같음에 만족하고 인내해서는 안 된다. 어느새 행복도 가장하기 때문이다.

493. 자유를 찾아 너무 혼자 나아가지 말라. 혼자 자유로운 건 오히려 슬픈 일이다.

494. 아무것도 바라지 않고 선함의 불빛을 발하는 자들이 지금도, 아무도 모르게 실제 세상을 다스리고 있다.

495. 누군가에 평등을 맡기느니 신에게 목숨을 맡겨라. 절대 양보할 수 없는 것도 있는 법이다.

496. 용서하라. 한(恨)이 있는 한 그들에게 상좌(上座)를 내주는 것. 한(恨)은 눈물로 사람을 미약하게 하고 침착함을 방해하니 냉철히 용서하여 그들의 상좌를 깨뜨려라.

497. 행복은 그것을 필연으로 만드는 자에게만 허락된다. 행복할 수밖에 없는 필연을 매일 조금씩 준비하라.

498. 행복한 자는 자유롭지 않은 자들이니 자신의 자유를 희생하기 때문이다. 아무 바람(願) 없이 자기 삶을 타인을 위해 지향한다.

4. 최소 행복에 도달하는 방법

499. 자기 혼자 손해 보고 말겠다는 '점잖은 무관심'이 모두의 행복을 무너뜨린다.
500. 타인을 복종시키는 것, 타인에게 복종하는 것, 모두 신을 거역하는 일이다.
501. 자신 속에 감춰져 있는 행복의 씨를 뿌리고 쓰러져 죽을 때까지 열심히 경작하라.
502. 부자유를 선택하는 자유 이것이 사람의 실질적 자유이니 자유는 항상 수고로운 현재를 선사한다. 행복한 자가 한가롭지 않은 이유이다.
503. 행복한 인생 목표는 재력·권력·명예 같이 타인과 경쟁하는 '차갑고 무거운 것'이 아니라 평등·자유·정의·사랑·평화·탐구·탐험·나눔 같이 스스로 만드는 '따뜻하고 가벼운 것'이다.
504. 염려와 불안 속에 퇴락하지 않으려면 상식과 잡담에 의해 지배받지 않으려면 자신의 두 발로 대지 위에 우뚝 서야 한다.
505. 대자연 속 정원을 거니는 자에게 대부장자의 정원은 초라한 법이다.
506. '다수'라는 이름의 폭력은 자기 자신을 검열하게 하며 도덕적 용기조차 희생시킨다. 우매한 다수가 행복을 망치지 않도록 경계하라.
507. 행복한 목표는 지금 바로 가능한 것일수록 좋다. 과시하지 않아도 빛나는 작은 탁월함 하나가 행복을 줄 것이다.
508. 선하지만 진리를 알지 못하면 그것이 다름 아닌 어리석음이다. 어리석으면 행복도 어리석다.
509. 유약한 사람은 타락한 세상이 알려준 삶의 목표를 바라보면서 은밀한 욕망을 키우고 몸부림치며 또 좌절할 것이다.
510. 좋아하되 그 사람의 악함을 알며 싫어하되 그 사람의 선함을 알라.
511. 마음이 올바르지 않으면, 배워도 올바르지 못하다. 올바른 마음과 올바른 목표를 가지면 시키지 않아도 스스로 올바른 인생을 위한 노력을 시작할 것이다. 무엇보다 먼저 해야 하는 행복 교육이다.
512. 주인을 따르는 개는 행복을 요구할 수 없다.
513. 술에 취해 비틀거리는 무력한 '사치 사회'를 단호히 거부하라. 술에 취하면 행복도 비틀거린다.
514. 국가의 역할은 힘의 균형을 맞추는 것이다. 국가가 나를 보호해 주기를 바라지 말고 그렇게 하지 않을 수 없도록 국가를 강제하라. 국가는 힘 있는 자의 편이다. 행복을 위해 국가를 최대로 이용하라.
515. 마치, 세상 달관한 듯 '세상 뭐 있나?'며 멍청히 살아서는 안 된다. 정말로 멍청해지기 때문이다.

4. 최소 행복에 도달하는 방법

516. 성공하려고 노력하는 이유가 불평등적 특권을 얻기 위함은 아닌가? 대단하다고 생각하겠지만 사람들은 우습다고 생각한다. 성공해도 행복할 수 없을 것이다.
517. 사람은 교만해지기 위해 삶의 모든 것을 바쳐 노력한다. 고독히 비참해지기 위해.
518. 부자는 돈이 많다는 것, 그것뿐이다.
519. 명예는 '삶의 방향'을 제시하는 것이다. 모방하지 말고 자신만의 명예를 만들라. 방향만 결정하면 평범한 삶도 명예로움으로 가득하다. 자신의 궤적을 두려움 없이 자긍심으로 선택하는 것, 이것이 행복으로 가는 소탈한 길이다.
520. 죽음이 나를 결정하는 것이 아니라 내가 죽음을 결정하도록 차분히 준비하는 것이 좋다. 마지막 행복을 위해.
521. 죽음까지가 우리의 삶이다. 삶이 행복하면 죽음도 행복하다. 친구도 못 만나고, 밥도 못 먹고, 잠도 안 자고 세상을 얻으려 하지만 남는 것은 아무것도 없다. 죽음을 위해 삶을 더욱 행복하게 하라.
522. 죽음은 자기를 떠올리지 못하는 상태이다. 죽음의 준비는 '자기를 떠올리지 않는 연습'이다. 의외로 편안하고 행복할 수도 있다.
523. 죽음은 두려운 악마가 아니라 우리를 구원하는 천사이다. 두려워해야 할 것은 삶의 격렬한 고통과 허무이다. 죽음이 있으니 너무 두려워할 것 없다. 죽음이 있어 천만다행이다.
524. 기억을 기억하면 삶이고 그렇지 못하면 죽음이다. 육체를 내어주더라도 기억을 가지고 저 멀리 달려가면 죽음이 쫓아올 수 없을지 모른다. 죽음에 떳떳이 맞설 수 있는 뚜렷한 기억을 갖도록 생을 만들라. 죽을 때 무엇을 기억하겠는가? 나이만큼의 장면은 기억하겠는가? 죽음의 순간에도 행복할 기억을 지금 만들라.
525. 죽음을 두려워하기 시작하면 이미 죽음 상태이다. 우리 불안의 기원은 대부분 죽음이다. 죽음의 순간까지 평정심을 잃지 않도록 연습이 필요하다. 결국, 삶에 집중해야 한다. 죽는 날, 죽기 직전까지 삶에 집중하면 된다. 밭을 일구다가, 밥을 짓다가, 글을 쓰다가 그렇게 죽음을 맞도록 준비하라. 죽음이 삶에 파고들지 못하도록. 죽을 때까지 행복하도록.
526. 삶 같은 죽음을 맞을지 죽음 같은 삶을 살지는 마음 한번 먹기에 달렸다. 어차피 죽는데 마지막 용기를 내라.
527. 죽어도 아무것도 달라지는 것이 없다는 것은 절망케 한다. 하지만 그 반대일 수도 있다. 죽음이 사랑하는 이의 행복을 깨뜨리지 않도록 인생 마지막 행복의 여정을 준비하라.

4. 최소 행복에 도달하는 방법

528. 죽음이 두려워 정신없이 도망치다 다치기도 하지만 사실, 어둠 속 죽은 나무와 같이 그는 아무것도 하지 않는다. 만일 죽음의 두려움이 사랑하는 사람과 나누는 즐거움의 단절이라면 우리가 해야 할 일은 조금이라도 더 즐거움을 만들고 그것을 죽음과 함께 가지고 가는 것이다. 편안한 목표는 삶의 근처에 죽음이 맴돌지 못하게 할 것이다. 죽음의 순간까지 행복하라.

529. 죽음은 삶을 파괴하는 것이 아니라 삶을 시간 내 완성토록 도와준다. 뜨거운 일상 생의 한가운데에서 죽음으로 아무것도 잃지 않도록 삶을 마무리하라.

530. 그대, 슬플 때도 있었지만 그래도 조금은 행복하지 않았는가? 그대, 슬플 때도 있지만 그래도 조금은 행복하지 않은가? 그대, 슬플 때도 있겠지만 그래도 조금은 행복하지 않겠는가?

행복 따위 필요 없다

행복 따위 필요 없다

1판1쇄 ‖ 2022년 10월 10일
지은이 ‖ 김주호
펴낸곳 ‖ 지성과문학
등록   ‖ 제251-2012-40호
전화   ‖ 031-707-0190
팩스   ‖ 031-935-0520
이메일 ‖ bookfs@naver.com

ISBN 979-11-94648-41-3 (03100)

출판사의 허락 없이 무단 복제와 무단 전재를 금합니다.
잘못된 책은 구입처에서 교환해 드립니다.

이 책의 모든 저작권은 지성과문학사가 가지고 있습니다.